W0294246

Werner Thiede

Evangelische Kirche – Schiff ohne Kompass?

Werner Thiede

Evangelische Kirche – Schiff ohne Kompass?

Impulse für eine neue Kursbestimmung

WBG
Wissen *verbindet*

Die Deutsche Nationalbibliothek verzeichnet diese Publikation
in der Deutschen Nationalbibliografie;
detaillierte bibliografische Daten sind im Internet über
http://dnb.d-nb.de abrufbar.

Das Werk ist in allen seinen Teilen urheberrechtlich geschützt.
Jede Verwertung ist ohne Zustimmung des Verlags unzulässig.
Das gilt insbesondere für Vervielfältigungen, Übersetzungen,
Mikroverfilmungen und die Einspeicherung in und Verarbeitung
durch elektronische Systeme.

© 2017 by WBG (Wissenschaftliche Buchgesellschaft), Darmstadt
Die Herausgabe des Werkes wurde durch
die Vereinsmitglieder der WBG ermöglicht.
Lektorat: Dr. Franziska Heidemann und Dr. Malte Heidemann, Berlin
Satz: Primustype Hurler, Notzingen
Einbandgestaltung: Harald Braun, Berlin
Gedruckt auf säurefreiem und alterungsbeständigem Papier
Printed in Germany

Besuchen Sie uns im Internet: www.wbg-wissenverbindet.de
ISBN 978-3-534-26893-1

Elektronisch sind folgende Ausgaben erhältlich:
eBook (PDF): 978-3-534-74249-3
eBook (epub): 978-3-534-74250-9

Inhaltsverzeichnis

Geleitwort

von Landesbischof i. R. Prof. Dr. Gerhard Müller[1]

Von Streit in der Gemeinde spricht der Apostel Paulus in seinem ersten Brief nach Korinth. Gruppen hatten sich dort gebildet. Sie kamen nicht miteinander aus. Fetzen flogen. Unter anderem rief die Frage, ob Heiden sich beschneiden lassen müssen, wenn sie Christen werden wollen, massive und schmerzhafte Diskussionen hervor, wie wir aus dem Brief des Apostels an die Galater wissen. Dabei ging es darum, ob an die jüdische Tradition angeknüpft werden muss – oder ob mit Jesus von Nazareth eine neue Zuwendung Gottes an alle Menschen erfolgt ist, die den Verzicht darauf ermöglicht, ja sogar fordert. Das Ganze endete damals mit einem Kompromiss, der durch ein – wie wir es nennen – Konzil der Apostel festgelegt wurde (nachzulesen in Apostelgeschichte 15). Es menschelte also von Anfang an in der Kirche, bei den von dem Dreieinen Gott aus allem Volk Herausgerufenen. Dazu hat beigetragen, dass die theologische Überlieferung, die auf Jesus zurückging, vielfältig war und unterschiedlich verstanden wurde.

Die von Gott geheiligten Christinnen und Christen haben sich mit Streitereien aber nicht zufriedengegeben. Sie haben immer wieder versucht, Falsches, das eingebracht worden war, wieder auszumerzen und zum Zentralen zurückzukehren: zu der frohen Botschaft von der Gnade, Güte und Treue Gottes. Das ist freilich leichter gesagt als getan. Denn die Verwurzelung in der eigenen Kultur, in der persönlichen Sprache und in dem Unbewussten, das wir mit uns herumtragen, ist tief. Im Lauf der Geschichte kam es zu einer Hellenisierung wie auch zu einer Germanisierung des Christentums, die erhebliche Unterschiede zwischen christlichen Gemeinden zur Folge hatte. Umso wichtiger war es, sich immer wieder zurückzubesinnen auf die Heilige Schrift und – je länger, desto mehr – auf die frühen Zeugen, die in den ersten Jahrhunderten auf die Apostel folgten.

Werner Thiede geht von den Zwistigkeiten innerhalb des deutschen Protestantismus unserer Tage aus. Könnte hier eine neue Qualität des Verlustes der Mitte erfolgt sein? Am schwierigsten sind dabei die Fehler, die wir gar nicht als solche erkennen. Und haben wir vielleicht sogar die Richtung verloren? Wir bewegen uns zwar. Aber wohin eigentlich? Haben wir ein Ziel? Verbesserungsvorschläge gibt es in Hülle und Fülle. Seit langer Zeit. Aber sie greifen nicht wirklich. Woran liegt das? Verstehen wir andere Menschen nicht mehr, obwohl sie unsere Sprache sprechen? Sind wir befangen? Sind wir zu anspruchsvoll? Träumen wir noch den Traum vom Bildungsbürgertum, das unsere Kirchenräume füllt? Gehen wir einem Chaos entgegen, das selbst die größten Computer nicht mehr werden berechnen können?

In Thiedes Buch begegnet uns Reformeifer. Er ist beseelt von dem Wunsch, dass wir in einer globalisierten Welt nicht unseren eigenen Standort vergessen. Zwischen Traditionalisten und Liberalen macht er eine laue Mitte aus, die sich kaum mehr zurechtfindet. Sensibel hört er nach allen Richtungen. Seine Zitate und seine Zusammenfassungen von Meinungen anderer weist er gut wissenschaftlich nach. Wohin der Leser und die Leserin auch immer tendieren – sie finden Belege, die ihre eigene Neigung verstärken.

Thiede persönlich aber verschweigt nicht, von woher er Hilfe erwartet: von der Heiligen Schrift und von der reformatorischen Theologie. Vor allem bei Martin Luther findet er Hinweise auf Hilfe, die wir dringend nötig haben. Aber auch bei Philipp Melanchthon, Ulrich Zwingli und Johannes Calvin schaut er nach. Wer Verständnis für alles hat und dadurch zu keiner eigenen Meinung mehr kommt, dem kann durch diese Lektüre vielleicht weniger geholfen werden. Wer jedoch substanzielle, weiterführende Hinweise sucht, wird fündig.

Kann man allerdings heute noch auf Menschen hören, die vor fünfhundert Jahren gelebt haben? Haben wir nicht die Bibel als ein von Menschen vor langer Zeit geschriebenes Buch zu lesen gelernt, das nicht nur zitiert, sondern auch verstanden werden will? Werner Thiede berücksichtigt, dass wir die Aufklärung hinter uns haben. Mit ihr müssen und können wir leben. Das weiß er. Auch er will aufklären. Das klare Wort scheut er nicht. Er zitiert auch die Worte von Menschen, deren Auffassung er nicht teilt. Toleranz ist in der multikulturellen und multireligiösen Welt gefragt. Aber eigene Meinung auch! Wer nur nachspricht, was alle sagen, wird nicht gehört. Ist das nicht die größte Gefahr unserer Kirche? Haben wir noch etwas Besonderes mitzuteilen, etwas, das uns offenbar gemacht werden musste, weil wir von uns aus nie darauf gekommen wären? Der Verfasser weist nicht nur auf die Probleme hin, in und mit denen wir leben, sondern er bekennt sich zu klaren theologischen und ethischen Positionen. Zur Aufklärung kommt hier das Bekenntnis hinzu.

Als vor einem halben Jahrtausend die Reformation begann, machte Martin Luther seine Kritik an der damaligen Kirche als Hochschullehrer in Gestalt von 95 Thesen öffentlich. Diese Behauptungssätze sollten durch akademische Diskussionen einer Prüfung unterzogen werden. Viele dieser Thesen sind im Elfenbeinturm der Wissenschaft sanft entschlafen. Der Professor und Mönch sandte sie aber auch an seinen Bischof und an seinen Erzbischof. Von diesem, Albrecht von Mainz, zugleich Erzbischof von Magdeburg, erhielt er keine Antwort. Der gab Luthers Thesen lieber vorsorglich nach Rom weiter. Aber viele junge Menschen entdeckten in ihnen einen frischen Wind, auf den sie lange gewartet hatten. Luthers Thesen erfreuten vor allem die jüngeren Humanisten, die dem Schlachtruf folgten: „Zurück zu den Quellen!" Damit war die Antike gemeint. Aber auch die großen Theologen der ersten Jahrhunderte wurden von ihnen studiert.

Zu dem Jahr 2017, das uns an den Beginn der Reformation erinnert, passt sehr gut Thiedes Anliegen, im Wirrwarr der vielen schier unüberschaubaren Meinungen für Klarheit zu sorgen. Der Pfarrer und Systematische Theologe macht es dem eiligen Leser leicht, indem er selber in 95 Thesen den Ertrag seiner Arbeit zusammenfasst und Perspektiven skizziert. Die Zahl weist natürlich ihrerseits symbolisch zurück auf das reformatorische Grundanliegen. Wer das Buch mit diesem Schlussteil zu lesen beginnt, dürfte und sollte dadurch auch neugierig werden auf die vertiefenden Ausführungen der beiden Hauptteile. Die Menschen des Jahres 1517 hatten es da etwas schwerer: Luther lieferte erst 1518 einen deutschen Kommentar zu seinen lateinisch formulierten Thesen von 1517.

Erlangen, 1. Advent 2016 *Gerhard Müller*

Vorwort

„Die wirkliche Kirche ist die sichtbare Kirche, in der allein wir der wahren Kirche begegnen, die aber zugleich um der geglaubten Kirche willen immer wieder entschiedener Kritik bedarf.“[2]
Wolfgang Huber

Einst hat der christliche Philosoph Blaise Pascal die Kirche mit einem sturmumtosten Schiff verglichen, auf dem man vergnügt die Gewissheit haben kann, dass es keinesfalls untergehen wird[3]. Solch fromme Gewissheit bezieht sich freilich auf die Kirche als Ganze, nicht aber auf einzelne ihrer Teile. Wie steht es um den Kurs der evangelischen Kirche heute? Berechtigt er nicht gerade diejenigen, denen sie am Herzen liegt, zu immer mehr Besorgnis?

Mein Buchtitel mündet in ein Fragezeichen. Es geht um Besinnung, um neue Nachdenklichkeit, in diesem Sinn um einen Debattenbeitrag inmitten der evangelischen Kirche, der ich überzeugt angehöre. Etwas unzufrieden war ich mit ihr allerdings schon als Siebzehnjähriger: Damals begann ich in dem Bewusstsein, Pfarrer werden zu wollen, mein erstes Buch zu schreiben – unter dem Titel „Gemeinde des Herrn“. Jener frühe Versuch blieb notgedrungen Fragment. Über vier Jahrzehnte später durfte ich nun – nach vielen anderen Büchern – dieses wurzelhafte Herzensanliegen wieder aufnehmen; das fünfhundertjährige Reformationsjubiläum drängte mich dazu.

Für zahllose Evangelische ist das große Jubiläum Anlass zum Jubeln, zum Feiern, aber auch zum Innehalten. Was Ende Oktober 1517 geschah, hat bald zur Ausbildung einer eigenen Konfessionskirche geführt – und damit die römisch-katholische Kirche selbst in vielen Ländern zu einer Art Konfessionskirche degradiert. Die erfolgte Kirchentrennung spaltete die Gesellschaft insgesamt und führte zeitweise sogar zu Religionskriegen. Sie hatte damit in der Folge ihren Anteil an der Relativierung von Religion überhaupt. Das zeichnete sich seit dem Aufklärungszeitalter ab. Immanuel Kant versuchte damals, Religion in Religionsphilosophie zu übersetzen. Sein Programm wirkte auf die protestantische Kirche zurück und trug zur Entstehung des sogenannten Neuprotestantismus bei[4]. Dessen Ausformungen prägen noch unsere Gegenwart mit. Ihm gegenüber beharren viele konservative Protestanten auch heute auf Schrift und Bekenntnis.

Während die beträchtlichen Austrittszahlen seit vielen Jahren im deutschen Sprachraum nahezu konstant bleiben, deutet sich immer mehr an: Die evangelische Kirche könnte auf eine Zerreißprobe zugehen. Insofern ist das Reformationsjubiläum für sie eigentlich kaum Anlass zum Jubeln, wohl aber zur Besinnung auf ihre Identität. Und dies umso mehr, als der religiös-weltanschauliche Pluralismus unserer Zeit – selbst ein spätes Kind der konfessionellen Spaltung samt der „Aufklärung" – eine allenthalben spürbare, gegenwärtig sich immer noch verstärkende Säkularisierung zur Folge hat. Die wirkt ihrerseits auf die Kirchen der Reformation zurück. Bei allem Positiven, das man einer zunehmenden Verweltlichung der Kultur abgewinnen mag, muss man doch sehen, dass sie kirchlichem Leben in mancher Hinsicht zunehmend den Boden entzieht. Die anhaltend hohen Austrittszahlen sind nur einer von vielen Belegen dafür. Hat sich die evangelische Kirche zu naiv-freundlich auf das Phänomen der Säkularisierung eingestellt? Hat ihre aufgeschlossene Anpassung an „aufklärerische" Kritik für sie doch auch immer spürbarere Schattenseiten? Haben die Mahnungen konservativer Protestanten vielleicht mehr Recht, als den liberalen lieb sein mag?

Heutzutage fallen die Wertungen und Einschätzungen der Reformation recht unterschiedlich aus: teils eher positiv, teils eher kritisch. Katholiken, Philosophen, Historiker, Agnostiker, Sektierer, Politiker jedweder Couleur – sie alle haben von außen unterschiedliche Blickwinkel auf die Ursprünge und Geschichte der Reformation[5] und damit direkt oder indirekt auch auf das Phänomen „evangelische Kirche" in seiner heutigen Bandbreite. Das Reformationsjubiläum mag für manche dieser Beobachter Anlass zum Überprüfen ihrer Wahrnehmung sein. Vor allem aber besteht innerhalb der evangelischen Christenheit aller Grund zu kritischer Selbstvergewisserung – nicht nur, aber doch auch wegen des schon genannten kontinuierlichen Absinkens des Pegelstands bei den Mitgliederzahlen[6].

Diese Einsicht zeigte sich 2015 im Zuge einer informellen Umfrage vor der Konstituierung der neuen Synode der *Evangelischen Kirche in Deutschland* (EKD): Alte und neue Kirchenparlamentarier waren gefragt worden, in welchen Fachausschüssen sie gern mitmachen würden. Immerhin 76 der 120 Synodalen waren an einem neuen Ausschuss mit dem Arbeitstitel „Fragen der innerkirchlichen Entwicklung" interessiert. Dagegen meldeten sich nur wenige für die bereits existierenden Ausschüsse zu europäischer Politik und Umweltschutz. Schärft sich das Bewusstsein, dass „Kirche für andere" nur eine solche Kirche sein kann, die von ihrem Auftrag und vor allem von ihrem Auftraggeber wirklich überzeugt ist?

Dass Christus der eigentliche Kapitän auf dem Schiff namens Kirche ist, scheint nicht allen in der Besatzung hinreichend klar zu sein. Geprägt hat das Bild von der Kirche als Schiff der lateinische Kirchenvater Tertullian unter Rückgriff auf neutestamentliche Geschichten sowie auf den Römer Cicero. Dieser hatte den Staat als Schiff mit vielen Mitwirkenden, klarer Hierarchie und an der Spitze dem Lenker, dem Kapitän beschrieben. War nun bei Tertullian mit Letzterem im Bilde Christus gemeint oder vielleicht der Gemeindebischof? Das biblisch erwähnte Schifflein, in dem Jesus und seine Jünger auf dem See Genezareth fuhren, dürfte für den Kirchenvater maßgeblich gewesen sein, weshalb an Christus als den Herrn der Kirche zu denken wäre. Auf diese Selbstverständlichkeit sollte sich jede Besinnung richten, die anlässlich des Reformationsgedenkens zurück und nach vorne blickt.

Das vorliegende Buch möchte sowohl einer erhellenden Binnen- als auch einer klärenden Außenperspektive auf die evangelische Kirche dienlich sein. Es versucht näher einzuführen in die geschichtlichen und sachlichen Gründe, die zur Entwicklung protestantischer Kirchen geführt haben. Freilich kann ein Sach- und Debattenbuch wie das vorliegende die sich aufdrängenden Fragen und Probleme unmöglich erschöpfend behandeln. Es wird darum notgedrungen hinter manchen Erwartungen zurückbleiben, wollte aber dennoch gewagt sein, um hoffentlich Hilfreiches zu unterbreiten – primär mit Blick auf das Ursprungsland der Reformation.

In Dankbarkeit für mancherlei Unterstützung widme ich dieses Buch Herrn Oberkirchenrat *Helmut Völkel* (München). Zu danken habe ich auch Herrn Dr. Thomas Brockmann für die kompetente Lektorierung – und nicht zuletzt Herrn Landesbischof i. R. Prof. Dr. Gerhard Müller für sein freundliches Geleitwort. Außerdem danke ich meinem Sohn Johannes für Hilfen bei der Literaturbeschaffung.

Am Reformationstag 2016 *Werner Thiede*

A Herausforderungen

I Ist der Protestantismus noch auf Kurs?

„Es gibt in den Kirchen der westlichen Gesellschaften die Tendenz, kritischeAussagen zu unterlassen und nur das, was mit dem Mainstream verträglich ist, nach außen zu tragen.“[1]

Carsten Rentzing

Muss man sich um die evangelische Kirche in Deutschland Sorgen machen? Der derzeitige EKD-Ratsvorsitzende Heinrich Bedford-Strohm erklärte 2016 mit Blick auf die Evangelisch-Lutherische Landeskirche in Bayern als deren Landesbischof, das kirchliche Leben erweise sich als weitgehend stabil. Nach dieser Landeskirche ist flächenmäßig die zweitgrößte die Nordkirche: Auch dort gab es 2016 beruhigende Nachrichten. Die Austritte seien weniger, die Wiedereintritte mehr geworden; hinsichtlich der Konfirmandenzahlen liege man prozentual mit an der Spitze in Deutschland, und die Zahl der Ehrenamtlichen nehme seit Jahren zu[2]. So klingen Pressemitteilungen evangelischer Kirchen hinsichtlich der Statistik immer wieder recht erfreulich.

Bei genauerem Hinsehen ergibt sich allerdings ein etwas anderes Bild. Die Mitgliederzahl der beiden exemplarisch genannten Landeskirchen nimmt kontinuierlich ab – ungeachtet der Wiedereintritte und Neuzugänge. Und das gilt auch für die EKD[3] insgesamt. Die Statistiken lassen sich nicht beschönigen. Keineswegs kann der anhaltende Negativtrend rein demographisch erklärt werden. Er hat gewiss etwas mit der gesamtgesellschaftlichen Entwicklung zu tun, aber durchaus auch mit dem Innenleben evangelischer Kirchen im Abendland. Hält der Protestantismus nach einem halben Jahrtausend noch seinen Kurs?

1 Wie seicht sind die Gewässer des Säkularismus?

Evangelische Kirche hat sich längst daran gewöhnt, in einer verweltlichten Kultur zu existieren. Rund ein Jahrhundert ist die religionssoziologische Theoriebildung bereits alt: Das sogenannte Säkularisierungstheorem steht für die einst von Max Weber und Ernst Troeltsch angebahnte und später von der Forschung vertiefte Annahme eines notwendigerweise allmählichen Verschwindens der Religion als bestimmender Macht im gesellschaftlichen und individuellen Leben der Moderne. Nachdem aber mittlerweile die Moderne relativiert wurde durch die sogenannte Postmoderne, hat auch das Säkularisierungstheorem an Überzeugungskraft eingebüßt. Namentlich der Zusammenbruch des kommunistischen Ostblocks mit seinem staatlich verordneten Atheismus wurde als Indiz für ein neues Erstarken der Religionen weltweit gewertet. In der Wissenschaftsdiskussion kam – auch mit Blick auf die anhaltende Blüte der Esoterik[4] – kontrastierend die Rede vom Spiritualisierungstheorem auf. War und ist nicht tatsächlich so etwas wie eine Renaissance des Religiösen rund um den Globus zu beobachten?

Theologisch darf man überzeugt sein, dass die Sinnfrage den Menschen nicht loslassen und zu allen Zeiten religiöses Interesse wachhalten wird. Aber religionswissenschaftlich wird weiterhin anzuzweifeln sein, dass die Säkularisierungstendenz zumindest in westlichen oder westlich beeinflussten Kulturbereichen abgenommen hat und in absehbarer Zeit weiter abnehmen wird[5]. So betont Ulrich Körtner, das bloße Interesse an religiösen Themen dürfe nicht mit Religiosität verwechselt werden[6]. Von der fünften EKD-Erhebung über Kirchenmitgliedschaft aus dem Jahr 2014 berichtet er unter der bezeichnenden Überschrift: „Abschied vom Megatrend Religion"[7]. Diese Erhebung machte keinen Hehl aus ihrem einschlägigen Befund; sie prognostizierte im Gegenteil: „Fehlende religiöse Erfahrungen, kombiniert mit abnehmendem religiösem Wissen, führen möglicherweise dazu, dass vielen (gerade jüngeren) Menschen ein Leben ohne Religion als selbstverständlich erscheint und dass dementsprechend die Bereitschaft, wiederum eigene Kinder religiös zu erziehen, erkennbar sinkt."[8] Auch Joachim Kunstmann unterstreicht, das Interesse an Religion sei nicht selbst schon Religion: „Gelebte Religion, der persönliche spirituelle Vollzug, Selbstverpflichtung, Glaube und Bekenntnis sind längst zu Randphänomenen des gesellschaftlichen Lebens geworden."[9]

Lange hat man im Protestantismus gemeint, die gesellschaftlichen Säkularisierungsmächte regelrecht begrüßen zu müssen. Friedrich Gogarten hat die Säkularisierung nachgerade als eine Folge der christlichen Offenbarung gedeutet, nämlich als Befreiung von kosmischen und mythischen

Mächten hin zu nüchterner, im Glauben an den Schöpfer dankbarer Weltlichkeit[10]. Viele sind ihm darin gefolgt – oft ohne zu bedenken, dass er sehr wohl Säkularisierung im beschriebenen Sinn zu unterscheiden gewusst hat von „Säkularismus" als einer Ideologie oder nihilistischen Philosophie mit durchaus kritischen Folgen. Noch in unseren Tagen beurteilt etwa Bernhard Lang die Entwicklung positiv: „Die große Mehrheit der Glaubenden orientiert sich heute am naturwissenschaftlichen Weltbild, am kritischen Denken und an der freien Kommunikation der Argumente. Soziologen nennen diesen Prozess meistens die ‚Säkularisation' von religiösen Inhalten, aber es könnte sich auch um eine grundlegende Transformation dieser Inhalte und Normen handeln."[11] Ohne Zweifel werden solche Transformationen aus konservativer Sicht eher als Verluste betrachtet. Ob zu Recht, bleibt einerseits eine Glaubensfrage. Andererseits liegt auf der Hand, dass inhaltliche Veränderungen der Glaubenstradition ein bestimmtes substanzielles Minus an gelebter Spiritualität herkömmlicher Art nach sich ziehen. Und das hat Folgen für kirchliches Leben. Max Webers Annahme, dass Modernisierungsprozesse einen kritischen Einfluss auf die Stabilität und Vitalität von Religionsgemeinschaften hätten, behält insofern ihre Evidenz. Sie wird religionssoziologisch etwa von Bryan Wilson[12] und Detlef Pollack[13] bestätigt – und durch die seit langem in trauriger Weise einigermaßen stabilen Kirchenaustrittszahlen[14] illustriert.

Was aber sind diese Modernisierungs- und Transformationsprozesse bei näherer Betrachtung im Kern? Und wieso sind Modernisierung und Säkularisierung immer noch nahezu gleichbedeutend? Diese Fragen sind gewiss nicht monokausal zu beantworten, sondern verweisen auf komplexe, hier nicht zu erörternde Zusammenhänge. Drei ganz zentrale Faktoren aber springen dabei besonders ins Auge und sind unbedingt nennenswert: erstens die weltanschaulichen Veränderungen durch den naturwissenschaftlichen Fortschritt, zweitens die religiös-weltanschauliche Pluralisierung und drittens die immer rasanter fortschreitende Technisierung als kulturprägende Macht.

Zunächst sei hier auf den zweiten und dritten Faktor eingegangen, im nächsten Abschnitt (I.2) dann eigens auch auf den erstgenannten. Was die sogenannte *Pluralisierung* angeht, so betrifft sie als religiös-weltanschaulich wirksamer Prozess sowohl Organisationen als auch Haltungen[15]. Die gegenwärtigen Flüchtlings- und Migrationsbewegungen und die rasante

Ausbreitung des mobilen Internets unterstützen die Entwicklung hin zur religiösen Vielfalt und gegenseitigen Relativierung. Die Zeit der Einheitskulturen ist – vielleicht abgesehen vom Gebiet der Technik! – weitgehend vorbei, auch wenn derzeit manche Gegenbewegungen konservativer und sogar ultrakonservativer Art sich verstärkt wieder auf Vergangenes zurückbeziehen. Oder sollte gerade auch „Multikulti" als Wunschprinzip einer neuen Einheitskultur gelten?

Der anhaltende Trend zur Pluralisierung betrifft sogar die Individuen als solche. Man spricht von Patchworkidentitäten und liest Bestseller wie den von Richard David Precht: „Wer bin ich – und wenn ja, wie viele?" (2012) – oder den von Nicholas Carr: „Wer bin ich, wenn ich online bin … und was macht mein Gehirn solange?" (2010). Pluralisierung führt also nicht nur, wie oft zu hören ist, zu einer vermehrten Individualisierung[16], sondern sprengt sogar die individuellen Identitäten selbst auf. Damit verändern sich weltanschauliche und religiöse Fragestellungen. Sogar die Sinnfrage scheint mitunter sinnlos zu werden, und die Wahrheitsfrage ist im Kontext des postmodernen Pluralismus gewissermaßen obsolet geworden[17].

Solch gesellschaftlich fortgeschriebene Pluralisierung bedeutet für die modernen Kirchen eine bleibende Herausforderung, zumal soziologisch erwiesen ist: Die Kirchenbindung geht „bei hoher religiöser Pluralität zumeist zurück"[18]. Die EKD versucht hierauf mit einer aus evangelischer Orientierung erwachsenden „Pluralitätsfähigkeit" zu antworten, die sich nicht nur an theologischen, sondern an demokratisch-politischen und allgemein-ethischen Kriterien orientieren soll[19]. Wie aber steht es dabei um die theologische Kriterienbildung als solche? Wie viel an evangelischer Substanz ist bereits dem gesellschaftlichen Pluralisierungsdruck zum Opfer gefallen, so dass kirchlich hochgehaltene Tradition eine nur noch wenig belastbare Fassade darstellt[20]? Man kann jedenfalls vermuten, dass das Pluralisierungsprinzip die evangelischen Kirchen stärker erfasst hat als die katholischen, deren Dogmen- und Lehrgebäude sich als vergleichsweise stabiler erweist.

Nun ließe sich hierzu sagen, es sei nun einmal das Wesen des Pluralismus, dass unterschiedliche, ja gegensätzliche Anschauungen über Gott und die Welt friedlich-schiedlich nebeneinander existieren. Der einstige württembergische Landesbischof Theo Sorg hat in diesem Sinn gemahnt, evangelische Kirche dürfe „das Prinzip einer pluralen, vor dem Evangelium und dem einzelnen Gewissen verantworteten Mehrstimmigkeit als Wesensausdruck protestantischer Theologie, Kirche und Frömmigkeit nicht aufgeben“[21]. Kommt es also in Gesellschaft und Kirche auf die Fähigkeit an, Pluralismus und Pluralisierung prinzipiell zu bejahen? Michael Welker vertritt gar die Auffassung, Gottes Geist selbst bewirke „einen schöpferischen Pluralismus“, so dass von einem „Pluralismus des Geistes“ die Rede sein könne, der für eine „Differenzen erhaltende Einheit“ spreche[22]. Dagegen bemerkt Wolfhart Pannenberg: „Der Pluralismus entzieht sich dem Forum von Vernunft und Wahrheit ebenso wie der Fundamentalismus.“[23] Insofern kann Pluralismus keineswegs als ein kirchliches Leitprinzip gelten. Zu erinnern ist hier auch an die immer noch hilfreiche Stellungnahme der Arnoldshainer Konferenz zum „Pluralismus in der Kirche“ (1977), in der es heißt: „Für die Kirche ist ein Pluralismus untragbar, der die Notwendigkeit einer Grenze prinzipiell verneint und im Namen evangelischer Freiheit gleichberechtigte Geltung für alle Auffassungen fordert, die sich selbst als christlich verstehen. Solch ein totaler Relativismus ist mit dem Wahrheitsverständnis des Neuen Testaments, in dem das Ja Gottes zum Menschen mit dem Nein zu Verführung und Irrglaube unlöslich verbunden ist, nicht vereinbar. [...] Wo alte, zentrale Aussagen christlicher Theologie übergangen, in ihrer Substanz umgedeutet und entleert oder nur oberflächlich interpretiert und rezipiert werden, liegt die Vermutung nahe, die Grenze des Pluralismus sei überschritten.“[24]

Vielheit ist eine Gegebenheit dieser Welt mit positiven wie negativen Aspekten, sollte also mitnichten pauschal dem heiligen Geist zugeschrieben werden. Der Begriff der Pluralität steht für Vielheit – ohne ideologisch zuspitzende „-ismus“-Endung. Ein Beispiel solcher Pluralität wäre die von politischen Parteien in unserem System: Sie vertreten nebeneinander verschiedene Positionen, Ansprüche und Sichtweisen. Indes – auf dem Gebiet des Religiösen sieht es mit den vielerlei Wahrheitsansprüchen doch noch einmal anders aus als in politischer Hinsicht: Sie pochen nicht selten auf absolute Geltung ihrer zentralen Glaubensinhalte, über die man gewiss miteinander reden kann, die aber für die Glaubenden im Kern kaum ernsthaft zur Diskussion stehen. Theologisch lässt sich insofern Pluralismus zwar als Prinzip eines gesellschaftspolitischen, respektvollen Miteinanders bejahen und einfordern, schwerlich aber als spirituelles oder monistisches Prinzip[25]. So preist Jesus zwar die Friedfertigen glückselig (Mt 5,9), betont aber hinsichtlich des Wahrheitsanspruchs mit bildlichen Worten: „Ihr sollt nicht meinen, dass ich gekommen bin, Frieden zu bringen auf die Erde. Ich bin nicht gekommen, Frieden zu bringen, sondern das Schwert" (10,34).

Demgemäß ist es um ein friedliches Miteinander innerhalb der evangelischen Kirche in Deutschland tatsächlich allenfalls äußerlich einigermaßen gut bestellt. Wer ihr Innenleben genauer betrachtet, erkennt meist schnell: Es gibt weit auseinanderdriftende Strömungen, die von theologischen Konfliktlagen zeugen und die kirchliche Einheit gefährden. Verständliche Bemühungen um einen innerkirchlichen Pluralismus, der die verschiedenen Parteiungen unter dem Dach der Volkskirche zusammenhält, sind zwar nicht gänzlich erfolglos geblieben. Doch was bislang in Kirchenvorständen, Synoden und Landeskirchenräten nach mehr oder weniger demokratischen Spielregeln an Gemeinsamkeit oder gar Konsens hochgehalten wird, kann über die tiefen Gräben nicht hinwegtäuschen, die sich oft „pluralistisch" durch die betreffenden Gremien ziehen. Gerade auch die offiziell deklarierte Basis der Geltung der Heiligen Schrift und der kirchlichen Bekenntnisse trägt bei näherer Betrachtung nicht mehr recht: Zu groß sind die Unterschiede zwischen den hermeneutischen Zugängen und den theologischen Deutungen mittlerweile[26].

Die evangelische Kirche befindet sich insofern zunehmend in einer Zerreißprobe – aber kaum zwischen „vielerlei" Kräften, sondern zwischen Hauptrichtungen. So beobachtet aktuell der protestantische Wissenschaftsjournalist Martin Urban: „Zwischen den aufgeklärten ‚Liberalen' in der EKD und den christlichen Fundamentalisten innerhalb und außerhalb der Amtskirchen herrscht mittlerweile ein heimlicher Kampf um die Vormacht."[27] Grob skizziert, kann man in diesem Sinne eigentlich von drei divergierenden Strömungen sprechen: von einer konservativen, einer liberalen – und von einer abnehmenden Mitte, die von den beiden Außenflügeln her umkämpft ist und sich eher passiv umwerben lässt. Während der Bemühungen, diese drei Strömungen noch möglichst lange unter einen Hut zu bringen, hat sich in den letzten Jahrzehnten unübersehbar eine gewisse Vorherrschaft des liberalen Flügels herauskristallisiert, und zwar sowohl auf dem Gebiet der Universitätstheologie als auch auf kirchlichem Feld. Ob und inwieweit er Zukunft hat, ist eine Frage für sich[28]. Gerhard

Müller kritisiert jedenfalls „eine ‚stete Selbstliberalisierung'", die das, „'was immer, überall und von allen geglaubt wurde', fundamental verändert und dem vermeintlichen Zeitgeschmack anpasst. Kein Wunder, dass bei Banalitäten die Kirchen leer werden."[29]

Beide Flügel der evangelischen Kirche, sowohl Konservative[30] als auch Liberale[31], lassen sich bei Bedarf noch genauer differenzieren, und sie haben ohne Zweifel ihre Teilwahrheiten. So können sich Konservative vor allem auf die Tradition, Liberale primär auf die Vernunft berufen. Innerer Friede eint sie nicht, da ihre Differenzen das Gottesverständnis selbst und das für die evangelische Kirche so zentrale Bibelverständnis betreffen[32]. Bernhard Lang zufolge gibt es „in den protestantischen Kirchen Gruppen, Bewegungen und Amtsträger, die stark an den Vorgaben der Bibel und des Herrschaftschristentums orientiert sind. Doch die große Mehrheit der evangelischen und der katholischen Kirchenchristen will mit starker Überzeugung die kreative Transformation des christlichen Glaubens und damit die Umformung des alten Herrschaftschristentums zu einem Christentum der persönlichen Verantwortung."[33] Diese Beschreibung ist selbst keineswegs neutral formuliert, sondern entstammt liberaltheologischem Denken. Zutreffend ist jedenfalls der Tatbestand erfasst, dass in der evangelischen Kirche vor allem zwei unterschiedliche Kräfte auseinanderdriften, die neben der passiven, lauen Mitte das „plurale" Gesamterscheinungsbild prägen.

Diese Situation bringt das Schiff der Kirche zunehmend ins Schlingern. Einerseits muss sie offiziell am Hergebrachten festhalten, andererseits wird teilweise um dessen „Transformation" in einer Weise gerungen, dass sich die Balken biegen. Ja, Kirche kann und muss sich selbst relativieren; doch nein, mit dem ihr anvertrauten Evangelium darf sie so etwas nicht tun. Dabei gibt es theologische Denkmodelle, die ihr genau dies nahelegen[34]. In dem Maße, wie sie solchen Forderungen entspricht, verwandelt sie sich in ein Institut für Religionsphilosophie. Will sie authentisch bleiben, so kann sie ihren Auftrag und damit ihren Auftraggeber nicht verraten. In der Konsequenz läuft das Schiff namens Kirche in den seichten Gewässern der säkularisierten Gesellschaft freilich Gefahr, Schaden zu nehmen. Ist Angst davor angebracht? Dorothea Wendebourg kritisiert, dass evangelische Theologie und Kirche mit dem heutigen Pluralisierungsdruck unangemessen umgehen: Es „soll die Auflösung dieser Unerträglichkeit jetzt dadurch bewerkstelligt werden, dass die spezifischen Einsichten der eigenen Tradition abgeschmolzen werden, bis kein fundamentaler Widerspruch anderer zu anderen mehr übrig bleibt. So soll ausgerechnet das Reformationsjubiläum an allen Fronten zur großen Feier ihrer theologischen Harmlosigkeit werden."[35] Aber evangelische Kirche könnte zwischen Reformationsgedenken und Pluralisierungsdruck auch gewinnen – nämlich inmitten von Synkretismen, Relativismen und Nihilismen authentisch bleiben und damit doch wieder mehr Gehör finden für ihre Botschaft[36]. Die Saat werde nicht überall aufgehen, hat Jesus gesagt, aber wo sie aufgehe, werde sie viel Frucht bringen. Ihm als ihrem „Kapitän" sollte Kirche bedingungslos vertrauen – und entsprechend verantwortlich handeln.

Ein anderer zentraler Faktor, ja Motor der Säkularisierung ist im Zuge der immer weiter getriebenen Modernisierung die *Technisierung*: Um ihrer Vorteile willen werden ihre postmodern immer deutlicher reflektierten Nachteile und Risiken meist nach wie vor gern in Kauf genommen. Schon vor über sechzig Jahren hat Hanns Lilje, einer der führenden protestantischen Theologen seiner Zeit, zwar die Weltlichkeit der Welt im Sinne Gogartens als begrüßenswert ausgegeben[37], zugleich aber davor gewarnt, dass „der technischen Entwicklung eine fast unheimliche Zwangsläufigkeit" innewohne – nämlich in Richtung einer „Perfektionierung der Technik", mit der eine „Kapitulation vor dem Menschenbilde überhaupt" drohe[38].

Vor einem halben Jahrhundert hat der christliche Philosoph Georg Picht bereits beobachtet, allenthalben herrsche der Glaube an die Erschließung der unbegrenzten Möglichkeiten der Technologie vor. Hieraus erkläre sich, dass „die große Mehrzahl vor allem der Naturwissenschaftler auf jeden Zweifel an dem Satz, daß man alles *machen* soll, was man *machen* kann, wie Gläubige auf eine Gotteslästerung reagieren"[39]. Von daher fehle im säkularen Zeitalter eine wissenschaftliche „Theorie von den Zielsetzungen der Wissenschaft"[40]. Die Utopie, aus der die moderne Wissenschaft ihre Impulse beziehe, sei das Bild einer total rationalisierten Welt, in der eine schrankenlose Technologie der Wissenschaft alles zu machen erlaube, was sie machen könne[41]. In diesem Kontext seien Forscher primär an der Rationalität ihrer Geldgeber und damit an der Rationalität ihres Betriebes interessiert: „Die Tragweite dieser Feststellung wird erst sichtbar, wenn man sich klarmacht, welche Folgen es hat, daß eine Wissenschaft, die durch das Medium der Technik und der industriellen Produktion die Welt, in der wir leben, beherrscht, sich nicht nur jeder politischen Kontrolle, sondern auch ihrer Selbstkontrolle entzieht."

Vor rund vierzig Jahren warnte dann auch der evangelische Theologe Erhard Ratz vor dem Trugbild, eines Tages würden „alle Menschen, wo auch immer auf diesem Erdball, zufriedene Konsumenten in einer technischen Zivilisation sein"[42]. Schon damals wusste er: „Die technische Zivilisation brachte überall dort, wo sie sich durchsetzte, eine tiefgreifende Krise der überkommenen Normen und Werttraditionen." Weitsichtig sah er eine technisch regierte „Einheitszivilisation" voraus.

All diese geradezu prophetisch anmutenden Worte bestätigen sich heutzutage eindrücklich im Hinblick auf die zum Teil recht fragwürdigen Erfolge der sogenannten digitalen Revolution[43]. Der Prozess der Modernisierung droht in eine Technokratie zu münden, die zum Selbstläufer wird und hierbei wesentliche Freiheitsrechte in Frage stellt – beispielsweise das Recht auf Privatsphäre, das gerade im digitalen Zeitalter Datenschutz einschließen müsste, was jedoch bekanntlich immer weniger der Fall ist[44]. Es würde zu weit führen, die in etlichen Büchern von Internetexperten, Philosophen und Theologen (auch von mir) vorgetragene Kritik an den Risiken und Nebenwirkungen der digitalen Revolution hier auszubreiten. Stattdessen sei kurz und bündig Papst Franziskus zitiert, der in seiner Enzyklika *Laudato si'* (2015) mahnt: Wenn sich die Dynamiken der digitalen Medien in eine Allgegenwart verwandelten, komme das nicht der Fähigkeit zu weisem Leben, tiefgründigem Denken und großherziger Liebe zugute. „Die wirkliche Weisheit, die aus der Reflexion, dem Dialog und der großherzigen Begegnung zwischen Personen hervorgeht, erlangt man nicht mit einer bloßen Anhäufung von Daten, die sättigend und benebelnd in einer Art geistiger Umweltverschmutzung endet." Franziskus erkennt grundsätzlich, dass das „technokratische Paradigma" heute derart dominant geworden ist, dass es schwierig wäre, auf seine Mittel zu verzichten, aber noch schwieriger, sie zu gebrauchen, ohne von ihrer Logik beherrscht zu werden. So überlasse man das Leben den technikgeprägten Umständen, die ihrerseits als wesentliche Quelle zur Deutung der Existenz verstanden würden. Hiermit wird die fortschreitende digitale Revolution insgesamt als eine mögliche Ersatzreligion entlarvt[45].

Offenkundig hat der Papst erkannt, dass die sich abzeichnende Technokratie mit ihrem geradezu totalitären Zugriff auf fast alle Bereiche des

Lebens gerade auch der Spiritualität kaum förderlich sein kann. Das Internet zielt mit einer gewissen inneren Logik, mit einem ihm inhärenten Trend insgesamt auf eine säkulare Utopie – eben auf eine digitale Ersatzreligiosität. Seine Gestaltung von virtueller Wirklichkeit relativiert die geschöpflich-analoge Realität in merkwürdiger Weise. Der Intention nach und zum Teil schon konkret stellt es der religiösen Erlösungshoffnung eine säkulare, technokratisch fundierte Erlösungshoffnung konkurrierend gegenüber – bis hin zur Verheißung digital basierter Unsterblichkeit[46]. Per Hightech soll auf dem Weg einer stillen, aber radikalen Revolution eine neuartige Heilswelt errichtet werden. Solcher Technizismus treibt die Säkularisierung der Gesellschaft zwangsläufig weiter voran.

Trifft dies zu, so fragt es sich, warum die evangelische Kirche daraus kaum Konsequenzen zieht. Stattdessen ließ die EKD 2014 auf ihrer 11. Synode bekunden: „Als evangelische Kirche gestalten wir den digitalen Wandel mit und vertrauen auch in der digitalen Gesellschaft auf Gottes Begleitung.“[47] Das klingt beinahe, als käme Gottvertrauen einem Vertrauen in menschliche Technikhybris gleich. Man fühlt sich angesichts dieser Äußerung an die wichtige reformatorische Einsicht erinnert, auch Konzilien und Synoden[48] könnten irren. Anbiederungen an den Zeitgeist[49] und eine „Selbstsäkularisation der Kirche“[50] sind der verkehrte Weg, der immer mehr sich säkularisierenden Welt zu begegnen. Statt die seichten Gewässer des Säkularismus aktiv anzusteuern, sollte das Schiff der Kirche vielmehr der Welt genau das auszurichten versuchen, was die sich selbst nicht sagen kann. Eine selbstverschuldete Unkirchlichkeit der Kirche (Manfred Josuttis)[51] nützt kaum jemandem.

2 Wie steht es um den Anker der Hoffnung?

Die Welt ist vergänglich, und jeder Mensch ist sterblich. Die meisten Religionen wollen diesem Grundproblem mit hilfreichen Antworten begegnen. Gerade die christlichen Kirchen sind hierzu berufen – von der Auferstehungsbotschaft her, die in ihrem Zentrum steht. Damit stehen sie für die größte Hoffnung, die überhaupt gedacht werden kann. Mit ihr – so sagt es der Hebräerbrief (6,19) – haben Christen einen sicheren und festen Anker der Seele, „der hineinreicht in das Innere hinter dem Vorhang“ des himmlischen Tempels, also in jenes Allerheiligste, wo Christus als ihr Herr und Fürsprecher lebt. „Ein Schiff, das sich Gemeinde nennt, fährt durch das Meer der Zeit. Das Ziel, das ihm die Richtung weist, heißt Gottes Ewigkeit“: Dieser Liedtext aus der Feder von Martin Gotthold Schneider formuliert treffend, wie zentral wichtig die in Christus grundgelegte, lebendige Hoffnung für die Kirche ist. Wo der so beschriebene Hoffnungsanker abgeschnitten wird und verlorengeht, bleiben nur die tristen Gewalten des Chaosmeeres.

Ungefähr seit dem Beginn des 20. Jahrhunderts ist es um diese christliche Hoffnung in der Gesellschaft immer schlechter bestellt gewesen. Naturwissenschaft und Technik haben das Ihre dazu beigetragen, die Menschen mehr denn je aufs Diesseits zu verweisen und jede Art von Jenseitstrost obsolet werden zu lassen. Die Folge war das Aufkommen einer bisher so nicht dagewesenen Verdrängung der Wirklichkeit des Todes[52]. Die Sinnlosigkeit der Welt und des Lebens, das Chaosmeer ohne Hoffnungsanker – nicht auszuhalten! Sigmund Freud zufolge ist für den Menschen der je eigene Tod „unvorstellbar, und sooft wir den Versuch dazu machen, können wir bemerken, daß wir eigentlich als Zuschauer weiter dabeibleiben. So konnte in der psychoanalytischen Schule der Ausspruch gewagt werden: Im Grunde glaube niemand an seinen eigenen Tod oder, was dasselbe ist: im Unbewußten sei jeder von uns von seiner Unsterblichkeit überzeugt.“[53] Damit erklärt sich psychologisch, warum der Mensch sich mit der Tatsache der Grundveränderlichkeit seiner Existenz, eben seiner Sterblichkeit so schwer tut. Die Wege zur Tabuisierung des Todes beschreitet er aus innerstem Antrieb: Er muss entweder über den Tod hinaus hoffen können[54] – oder ihn verdrängen, ja tabuisieren.

Je mehr aber in der Neuzeit die traditionelle Hoffnung auf Unsterblichkeit, Auferstehung und Vollendung dem Säkularisierungstrend zum Opfer fiel[55], desto mehr musste die Verdrängung des Todes gesamtgesellschaftlich zunehmen. Der Psychoanalytiker Ernest Becker ist überzeugt, dass „die Furcht vor dem Tode ein universelles Phänomen“ sei, das den Menschen „wie nichts sonst“ präge und als maßgeblicher Faktor in seiner Kulturbildung wirksam werde[56]. Eine amerikanische Forschergruppe hat die hieraus resultierende *Todesangst-Bewältigungstheorie* experimentell überprüft und bestätigt[57]. Ist nicht der ganze „Fortschritt“ mit all seinen ständigen Verbesserungen, aber auch mit den ihn begleitenden Risiken und Sorgen ein unsere gesamte Kultur prägender Versuch, die Angst vor dem Tod zu bewältigen? Geht nicht auch heute die digitale Revolution mit dieser Grundbedrängtheit tabuisierend um, indem sie ein irdisches Schlaraffenland aufbaut und mit Hilfe einer smarten Unterhaltungsmaschinerie[58] zur Todesverdrängung beisteuert?

Theologie und Kirche aber hätten das Heilmittel anzubieten. Auferstehung der Toten, Vollendung der Schöpfung, universale Gottesherrschaft, ja deren bereits erfolgtes Anheben mit Jesu Kommen und namentlich mit seiner Auferstehung – das ist die hilfreiche Botschaft, die eine Hoffnungsperspektive schenkt, wo alles sonstige Hoffen endet[59]. Doch ist das Evangelium noch zeitgemäß, da das naturwissenschaftliche Weltbild unserer Tage solches Hoffen ins Reich der Mythologie verweist? Muss man sich nicht genieren, wenn man heutzutage noch am Anker der Hoffnung festhält? Ist es nicht allzu verständlich, dass evangelische Theologie und Kirche oft dadurch in der Gegenwart zu bestehen versuchen, dass sie die biblische Heilszukunft umdefinieren oder verabschieden?

Für katholische Theologie und Kirche ist dank der 1513 dogmatisierten „Unsterblichkeit der Seele" die Grundrichtung nach wie vor klar, wenngleich mittlerweile Einflüsse aus der modernen protestantischen Richtung erkennbar werden. Auch für die Reformatoren war noch alles einigermaßen klar, was Unsterblichkeit der Seele und Auferstehung der Toten angeht: Zumindest im Grundsätzlichen wurden diese Glaubenssätze durchweg bejaht. Und zwar gerade auch von Martin Luther. Das muss im Gegenüber zu früheren Luther-Forschern wie Peter Meinhold, Carl Stange und Werner Elert richtiggestellt werden[60]. Denn die haben allzu einseitig entweder jedes unmittelbare Weiterleben der Seele nach dem Tode für Luthers Anschauung bestritten oder die Unsterblichkeit nur auf gläubige Christen beschränken wollen. Zwar konnte Luther tatsächlich betonen, just durch den Glauben in einem „unsterblichen Wesen" zu sein. Und in der Tat hat er die Unsterblichkeit der Seele nicht in einem allgemeinen philosophischen Sinn vertreten, sondern sie von der Heiligen Schrift und von seinem Gottes- und Christusverständnis her gelehrt[61]. Aber er hat sie gelehrt! Christi Erlösungstod hat nach Luthers Überzeugung den Tod aller Menschen zugedeckt und zu einem bloßen Schlaf gemacht[62]. Gerade weil der Reformator eine Beziehung Gottes zu jedem Menschen sieht, hat er niemals ein Aufhören dieser Beziehung in

Erwägung gezogen. Völlig eindeutig ist seine Erklärung: „Die Person des redenden Gottes und sein Wort weisen darauf hin, dass wir solche Geschöpfe sind, mit denen Gott bis in Ewigkeit und auf unsterbliche Weise reden will. Allein mit dem Menschen redet er. Wo also und mit wem auch immer Gott redet – ob im Zorn oder in Gnade –, der ist mit Sicherheit unsterblich.“[63]

Daran sollten evangelische Theologie und Kirche auch heute anknüpfen. Denn die Vernunftgründe, die gegen solche Hoffnung auf Kontinuität in der Diskontinuität des Todes sprechen, sind bei näherer Betrachtung keine. Vielmehr bleibt es bei Immanuel Kants Feststellung, dass die Vernunft sehr wohl in diese Richtung fragt, aber selber keine verbindlichen Antworten geben kann[64]. Sind doch auch die „Antworten“ auf Grund naturwissenschaftlicher Weltsicht nichts anderes als eine Art Glaube – nämlich Vertrauen darauf, dass solch reduktionistische Perspektive verlässlich sei. Ob hinter dem All ein Schöpfer steht, der dann, wenn es ihn gibt, auch im Stande zu dessen Vollendung ist, kann kein Naturwissenschaftler objektiv beantworten. Ob es ein Leben nach dem Tod gibt, weiß niemand positiv oder negativ nachzuweisen. Darum ist die biblisch begründete Hoffnung im Grundansatz keineswegs obsolet geworden[65]. Nach „Aufklärung“ ruft vielmehr die reduktionistische Sichtweise, die ihre materialistische Tendenz ohne intellektuelle Berechtigung zum Maßstab für den modernen Menschen erhoben hat.

Es gehört zu den frühen Fehlentwicklungen im Protestantismus des 20. Jahrhunderts, die sogenannte Ganztod-Theologie entwickelt und zur Vorherrschaft gebracht zu haben. Damit hat in der evangelischen Kirche eine Lehre die Lufthoheit errungen, die im Gegensatz zur reformatorisch begründeten Perspektive besagt, es gebe keine unsterbliche Seele oder dergleichen; die Verstorbenen würden erst am Ende aller Dinge, am „Jüngsten Tag“ aus Gottes Erinnerung heraus wieder auferweckt werden. Hiergegen hat sich zwar insbesondere der evangelische Theologe Johann Christoph Hampe mit seinem Bestseller „Sterben ist doch ganz anders“ (1975) gestellt. Aber die bei ihm und anderen begegnenden, durchaus beeindruckenden Verweise auf spontane Sterbe- und Nahtoderfahrungen haben ja keine Beweiskraft[66]. Jedenfalls gibt die protestantische Ganztod-Theologie keine befriedigende Antwort auf die Menschheitsfrage nach einer bergenden Kontinuität im Tod. Das gilt entsprechend für die von daher ausgearbeitete Ewigkeitsperspektive: Sie hofft kaum auf eine herrliche Vollendung der Schöpfung, auf ein frohes, versöhntes, leidfreies und immerwährendes Auferstehungsleben, sondern eher auf eine Art „Überhöhung" des irdischen Daseins im ewigen Gottesgeist. Was hier so abstrakt klingt, ist auch abstrakt und dürfte wenig religiöse Bindekraft aufweisen. So heißt es beispielsweise bei Karl Barth, der Mensch als solcher sei „endend und sterbend und wird also einmal nur noch gewesen sein, wie er einmal noch nicht war"[67]. Die Auferstehung von den Toten zum ewigen Leben bedeute gerade „die Begrenzung dieses Lebens durch das ewige", aber keine „Abwertung"; denn es werde „auch im ewigen um dieses jetzt zeitliche, auch in jenem geschenkten um dieses jetzt geliehene Leben gehen", nämlich um die „Aufdeckung und Verherrlichung des in Christus gewesenen Lebens des Menschen in seiner Zeit"[68]. Für Wolfhart Pannenberg – um ein weiteres Beispiel eines führenden protestantischen Theologen im 20. Jahrhundert zu bringen – „ereignet sich in der Totenauferstehung nichts anderes als das, was die ewige Tiefe der Zeit bereits jetzt ausmacht und was für die Augen Gottes – für seinen Schöpferblick! – bereits jetzt Gegenwart ist." Denn „dieses gegenwärtige Leben selbst soll verherrlicht werden durch die Zukunft Gottes [...]"[69]. Auch Jürgen Moltmann definiert für die Verstorbenen analog: „Ihre vergängliche Zeit wird in ihre ewige Zeit verwandelt." Gemeint ist: „Im endgültigen Äon sind alle Wirklichkeiten der Zeiten zusammengefasst, die Gott in der Zeit der Schöpfung geschaffen hat."[70] Von daher versteht sich die Auskunft: „Menschliches Leben und menschliches Sterben nimmt am göttlichen Leben teil und ist in ihm aufgehoben. [...] Die Auferstehung schafft den Toten ein unsterbliches Leben, das gleichwohl endlich und geschaffen, nicht aber unendlich und göttlich ist." Demgemäß heißt es andernorts bei Moltmann etwas geheimnisvoll, die Zeit der Schöpfung vollende sich als partizipatorische Ewigkeit der Geschöpfe in den äonischen „zyklischen Bewegungen der Verherrlichung des ewigen Gottes in der neuen Schöpfung"[71]. Gewiss hat die altkirchliche Theologie, wie Moltmann betont, für die „ewige Zeit der neuen Schöpfung den Begriff des ‚Äon' verwendet". Doch hat sie dabei sicher nicht bloß an die verherrlichende Überhöhung der irdischen Weltzeit gedacht!

Die protestantisch verbreitete Zeit-Ewigkeits-Dialektik entspricht zu wenig der reichen, biblisch begründeten Hoffnungsperspektive. Zwar wird gern noch deren Begrifflichkeit aufgenommen, aber dies kann bei näherer Betrachtung nicht darüber hinwegtäuschen, dass hier eher religionsphilosophisch verkürzt statt theologisch ausgebreitet wird. Der Anker der Hoffnung hängt so an einem dünnen Seil, und die Hoffnung selbst ist ihrerseits verdünnt. Das Schiff der evangelischen Kirche gewinnt durch solchen Reduktionismus keineswegs wie beabsichtigt an Attraktivität – im Gegenteil! Tatsächlich liegen die Effekte auch zahlenmäßig am Tage. Es braucht dringend eine theologische Neubesinnung auf die Fülle der Hoffnung, die sich mit der evangelischen Kernlehre eigentlich verbindet[72]. Um es mit Emil Brunner zu formulieren: „Eine Kirche, die nichts über das Zukünftig-Ewige zu sagen hat, hat überhaupt nichts zu sagen, sie ist bankrott."[73] Und dann hat sie auch irdisch gesehen kaum noch viel zu erhoffen.

3 Rechtfertigungslehre im Nebel?

Martin Luthers Rechtfertigungslehre gilt weithin als das Gütezeichen der evangelischen Kirche. Das Wort „evangelisch" gehört dabei ebenso wie der Begriff „Rechtfertigung" zu jenen Wörtern, die der Reformator selber geschaffen hat, um das Spezifische seiner theologischen Zentralerkenntnis zu verdeutlichen. Ums Evangelium nämlich, um die frohe Botschaft dreht sich ungefähr alles in der Kirche der Reformation!

Doch was kann diese befreiende Rechtfertigungslehre noch ausrichten, wenn ihre Bezugsgrößen relativiert werden und nebulös verschwimmen? Ohne den Anker lebendiger Hoffnung auf Gottes verheißenes Heil, zu dem auch die Offenbarung seiner Gerechtigkeit, also eine Gerichtserwartung denknotwendig gehört, ist das ganze Gebäude auf Sand gebaut. Wenn die Perspektive aufs Endgericht modern oder postmodern zerbröckelt, kann das Evangelium von der göttlichen Gnade eigentlich nichts Wesentliches mehr ausrichten. Denn die Botschaft von der Annahme des Gottlosen aus lauter Liebe hat ihre Spitze, ihre Radikalität und Totalität gerade darin, dass sie sich nicht nur auf unser heutiges Dasein bezieht – nach dem Motto: „Du bist angenommen, so wie du bist." Vielmehr umfasst sie die freudige Zusage an den Glaubenden, für immer, nämlich auch und gerade im Allerletzten, im „Jüngsten" Gericht vor Gott bestehen zu können. Diese frohe Botschaft, einst von den Reformatoren mit Blick aufs

Neue Testament möglichst scharf herausgearbeitet, ergibt dort kaum noch Sinn, wo theologisch oder kirchlich versucht wird, sie auf das Maß einer Wellness-Religion zurechtzustutzen.

Schon 1963 hat der *Lutherische Weltbund* (LWB) die Notwendigkeit beschrieben, die Lehre von der Rechtfertigung zeitgemäß zu transformieren: „Heute [...] befindet sich die Kirche in Verlegenheit, wie sie das Evangelium verkündigt – ob sie es nun unter dem Bild der Rechtfertigung oder in anderen Begriffen tut. Die Schwierigkeit, der die Kirche hier begegnet, ist nicht nur der Anstoß, den die Verkündigung des Evangeliums unter den Menschen immer erregt. Ihr fehlt ein Gegenüber, in dem die Stimme Gottes wiedererkannt würde. Die Frage, ob Gott ist, und wieso der Mensch seine Schöpfung ist, ist eine Zweifelsfrage, die auch uns zur Anfechtung werden kann. Die Botschaft von der Rechtfertigung setzt voraus, dass bei den Menschen eine Begegnung mit Gott stattfindet. Kann die Kirche diese Voraussetzung zur Wirklichkeit werden lassen? Kann der Mensch so auf die Wirklichkeit Gottes hingewiesen werden, dass er zur Frage nach der Rechtfertigung seiner Existenz von Gott geführt wird?“[74] In der Tat ergibt die Rede von der Rechtfertigung des Gottlosen wenig Sinn, wo Menschen in ihrem kulturellen Kontext längst Gott losgeworden sind, sprich: Gott nicht mehr als Gegenüber wahrzunehmen gelernt haben. Gnadenhafte Gerechtsprechung im Endgericht interessiert nur, wo der apokalyptische Denkrahmen des Neuen Testaments bekannt ist und im Grundansatz bejaht wird.

Angesichts dieser Problematik hat sich die lutherische Bischofskonferenz im Rahmen ihrer Klausurtagung, die 2008 anlässlich des sechzigjährigen Bestehens der *Vereinigten Evangelisch-Lutherischen Kirche in Deutschland* (VELKD) in Wittenberg stattfand, ausführlich mit der Rechtfertigungslehre beschäftigt und erklärt: „Nach christlicher Überzeugung ist der Mensch nicht nur in diese Beziehungen eingespannt, er darf sich vielmehr als Person von dem umfassenden Gegenüber, von Gott bejaht, geliebt, anerkannt, und das heißt: gerechtfertigt wissen. [...] Wir sind Gott recht ‚ohne des Gesetzes Werke allein aus Glauben'. Weil dieses Gott-recht-Sein ein an keine Bedingung geknüpftes Geschenk Gottes ist, spricht man von der Rechtfertigung allein aus Gnade. Diese bedingungslose Annahme durch Gott hat sich uns Christen durch die Verkündigung von Kreuz und Auferstehung Jesu von Nazareth erschlossen. Deshalb sind wir gerechtfertigt allein aus Gnade durch den Glauben um Jesu Christi willen [...].“[75]

Diese Ausführungen sind keineswegs verkehrt – und doch in bezeichnender Weise verkürzt um die ausdrückliche, unüberhörbare Verankerung in der biblischen Hoffnungs- und Zielperspektive. Luthers Frage nach dem „gnädigen Gott“[76] sei heutzutage modifizierend durch die Sinnfrage zu ersetzen. Dabei wird auf Gerhard Ebelings Dogmatik verwiesen. Doch liest man dort nach, findet man Erstaunliches: Ebeling sieht zwar, dass die Rechtfertigungslehre mitsamt ihren biblischen Voraussetzungen für den heutigen Menschen eine Zumutung darstellt. Aber er macht darauf aufmerksam, dass sie noch nie „zeitgemäß“, sondern immer schon anstößig war. Wolle man die Rechtfertigungsfrage im modernen Kontext durch die Sinnfrage ersetzen, so ergebe sich das Problem, „ob denn in dem Rahmen dieser dem heutigen Menschen gewohnten Denkweise die Sache des christlichen Glaubens überhaupt einzuzeichnen ist, ohne sie dabei preiszugeben“[77]. Vielmehr müsse die Sinnfrage, in der sich der Mensch selber zum Forum von Rechtfertigung mache, wiederum transzendiert werden.

Statt also die Rechtfertigungsbotschaft in den Horizont (post-)modernen Denkens zu übertragen und dabei womöglich ihre Kernsubstanz preiszugeben, gilt es umgekehrt, dieses Denken zu hinterfragen, indem es auf seine eigenen ungeklärten Letztfragen hin durchleuchtet wird. Wolfhart Pannenberg hat in diese Richtung weiterführende Überlegungen angestellt. Er betont, die Frage nach dem Sinn des Ganzen habe zu beachten, dass als Ursprung der Ganzheit die sie vollendende Zukunft zu denken sei[78]. Im Bilde gesprochen: „Auch als Steckling schon und auf dem Wege ihres Wachstums bis zur Blüte ist eine Zinnie eine Zinnie, obwohl die Blume ihren Namen trägt wegen ihrer Blüte.“[79] Werde nicht beispielsweise das Ganze eines Liedes nur im Vorgriff auf seinen noch ausstehenden Abschluss erfasst[80]? Wenn die einstige jüdische Apokalyptik zum Ausdruck gebracht habe, dass „das Ende der Weltgeschichte alle ihre Ereignisse und das Leben jedes einzelnen Menschen in sein endgültiges Licht rücken“ werde, mache das sie auch heutzutage zu einem intellektuell zumutbaren, ja aufschlussreichen Denkmodell. Nur so sei überhaupt die Botschaft vom Reich Gottes verstehbar, weil sie ja „als alles Geschehen umfassend zu denken ist, das Weltgeschehen im Ablauf der Geschichte aber erst von deren Ende her als Ganzes in den Blick kommen kann […]“[81]. Es gehe um „ein künftiges Gotteshandeln, das alle menschlichen Vorstellungen übersteigt, aber dennoch bezogen ist auf das gegenwärtige Dasein der Menschen mit seiner humanen

Unabgeschlossenheit [...]"[82]. Menschliches Fragen umfasst demnach letztlich durchaus auch ein Gehör für apokalyptische Töne – nicht zuletzt angesichts der heutigen „apokalyptischen Perspektiven einer Zerstörung der irdischen Umwelt der Menschheit durch den Mißbrauch der Technik"[83]! Laut Pannenberg eignet dem menschlichen Bewusstsein von daher ein ekstatischer Charakter: In seiner zeitlichen Strukturiertheit eilt es ständig – etwa im Modus der Sorge – der Gegenwart voraus und denkt Zukünftiges, fragt also auch nach dem Sinn und Ende des Zeitlichen[84]. Daraus folgert Pannenberg: „Reich Gottes und Auferstehung der Toten – das sind nicht abstruse Traumbilder antiker Autoren oder dem natürlichen Verstehen entzogene Offenbarungswahrheiten; es handelt sich auch nicht um Verheißungen, die nur in einer losen und zufälligen Beziehung zur Lebensproblematik des Menschen stehen, sondern diese beiden Gedanken, Reich Gottes und Totenauferstehung, sprechen die Bedingungen für die Vollendung der menschlichen Bestimmung aus."[85]

Entsprechendes gilt für den Gedanken eines Endgerichts am vom Schöpfer und Vollender herbeigeführten Ende dieser Weltzeit: Er hat mit der Sinnganzheit von Schöpfung und Vollendung zu tun. Folglich bedeutet die Rechtfertigungslehre in ihrem Gesamtzusammenhang keineswegs etwas schlechthin Unverständliches und deshalb Unzumutbares für heutige Menschen. Vielmehr eröffnet sie samt ihren Bezügen eine Tiefe des Denkens, die dem Zeitgeist in der Regel abgeht. Damit tut sich auch eine neue Hoffnungsperspektive auf – zumal der Gedanke des Gerichts wohl Straf- und Läuterungsaspekte, nicht aber unbedingt notwendig auch eine ewige Hölle einschließt, sondern um Jesu Christi willen durchaus universal hoffen lässt[86].

In der reformatorisch begründeten Rechtfertigungslehre geht es in jeder Hinsicht um Ganzheitlichkeit – und insbesondere um den ultimativen Freispruch in Gottes Endgericht. Die Sinnfrage ist dabei selbstverständlich mit eingeschlossen. Nur wo Ganzheitlichkeit in diesem umfassenden Sinn verstanden ist und im Zusammenhang der Botschaft von der Rechtfertigung zum Ausdruck gebracht wird, ist evangelische Kirche bei ihrem Eigentlichen, um dessentwillen es sie geben muss. Sie steht und fällt mit dem Artikel von der Rechtfertigung – das wussten schon die Alten[87]. Heute ist diese Einsicht ernster zu nehmen denn je, denn es geht inzwischen wirklich ums „Eingemachte".

Dass es die evangelische Kirche neben der katholischen Kirche gibt, daran ist man in deutschen Landen seit bald einem halben Jahrtausend gewöhnt. Im Ursprungsland der Reformation ist dieses Nebeneinander eine leidige Selbstverständlichkeit geworden, längst gepflegt im Namen der Religionsfreiheit. Wenigstens hat das zurückliegende halbe Jahrhundert dazu geführt, dass auch immer öfter ein Miteinander der großen Konfessionen zu erleben ist. Aber Ökumene erweist sich allen Fortschritten zum Trotz als zähes Geschäft. Mittlerweile sind zwar „ökumenische" Ehen zur Normalität geworden, doch ein gemeinsames Abendmahl für die Verheirateten bleibt immer noch die Ausnahme. Die Konfessionstrennungen ziehen sich oft quer durch die Familien, so wie sie sich schon lange, lange durch manche Ortschaften ziehen. Eine Werbung fürs Christsein sind solche Zustände kaum. Auch unter diesem Aspekt stellen sich immer mehr Christen die Frage: Wieso muss ich eigentlich evangelisch bleiben? Und das umso mehr, als aus Rom um die Jahrtausendwende mit der Verlautbarung „Dominus Iesus" unmissverständlich klargestellt wurde, die evangelische Kirche könne nicht als Kirche im Vollsinn des Begriffs gelten[88].

Gewiss, das Markenzeichen des Evangelischseins verlockt zum Bleiben: eben die zuallererst von Martin Luther herausgearbeitete Rechtfertigungslehre. Doch selbst in dieser Hinsicht lässt sich fragen: Gab es nicht 1999 die groß gefeierte „Gemeinsame Erklärung zur Rechtfertigungslehre"? Ist mit diesem ökumenischen Akt nicht eine Einigung in einer ganz wesentlichen Frage erreicht worden, so dass evangelische Kirche eigentlich katholisch „heimgeholt" werden könnte, ja gewissermaßen überflüssig geworden ist?[89]

Es geht bei bewusstem Evangelischsein um das Verständnis des Evangeliums selbst. Was heißt es also, Mitglied der *evangelischen* Kirche zu sein? Martin Luther hatte im Vorfeld des Geschehens von 1517 im Zuge intensiven Ringens mit Bibeltexten das Evangelium plötzlich neu verstanden. Ihm war förmlich ein Licht aufgegangen; man spricht von seinem „Turmerlebnis"[90]. Hatte er bis dahin gedacht, Gott drohe durch das Evangelium mit seiner Gerechtigkeit und seinem Zorn, so leuchtete ihm beim Brüten über der Paulus-Stelle „Der Gerechte wird aus Glauben leben" (Röm 1,17) plötzlich die Gerechtigkeit Gottes als positive Eigenschaft des Allmächtigen ein. Er begann zu verstehen, dass der Mensch als Gerechter, als Freigesprochener durch ein Geschenk des höchsten Richters lebt, rein aus Glauben heraus. Das Evangelium offenbarte also nicht die hinrichtende, sondern die froh und frei machende Gerechtigkeit Gottes als eine für den Menschen passive, ihm Gnade und Barmherzigkeit erweisende Macht. Im Rückblick formulierte der Reformator: „Da fühlte ich mich völlig neugeboren und als wäre ich durch die geöffneten Pforten ins Paradies selbst eingetreten. Da zeigte mir sogleich die ganze Schrift ein anderes Gesicht."[91]

Die Kirche, in der Luther groß geworden war, hatte ihm und unzähligen seiner Zeitgenossen ein Gottes- und Christusbild vermittelt, das den Gerichtsaspekt betonte und mit Drohungen und Angst arbeitete. Das Verhältnis zwischen Gott und den Menschen war insofern ein gespaltenes, ein zutiefst beunruhigendes, dem verzweifelte, ja zweifelhafte Versuche eines fromm gemeinten Arrangements aufhelfen sollten. Wer die Bedingungen der Gesetze Gottes und der Kirche erfüllte, hatte Chancen auf eine Rettung im Endgericht. Doch wer konnte sicher sein, alle Bedingungen erfüllt zu haben? Nur die *bedingungslose* Zusage der Gnade, der die vertrauensvolle Hingabe im Glauben entspricht, kann hier Befreiung, Klarheit und inneren Frieden bringen. Die Botschaft von der geschenkweisen Rechtfertigung des Sünders ist allein wirkliches *Evangelium* – zu Deutsch: Freudenbotschaft.

Wer sich evangelisch nennt, sollte das im Grundsatz begriffen und die daraus erwachsende Freiheit eines Christenmenschen erfahren haben. Aber wem liegt noch an solch einer Freiheit angesichts eines „leeren Himmels" (Heinz Zahrnt)[92]? Wie kann das Evangelium erfreuen in einer Zeit, in der die göttliche Gnade kein erstrebenswertes Gut mehr darzustellen scheint, weil der biblische Richtergott dem autonomen und erst recht dem postmodernen Zeitgenossen kaum mehr einleuchtet? Ruft protestantischer Rechtfertigungsglaube deshalb nicht nach Umformung? Oder impliziert er wesentliche Inhalte, die für evangelische Kirche letztlich unverzichtbar wahr bleiben?

Solche Fragen sind hochaktuell – auch wenn ein nicht geringer Teil der Kirchenmitglieder und auch kirchenleitender Organe sich scheut, sie gründlich anzugehen. Notwendig ist substanzielle Besinnung im Dialog der unterschiedlichen Strömungen des heutigen Protestantismus. Das Reformationsgedenken ist der richtige Zeitpunkt, diesen Dialog zu fordern und zu fördern. Hier muss es um ein spirituelles Ringen gehen, das sich in unserer Zeit nicht mehr nur nach außen zu wenden hat, sondern durchaus auch innerhalb der eigenen Konfession angesagt ist.

Um diese Art von „Zerreißprobe" führt kein Weg herum: Sie ist nicht gegen die Einheit der Kirche gerichtet, sondern dient ihr zutiefst.

Entsprechendes Bemühen wird immer ein Ringen um angemessenes Verstehen und stimmige Vermittlung der befreienden Botschaft sein. Und eigentlich dürfte das gar keine „Mühe" bedeuten, sondern inneres Bedürfnis all derer sein, die von der Erkenntnis des ihnen geschenkten göttlichen Schatzes überwältigt und entsprechend motiviert sind. Denn der in Entfremdung und Vergänglichkeit verstrickte Mensch – so beschreibt Martinus das Evangelium – kann „nichts Tröstlicheres hören als diese teure, liebliche Botschaft von Christus. Sein Herz muss von Grund aus lachen und fröhlich darüber werden […]."[93] Nur wo solches Lachen zu Hause ist und immer wieder neu Heimat anbieten darf, lohnt es sich, dass evangelische Kirche angesichts und trotz aller Krisen bleibt.

4 Geborgen im Hafen eines neuen Kulturprotestantismus?

Evangelische Theologie und Kirche haben sich viel früher und entschiedener als katholische für aufklärerisches Gedankengut und modernes Denken schlechthin geöffnet. Damit standen sie vor der Herausforderung, Althergebrachtes entweder vernünftig zu verteidigen oder aber es in heutige Denkstrukturen zu übersetzen bzw. ihnen anzupassen. Ob man im Zuge entsprechender „Transformationen" substanzielle Verluste hinnehmen musste, schien mitunter eine zweitrangige Frage zu sein. Die Vorgaben des jeweils aktuellen Weltbilds hatten dabei oft mehr Gewicht als die des überlieferten Glaubens. So kam es im Verlauf des späteren 19. Jahrhunderts im Protestantismus zu einer theologischen Entwicklung, die sich als Versuch einer konsequenten Beheimatung von Theologie und Kirche in der Kultur der Moderne beschreiben lässt. Das Bestreben, evangelische Religion in Einklang mit der allgemeinen Kulturentwicklung zu bringen, nennt man *Kulturprotestantismus*. Darunter versteht man heute eine zurückliegende Epoche, die sich von etwa 1860 bis hinein ins Dritte Reich erstreckte und insbesondere zwischen dem Ersten und Zweiten Weltkrieg von der sogenannten „Dialektischen Theologie"[94], die sich selber als „Wort-Gottes-Theologie" bezeichnete, bekämpft wurde.

Seinem inneren Kern nach geht der Kulturprotestantismus auf den Aufklärungsphilosophen *Immanuel Kant* (1724–1804) zurück. Grundsätzlich betrachtete Kant es als wichtigste Angelegenheit seiner Philosophie, in Sachen Vernunft ein für alle Mal die „Quelle ihrer Irrtümer" zu verstopfen. Seine Vernunftkritik wollte keineswegs metaphysisches und religiöses Fragen unterbinden, sondern dafür sorgen, dass dabei die Grenzen der Vernunft angemessen Beachtung finden. In diesem Sinne schrieb er sein spätes Werk „Die Religion innerhalb der Grenzen der bloßen Vernunft" (1794). Darin suchte er christliches Glaubensgut, darunter auch den Begriff des Reiches Gottes, religionsphilosophisch umzumünzen. Für seinen Blickwinkel ist „der sich auf ein Gesetz gründende moralische Wunsch, das höchste Gut zu befördern", identisch geworden mit dem Versuch, „das Reich Gottes zu uns zu bringen"[95]. In diesem Sinn wird das neutestamentlich zum Thema gewordene Kommen des Reiches Gottes umdefiniert als innerweltlich fortschreitender Kulturprozess.

Der Königsberger Philosoph hat seine fortschrittsgläubige Auffassung vom Reich Gottes mit dem Gedanken der wahren, durchaus sichtbaren *Kirche* verbunden und diese mit dem rein moralisch verstandenen „Reich Gottes" gleichgesetzt. Kein Wunder, dass vor allem Vertreter des Protestantismus dieses Kirchenverständnis aufgegriffen haben, zumal es dem römisch-katholischen zuwiderlief. An erster Stelle tat sich in dieser Hinsicht der große protestantische Theologe *Friedrich Daniel Ernst Schleiermacher* (1768–1834) hervor. Der dreißig Jahre nach Kant verstorbene Professor stammte aus der Herrnhuter Brüdergemeine und gilt bis heute als „Kirchenvater" der modernen protestantischen Theologie. Der Philosophie Kants verdankte Schleiermacher recht viel, auch wenn er in einem entscheidenden Punkt über sie hinausging. Er bejahte erkenntnistheoretisch den vernunftkritischen Ansatz Kants und verankerte darum den Glauben weniger in der Reflexion und Spekulation als vielmehr im Gefühl. Deshalb lehrte er, der Glaube habe in seinem Vollzug Gott nicht nur zu postulieren, sondern er erfahre ihn – und zwar im „Gefühl schlechthinniger Abhängigkeit". Auf dieser Basis konnte Schleiermacher dann auch Kants Rede vom „Reich Gottes" aufgreifen. Man hat von daher sogar gesagt, die Theologie Schleiermachers sei insgesamt als eine „Theologie des Reiches Gottes" konzipiert[96]. Jedenfalls hat auf diese Weise Kants kulturphilosophischer Reich-Gottes-

Gedanke an zentraler Stelle Eingang in die protestantische Theologie gefunden.

Als ein typischer Kulturprotestant, ja pointiert als „Vater des Kulturprotestantismus“[97] gilt in der modernen Theologiegeschichte sodann *Albrecht Ritschl*. Der 1889 verstorbene Göttinger Systematiker argumentiert deutlich erkennbar auf der Linie von Kant und Schleiermacher. In deren Sinn greift er den moralisch gemeinten Leitbegriff des „Reiches Gottes“ auf. Die „Kirche“ versteht er somit als Inbegriff und Avantgarde einer vergeistigten Menschheit unter Christus als dem Haupt. Dem einzelnen Christen ist diese Kirche als sittliche Gemeinschaftsgröße vorgeordnet. Auf sie als ideale Größe im Ganzen bezieht sich deshalb bei Ritschl die Erlösungslehre: Nur wer der „Mutter Kirche“ zugehöre, könne der Gnade teilhaftig und mit Gott versöhnt werden.

Ritschls bekanntester Schüler war der 1930 verstorbene *Adolf von Harnack*[98]. Durchaus in Anlehnung an Kants Religionsphilosophie konnte er als liberaler Theologe nicht nur Dogmenkritik üben, sondern auf seine Weise fromm formulieren, dass wir als Menschen so wie Jesus „nicht in die Zeit gehören, sondern in die Ewigkeit: wir sollen das werden, was er war und ist, ein Mensch der Ewigkeit, dessen inneres Leben Gott ist“[99]. Von Harnack hielt also alle Menschen ihrer Bestimmung nach für ebenso göttlich wie den Nazarener. Die „Seele“ sah der große Berliner Kirchenhistoriker – wiederum in Anlehnung an Kants Autonomiekonzept – als derart geadelt an, dass sie sich selbst mit Gott als ihrem Vater zusammenzuschließen vermag. Freilich befinde sie sich noch allemal in der Entwicklung, im „Fortschritt“ wachsender Heiligkeit, wie ebenfalls im Sinne Kants gesagt wurde. Mit Freunden gründete er den Evangelisch-Sozialen Kongress als politische Bewegung, die für ihn die Konsequenz aus seinem kantianischen Reich-Gottes-Verständnis und der Botschaft Jesu war. So sehr erwies er sich als Kulturprotestant, dass er 1914 einen Kriegsaufruf für den Kaiser verfasste, wonach die deutsche Kultur gegen die „Halbkultur“ des Gegners „bis zum letzten Blutstropfen“ verteidigt werden sollte[100].

Kulturprotestanten waren als selbstbewusste Repräsentanten des Bürgertums bildungsbeflissen und betonten die Zusammengehörigkeit von Protestantismus und bürgerlicher Gesellschaftsordnung – mit dem zeitweiligen Ziel, die gesamte Nation als Einheit nach kulturprotestantischen Vorstellungen zu entwickeln[101]. In dieser Form ist der Kulturprotestantismus eine Epoche der Vergangenheit. Doch hinsichtlich seines Strebens nach Erneuerung der evangelischen Kirche im liberal-theologischen Sinn[102] strahlt er bis in unsere Zeit hinein aus. Mehr noch: Er blüht im Horizont des gesamtgesellschaftlich gebotenen und sich zunehmend ausformenden religiösen Pluralismus längst wieder in neuer Gestalt auf – ob man ihn nun so nennen mag oder nicht. Friedrich Wilhelm Graf etwa empfiehlt, das große Reformationsjubiläum gerade deshalb zu feiern, weil der Protestantismus sich in der Neuzeit zu einer höchst vielfältig dekodierten Religionskultur entwickelt habe[103].

Im neuen Kulturprotestantismus unserer Zeit wird das „Reich Gottes" in aufgeklärter Abkehr von jeglichem endzeitlich ausgerichteten Denkmodell ersatzweise gern als eine kulturell von Kirche mehr oder weniger anzustrebende oder ansatzweise umzusetzende Größe ins Spiel gebracht. Zum Beispiel heißt es in einem neueren Textentwurf der Kommission für Weltmission und Evangelisation: „Die Kirche ist eine Gabe Gottes an die Welt, um die Welt zu verwandeln und dem Reich Gottes näherzubringen."[104] Die Kirchen wären demnach aufgerufen, „Gottes Reich der Gerechtigkeit herbeizuführen", wie unter sachlich unhaltbarer Berufung auf Apostelgeschichte 1,6–8 weiter behauptet wird. Und an anderer Stelle wird in dem Papier gesagt, die gute Nachricht vom Reich Gottes verheiße, dass eine gerechte und inklusive Welt Wirklichkeit werde. Das ist eine Halbwahrheit, die zur Unwahrheit mutiert, wenn unterschlagen wird, dass die heile Welt des verheißenen Gottesreiches im neutestamentlichen Sinn eine transzendente, nicht innergeschichtlich zu realisierende Größe bedeutet. Diesen exegetischen Sachverhalt zu übersehen oder zu verleugnen, ist ein problematischer Versuch, die Verabschiedung der neutestamentlichen Hoffnungsperspektive kulturprotestantisch aufzufangen. Selbstverständlich will das Evangelium kirchlich und gemeindlich bereits mitten in dieser vergehenden Welt Zeichen des kommenden Gottesreiches gesetzt wissen, immer wieder ein Stück Licht in sie hineinbringen[105]. Aber solche gegenwärtig schon wirksam werdenden Kräfte meinen mitnichten einen kulturgeschichtlich zu erbringenden und zu beobachtenden Fortschritt im Sinne innerweltlicher Realisierung des Gottesreiches. In diese Richtung zu denken, hieße letztlich, zurückzufallen in enthusiastische, schwärmerische, ja womöglich sektiererische[106] Vorstellungen.

Doch Tendenzen, das Reich Gottes so realisierbar zu deuten, nehmen im Protestantismus weiter zu. Hans-Georg Geyer warnt: „Weder macht es das Wesen christlicher Kirche aus, mitten im Wandel der Geschichte allem historischen Relativismus und Nihilismus zum Trotz ethische Prinzipien und Ideale menschlichen Existierens als unbedingte Forderung Gottes geltend zu machen, noch verbürgt die Faktizität ausdrücklich christlicher Kirchen auch schon die Substantialität ihres Anspruchs, wahre Kirche Jesu Christi zu sein.“[107] Tatsächlich droht Volkskirche in der Folge „zu einem integrierten Religionsinstitut innerhalb der demokratischen Gesellschaft“[108] zu mutieren. Christlichkeit kleidet sich da recht gern in „größtmögliche Toleranz gegenüber dem Außerkirchlichen, Allgemeinreligiösen, dem Menschlichen überhaupt“[109]. Friedrich Wilhelm Graf weiß, wovon er redet, wenn er darlegt, „daß sich das Protestantische über seine originären konfessionschristlichen Schranken hinaus entgrenzt hat zu einem vielfältig wirkmächtigen theologischen und religionsstrukturellen Ideenkomplex, der in den Symbolsprachen höchst unterschiedlicher Religionen und Glaubensrichtungen jeweils mit eigenen Elementen verschmolzen werden kann“[110].

Solch neuer Kulturprotestantismus tritt kirchlich gern in Gestalt gesamtgesellschaftlich relevanter, fast ausnahmslos ethisch ausgerichteter Erklärungen, Denkschriften und Orientierungshilfen ins Rampenlicht, mit denen „Werten“ des kommenden Gottesreiches mehr Achtung in Politik und Gesellschaft verschafft werden soll[111]. Sicherlich ergibt sich damit eine gewisse Analogie zu den Dekreten, Verlautbarungen und päpstlichen Enzykliken von Seiten der katholischen Kirche, zumal manche Erklärungen „ökumenisch“ abgegeben werden. Doch römische Texte sind oft deutlicher mit dogmatischen Gehalten durchsetzt. Evangelischerseits scheint dafür eine etwas massivere Beeinflussung von Kultur und Politik angestrebt zu sein – verbunden mit mehr Sinnstiftung für die hoffnungsärmer gewordene Institution selbst, die sich mit Kritik an Politik und Gesellschaft doch merklich im Zaum hält[112]. Der Historikerin Rebekka Habermas zufolge hat der Protestantismus die Position des neutralen und objektiven Wächters über den öffentlichen Raum okkupiert und den Katholizismus wie das orthodoxe Judentum einer vormodernen Sphäre des Aberglaubens zugeschlagen[113]. Und Karl Richard Ziegert, einstiger Direktor der Evangelischen Akademie Speyer, moniert: „Was als Protestantismus einmal eine Glaubensgemeinschaft war, präsentiert sich nun durchgängig als von der ‚moralischen Avantgarde' geführte ethisch-politische Gefühlsgemeinschaft."[114] Flieht evangelische Kirche heutzutage nicht allzu gern in den bergenden Hafen eines neuen Kulturprotestantismus? „Das Schiff, das sich Gemeinde nennt, liegt oft im Hafen fest, weil sich's in Sicherheit und Ruh bequemer leben lässt", dichtete Martin Gotthold Schneider in seinem bekannten Lied. Insofern wird hier Kurs gehalten – aber funktioniert der Kompass richtig?

Das Problem protestantischer Erklärungen und offizieller kirchlicher Empfehlungen für unsere Kultur und Gesellschaft besteht darin, dass sie kaum direkt das leisten, wozu Kirche eigentlich beauftragt ist: zentral das Evangelium von Jesus Christus zu verkünden. Ihre ethischen Maßgaben lassen meist allenfalls indirekt auf dogmatischen Hintergrund schließen – und wollen gerade so weniger aufdringlich erscheinen[115]. Man spricht dann beispielsweise gern vom „christlichen Menschenbild"[116], aber selten von Christus. Das heißt keineswegs, dass sich kirchliches Geschäft auf solche Weise restlos in gesellschaftspolitischen Stellungnahmen erschöpfen würde. „Wer es als geistliche Verarmung sieht, wenn Theologen sich als die besseren Politikkommentatoren gerieren, hat Recht", räumt der EKD-Ratsvorsitzende Heinrich Bedford-Strohm ein[117]. Für ihn liegt der Kern „Öffentlicher Theologie" gerade in der „untrennbaren Verbindung von geistlicher und ethischer Dimension"[118]. Aber die Schwachstelle ethischer Impulse aus kirchlicher Hand ist eben die, dass die oft nur indirekt anklingende geistliche Dimension als Begründungsinstanz im Hintergrund bleibt und somit als austauschbar und ersetzbar erscheinen kann. Geht es nicht oft genug um religiöse Grundwerte überhaupt, die kaum noch spezifisch christlicher Natur sind und mitunter sogar von Atheisten und Agnostikern geschätzt werden? Kirche macht sich insofern selber ungewollt überflüssig, wenn sie sich primär ethisch darstellt und empfiehlt. Gewiss, kirchliches Bekenntnis und theologische Dogmatik haben immer auch ethische Konsequenzen. Deshalb verdient Bedford-Strohm unbedingt Zustimmung für seine Aussage, dass „das leidenschaftliche Engagement für die Welt in einer vertieften Frömmigkeit gründet"[119]. Aber umgekehrt gilt dieser Zusammenhang kaum: Humane Ethik hat nicht notwendig ganz bestimmte „dogmatische" Konsequenzen, sondern kann in mancherlei Gesinnungen und Überzeugungen gründen. Sofern

Kirche dies verkennt, sollte sie sich über die mageren Folgen ihrer Verlautbarungspolitik nicht wundern[120].

Der neue Kulturprotestantismus ist schon deshalb wenig hilfreich. Wie er wirkt, geht aus den Worten des deutschen Finanzministers Wolfgang Schäuble hervor: Es „entsteht der Eindruck, als gehe es in der evangelischen Kirche primär um Politik, als seien politische Überzeugungen ein festeres Band als der gemeinsame Glaube“[121]. Schäuble bestreitet nicht, dass Religion politisch wirksam sein kann, doch müsse sie, „um politisch zu sein, erst einmal Religion sein“. So ist es, und das weiß auch Bedford-Strohm: „Was wir heute brauchen, ist eine geistliche Erneuerung, die Glaube und Frömmigkeit als Schlüssel für ein erfülltes Leben deutlich macht.“[122] Bedeutet das im Blick aufs Reformationsjubiläum nicht weniger Anlass zum Jubeln als vielmehr zu Buße und Besinnung?

Wohin führt der Weg der Protestanten nach bald einem halben Jahrtausend? Wird es zu Spaltungen innerhalb der EKD kommen, weil konservative und liberale Kräfte immer mehr auseinanderdriften? Wird der neue Kulturprotestantismus die evangelische Kirche retten oder ruinieren? Ist das Ende volkskirchlicher Kultur in Sicht, von dem in der allerersten Kirchenmitgliedschaftsstudie 1974 noch keine Rede sein konnte? Oder ermöglicht die laue Mitte dem evangelischen Schiff „Kirche“ doch noch für einige Zeit ein ruhiges Fahrwasser?

Vielleicht gibt es tatsächlich noch einige Zeit ein Miteinander der verschiedenen Strömungen im Protestantismus[123]. Möglich dürfte das allerdings bloß dann sein, wenn der konservative, bekenntnistreue Flügel und der liberale, einem neuen Kulturprotestantismus frönende in der evangelischen Kirche stärker aufeinander zugehen. Nur wenn sie sich mehr um Dialog als um Abgrenzung bemühen, indem sie ihre jeweiligen Stärken gegenseitig mit mehr Respekt wahrnehmen und die jeweiligen Schwächen in möglichst geschwisterlichem Ton benennen, können die theologischen Differenzen angegangen und fruchtbringend aufgearbeitet werden.

Hilfreich dürfte dabei eine Orientierung an der von dem großen evangelischen Theologen und Religionsphilosophen Paul Tillich entworfenen „Methode der Korrelation“ sein. Sie „erklärt die Inhalte des christlichen Glaubens durch existenzielles Fragen und theologisches Antworten in wechselseitiger Abhängigkeit“[124]. Das heißt: Es gilt auf Fragen, die die Situation stellt, in der Macht der ewigen Botschaft und mit den begrifflichen

Mitteln, die die Situation liefert, zu antworten. In der evangelischen Kirche stehen die Liberalen wohl eher für das vernünftig motivierte Fragen und die Konservativen eher für das fromm motivierte Antworten. Es käme für die Arbeit an der kirchlichen Einheit darauf an, beide Flügel in bewusstere Korrelation zueinander zu bringen. Dabei gilt es freilich zu sehen, dass auch die Position des „Fragenden" meist schon intentional von Antworterwartungen oder von bestimmten Positionen geleitet wird. Insofern muss es eigentlich um eine Korrelation nicht von Fragenden und Antwortenden, sondern von unterschiedlichen Antworten gehen, zumal beide Seiten recht genau zu wissen scheinen, was sie glauben wollen. Unbedingtes Festhalten am Überlieferten auf der einen Seite steht im Konflikt mit kritischen Anfragen der Vernunft andererseits, die als solche wiederum – das hat schon Immanuel Kant betont[125] – das Fragen in religiöser Hinsicht sehr wohl in sich trägt. Hier inhaltlich und methodisch zu vermitteln, ist gewiss keine einfache Aufgabe. Erasmus von Rotterdam hat einmal Luther gegenüber bemerkt: „Unglücklich segelt der nicht, der zwischen zwei gegensätzlichen Übeln einen mittleren Kurs einhält."[126] Dialog ist angesagt – ernsthaft, verstärkt, unbedingt. Beide Flügel müssen ihre starken Wahrheiten einbringen. Diese Herausforderung lässt sich in ihrer Dringlichkeit kaum länger verkennen. Die evangelische Kirche steht im Horizont eines immer massiveren Traditionsabbruchs am Scheideweg: Entscheidungen sind sowohl kirchenpolitisch zu treffen[127] als auch gemeindlich und pastoral-individuell. Sie sollten nicht auf Kosten einer „Parteiung" fallen, sondern möglichst den Konsens anstreben, der Kirche vielfach ebenso bestimmt und getragen hat wie die Wahrheitsliebe.

Heute steht zunehmend evangelisches Kirchentum seiner Substanz nach auf dem Spiel. Hans Küng wirft die ernste Frage auf: „Hat sich die *Reformation* mit all dem Blut, Schweiß und Tränen, der ganzen Zerrüttung und vielfacher Verwüstung des Gemeinwesens wirklich *gelohnt*?"[128] Das kann man insbesondere mit Blick auf den vernunftgeleiteten „Kulturprotestantismus" fragen. Diese neu verstärkte Ausformung evangelischer Kirche dürfte für sich genommen weder befriedigend noch vielversprechend sein. Denn was liberale Religiosität angeht, so ist sie gegebenenfalls auch außerhalb des Protestantismus zu haben: auf dem Gebiet esoterischer Spiritualität, durchaus und immer mehr auch in der so weitläufigen katholischen Kirche und nicht zuletzt im Bereich der zunehmenden Konfessionslosigkeit, in den ohnehin schon viele, primär evangelisch Getaufte ausgewandert sind. Ratsam ist indessen eine breite, demütige Besinnung auf Luthers Auslegung des 3. Glaubensartikels, in dem von der Kirche die Rede ist: „Ich glaube, dass ich nicht aus eigener Vernunft noch Kraft an Jesus Christus, meinen Herrn glauben oder zu ihm kommen kann, sondern der Heilige Geist hat mich durchs Evangelium berufen, mit seinen Gaben erleuchtet, im rechten Glauben geheiligt und erhalten; gleichwie er die ganze Christenheit auf Erden beruft, sammelt, erleuchtet, heiligt und bei Jesus Christus erhält im rechten einigen Glauben [...].“ Evangelische Kirche kann ihre Identität gerade dadurch neu finden, dass sie sich wieder entschiedener als spirituellen Teil der „ganzen Christenheit auf Erden“ begreift.

II Evangelische Kirche ohne Zukunft?

„Sind die deutschen evangelischen Landeskirchen wirklich Kirche? Oder sind sie bürokratische Organisationen, diakonische Betriebe, religiöse Vereine, die sich aus Gründen der Tradition so nennen und die in Zeiten des Traditionsabbruchs um ihren Bestand bangen müssen?“[1]

Manfred Josuttis

Was Kirche ist, lässt sich nicht einfach nach Zahlen bemessen. Das lateinische Wort für „Kirche“ heißt *ecclesia* und bedeutet die Schar der Herausgerufenen. Dieses kleine Gottesvolk ist in der Welt, aber nicht von der Welt – so könnte man es im Jargon des Johannesevangeliums ausdrücken. Und doch darf man sich solch demütiger, bescheidener Betrachtungsweise nicht allzu bequem überlassen. Hat nicht der Auferstandene als Herr der Kirche den Auftrag erteilt, das Evangelium allen Völkern auszurichten? Umschließt sein Versöhnungs- und Erlösungswerk nicht die ganze Welt, ja das Universum bereits auf verborgene Weise? Was hat das für den Dienst der Kirche, für ihr Selbstverständnis und ihr Auftreten zu bedeuten? Die evangelische Kirche unserer Tage muss sich diese Fragen neu stellen – und stellen lassen.

1 Kirche ohne Volk?

An der Lage der großen Kirchen in unserer Kulturlandschaft gibt es religionssoziologisch wenig zu deuteln. Fehlende religiöse Erfahrungen und nicht mehr vorhandenes religiöses Wissen führen „ganz offensichtlich dazu, dass vielen Menschen ein Leben ohne Religion als ganz selbstverständlich erscheint. Dass es vor diesem Hintergrund in nächster Zeit zu einer Renaissance der Religion in ihrer traditionellen Form kommen wird, erscheint somit eher unwahrscheinlich.“[2] Die (post-)moderne Zivilgesellschaft kann sich vielleicht mit einer Zivilreligion[3] anfreunden, aber kaum noch mit überkommenen, inhaltlich durch heilige Schriften und Bekenntnisse bestimmten Religionen[4]. Zwar werden die Kirchen toleriert und wegen ihrer sozialpolitischen Nützlichkeit weitgehend akzeptiert. Doch jedes Jahr wenden sich viele Menschen innerlich und sogar äußerlich durch Austritt von ihr ab: Dominant auf dem religiösen Feld sind „nach wie vor die großen christlichen Kirchen, die allerdings an Ausstrahlungs- und Anziehungskraft verlieren“[5].

Angesichts dieses gesamtgesellschaftlichen Kontextes im Abendland ist es wenig verwunderlich, wenn die einstigen Volkskirchen heutzutage im Volk immer weniger Rückhalt finden[6]. Evangelische und katholische Kirche sind in Deutschland von der umrissenen Entwicklung mittlerweile nahezu gleichermaßen betroffen[7]. Diesen Befund könnte man wie ein Naturereignis hinnehmen und auf der Ebene der Kirchenleitungen wie auch in den Gemeinden seufzend mit Schulterzucken quittieren. Man könnte aber auch genauer hinsehen – und den Versuch wagen, Statistiken nicht einfach schönzureden.

Bei näherer Betrachtung zeigt sich nämlich: Der beträchtliche Bevölkerungsanteil der evangelischen Kirche hat sich zwischen 1950 und 2010 nahezu halbiert. Dagegen ist er im selben Zeitraum bei den Katholiken lediglich um rund sechs Prozentpunkte zurückgegangen. Das ist ein höchst auffälliger Unterschied. Die noch nach dem Zweiten Weltkrieg zahlenmäßig in Deutschland führende Konfession hat den ersten Platz mittlerweile an die römisch-katholische Kirche abgeben müssen und „ist in den Status einer Minderheitskonfession abgerutscht“[8]. Solch erstaunlich hohe Abwanderung ist dabei vor allem in Richtung der Konfessionslosen erfolgt[9]. Aus diesen Befunden lässt sich ablesen: Evangelische Kirche weist im zeitgenössischen Vergleich ein deutlich geringeres Bindungspotenzial auf.

Dies dürfte nicht nur mit den stärkeren religiösen Einbindungsfaktoren der katholischen Kirche zusammenhängen, sondern auch mit den Ausformungen des – hier im weiteren Sinn verstandenen – Neuprotestantismus. Unter diesem Begriff kann man die Weiterentwicklung des Protestantismus seit der Aufklärung verstehen, der zwecks unumgänglicher Anpassung an das moderne Denken die historisch-kritische Wissenschaft bejaht und das Erbe der Reformation im Geist fortschrittlicher Weltsichten und Lebensdeutungen umzuformen sucht. Namentlich der Theologe und Religionsphilosoph Ernst Troeltsch hat vor dem Ersten Weltkrieg in diesem Sinne Alt- und Neuprotestantismus epochal unterschieden[10]. Vereinfachend lässt sich sagen, dass die konservative Strömung in der evangelischen Kirche eher an substanzielle Bestände des Altprotestantismus anzuknüpfen sucht, während die liberale Strömung neuprotestantische Tendenzen variantenreich immer weiter vorantreibt und kulturprotestantische Grundideen neu belebt.

Tatsächlich hat in der evangelischen Kirche dank ihrer neuprotestantischen Kräfte eher und stärker als im Katholizismus eine Einlassung aufs moderne Zeitalter greifen können – und offensichtlich dazu beigetragen, das religiöse Bindungspotenzial vergleichsweise auf lange Sicht zu mindern. Religionssoziologisch waren freilich obendrein ungünstige Faktoren wirksam: „Auch kulturelle Veränderungsprozesse wie die Rationalisierung des Weltbildes, die Pluralisierung von Weltdeutungsangeboten und die Ausbreitung einer Konsum- und Erlebniskultur haben den Gültigkeitsanspruch religiöser Welterklärungen relativiert und dazu beigetragen, dass immer mehr konkurrierende Alternativen zur Religion bereitstehen. Zudem wachsen offenbar immer mehr Menschen von Anfang an ohne jeglichen Bezug zur Religion auf, was deren Aufgeschlossenheit für religiöse Dinge im späteren Leben von vornherein reduziert.“[11] Je mehr sich in den zurückliegenden Jahrzehnten im Zusammenhang eines wachsenden Individualismus sogenannte Patchwork-Religiositäten ausgebildet haben, während gleichzeitig der Säkularismus immer noch weiter um sich greift, sind die Folgen für jede volkskirchliche Statistik notgedrungen anhaltend negativ. Dabei haben vor allem infolge der neueren Missbrauchsskandale in der katholischen Kirche die Austrittszahlen mittlerweile auch dort zugenommen und in den Jahren 2010 und 2013 die der evangelischen Kirche sogar getoppt[12].

Die kirchliche Statistik zählte 2014 noch 23,9 Millionen Mitglieder der katholischen Kirche; 2003 waren es 26,1 gewesen – also gab es binnen eines Jahrzehnts einen Verlust von rund zwei Millionen. Hingegen hatte die Evangelische Kirche in Deutschland 2014 noch etwa 23 Millionen Mitglieder – und gemessen an ihren stolzen 29 Millionen im Jahr 2003 einen fast dreifach so hohen Verlust zu verzeichnen. Heute liegt die Mitgliederzahl auf evangelischer Seite bereits unter 22 Millionen, katholischerseits noch über 23 Millionen. Nachdem die Gesamtbevölkerung über 81 Millionen ausmacht, nähert sich der Gesamtanteil der Christen in Deutschland zusehends der Fünfzig-Prozent-Marke. Und selbst die dürfte in einigen Jahren unterschritten sein, falls der aufgezeigte Trend anhält. Der Begriff „Volkskirche“[13] wird damit hierzulande für beide Konfessionen immer fragwürdiger.

Freilich kann man keineswegs sagen, die Kirchen würden bereits im Sterben liegen. Aber der ständig sinkende Pegelstand berechtigt dennoch mittel- und langfristig zu ernster Besorgnis – insbesondere auf Seiten der Evangelischen. Gewiss kann man sich hier nach wie vor mit schönen Befunden trösten: „Das Gemeindeleben äußert sich neben dem Gottesdienstbesuch und den Amtshandlungen in einer Vielzahl von regelmäßigen Kreisen und Veranstaltungen."[14] Immerhin 1,5 Millionen Erwachsene besuchen in Deutschland regelmäßig einen der 128.000 Kreise, die von den Kirchengemeinden angeboten werden. Auf besonderes Interesse stoßen dabei Kirchenchöre und Singkreise sowie Senioren- und Frauenkreise. Knapp 14.000 Bibel- und Gesprächskreise mit insgesamt rund 110.000 Teilnehmenden gibt es derzeit EKD-weit. Und pro Sonn- und Feiertag werden rund 17.000 Gottesdienste gefeiert – mit je rund 800.000 Besuchern. Aber für ein Land wie Deutschland sind solche Zahlen doch recht übersichtlich. 800.000 evangelische Gottesdienstbesucher – das sind kaum noch ein Prozent der Bevölkerung! Und ob Sing- und Seniorenkreise, die in der evangelischen Statistik an der Spitze stehen, ein überzeugender Erweis von evangelischem Leben sind, wird man stirnrunzelnd fragen dürfen. Offenbar bleibt es vielmehr bei dem von Theo Sorg schon vor vierzig Jahren beobachteten, langsam fortschreitenden „Vorgang des inneren Ausblutens der Institution Volkskirche"[15].

Auch die relativ schönen Besucherzahlen von außergewöhnlichen Events wie namentlich dem „Kirchentag" können da nicht wirklich trösten[16]. Und ebenso wenig beruhigt ein Blick auf globale Maßstäbe[17]. Innerhalb der weltweiten Christenheit, die heute und wohl auch in den kommenden Jahrzehnten etwa ein Drittel der Weltbevölkerung umfasst, zählt der Protestantismus zwar zu den größeren Konfessionen. Alle protestantischen Gemeinschaften zusammengerechnet umfassen ihrerseits ein gutes Drittel der christlichen Religion, während mehr als jeder zweite Christ auf dem Globus ein Katholik ist. Doch macht der Protestantismus insgesamt kaum sechs Prozent der steigenden Weltbevölkerung aus.

Die Feiern zum 500-jährigen Reformationsjubiläum dürfen also nicht überschäumend ausfallen[18]. Zweifellos können evangelische Christen im Blick zurück in vieler Hinsicht stolz und dankbar sein: Die Kirche, zu der sie sich zählen, hat wahrhaftig Geschichte geschrieben. Indes – die neueren Entwicklungen geben eher Anlass zur Sorge. Zahlen sagen gewiss nicht alles, aber doch einiges. Das stetige Schrumpfen der evangelischen Kirche im Land der Reformation gibt zumindest Anlass zu selbstkritischen Fragen. Vielleicht ist es aber auch ein Gesundschrumpfen?

Zweifellos möchten sowohl die Konservativen als auch die Liberalen für ihre Kirche ungefähr das Beste. Beide Strömungen um die behäbige Mitte herum meinen, mit ihren Kräften angesichts der Herausforderungen der Zeit gute, ja unverzichtbare Dienste zu leisten. Und geht man davon aus, dass sie jeweils berechtigte Wahrheitsaspekte vertreten, wird man sie beide gutheißen müssen. Dennoch handelt es sich um solche Kräfte, die das Kirchenschiff ins Wanken bringen. Ihre Kritik führt auf beiden Seiten zum Teil zu Zersetzung, zum Teil zu Abwanderung. Der liberale Flügel möchte mit dem Zeitgeist vermitteln; aber solche „Vermittlung" mündet nicht selten in Entfremdung von der religiösen Substanz, in geistliche Erosion. Der konservative Flügel möchte vor dem Zeitgeist bewahren; aber solche Bewahrung mündet mitunter in Entfremdung von der „modernisierten" Kirche. So erklärt beispielsweise der Nuklearmediziner Andreas Desing, er habe ernsthaft erwogen, ob nicht inzwischen der Zeitpunkt gekommen sei, als Christ aus der evangelischen Kirche auszutreten: Die Mitgliedschaft werde ihm „in zunehmendem Maß zu einer großen Anfechtung"[19]. In seinen Augen ist die EKD dabei, das Erbe der Reformation gänzlich zu verspielen.

Nicht ganz zu Unrecht wird dem Protestantismus eine ihm innewohnende Tendenz zur konfessionellen Spaltung vorgeworfen[20]. Wo der Glaube in gewissem Gegenüber zur verfassten Kirche ein so großes Gewicht erhält wie im evangelischen Bereich, dort erhöht sich naturgemäß die Gefahr, dass seine jeweilige Ausprägung womöglich kirchentrennend wirkt[21]. Insgesamt wird zwar der Protestantismus im Ansatz durch das Ideal des sogenannten „protestantischen Prinzips"[22] zusammengehalten. Gemeint ist damit der Rechtfertigungsglaube mit den Implikationen der völligen Angewiesenheit des sündigen Menschen auf Gottes Gnade, wie sie sich in Jesus Christus realisiert hat. Aber was passiert, wenn selbst das protestantische Prinzip als solches von liberaler Seite zumindest indirekt in Frage gestellt oder in vielleicht doch fragwürdiger Weise „transformiert" wird[23]? Dann kommt es unweigerlich zu dem, was der evangelische Theologieprofessor Joachim Kunstmann in dem Satz zusammenfasst: „Die Kirche schafft sich selbst ab..."[24]

Ist das eine übertriebene Diagnose? Kunstmann beruft sich auf religionssoziologische Befunde und beklagt, eine alte Tradition, die Kultur und Menschen geprägt und genährt habe, gehe offensichtlich ihrem schnellen Ende zu. Von daher kommt er zu der Feststellung: „Man sollte in Kirchenkreisen eine hoch erregte Debatte erwarten über Sinn, Zweck und Auftreten der Kirche. Das Gegenteil aber ist der Fall. Bis in die Kirchenleitung hinein herrscht eine gutmenschliche Harmonieseligkeit, die keinerlei Anlass für Selbstbefragung sieht. Kritik gilt da schnell als Nestbeschmutzung." Kunstmann kann nur noch den Kopf schütteln: „Da geht eine Kirche auf das Reformationsjubiläum zu, die sich gegen Reformation und prophetische Kritik komplett immunisiert hat." Deuten nicht auch diese Beobachtungen darauf hin, dass man es zusehends mit einer „Kirche ohne Volk" zu tun hat?

2 Kirche ohne Mission?

Angesichts der Lage der Dinge drängt sich die Frage auf: Wie steht es in der evangelischen Kirche eigentlich um ihren missionarischen Auftrag? „Die Kirche Jesu Christi gibt oder wählt sich ihren Auftrag nicht selbst, sondern sie empfängt ihn von ihrem Herrn" – so war es in der EKD-Denkschrift „Das rechte Wort zur rechten Zeit" (2008) zu lesen. Worin aber besteht dieser Auftrag? Nirgends ist er klarer formuliert als am Ende des Matthäusevangeliums, wo der Auferstandene seine Jüngerschaft in alle Welt sendet[25]. Demnach ist der Auftrag der Kirche identisch mit dem Missionsbefehl. Michael Diener unterstreicht diese Einsicht: „Zur speziellen Berufung des Pfarrdienstes gehört es meines Erachtens, andere zu Jüngern zu machen. Gemäß dem Missionsbefehl […] Jüngerschaft leben und zu Jüngern machen, das ist unser Auftrag, unsere Berufung."[26] Auch der frühere bayerische Landesbischof Johannes Friedrich betont: „Der sogenannte Missionsbefehl ist eindeutig: Wir sind zu allen Menschen gesandt mit der Verkündigung des Evangeliums. Wir sind Volkskirche und wollen Volkskirche sein, unabhängig davon, wieviel Prozent der Bevölkerung Mitglied in unserer Kirche sind. Unsere Botschaft ist wichtig für alle Menschen!"[27] Missionarisch zu sein, sei ein Wesenszug der ganzen Kirche – von allem Anfang an: „Wie hätte sie sich sonst auch ausbreiten können?"[28]

Aber was theoretisch klar ist, muss in der praktischen Umsetzung nicht unbedingt geklärt sein. Das aktuelle Bild von evangelischer Kirche gibt in Sachen Mission durchaus Anlass zu kritischen Fragen. So beklagt etwa der evangelische Pfarrer Martin Brändl: „Traditionelle Kirche hat nicht zuletzt vielfach verlernt, missionarische Kirche zu sein.“[29] Das Thema „Mission“ im neutestamentlichen Sinn scheint in den zwanzig Mitgliedskirchen der EKD mittlerweile eher an den Rand geraten oder aber „transformiert“ worden zu sein.

Gewiss gibt es nach wie vor zuständigkeitshalber das *Evangelische Missionswerk* in Deutschland (EMW), in dem evangelische Kirchen, Missionswerke, Freikirchen, missionarische Vereine und Verbände zusammengeschlossen sind. Doch was dessen Arbeit angeht, so fließen hier Hauptkräfte in Programme des interreligiösen und ökumenischen Dialogs sowie „entwicklungsbezogener“ Zusammenarbeit mit Christen in Übersee. Theologisch verlautbart wird: „Die Kirche erhält den Auftrag, das Leben zu feiern und in der Kraft des Heiligen Geistes Widerstand gegen alle Leben zerstörenden Kräfte zu leisten und sie zu verwandeln.“[30] Ob in dieser spirituellen Formulierung noch der Missionsauftrag Jesu wiederzuerkennen ist, darüber ließe sich zumindest streiten.

Was die Frage aktiver Mission in Deutschlands evangelischen Kirchen und Gemeinden angeht, so erinnert man sich gern an frühere Zeiten: Vor über dreißig Jahren gab es noch die sogenannte „missionarische Doppelstrategie“ der VELKD. Sie ging davon aus, dass sowohl öffnende Tätigkeiten der Volkskirche als auch verdichtende Tätigkeiten der Mission erfolgen sollten. Ein Entweder-oder bei der Frage der Erhaltung und Wiedergewinnung von Mitgliedschaft war damals verpönt. Kirche bewegte sich noch sehr bewusst im Spannungsfeld zwischen „versammelter und aufbrechender Gemeinde, tröstender und befreiender Zielsetzung, intensiver und extensiver Arbeit, Öffentlichkeitsarbeit und persönlicher Evangelisation“[31]. Die intensiven Programme des „missionarischen Gemeindeaufbaus“ in der Volkskirche vor drei, vier Jahrzehnten folgten der Grundentscheidung, bei den Kirchentreuen als „Keimzelle normalen Gemeindelebens“ anzusetzen und Fernstehende aktiv zur Umkehr einzuladen[32]. Doch von missionarischem oder gar evangelistischem Engagement in den Landeskirchen ist heutzutage kaum mehr viel zu bemerken[33]. Zwar sprach noch das Impulspapier der EKD „Kirche der Freiheit. Perspektiven für die evangelische Kirche im 21. Jahrhundert“ (2006) ausdrücklich vom „Wachsen gegen den Trend“[34]. Und Bernhard Felmberg erklärte als der Bevollmächtigte des Rates der EKD bei der Europäischen Union noch 2011 zum Thema „Missionarisch Volkskirche gestalten“: „Der Dialog über die missionarische Gestaltungsaufgabe der Kirche ist so nötig wie selten zuvor. Wir müssen uns bewegen, und wir müssen uns offenbar noch stärker auf die Menschen zubewegen, als es uns bislang trotz aller Anstrengung gelingt.“[35] Indes – von entsprechenden Anstrengungen ist inzwischen immer weniger zu bemerken. Selbst der stetig weiter absinkende kirchliche Mitgliederstandspegel ändert nichts an der um sich greifenden Vernachlässigung des Missionsbefehls.

Allein in der Evangelischen Kirche im Rheinland gab es 2014 ein Impulspapier unter dem schönen Titel „Missionarisch Volkskirche sein“. Doch hier drohte sich der Missionsauftrag Jesu auf Ethik zu reduzieren. So wurde von ihm einerseits nur gesagt, die Worte „Macht sie zu Jüngern“ (Mt 28,19)[36] würden „auf die Kommunikationsfähigkeit“ zielen. Andererseits wurden die Worte „Lehret sie halten alles […]“ (28,20) im Papier rein ethisch gedeutet: „Lasst nicht nach, Zeichen der Solidarität, Zeichen der Barmherzigkeit, Zeichen der Gerechtigkeit zur Linderung der Not in unserer Welt – in der eigenen Gemeinde, in der eigenen Umgebung, in den Partnerkirchen, in den Diakonischen Werken und anderswo – zu setzen.“[37] Selbstkritisch wurde immerhin gefragt: „Sind wir in dem, was wir als Kirche herausgeben oder mit dem, was wir tun, als evangelisch erkennbar? Oder könnte dieser Projektzweck auch von Greenpeace, Amnesty International oder Ärzte ohne Grenzen verwirklicht werden? Gibt es also ein kirchliches Alleinstellungsmerkmal […]?“ Genau dies fragt mittlerweile auch als Praktischer Theologe Joachim Kunstmann: Für andere da zu sein, das sei für die evangelische Kirche fraglos eine notwendige Aufgabe – doch die könne im Prinzip auch von anderen getan werden: „Wenn die Kirche sich nicht religiös, sondern sozialethisch bestimmt, versäumt sie ihren eigentlichen Zweck.“[38] Sie willige dann in ihre Degradierung ein: „Eine an Erfolg und Konsum orientierte Gesellschaft weist der Kirche die soziale Problemverwaltung zu.“ Eine Kirche, die nicht bei ihrem Kernauftrag bleibe, mache sich ersetzbar[39].

Dass es zu einer auffälligen Vernachlässigung des neutestamentlichen Missionsauftrags in der evangelischen Kirche kommen konnte, hat offenkundige Gründe in den bereits angesprochenen Veränderungen der theologischen Landschaft. Das Konzept des Missionarischen hat im Zeichen einer sich immer mehr durchsetzenden liberalen Theologie ganz folgerichtig nur noch wenige Chancen. „Ist Mission als überholte Aufgabe zu betrachten, die zwar Teil der Christentumsgeschichte ist, aber in das Zeitalter des interreligiösen Dialoges nicht mehr hineinpasst?", fragt Reinhard Hempelmann, Leiter der Evangelischen Zentralstelle für Weltanschauungsfragen[40]. Nicht zufällig kam es zu Korrekturen in einschlägigen Namensgebungen: Das „Missionswerk Bayern" heißt seit seiner Fusion mit dem Kirchlichen Entwicklungsdienst 2007 programmatisch „Mission EineWelt" – diese Bezeichnung signalisiert eher ein neu- oder kulturprotestantisch gefärbtes als ein biblisch begründetes Missionsverständnis. „EineWelt" heißt auch die Zeitschrift des Evangelischen Missionswerks. Und die einstige „Zeitschrift für Mission" nennt sich seit 2008 „Interkulturelle Theologie" – der bisherige Titel wurde zwecks Wiedererkennung zum Untertitel degradiert.

Exemplarisch für die Entwicklung ist Paul Knitters Vorschlag einer Umdefinition des Missionsbegriffs: Er solle künftig besagen, dass „die an alle Völker ergehende Verkündigung des Evangeliums den Christen zu einem besseren Christen und den Buddhisten zu einem besseren Buddhisten macht"[41]. In einem solchen Klima ist namentlich der Gedanke an Judenmission – zumal in Deutschland nach dem Holocaust – obsolet geworden[42]. Und in Sachen Weltmission sieht Katharina Kunter schon lange den Umbruch gekommen: „Heil" werde nur noch schwergewichtig als Befreiung aus bestimmten politischen und sozialen Unrechtssituationen interpretiert – und Mission nicht mehr als „Weltmission, sondern als Erneuerung der Kirchen nach innen hinein und in ihren zwischenkirchlichen Beziehungen"[43]. Bezeichnend sind auch neuere Äußerungen des Neuendettelsauer Missionstheologen Dieter Becker: Er hält es für „unabdingbar, dass wir uns nicht auf ausgetretenen Pfaden bewegen und an alte Denkmodelle klammern"; vielmehr seien „wir zu Revisionen unserer Theologie genötigt"[44]. Unser Glaube selbst verändere sich heutzutage, er befinde sich in einem „Transformationsprozess", und das bedinge auch eine Nötigung zur (missions-)theologischen Konzeptänderung. So meint Becker etwa, der Geist Gottes mache willig, religiöse Grenzen zu überschreiten – und gerade auf diese Weise geschehe „das, was wir die Mission

Gottes nennen". Dabei weiß Becker genau, dass auch gerade „die ‚Multiperspektivität', von der die pluralistische Religionstheologie ausgeht, kulturell bedingt ist [...]. Der Pluralismus wird zum absoluten Dogma gemacht, und andere Absolutheitsansprüche werden nicht toleriert."[45] Doch auch die „Dogmen" liberal-theologischer Gesinnung haben ihre Absolutheitsansprüche. Im Zeichen ihrer Vorherrschaft in Theologie und Kirche kann der Missionsbefehl Jesu schwerlich in authentischer Weise umgesetzt werden[46].

In selten gewordener Deutlichkeit erinnert indessen Hans-Hermann Pompe vom EKD-Zentrum für Mission in der Region[47] an die praktische Notwendigkeit der Besinnung auf den Kernauftrag des Auferstandenen: „Eine unmissionarische Gemeinde ist so absurd wie ein ständig geschlossenes Postamt: Sie verfehlt ihren Auftrag." Alle Kirchen seien beauftragt, die Botschaft von Gottes unbedingter Liebe weiterzugeben. „Wo wir das vergessen, wird das Evangelium selber für uns zum Störfaktor: Es lässt sich nicht um Mission verkürzen."[48] Demnach geht es weniger um Missionswerke, missionarische Arbeitsgemeinschaften[49] und Evangelisationszelte[50] als vielmehr um missionarische Gemeinden vor Ort. Genau das hat Karl Barth unter Evangelisation verstanden: „die Ausrichtung der Botschaft in der *näheren* Umgebung der Gemeinde"[51]. Mit Pompe gesprochen: „Die Gemeinde ist die Kinderstube für neue Christen, die Ausbildungsstätte für das Leben in der Nachfolge, das Asyl der Unterdrückten. Sie trägt die höchste Auszeichnung dieser Welt: In ihr als seinem Leid ist der Erlöser gegenwärtig." Nur wo evangelische Kirchengemeinden das begreifen und demgemäß missionarisch-evangelistisch über ihre „öffentlichen" Sonntagsgottesdienste und ihre notwendigen Bildungswerke[52] hinausdenken, wird Kirche wieder wachsen können[53].

Sowohl kirchenleitende Organe als auch Pfarrerinnen und Pfarrer müssen zusammen mit ihren Mitarbeitenden neu lernen, Gemeindeaufbau vom Missionsauftrag her zu denken[54]. Demgemäß gilt es dafür Sorge zu tragen, dass dieser Auftrag immer wieder ins Bewusstsein gerufen und die Identifikation mit den Inhalten der christlichen Grundbotschaft gefördert wird. Gelingen kann dies nur, wenn der Spagat zwischen dem auch heute zu verantwortenden kirchlichen Bekenntnis zu Jesus Christus und von liberaler Seite empfohlenen theologischen „Transformationsprozessen" nicht länger überdehnt wird.

3 Kirche ohne Bekenntnis?

Ein kirchliches Bekenntnis ist keine fundamentalistische Keule. Es darf nicht als Herrschaftsinstrument für ewig Gestrige verstanden oder missbraucht werden. Grundsätzlich möchte ein christliches Bekenntnis weder knechten noch diktieren, sondern zum Zu- und Einstimmen in eine bestimmte Beschreibung von Glauben einladen. Aus freiem Geist zu bestimmter Zeit geboren und von dankbarem Konsens getragen, markiert es einen deutlichen kirchlichen Standpunkt in der Auslegung des Evangeliums. Inwieweit kann es in seiner geschichtlichen Verhaftung dann aber auch für spätere Generationen bindend sein?

Evangelische Kirchen und ihre Bekenntnisse verdanken ihr Profil geschichtlichen Entstehungssituationen, die zwar vergangen sind, jedoch grundlegende Einsichten hervorgebracht haben. Diese sollten festgehalten und in die Zukunft hinein weitervermittelt werden. Solch „geschichtliche Geprägtheit macht durchaus geschichtliche Neuansätze möglich, aber diese müssen im Kraftstrom dieser Geprägtheit stehen, dürfen den reformatorischen Ansatz nicht verlassen oder gar in sein Gegenteil verkehren [...]"[55]. In diesem Sinn ist ein evangelisches Bekenntnis keine absolute, aber doch eine ehrwürdige und zu bewahrende Norm[56]. Die ihm übergeordnete Norm ist nicht der Zeitgeist, sondern die Heilige Schrift. Deren Kernbotschaft muss bei allen Übertragungen oder Veränderungen in die jeweilige Gegenwart hinein gewahrt bleiben. Es geht hierbei ja nicht bloß um die Wahrung einer Vereinsideologie, sondern um Normen einer religiösen Institution.

Wer da in wesentlichen Punkten nicht mitkann oder -will, sollte sich gegebenenfalls andere Glaubensgemeinschaften suchen, die besser zu seiner frei gewählten Einstellung passen. Oder er könnte versuchen, im Dialog deutlich zu machen, inwiefern sein heutiger Glaube doch in gewisser Hinsicht zum überkommenen Bekenntnis passt, zumal dieses ja in eine andere Zeit hinein transformierend fortgeschrieben werden muss. Und dann gilt es einen neuen Konsens und aktuell formulierte Bekenntnisse zu suchen.

Der vielleicht manchen heute attraktiv erscheinende Gedanke, sich zu einem völligen Verzicht auf jedes Bekenntnis zu bekennen, weil es doch in postmoderner Zeit gar keine zu verabsolutierenden Wahrheiten mehr gebe, verfängt indessen grundsätzlich nicht. Denn damit würde ja schon wieder eine Wahrheit absolut gesetzt – und zwar eine der kirchlich erkannten Wahrheit widersprechende! Zudem kann diese liberale Idee im christlichen Kontext nicht überzeugen: Kirchlich ist der Wahrheitsbegriff nämlich mit solch gewichtigen Inhalten verknüpft, dass deren ausdrückliche Negierungen oder Relativierungen an die Substanz des Glaubens gehen. Deshalb wäre Kirche ohne Bekenntnis ein Ungedanke[57].

Aber im biblischen Sinn bedeutet „Bekenntnis" zu allererst Lob Gottes, Lobbekenntnis im direkten Verhältnis zu Gott. Umgekehrt kommt auch Gottes direktes Verhältnis zum Bekennenden in dem Sachverhalt zum Ausdruck, dass dessen konkretes Bekenntnis oder Verleugnen nach neutestamentlichem Bekunden noch im Endgericht eine Rolle spielen wird (Mt 10,32f.; Apg 2,21; 1. Joh 4,3), in dem schlussendlich doch alle Zungen den einen Herrn bekennen werden (Phil 2,11)[58]. Im direkten Gottesverhältnis hat auch das Sündenbekenntnis seinen Ort, um wiederum ins Bekenntnis von Lob und Dank für die erfahrene Gnade zu münden. Die in solchem Bekennen gemeinschaftlich Verbundenen bilden Kirche, die sich in ihrem direkt auf Gott gerichteten Bekenntnis notwendigerweise indirekt nach außen abgrenzt – gegen anders Bekennende und Nichtglaubende, denen die kirchliche Wahrheit egal oder ein Dorn im Auge ist.

Solch evangelisches Verständnis von „Bekenntnis" unterscheidet sich deutlich von dem der katholisch in Geltung stehenden Dogmen, die beständig durch das Lehramt tradiert und ausgelegt werden. Der protestantischen Hochschätzung des allgemeinen Priestertums entspricht es, dass der kirchliche Bekenntnisstand die vielen aktuellen Bekenntnisakte des einzelnen Gemeindeglieds und des liturgischen oder synodalen Gemeinschaftsbekenntnisses mit einschließt. Als individuelle Getaufte und als Gemeinde haben Christenmenschen das Recht und die Pflicht, den überkommenen begonnenen Bekenntnisprozess weiterzutragen und weiterzutreiben.

Von daher gilt es von Mal zu Mal „ein offenes Bekenntnis bei allem Widerstreit", wie es in einem evangelischen Kirchenlied aus dem Jahr 1827 heißt[59]. Nun herrscht zwar heutzutage weitestgehende Meinungsfreiheit, doch ist es im Zeitalter des religiösen Pluralismus und der interreligiösen Dialoge gar nicht mehr so einfach, ein offenes Bekenntnis abzulegen. Mitunter wird freimütiges christliches Bekennen als Attacke auf die zivilreligiöse Toleranz aufgefasst, die ihrerseits wie ein intolerantes Dogma herrscht. Wo jedenfalls evangelische Christen ihr „Bekenntnis" hochhalten und in reformatorischer Tradition wahre und falsche Kirche zu unterscheiden versuchen, dort werden sie nicht selten als Fundamentalisten[60] abgetan, ob ihrer konservativen Haltung ignoriert, belächelt, gemieden oder verachtet. Die *Internationale Konferenz Bekennender Gemeinschaften* (IKBG) mit der *Konferenz Bekennender Gemeinschaften in Deutschland* (KBG)[61] finden nur recht begrenzten Respekt innerhalb des Gesamtprotestantismus. Nennt sich ein konservatives Magazin „CA" – nämlich nach der *Confessio Augustana*, dem Augsburgischen Bekenntnis von 1530 –, so erreicht es heutzutage kaum noch eine vierstellige Auflage. Und auch der *Arbeitskreis Bekennender Christen in Bayern* (ABC), in dem sich Verantwortliche aus rund zwanzig kirchlichen Gemeinschaften, Verbänden und Werken zusammengeschlossen haben, bewegt sich in übersichtlichen Dimensionen. Anlässlich seines fünfundzwanzigjährigen Bestehens beklagte sein einstiger Sprecher Wolfhart Schlichting ausdrücklich, die evangelische Kirche habe sich in vielen Stellungnahmen und Beschlüssen der jüngeren Zeit von den Grundlagen von Schrift und Bekenntnis verabschiedet[62].

Selbstverständlich gibt es sie, diese Grundlagen der evangelischen Kirche: den dicken Band der *Evangelisch-Lutherischen Bekenntnisschriften*, der neben den großen altkirchlichen Bekenntnissen die *Confessio Augustana*, deren *Apologie* („Verteidigung"), Luthers *Schmalkaldische Artikel*, Melanchthons *Traktat von der Gewalt und dem Primat des Papstes* sowie Luthers *Kleinen* und *Großen Katechismus* und dann die umfangreiche *Konkordienformel* enthält[63]; außerdem für die Reformierte Kirche vor allem den *Heidelberger Katechismus*[64]. Diesen und weiteren altprotestantischen Bekenntnissen stehen moderne Texte zur Seite – am bekanntesten aus dem 20. Jahrhundert wohl die aus dem so wichtigen Agieren der Bekennenden Kirche erwachsene *Barmer Theologische Erklärung*[65], zu finden im Evangelischen Gesangbuch.

Die Frage aber ist tatsächlich, welchen nicht nur theoretischen, sondern praktischen Rang die überkommenen Bekenntnisse der evangelischen Kirche heute noch haben. Eigentlich müssten alle ordinierten Geistlichen deutlich hinter ihnen stehen. Davon kann bei näherer Betrachtung realistischerweise kaum die Rede sein. Zu weit sind oft theologische Schulrichtungen und auch individuelle Ausrichtungen von ihnen entfernt.

Im Land der Reformation sollte ein „offenes Bekenntnis", verbunden mit einem fröhlichen, starken Selbstbewusstsein der Evangelischen, eigentlich jederzeit zu gegebenen Anlässen erwartet werden dürfen – und zwar nicht allein von den offiziellen kirchlichen Repräsentanten. Doch wo sind solche Bekenntnisse außerhalb eines konservierten liturgischen Gebrauchs in unseren Tagen anzutreffen? Es sind eher Ausnahmen, die im religiösen Pluralismus die traurige Regel bestätigen[66]. Bezeichnenderweise liegen hierzulande evangelische Christen nicht nur statistisch, sondern auch hinsichtlich der religiösen Selbsteinschätzung und Praxis inzwischen hinter den Katholiken[67]. Dabei hat sich die Erosion des konfessionellen Bewusstseins bei den Evangelischen schon länger angebahnt[68].

Das beweist ein Blick in frühere EKD-Umfragen zur Mitgliedschaft. So lautete in der zweiten, 1984 veröffentlichten Umfrage die Antwort auf die Frage, was zum Evangelischsein gehöre, die häufigste Antwort schlicht: „daß man getauft ist". Die zweithäufigste Antwort war: „daß man konfirmiert ist", und die dritthäufigste: „daß man sich bemüht, ein anständiger und zuverlässiger Mensch zu sein"[69]. Eine Antwort, die einen Hinweis auf ein klares theologisches Charakteristikum für die Zugehörigkeit zur evangelischen Kirche wie etwa den Rechtfertigungsglauben geben würde, kam offenbar schon damals überhaupt nicht vor. Die dritte, 1997 veröffentlichte Umfrage zeigte in etwa dieselbe Tendenz[70]. Die vierte Umfrage von 2006 erbrachte Entsprechendes, nur dass die Konfirmation zu Gunsten von Anständigkeit und Zuverlässigkeit auf Platz drei rutschte. Man stelle sich das vor Augen: Die häufigste Antwort auf die Konfessionsfrage nennt die Taufe, also gerade kein konfessionelles Kriterium. Die zweit- bzw. dritthäufigste verweist zwar äußerlich mit Recht auf das typisch protestantische Fest der Konfirmation, verkennt aber den substanziellen Tatbestand, dass es sich dabei kaum um ein reformatorisches „Urgestein" handelt, sondern um eine Feier, die erst seit dem 18. Jahrhundert den Protestantismus bereichert hat. Und die dritt- bzw. dann sogar zweithäufigste Antwort ist zwar kennzeichnend für das Phänomen des schon erwähnten Neuprotestantismus, stellt aber im Grunde nicht einmal ein spezifisch religiöses Charakteristikum dar.

Kurz und gar nicht gut: Es fehlt im Land der Reformation heutzutage ein verbreitetes Bewusstsein um die positiven konfessionellen Kennzeichen des Evangelischseins. „Konfession" heißt Bekenntnis. Doch wer sollte bekennen, was er nicht wirklich kennt? Im „Evangelischen Erwachsenenkatechismus" konnte man in den Jahren der älteren EKD-Umfragen den

Satz lesen: „Reformatorische Konfessionskirchen sind eine Notlösung, bis die Einsichten der Reformation in der ganzen Christenheit anerkannt werden.“[71] Wie aber sollen sich die reformatorischen Einsichten in den Kirchen aller Welt durchsetzen, wenn sie im Land Luthers selbst kaum präsent sind? Und welcher Ort, ja welcher Sinn kommt in einem solchen Kirchenvolk, in einer solchen Volkskirche noch kirchlichem Bekennen zu?

Gewiss, im evangelischen Gottesdienst haben das Apostolische Glaubensbekenntnis und an besonderen Feiertagen sogar das Nizäische immer noch ihren liturgischen Platz. Noch! Aber immer mehr Christen stellen gerade dies immer öfter in Frage. Wohl mindestens jeder vierte evangelische Christ hierzulande distanziert sich vom *Credo* – je jünger, desto deutlicher[72]: „Mittlerweile geht die Kapitulation vor der bewußten Aufnahme des Credo und seines Inhalts in aller Stille vor sich. Die schweigende Verabschiedung vom Glaubensgut geht quer durch die Reihen. Das Credo ist scheinbar out. Für ein kritisches Bewußtsein ist es in der Tat eine Zumutung, den exotisch wirkenden Formulierungen irgendeine Relevanz für den menschlichen Lebensvollzug zuzutrauen.“[73] Wen wundert dieses Votum, wenn so bekannte evangelische Theologen wie beispielsweise Jörg Zink und andere[74] eine Abschaffung des Apostolischen Glaubensbekenntnisses zu Gunsten völliger Neuformulierungen gefordert haben? Urban bemerkt in der Einleitung seines Buches „Ach Gott, die Kirche!“: „Die Fundamente sind längst brüchig. Das gemeinsame Glaubensbekenntnis aller Kirchen ist zur Litanei geworden. Kein Satz davon ist theologisch unumstritten.“ Sein Journalistenkollege Christian Nürnberger verglich in einer Podiumsdiskussion auf dem Evangelischen Kirchentag 2011 in Dresden das Glaubensbekenntnis mit einem Museumsgegenstand: Es sei interessant anzuschauen, aber ein Wortspiel, das ausgedient habe[75].

Immerhin hat die EKD 1992 Korrekturen am Apostolikum klar abgelehnt: „Wer es verändert, rüttelt am Fundament des Glaubens und stellt sich außerhalb der Gemeinschaft der Kirchen.“ Und sieht man sich in unseren Tagen zum Thema auf ihrem Portal um, stößt man auf die Erklärung: „Auch wenn heute immer wieder moniert wird, dass kaum noch jemand etwa alle Formulierungen des apostolischen Glaubensbekenntnisses verstehe, so ist doch erstaunlich, wie geprägte Formulierungen über Jahrhunderte und über Konfessionsgrenzen hinweg Verbindlichkeit erlangten und noch immer haben. Sie entlasten den Einzelnen, sich stets neu über seinen Glauben Rechenschaft zu geben, wenngleich es natürlich auch sinnvoll sein kann, seinen Glauben von Zeit zu Zeit neu in Worte zu fassen und in zeitgemäßer Sprache zu formulieren." So weit, so schön. Aber neue Erklärungs- und Übersetzungsversuche zu den altkirchlichen Bekenntnissen, die von den Reformatoren hoch geschätzt wurden, sind rar geworden[76]. Hier ist kirchliche Bildungs- und Missionsarbeit gefragt. Da müsste deutlich werden: Das alte Apostolische Bekenntnis enthält keineswegs einfach „starre Dogmen", sondern es zeugt von „Mysterien"[77], von göttlichem Offenbarungshandeln und von spirituellen Erfahrungen tiefer Geheimnisse, die das Verständnis von Mensch, Welt und Gott aufhellen. Diese Mysterien sind nicht allein durch symbolisierende Deutung zu begreifen, sondern ihrer Substanz nach sehr wohl theologisch und am besten „mystagogisch". Nicht von ungefähr hatte das Apostolikum seinen liturgischen Ort zuallererst in der Taufunterweisung. Als laut von allen Kirchgängern gesprochenes Bekenntnis hat es seinen festen liturgischen Platz in Deutschland erst seit der Bedrängnis der Kirche im Dritten Reich; zuvor wurde es vom Pfarrer jeden Sonntag vorgelesen.

Fest steht: Nur wer erfahren hat, dass dieser Glaube trägt, kann ihn auch zu gegebener Zeit bekennen. Wer hier im neuprotestantischen Sinne radikale Verabschiedungen oder Korrekturen verlangt, stellt sich selbst schnell in die Sektenecke – nämlich abseits des Kirchenglaubens. Eberhard Busch betont: Wenn „mit dem neuen das alte Bekenntnis aufgehoben würde, so würde damit nicht in der Kirche aufs neue bekannt, sondern würde überhaupt eine andere Kirche gegründet; und eine Kirche, die den Kontakt mit der Kirche der Vorzeit gänzlich preisgibt, wird schwerlich noch Kirche Jesu Christi sein."[78] Das Bedürfnis, das christliche Credo immer wieder neu in Gestalt elementarer Zusammenfassungen seines Inhalts zu reflektieren und zu artikulieren, ist zweifellos legitim. Doch jedem modernen Versuch eignet gegenüber den geschichtlichen Bekenntnisnormen zwangsläufig eine relative Unverbindlichkeit. Gewiss sollten derlei Versuche in ihrer spirituellen Bedeutung nicht unterschätzt werden; sie laden allemal zur Besinnung ein. Aber letztlich können sie in keiner Weise den Textbestand alter Originale ersetzen, die ja nicht von ungefähr gewichtige Teile der Christenheit verbinden. So erklärt Martin Luther zum Apostolischen Credo: Dieses Bekenntnis „haben wir nicht gemacht noch erdacht, die vorigen Väter auch nicht; sondern, wie eine Biene den Honig aus mancherlei schönen, lustigen Blümlein zusammensucht, so ist dies Symbolum aus den lieben Propheten und Apostelbüchern, das ist, aus der ganzen Heiligen Schrift fein kurz zusammengefasst."[79]

Da Christsein sich nie im Abstrakten vollzieht, sondern immer auf Kirche angewiesen ist, gehört die Rückbesinnung auf die Geschichte der Kirche mit ihren zentralen Bekenntnissen[80] im Sinne spiritueller Elementarlehren mit hinein ins Selbstverständnis und in den Vollzug christlichen Lebens. Nicht Verabschiedung, sondern Auslegung des Überkommenen ist angesagt[81]. Darum betont der Landesbischof der Nordkirche, Gerhard Ulrich: „Wir müssen energisch zu den Inhalten unseres Glaubens kommen, weil sich an den Inhalten unsere Zukunft als Kirche nach innen und außen entscheidet."[82]

Dabei darf auch die Auslegung der Inhalte nicht einfach der Beliebigkeit überlassen bleiben. So bemerkt der evangelische Theologe Urs Baumann: „Ein Glaubensbekenntnis, bei dem der Christenmensch der Gegenwart in ständigem geistigem Vorbehalt seiner eigenen persönlichen Überzeugung fast jeden Glaubenssatz persönlich in seinen Gedanken uminterpretieren oder unterlaufen muss, um den Text im Gottesdienst überhaupt nur mitsprechen zu können, ist auf Dauer für das Christentum zerstörerisch."[83] Dieser zerstörerische Prozess ist in unserer Zeit sozusagen mit Händen zu greifen. Konservativ-starres Festhalten an den alten Bekenntnisständen steht liberal-verzerrenden Veränderungsversuchen gegenüber. Beides ist sicherlich gut gemeint, bedeutet aber für die Kirche eine Zerreißprobe, und zwar womöglich weniger entlang konfessioneller Grenzen als vielmehr entlang weltanschaulich bedingter Trenngräben. Die Konfliktlage[84] ist oft so tief, dass kaum noch echte, nachhaltige Dialoge im Sinne eines echten Austausches mit ernsthaftem Interesse an der Position der jeweils Andersdenkenden stattfinden. Und diese Situation erschwert jedes kirchliche Bekenntnis nach außen.

Schwer wird damit notgedrungen auch jedes bekennende Beharren auf traditionellen kirchlichen Positionen im Verhältnis zu Staat und Gesellschaft. Die Folge ist, dass – so der Systematiker Reinhard Slenczka – „der Protestantismus gesellschaftspolitischen Bewegungen und Forderungen blindlings folgt, vor allem wo es um die politische Gemeinschaft mit einem pluralistischen und multikulturellen Staat geht"[85]. Sein Fachkollege Johannes Fischer hat demgemäß beobachtet: Viele Stimmen unserer Tage

„artikulieren den Eindruck, dass die evangelische Kirche an spiritueller Auszehrung leidet und ihre leitenden Instanzen und Repräsentanten durch Präsenz in den politischen und ethischen Debatten den Bedeutungsverlust kompensieren wollen, den die Kirche durch Mitgliederschwund und abnehmende Beteiligung an ihren religiösen Angeboten erleidet“[86]. Und der dritte hier zu zitierende Systematiker Eilert Herms bemerkt: „Werden die alten Bekenntnisse nicht mehr als Grundlagen der Ordnung geachtet, treten de facto neue an ihre Stelle. Oder – eine andere Möglichkeit – die Gemeinschaft tritt ein in einen definitiven Auflösungsprozess.“[87] Evangelische Kirche im Kraftfeld eines neuen Kulturprotestantismus – aber ohne Kompass?

4 Kirche ohne Heiligkeit?

Kirche braucht keinen Heiligenschein. Aber Ausstrahlungskraft sollte sie schon haben. Das ist auch unbestritten – innerhalb und außerhalb der Kirchenmauern. Umstritten ist allerdings, *was* da näherhin ausstrahlen soll. Doch nicht etwa Heiligkeit im Sinne von Weltfremdheit? Selbst wenn ein Papst wie Benedikt XVI. der zunehmenden Entkirchlichung der Welt eine verstärkte Entweltlichung der Kirche entgegensetzen wollte, stieß er damit schließlich unter vielen Christen nur auf Kopfschütteln[88]!

Dabei lässt sich gar nicht bestreiten, dass das Apostolische Glaubensbekenntnis ausdrücklich von der *heiligen* Kirche spricht – und zwar im Artikel über den *Heiligen* Geist, in dem dann auch noch von der „Gemeinschaft der *Heiligen*“ (oder anders übersetzt: am *Heiligen*) die Rede ist. Demnach – und das bestätigt auch der exegetische Befund im Neuen Testament[89] – ist es durchaus angebracht, Kirche und Heiligkeit, Gemeinde und Heiligung in engstem Zusammenhang zu sehen. Manfred Josuttis unterstreicht daher: „In der Kirche kommt es zur Gegenwart des Heiligen in der Gesellschaft.“[90]

Was aber heißt dann „heilig“ genauer? Religionswissenschaftlich hat der evangelische Theologe Rudolf Otto in seinem berühmten Buch „Das Heilige“ (1917) gezeigt, dass der Begriff des *Heiligen* eine eigenständige Wertkategorie jenseits von Moral und Dogma bezeichnet: Es geht um numinose, irrationale, also schwer zu beschreibende Erfahrungen von göttlicher Übermacht, Güte und Geborgenheit. In zwei gegensätzliche Richtungen drängen für Otto die grundlegenden Eigenschaften von Heiligem: in die Momente von *mysterium tremendum* und *mysterium fascinans*. Das heißt auf Deutsch: Die geheimnisvolle Erfahrung des Heiligen erzeugt Furcht und fasziniert zugleich positiv. Man fühlt sich an Luthers Auslegung der Zehn Gebote im Kleinen Katechismus erinnert: „Wir sollen Gott fürchten und lieben […]." Nur dass es nach Otto beim Phänomen des Heiligen nicht um ein moralisches Sollen geht, sondern um unmittelbare Begegnung und Erfahrung mit ihren verwandelnden Auswirkungen.

So gesehen ist es verständlich, dass die eher von Vernunft- und Ethikempfehlungen geprägte Religiosität des alten und neuen Kulturprotestantismus mit dem Begriff des Heiligen weniger anfangen kann als traditions- und bekenntnisorientierte Spiritualität. Dabei ist Letztere durchaus in der Gefahr, Heiliges zu sehr mit Moralischem zu verwechseln. Und das irritiert dann umso mehr, als doch eine Grundeinsicht evangelischer Rechtfertigungslehre die Freiheit von Gesetzlichkeit umfasst – nach dem von Paulus zitierten Motto: „Alles ist mir erlaubt" (1. Kor 6,12 und 10,23). Allerdings schränkt der Apostel diesen Spitzensatz sofort wieder ein durch die Formulierung: „Aber nicht alles dient zum Guten." Hiermit wird der Blick vom Interesse des Ego, dem alles erlaubt ist, auf das Wir, auf das Gemeinschaftsinteresse gelenkt. Und dies entspricht dem Liebesgebot, mehr noch: der Liebeserfahrung, die von Gott und seinem *Heiligen* Geist ausgeht. So meint die Freiheit eines Christenmenschen keineswegs einen blanken Libertinismus, sondern das Geprägtsein durch ein neues, befreiendes Herrschaftsverhältnis: „Alles ist euer, ihr aber seid Christi, Christus aber ist Gottes" (3,22f.). Und diese neue Freiheit sollte um keinen Preis wieder verspielt werden – das ist sozusagen ihre Eigengesetzlichkeit: „Alles ist mir erlaubt, aber nichts soll Macht haben über mich" (6,12). Darum gilt für Christen nicht mehr das in Buchstaben gefasste Gesetz, für das sie „tot" sind (Röm 7,6), sondern nunmehr im Zeichen des Evangeliums das „Gesetz des [*heiligen*] Geistes", der lebendig macht (8,2).

Die Heiligkeit, die von daher in der Kirche anzutreffen und jedenfalls zu erwarten sein sollte, war schon zu apostolischen Zeiten eine Selbstverständlichkeit. Sie bedeutet weder eine Vorzeigemoral noch eine gesetzliche Ethik, sondern eine befreite und befreiende Lebensmacht. Die „Heiligen", wie sich die Christen der ersten Gemeinden durchaus nannten, wollten oder sollten in ihrer selbstbewussten, geistlich begründeten Freiheit nicht Egomanen und Narzissten sein, sondern sich am Allgemeinwohl, an einem allseits förderlichen, empathischen Miteinander orientieren. Damit suchten sie dem heiligen Willen Gottes zu entsprechen – nicht um aus einer Entfremdungssituation sich so dem Göttlichen verdienstvoll anzunähern, sondern bestärkt durch seinen heiligen Geist und aus freier Dankbarkeit für die durch Christus überwundene Entfremdung.

Was aber ist der Wille des heiligen Gottes, wenn die Geheiligten tot sind für das Gesetz? Da Gott selbst im 1. Johannesbrief wiederholt als „Liebe" definiert wird (4,8.16), könnte man meinen, Liebe schlechthin sei dieser Wille und das eine Gebot überhaupt. Das ist im Prinzip richtig, doch dann ist es bedeutsam, zu bestimmen, was unter Liebe näherhin zu verstehen sein soll. Hier muss klar sein, dass das Subjekt und Objekt solch göttlich geleiteten Liebens nicht das menschlich-fleischliche Ego und seine Ziele sein können. Vielmehr muss es um den innerlich erneuerten Menschen gehen, der vom Heiligen Geist seines Herrn getragen, erleuchtet, motiviert, gelenkt wird. Die hier zum Zuge kommende Liebe lebt aus der Kraft erfahrener und täglich neu zu erfahrender Versöhnung mit dem Heiligen sowie aus tiefer Hoffnung auf göttliche Vollendung. Sie ist daher reinen Herzens (Mt 5,8) und freut sich am Reinen und Guten, ohne in eine gesetzliche Haltung zu verfallen. Im Geist dieser Liebe vollzieht sich die Heiligung der Kirche und ihrer Glieder, und diesen Geist sollte sie gerade um ihrer hohen Rechtfertigungslehre willen ausstrahlen[91].

Das impliziert zunächst einmal, dass die auch mitten in der evangelischen Kirche verbreitete Scheu vor dem Begriff des Heiligen reflektiert und ihre Überwindung angestrebt werden sollte. Gerhard Müller fragt mit Recht: „Warum liegt uns das ‚Heilige' so fern, dass viele Zeitgenossen es in Steinen oder Bäumen suchen?"[92] Der 1945 hingerichtete Theologe Dietrich Bonhoeffer kann hier weiterhelfen und zugleich Vorbild sein[93]. Lässt nicht sein Eintreten für ein „religionsloses Christentum" seinen Sinn für Heiligkeit unverdächtig erscheinen?

Sofern Heiligkeit tatsächlich eine gewisse Distanz zur Welt oder zum „Weltlichen" und Profanen mit sich bringt, bedeutet das eine konstruktive Kritik, ein Näherkommen des Gottesreiches, das durchaus *krisis*, auf Deutsch: Krise, Gericht für das „alte" Denken einschließt. Eine immer mehr dem Säkularismus frönende Welt steht dem gewiss ihrerseits kritisch gegenüber. Aber dass Kirche und Welt *eines* Geistes sein würden, steht laut Bonhoeffer auch nicht zu erwarten. Appelliert doch schon der Apostel Paulus: „Stellt euch nicht dieser Welt gleich, sondern ändert euch durch Erneuerung eures Sinnes, auf dass ihr prüfen könnt, was Gottes Wille ist, nämlich das Gute und Wohlgefällige und Vollkommene" (Röm 12,2). Muss indes kulturprotestantisch gefärbtes Denken mit der hier angeratenen Weltfremdheit nicht gewisse Schwierigkeiten haben?

Insofern verwundert es nicht, wenn in der neueren Debatte um Ehe und Familie kulturprotestantische und konservative Positionen[94] in der evangelischen Kirche in einen scharfen Konflikt miteinander geraten sind[95]. 2010 hatte die EKD-Synode ein neues Pfarrergesetz für alle zweiundzwanzig Landeskirchen verabschiedet, mit dem das Pfarrhaus, eine hehre Institution im Protestantismus, potenziell für gleichgeschlechtliche Lebensgemeinschaften geöffnet werden sollte. Daraufhin unternahmen 2011 acht evangelische Altbischöfe – darunter die Professoren Gerhard Maier, Gerhard Müller und Ulrich Wilckens – einen Generalangriff auf diese Ermöglichung: Sie kritisierten, dass gesellschaftlich veränderte Gewohnheiten und Normen der Lebensführung, die den biblischen Normen der Kirche weithin widersprächen, auch im Bereich unserer Kirchen selbst vielfach nicht mehr ernst genommen würden – „bis hinein in die Lebenspraxis mancher Pfarrer"[96].

Die 2013 von der EKD veröffentlichte, heiß umstrittene Orientierungshilfe „Zwischen Autonomie und Angewiesenheit. Familie als verlässliche Gemeinschaft stärken" sollte die bis dahin in Kraft stehende Orientierungshilfe „Mit Spannungen leben" von 1996 ablösen. Sie hat freilich die Spaltung der Richtungen nur befördert und jedem Bemühen um kirchlichen Konsens einen Bärendienst erwiesen. Ihre Intention, der staatlichen Regelung entsprechend Ehe, Familie und gleichgeschlechtliche Partnerschaften gleichartig zu behandeln, gibt dem gesellschaftlichen Pluralisierungsdruck in Sachen „Lebensformen" nach[97]. Begründet wird dies mit einem Vers aus dem ersten Kapitel der Bibel: „Es ist nicht gut, dass der Mensch allein sei." Das Nicht-allein-Sein, also In-Beziehung-Sein wird hier abstrahiert vom biblisch gemeinten, bipolaren[98] Mann-Frau-Verhältnis und gemäß der Ideologie des Genderismus praktisch unabhängig von geschlechtlichen Bestimmungen betrachtet, so dass auch gleichgeschlechtliche Formen des Zusammenlebens dann grundsätzlich als kirchlich akzeptabel gelten, wenn sie nur mit dem ethischen Aspekt der Treue und Verbindlichkeit verknüpft sind. „Das Miteinander in Ehe und Familie ist wichtig, ist aber nicht die einzig mögliche Lebensform", heißt es vielsagend – unter Anführung des hier wenig passenden Beispiels geistlich begründeter Ehelosigkeit. Und weiter: „Durch das biblische Zeugnis hindurch klingt als ‚Grundton' vor allem der Ruf nach einem verlässlichen, liebevollen und verantwortlichen Miteinander, nach einer Treue, die der Treue Gottes entspricht."[99]

Ob mit diesem alleinigen Merkmal der Entsprechung zur Treue Gottes bereits ernsthaft genug nach dem göttlichen Willen und nach dem Gesamtcharakter der von ihm gesegneten Liebe gefragt ist, lässt sich bestreiten. So verwundert es nicht, dass der Begriff des Heiligen in dieser „Orientierungshilfe" der EKD nur ein einziges Mal anklingt – im Aufgreifen der paulinischen Aussage, dass Christen auch ihre heidnischen Ehepartner „heiligen" können. Was die Heilige Schrift maßstäblich zum Themenkomplex darbietet, wird systematisch zurechtgebügelt zu Gunsten einer „zeitgemäßen" Perspektive. Dass die Ehe biblisch zum Gleichnis des Gottesverhältnisses wird, des Verhältnisses zwischen Christus und der Kirche, passt schwerlich zur gleichgeschlechtlichen Treue-Verbindung. Tatsächlich ist mit dem Erlanger Ethiker Peter Dabrock nüchtern festzuhalten: „Homosexualität wird auf breiter Front in der Bibel abgelehnt." Der evangelische Theologieprofessor unterstreicht, Paulus beurteile Homosexualität als „Praktik gottwidriger Haltung" – an dieser historischen Einschätzung sei nichts zu ändern[100]. Dabei ist ihm klar, dass sich evangelische Ethik „wie evangelische Theologie überhaupt auf die Bibel als ihre Quelle und Norm verwiesen" sieht.

Gleichwohl lehnt Dabrock sodann „ein kontextloses Zitieren einzelner alt- und neutestamentlicher Spitzensätze gegen homosexuelle Menschen und Praktiken" ab. Doch gestattet er sich selbst ein kontextloses Zitieren von Gal 3,28, wonach „in Christus weder Mann noch Frau" ist. Die hier vom Apostel benannte „Geschlechtslosigkeit" in Christus ist keineswegs sachlogisch gleichzusetzen mit einer Beliebigkeit in der sexuellen Orientierung – dergleichen hat Paulus sicher nicht gemeint. Sein Reden vom „neuen Sein in Christus" wird von Dabrock in der betreffenden Frage reduktionistisch nur auf die Treue innerhalb der Partnerschaft und der Gemeinde bezogen, wie das auch in der EKD-Orientierungshilfe geschieht.

Wollte man in diesem Zusammenhang Orientierung bei den Reformatoren suchen, würde man sie finden. So sagt Luther etwa in seiner Schrift „Vom ehelichen Leben“ (1522): „Es ist nicht ein freies Ermessen oder Ratschluss, sondern ein notwendig, natürlich Ding, dass alles, was ein Mann ist, ein Weib haben muss, und was ein Weib ist, muss einen Mann haben.“[101] Vierhundert Jahre nach Luther hat sich Bonhoeffer entsprechend geäußert: Der Mensch ist als Mann und Frau geschaffen, und Gott „will, daß wir es ganz sind, er hat unser Mannes- und Frauentum geheiligt [...]“[102]. Doch die neue EKD-Orientierungshilfe ist anders gepolt. Deshalb ordnet sie ihr widersprechende Äußerungen – ob aus der urchristlichen, der reformatorischen oder der Bekennenden Kirche stammend – als zeitbedingt und also durch den kulturellen Fortschritt überholt ein: „Heute wissen wir: Ein Verständnis der bürgerlichen Ehe als ‚göttliche Stiftung‘ und der vorfindlichen Geschlechter-Hierarchie als Schöpfungsordnung entspricht weder der Breite biblischer Tradition noch dem befreienden Handeln Jesu, wie es die Evangelien zeigen.“[103]

Solch liberale Umdeutung der überkommenen Maßstäbe des Heiligen erweist ihren kulturprotestantischen Geist in der eilfertigen Angleichung an heutige gesellschaftliche und staatliche Vorgaben. Frühere EKD-Stellungnahmen waren noch von einer anderen Perspektive geprägt. So hatte die erwähnte ältere EKD-Orientierungshilfe „Mit Spannungen leben“ 1996 festgehalten, es gebe „keine biblischen Aussagen, die Homosexualität in eine positive Beziehung zum Willen Gottes setzen – im Gegenteil“. Das Papier blieb skeptisch hinsichtlich der Möglichkeit, homosexuelle Partnerschaften zu segnen und gleichgeschlechtlich Orientierte ein Pfarramt bekleiden zu lassen. Heutzutage aber können bereits in allen Landeskirchen der EKD solche Personen mit ihrem standesamtlich liierten Partner bzw. ihrer Partnerin offiziell im Pfarrhaus leben und wohnen, wobei sie allerdings noch nicht in allen Landeskirchen besoldungsrechtlich wie Ehepaare behandelt werden und zum Teil bestimmte Zustimmungsbedingungen gelten[104]. Mittlerweile erlauben auch schon einige Landeskirchen der EKD eine öffentliche Segnung oder gar Trauung von standesamtlich liierten Partnerschaften Gleichgeschlechtlicher in ihren Kirchen, soweit der oder die Ortsgeistliche einverstanden ist[105]. Wie lange der hier genannte

Gewissensvorbehalt für das geistliche Personal aufrechterhalten bleibt – ist das vielleicht nur noch eine Frage der Zeit? Nach welchen Kräften richtet sich hier der Kompass der kirchlichen Orientierung aus?

Zur Umorientierung in der evangelischen Kirche Deutschlands ist es erst durchschlagend seit dem Inkrafttreten des Lebenspartnerschaftsgesetzes auf staatlicher Ebene gekommen. Indem das Bundesverfassungsgericht unter Berufung auf das Gleichheitsgebot und auf das Faktum vermehrter nichtehelicher Lebensgemeinschaften, die sich nach außen von Ehe nicht unterscheiden, zu einer bedarfsorientierten Argumentation gefunden hat, hat es freilich eine höchstrichterliche Kehrtwende gegenüber eigenen früheren Bestimmungen vollzogen[106]. Warum hat die EKD diese liberale Kehrtwende und die Orientierung am Zeitgeist in „kulturprotestantischer" Manier und unter exegetisch „künstlichen Verrenkungen"[107] mitgemacht, statt unter Hochachtung vor den biblischen und reformatorischen Vorgaben nach einer Orientierung am Heiligen zu fragen? Wollte sie einfach nicht als „homophob"[108] diffamiert werden?

Der katholische Bischof Manfred Müller weiß: „Der Plausibilitätsverlust traditioneller Ordnungen und Wertvorstellungen ist ohne die Veränderungen der Glaubensüberzeugungen nicht ausreichend zu verstehen."[109] Man bedenke: Nachdem im 3. Mose-Buch homosexueller Verkehr zwischen Männern explizit als Gräuel für Gott eingestuft ist (18,22; 20,13), war auch für fromme Juden wie Jesus und Paulus völlig klar, dass gleichgeschlechtlicher Verkehr unmöglich als gottgefällig und segenswürdig angesehen werden kann. Der gelehrte Apostel betrachtete homosexuelle Praktiken als Folge einer göttlichen Preisgabe, ja als geradezu exemplarische Verbannung in die Sünde (Röm 1,26-27)[110]. „Widernatürlicher" Sexualverkehr entsprach offenkundig nicht seinen Vorstellungen von ‚Schöpfungsordnung'. Ohne Zweifel hat diese biblische Sicht gleichgeschlechtlichen Verkehrs für sehr lange Zeit zu massiven Benachteiligungen und bedauernswerten Diskriminierungen Homosexueller in Kirche und Gesellschaft geführt. Medizinische und psychologische Beurteilungen fallen in moderner Zeit meist zu Gunsten einer freizügigen Perspektive aus, was mit zu einer Änderung der gesellschaftspolitischen und juristischen Einstellung geführt hat – obgleich Neil E. Whitehead eine einschlägige Epigenetik-Studie mit den Worten kommentiert: „Es gab schon zahllose Versuche – in mindestens 13 unterschiedlichen Forschungsgebieten –, um nachzuweisen, dass Homosexualität biologisch festgelegt sei. Alle sind sie gescheitert."[111] Ob und inwiefern dem christliche Kirche zu folgen hat, bleibt theologisch heftig umstritten, und zwar fast weltweit. Hat hier Kirche Buße zu tun vor der Gesellschaft – oder vor Gott? Wie kann ihre Liebesbotschaft heute glaubwürdig bleiben, wenn die Heilige Schrift gleichgeschlechtliche Liebe eindeutig kritisch beurteilt? Lässt die Freiheit eines Christenmenschen nicht großzügig auch Homosexualität zu, sofern sie in Treue gelebt wird – oder wäre solche Toleranz ein falsches spirituelles Signal im Blick auf ein klar anvisiertes Verständnis von Gottes heiligem Willen?

Diese durchaus schwierigen und komplexen Fragen sind hier zwar nicht weiter auszudiskutieren. Doch eines lässt sich sehr deutlich sagen: Wenn sich liberal Argumentierende auf das zitierte paulinische Statement „Euch ist alles erlaubt" berufen, müssen sie dabei zweierlei bedenken. Erstens: Die vom Apostel beigefügte Einschränkung „Nicht alles aber ist förderlich" hat sozusagen das Allgemeinwohl im Blick – und von daher auch den zu allen Zeiten kritisch beurteilten Aspekt der Nichtgenerativität gleichgeschlechtlicher Verbindungen[112]. Und zweitens: Wer die Meinung vertritt, dass Homosexualität und Heiligkeit trotz des eindeutigen Befunds in der Heiligen Schrift theologisch auf einen Nenner zu bringen seien, der kommt trotzdem nicht umhin, solch „starke" Haltung in einer Weise einzunehmen, dass dabei Rücksicht auf die vermeintlich „Schwachen" genommen wird (1. Kor 9,21–22). „Den Schwachen im Glauben nehmt an und streitet nicht über Meinungen" (Röm 14,1) – dieses Paulus-Wort bedeutet: Die Stärke der angeblich die Sache besser Erkennenden sollte sich darin bewähren, dass sie auch stark genug sind, andere gewissensgebundene Haltungen angemessen zu respektieren[113]. Gerade so muss sich erweisen, ob innerkirchlich der heilige Geist der Liebe vorherrscht.

Dabei sollte ohnehin klar sein, dass die Frage der Heiligkeit die gesamte Lebensführung betrifft, also keineswegs schwerpunktmäßig mit dem Gebiet des Sexuellen zu tun hat. Vor allem aber sollte evangelische Kirche bei Luther gelernt haben, dass Heiligkeit um Christi willen im tiefsten Grunde ein Geschenk darstellt: Es geht um „eine *fremde* und doch *unsere* Heiligkeit" – dass nämlich Gott alles, was wir tun, nicht als unrein ansehen will, sondern „alles heilig, köstlich und angenehm sein soll" durch Christus, der „durch sein Leben die ganze Welt heilig macht"[114]. In genau diesem Sinne ist auch Kirche und jede Gemeinde als heilig anzusehen – bei aller sichtbaren Unvollkommenheit[115].

III Protestantische Prinzipien oder Protest gegen Prinzipienreiterei?

„Kirche, die nicht erkennbar christusförmig ist, ist keine Kirche mehr."[1]
Martin Abraham

Die innere Krise des Protestantismus ist kaum mehr zu übersehen. Schon 1965 fragte Helmut Thielicke: „Hat der Protestantismus überhaupt noch eine Zukunft oder müssen wir redlicherweise unser Am-Ende-sein bekennen?"[2] Ein halbes Jahrhundert später spricht Karl Richard Ziegert in einem Buchtitel ausdrücklich vom „Untergang der EKD-Kirchenwelt in Deutschland". Und Paul Bernhard Rothen moniert in aller Deutlichkeit: „Die evangelischen Kirchen berufen sich zwar auf die Reformatoren, doch sie haben im Grundlegenden mit ihnen gebrochen. Diesen Bruch verdecken sie."[3] Im Kern geht es bei der Krise des Protestantismus vor allem darum, dass dessen theologische Grundprinzipien nur noch formal in Geltung stehen, inhaltlich aber längst aufgeweicht, wenn nicht aufgegeben sind. Dem (post-)modernen Pluralisierungsdruck wird nur noch sehr fragmentarisch standzuhalten versucht.

Die in sich zusammenhängenden Grundprinzipien reformatorischer Kirchen sind bekanntlich durch ein pointiertes, exkludierendes „Allein" charakterisiert: Gelten sollen für evangelische Orientierung *allein Christus* und *allein die Schrift*, und *allein durch die Gnade* und *allein durch Glauben* statt durch additiv zu benennende Größen wird das Heil realisiert[4]. In solch konzentrierter, formierter Reihung sind die vier Kernpunkte zwar erst im 19. Jahrhundert aufgekommen, doch substanziell gehen sie klar auf Texte der Reformatoren zurück. Seit dem Aufkommen und Vorrücken der liberalen Theologie sind sie angeschlagen, schwierig geworden und inhaltlich aller Selbstverständlichkeit beraubt. Diverse Debatten und hier nicht zu schildernde Schul- und Kulturentwicklungen haben die Prinzipien der Schriftgeltung, des *Christus allein* und der aus göttlicher Gnade allein und aus bloßem Glauben erfolgten Rechtfertigung[5] nachhaltig in Frage gestellt. Dabei ist Fragen sicherlich erlaubt, ja willkommen; dass das evangelische Antworten undeutlich geworden ist, macht die eigentliche Krise des Protestantismus aus. Wenn es noch so etwas wie einen „Protestantismus aus Prinzip" gibt[6], dann ist jedenfalls vielfach unklar geworden, nach welchem Prinzip oder welchen Prinzipien sich der Kompass ausrichtet.

Die längst fällige Rückbesinnung auf die vorwärtsweisenden reformatorischen Prinzipien muss vor allen Dingen realisieren, dass es hier mitnichten um dogmatischen Paragraphenstreit geht, sondern um das Festhalten von Erkenntnisprinzipien, die sich auf den lebendigen Christus selbst richten. Nicht biedere Prinzipienreiterei ist das Motiv evangelischer Standfestigkeit; vielmehr dreht es sich in allen Punkten um zentrale spirituelle Wahrheiten, für die es denkend und bekennend einzustehen gilt.

1 Allein die Schrift – oder auch Vernunftgründe?

Sola scriptura – das hat der Protestantismus von Anfang an auf seine Fahnen geschrieben[7]. Noch heute ist dieses Prinzip bekannt und als solches in der evangelischen Kirche anerkannt[8]. Die Bibel liegt aufgeschlagen auf den Altären, und Schriftlesungen gehören ebenso zu den Gottesdiensten wie die meist einen Schrifttext auslegenden Predigten. Freilich war die Hochschätzung der Heiligen Schrift schon im Mittelalter mehr oder weniger üblich. Originell war bei den Reformatoren ihre Nutzung gegen amtskirchliche Autoritäten, welche sie bis dahin verbindlich fürs Volk auslegten. Das betonte „allein" wendet sich seit Luther primär gegen römisch-klerikale[9], aber wo nötig auch gegen spiritualistische Ergänzungs- und Deutungsansprüche. Dem korrespondiert Luthers These von der Klarheit der Schrift[10], die sich durch den Heiligen Geist selbst auslege und hinsichtlich ihrer wesentlichen Botschaft verständlich mache.

Gleichwohl wollte Luther keinen papiernen Papstersatz. Seine Verehrung der Heiligen Schrift, die er mit seiner Mutterkirche teilte, mündete in keinen Buchstabenfundamentalismus. So konnte er beispielsweise den Jakobusbrief als „stroherne Epistel" abqualifizieren – und umso leuchtender das Rechtfertigungsverständnis der zentralen paulinischen Schriften herausarbeiten. In diesem Sinn war und ist das *Sola-scriptura*-Prinzip im Protestantismus immer klar dem theologischen Prinzip *solus Christus* zugeordnet, ja im Streitfall untergeordnet. Erst wo diese Zu- und Unterordnung fallen gelassen ist, ja das *Christus allein* womöglich umgekehrt dem *sola scriptura* untergeordnet wird, hat man es innerhalb des Protestantismus mit Bibelfundamentalismus zu tun[11].

Die Heilserkenntnis in Christus war Luther wichtiger als ein formales Schriftprinzip, weshalb er zugespitzt sagen konnte: „Wenn aber die Gegner die Schrift treiben gegen Christus, so treiben wir Christus gegen die Schrift […].“[12] Und überhaupt: „Nimm Christus aus der Schrift: was wirst du in ihr dann noch finden?“[13] In Christus allein sah Luther die Mitte der Schrift. Bei ihrer Auslegung kam es ihm vor allem darauf an, „was Christum treibet“. Von daher unterschied er auch systematisch zwischen dem verurteilenden Gesetz und dem befreienden Evangelium[14]. Im Sinne lebendiger Christus-Beziehung war ihm die *viva vox Evangelii*, die lebendige Stimme des Evangeliums, im Predigtvollzug sogar noch wichtiger als das schriftliche Bibelbuch. Für ihn hieß Evangelium „nichts anderes als eine Predigt und ein Geschrei von der Gnade und Barmherzigkeit Gottes, durch den Herrn Christus mit seinem Tod verdient und erworben; es ist eigentlich nicht das, was in Büchern steht und in Buchstaben verfasst wird, sondern mehr eine mündliche Predigt und lebendiges Wort, eine Stimme, die da in die ganze Welt erschallt und öffentlich ausgeschrien wird, dass man es überall hört.“[15] Solche Betonung lebendiger Verkündigung widerspricht freilich nicht dem Schriftprinzip, sondern fußt auf ihm.

Richtet sich das protestantische Schriftprinzip primär gegen die römisch-katholische Betonung der zusätzlichen Autorität mündlicher Überlieferung und klerikaler Alleindeutungsansprüche, so stellt sich in moderner Zeit die Frage, ob es nicht längst auch andere Gegner hat. Von der „Krise des Schriftprinzips“ ist immer wieder die Rede[16]. Eine aktuelle Veranschaulichung mag zeigen, wie das *sola scriptura* relativiert wird. Laut Margot Käßmann, der einstigen Vorsitzenden des Rates der EKD, besagt reformatorischer Glaube: „Denke selbst, dein Gewissen und dein Glaube haben sich allein an Vernunft und Bibel zu orientieren.“[17] Vernunft *und* Bibel? Also ist doch nicht die Heilige Schrift allein, sondern auch die Vernunft für evangelisches Christsein maßgeblich? Käßmann kann sich dem ersten Anschein nach für ihre fragwürdige Äußerung auf Luther selbst berufen, der vor dem Reichstag zu Worms jeden Widerruf abgelehnt hatte mit den Worten: „Es sei denn, dass ich durch Zeugnisse der Schrift oder durch klare Gründe der Vernunft überführt werde […], so bin ich überwunden durch die von mir angeführten Schriftstellen und ist mein Gewissen gefangen in Gottes Wort […].“[18] Bei näherem Hinsehen aber wird schnell deutlich, dass der Reformator keineswegs eine additive Autorität von Schrift *und* Vernunft für den evangelischen Glauben begründet. Schon dem Wortlaut nach verbindet er nicht Bibel und Vernunft durch ein „und“, sondern durch ein „oder“; umso mehr muss nach dem Verhältnis beider Größen gefragt werden. Die Reihenfolge ist deutlich: Zuerst kommt die Schrift, anschließend die Vernunft mit ihren Argumenten. Sodann ist der Kontext der Äußerung einzubeziehen: Luther spricht vom Gewissen, in dem beide Größen unbestreitbar ihren Ort haben. Das gläubige Gewissen aber ist kein neutraler Ort, sondern gebunden an die geglaubte Autorität; just das bestätigt die religiös „eingebundene“ Vernunft. Wie bereits erwähnt, hat der Aufklärungsphilosoph Kant später selbst bestätigt, dass die Vernunft in religiöser und metaphysischer Hinsicht sehr wohl fragen, aber keine überprüfbaren Antworten generieren könne, weshalb damit Platz zum Glauben entstehe. Hinzu kommen Luthers theologische Darlegungen über die wesenhafte Korrumpiertheit und Korrumpierbarkeit der Vernunft: Bei aller Hochschätzung dieser Gottesgabe weiß er um ihre Verderbtheit und Begrenztheit in Glaubensfragen. So betont er kritisch, die Vernunft hätte es gern, „dass es in ihrem Gefallen und Urteil stehe, welches Gottes Werk und Wort sein solle“[19]. In solchem Ringen um die Oberhand kommt ihr aber der Sieg mitnichten zu. Das zeigt sich bei Luther exemplarisch dort, wo in wichtigen Fragen – etwa beim Abendmahlsverständnis – ein Konflikt zwischen Schriftwort und menschlichem Verstand besteht: „Dies aber ist Ursprung und Ansatzpunkt aller Versuchung, wenn die Vernunft über das Wort und über Gott aus sich selbst zu urteilen versucht ohne das Wort.“[20] Wie beim menschlichen Willen gilt: Es gibt keine neutrale, sondern immer nur eine subjektgebundene Vernunft. Deshalb dient sie entweder einem unerlösten, von Gottesentfremdung gefangenen Subjekt. Oder sie dient – „gefangen in Gottes Wort“ – dank der Erleuchtung durch den Heiligen Geist einem befreiten, weil mit Gott versöhnten Subjekt[21]. Eine im letzteren Sinn erlöste Vernunft weiß die Schrift in freudiger Demut auszulegen; ihr wird sie im Wesentlichen klar. Mit Bernhard Lohse bleibt demnach festzuhalten: Luther dürfte in Worms weder dem Gewissen noch der Vernunft „eine Autorität unabhängig von der Hl. Schrift zugeschrieben haben; insofern darf die Wormser Formel nicht etwa im Sinne der Aufklärung interpretiert werden.“[22]

Die Aufklärung freilich hat genau dieses „*und*" dem *sola scriptura* hinzugefügt – „allein Schrift und Vernunft" lautet seither auf der Linie neuprotestantischen Denkens die Parole. Dabei hat sich im Laufe der Neuzeit immer mehr die Deutungsmacht der „autonomen" Vernunft gegenüber der Schrift hervorgetan, die ihre Heiligkeit dementsprechend eingebüßt hat[23]. Theologie als Wissenschaft hat sich mit den Texten der Schrift „wissenschaftlich", vom Standpunkt einer scheinbar neutralen Vernunft aus zu befassen – nämlich kritisch-sezierend[24]. Und da es sich um geschichtliche Texte handelt, muss folglich eine „historisch-kritische Methode" moderne Auslegung bestimmen: „Aus dem *sola scriptura* der Reformation wird ein ‚allein' der Quellen. Sie befinden über den Wert theologischer Aussagen: biblische und nicht-biblische Quellen."[25] Diese Art von „Bibelkritik" ist längst jedem Theologen geläufig, ja sie wird heutzutage in Ansätzen bereits im Religionsunterricht vermittelt und eingeimpft. Das protestantische Prinzip „Allein die Schrift" wird damit aber ein Stück weit in Frage gestellt und unterwandert – mit entsprechenden Folgen[26]. Denn die modernen exegetischen Methoden funktionieren oft genau so, wie die Vernunft es laut Luther liebt – dass es nämlich „in ihrem Gefallen und Urteil stehe, welches Gottes Werk und Wort sein solle". Demgegenüber betont der Reformator: „Die Kraft der Schrift besteht nicht darin, dass sie sich dem anpasst, der sie studiert, sondern dass sie denjenigen, der sie liebt, in sich und ihre Kräfte verwandelt."[27]

Solche Kraft kann die Schrift auch dem sie liebenden Studiosus beweisen. Historische Kritik an Bibeltexten muss den Glauben nicht zerstören. Aber sie eröffnet die Versuchung, sich die Dinge willkürlich mit „wissenschaftlichem" Zerlegen, Deuten, Verbiegen und Bewerten geschickt zurechtzulegen, so dass sich die spirituelle Autorität der Schrift entsprechend mindert[28]. Der Neutestamentler und emeritierte Landesbischof Ulrich Wilckens hat in seiner kritischen Geschichte der wissenschaftlichen Bibelauslegung von der Aufklärung bis zur Gegenwart dargelegt: Methodisch ging man nunmehr meist davon aus, dass die Vernunft die Existenz des lebendigen Gottes, der wunderbar an den Menschen handelt, ausschließe; einer vernünftigen „historisch-kritischen" Auslegung könne es deshalb nur darum gehen, wie Jesus und die ersten Christen sich wahrscheinlich Gott vorgestellt und im intersubjektiven Glauben an ihn gelebt haben[29]. Entsprechend distanziert und liberal interpretiert fielen viele – freilich nicht alle – wissenschaftlichen Ergebnisse aus: Die kirchliche Geltung der biblischen Botschaft wurde weithin subtil unterwandert infolge von philosophischen[30], politisierenden, symbolisierenden, pluralisierenden und schließlich auch feministischen[31] Prägungen der Auslegungsmethodik. Dass dies alles im Zeichen wissenschaftlicher Vernunft möglich wurde, zeugt indirekt von der Richtigkeit der Luther'schen These über die Korruptheit menschlicher Vernunft.

Die durchaus vorhandene Hochschätzung der Vernunft bei Luther lässt allerdings auch heute die Frage aufkommen: Wie anders hätte es denn geschichtlich gehen sollen unter dem zunehmenden Einfluss aufklärerischen Gedankenguts? Musste evangelische Theologie sich nicht notgedrungen den Umständen anpassen und moderne, kritische Auslegungsmethoden zulassen? Und haben nicht tatsächlich viele Erkenntnisse wissenschaftlicher Bibelexegese den Protestantismus bereichert statt zerstört? Hierauf lässt sich unmöglich mit einem klaren Ja oder Nein antworten[32]. Differenzierend wird man sagen müssen: Beides war und ist der Fall. Selbstverständlich kamen evangelische Theologie und Kirche nicht umhin, sich der modernen Vernunft konsequent und in aller Freiheit zu stellen. Viele intellektuell redliche Versuche wurden unternommen, die biblische Überlieferung irgendwie mit moderner Rationalität in möglichst überzeugenden Einklang zu bringen – oder aber „notwendigerweise" wesentliche ihrer Inhalte zu „verabschieden"[33]. Selbstverständlich konnte sich die Theologie – evangelische und mit der Zeit auch katholische – keinesfalls dem Fortgang geschichtlicher Wissenschaft und ihrer Methodik verschließen, nachdem die christliche Botschaft von dem Gott handelt, der selber in seinem Sohn in die Geschichte hineingegangen ist.

Aber gerade protestantisches Denken hätte hierbei verstärkt in der Lage sein müssen, die von der Vernunft ja selbstgesetzten Grenzen angemessener in Anschlag zu bringen und so den destruktiven Tendenzen entsprechender Methodik erfolgreicher entgegenzutreten. Zu viel Anbiederung an den Götzen der „autonomen Vernunft" war und ist im Spiel, wenn sogenannte „Entmythologisierung" Grundfesten des kirchlichen Bekenntnisses erschüttern kann, ohne dass der Mythos der modernen Vernunft selbst schärfer vom Konzept einer durch den Heiligen Geist erleuchteten Vernunft her hinterfragt wird. Zu viel Einschüchterung konnte und kann Raum greifen, wenn pseudorationale und postmoderne Ideologien das *sola scriptura* innerkirchlich zur Farce werden lassen, weil sie sich der Schriftgeltung ungeniert zur Seite stellen. Ulrich Wilckens hat eindrucksvoll deutlich gemacht, dass die historisch-kritische Methode der Bibelauslegung selbst historisch-kritisch betrachtet werden muss, aber mitnichten zu verabschieden, sondern teilweise neu zu formatieren ist zu Gunsten einer der Schrift angemessenen Exegese. Nachdenklich wird im Übrigen das Plädoyer von Papst Benedikt XVI. auch Protestanten machen, einen ausgesprochen theologischen Umgang mit der historisch-kritischen Methode zu wagen. Gerade weil sich diese Methode als ein gleichsam verselbständigtes Kind der Aufklärung erweise, bedürfe sie geistlicher Einbettung – habe sie doch exegetischer Willkür unter dem Mantel der Wissenschaftlichkeit Tür und Tor geöffnet! Aber Joseph Ratzinger verwirft sie ebenso wenig wie Wilckens; was er möchte, ist ihre Ergänzung durch eine zweite, nämlich die der von ihm so genannten „kanonischen Exegese“: Dieser zufolge ist ein biblischer Text jeweils im Gesamthorizont der Heiligen Schrift auszulegen und zu beleuchten[34]. Damit steht der Papst der reformatorischen Einsicht überraschend nahe, dass die Bibel ihr eigener Interpret sei – auch wenn er das protestantische Prinzip *sola scriptura* weiter bestreitet[35].

In ökumenischer Hinsicht ist die Lage diesbezüglich keineswegs hoffnungslos. Der bilateralen Studie „Communio Sanctorum“ (2000) zufolge bekennt man miteinander, dass die Bibel niemals isoliert, sondern immer auch im Zusammenhang der Glaubens- und Zeugnisgemeinschaft der Kirche zu befragen sei. Der Streit um das Verhältnis von Schrift und Tradition könne gelöst werden, da von lutherischer Seite durchaus anerkannt werde, dass die Heilige Schrift selber aus urchristlicher Tradition hervorgegangen und durch die kirchliche Tradition überliefert worden sei. Umgekehrt werde von katholischer Seite anerkannt, dass die Bibel die Offenbarung hinreichend enthalte, also nicht ergänzungsbedürftig sei: „Schrift und Tradition können somit weder voneinander isoliert noch gegeneinander gestellt werden.“[36] Beide Kirchen stimmen demnach „darin überein, dass das Empfangen, Erkennen und Bezeugen der Wahrheit Aufgabe der Kirche als ganzer ist und daß hierbei verschiedene Erkenntnis- und Bezeugungsinstanzen zusammenwirken müssen“. In welcher Weise diese Bezeugungsinstanzen – also die Bibel, die Tradition, das Amt, das Volk Gottes und Theologie – einander zuzuordnen seien, bleibt zwischen beiden Kirchen allerdings noch weiter klärungsbedürftig. Und dies ist keine Kleinigkeit: Begann nicht eben damit die Reformation, dass die Heilige Schrift gegen sämtliche anderen Bezeugungsinstanzen aufgeboten wurde?

Welchen Sinn hat indessen protestantisches Beharren auf einem Prinzip, das in der evangelischen Kirche zwar auf dem Papier steht, aber faktisch längst porös geworden ist? Man spricht gern von der „Krise des protestantischen Schriftprinzips“[37]. In der EKD-Schrift zum Reformationsgedenken unter dem Titel „Rechtfertigung und Freiheit“ heißt es etwa: „Seit dem siebzehnten Jahrhundert werden die biblischen Texte historisch-kritisch erforscht. Deshalb können sie nicht mehr so wie zur Zeit der Reformatoren als ‚Wort Gottes‘ verstanden werden.“[38] Dass allerdings schon Luther ungeachtet seiner voraufklärerischen Verortung kein solch naives Verständnis vom Wort Gottes gehabt hat, ist bereits gesagt worden und sollte bekannt sein[39]. Auch dürfte innerkirchlich geläufig sein, dass das Apostolische Glaubensbekenntnis keinen „Glauben an die Bibel“ vorschreibt. Sehr wohl aber dient das reformatorische Schriftprinzip dem Leitprinzip „Christus allein“ – und mit dem einen wird auch das andere geschwächt und untergraben.

2 Christus allein – oder allein Jesus?

Solus Christus – das ist kein speziell protestantisches, sondern eigentlich ein allgemeinkirchliches, in diesem Sinne katholisches Prinzip[40]. Aber im Zusammenhang mit den anderen reformatorischen Allein-Bestimmungen macht es jedenfalls deren eigentlichen Kern aus, so dass klar wird: Evangelischer Theologie und Kirche geht es insgesamt um eine besondere, spirituell angemessene Konzentration aufs Wesentliche, nämlich auf den Wesentlichen: auf den einen Gottmenschen in Person[41]. Indes – was wird dann aus evangelischer Theologie und Kirche, wenn dieses Glaubens- und Bekenntnisprinzip wankt? Wenn der eine Gottessohn und damit der trinitarische Gottesglaube nicht mehr klar im Sinne der altkirchlichen Symbole verstanden wird, den die Reformatoren ausdrücklich voraussetzten? „Christus tritt in der Kirche immer stärker zurück“, titelt eine große evangelische Wochenzeitschrift zum Reformationstag 2016[42].

Selbstredend steht das *Christus allein* zumindest in den offiziellen kirchlichen Verlautbarungen der evangelischen Kirche von heute nicht in

Frage. Oder etwa doch? In der erwähnten EKD-Schrift zum Reformationsgedenken unter dem Titel „Rechtfertigung und Freiheit" ist zum Thema bezeichnenderweise nicht mehr von dem einen Gottessohn oder Gottmenschen die Rede, sondern nur noch in umschreibender Weise davon, dass Gott in Christus „in diesem Menschen besonders nahe ist"[43]. So heißt es immerhin: „Aber ohne den Bezug auf Jesus Christus, auf den Ort, an dem Gott sich nach christlichem Verständnis in besonderer Weise zu erkennen gegeben hat, wird die Kirche keinen Bestand haben." Doch am Ende des betreffenden Abschnitts wird relativierend gesagt: „Die Herausforderung besteht darin, von Christus zu sprechen, aber so, dass dabei nicht der Glaube des anderen abgewertet oder für unwahr erklärt wird." Wenn laut EKD anderen, konkurrierenden Religionen, die bekanntlich die Christus-Wahrheit sehr wohl und ungeniert bestreiten, ihr Wahrheitsanspruch nicht bestritten werden darf, wie kann dann das Christus-Bekenntnis noch glaubwürdig und wahrhaftig vertreten werden[44]? Was ist dann aus dem *Solus Christus* geworden?

Andere Religionen werden in freundlichen Dialogen kaum Schwierigkeiten haben, Jesus Christus als eine Art „Prophet" anzuerkennen, ihn eventuell sogar in ihr eigenes Konzept einzubauen und so für ihre Wahrheit zu vereinnahmen. Selbst Atheisten können von Jesus bisweilen mit Hochachtung als „wahrem Menschen" sprechen. Doch kirchliche Rede von Jesus Christus meint definitiv nicht nur den Menschen, Weisheitslehrer, Propheten, Rebellen oder Märtyrer Jesus aus Nazareth[45], in dem Gott sich in einer durchaus besonders eindrucksvollen Weise gezeigt habe. Vielmehr bekennen sich ungefähr alle christlichen Kirchen der weltweiten Ökumene zu Gottes einmaligem, geschichtlichem Gekommensein in diesem Menschen, der somit menschliche und göttliche Natur in sich vereint[46]. Erst von diesem steilen und exklusiven Verständnis Jesu Christi her kann dann auch mit dem Neuen Testament stimmig davon die Rede sein, dass ihn der Tod nicht halten konnte, er also aus dem Grab auferstanden sei und seinem Tod Heilsbedeutung für alle Gläubigen, ja überhaupt für alle Welt zukomme (z. B. 1. Kor 15,3–8.28; Kol 1,15–20) – und dass er als Richter und Vollender am Ende dieser Weltzeit universal in Erscheinung treten werde.

Freilich ist dieses auch reformatorisch hochgehaltene Christus-Verständnis anstößig – und zwar nicht erst heutzutage oder seit der Aufklärung. Bekanntlich wurde es schon seit den Anfängen der Kirche als Ärgernis oder Torheit empfunden. Ein protestantisch kräftig unterstrichenes *solus Christus* muss daher notgedrungen Konflikte mit sich bringen. Gibt evangelische Kirche hier unter dem heutzutage herrschenden Pluralisierungsdruck nach und relativiert sie ihr Christus-Bekenntnis kulturprotestantisch, riskiert sie ihre Identität (zu der laut Luther übrigens ausdrücklich Leidensbereitschaft zählt).

Unter „Kirche" ist dabei keineswegs nur die obere Ebene der Leitungsetagen zu verstehen, sondern insbesondere das Kirchenvolk. Wie steht es nun mittlerweile unter Evangelischen um das *solus Christus*? Die Mitgliedschaftserhebungen der EKD scheinen von Mal zu Mal immer weniger in dieser Richtung überhaupt Fragen zu stellen – geschweige denn substanzielle Antworten vorzuweisen[47]. Bei den einzelnen, ohnehin recht unterschiedlich ausgeprägten Glaubenseinstellungen der Gemeindeglieder kann jedenfalls grundsätzlich davon ausgegangen werden, dass sie hinsichtlich ihrer Auffassung von Jesus durch vielerlei Einflüsse geprägt sind. Schon die kirchlich verantworteten Informationen gottesdienstlicher, religionspädagogischer und erwachsenenbildnerischer Art sind heutzutage oft pluralismusgetränkt, nämlich weniger von reformatorischen Bekenntnissen als vielmehr von allerlei theologischen Schulmeinungen und sogar nichtchristlichen Ansichten durchzogen. So verstärkt sich sowohl auf liberalem Sektor[48] als auch sogar auf eher konservativem[49] oft genug ein Verständnis von Jesus, das ihn rein als natürlichen Menschen versteht und nurmehr von Gottes „besonderer", bestenfalls adoptianischer Beziehung zu ihm spricht. Vor allem die pluralistische Religionstheologie betrachtet Jesus als einen hervorragenden, aber keineswegs exklusiv als *Christus* zu deutenden Menschen[50] – und nähert sich damit weniger dem kirchlichen als vielmehr dem theosophischen Jesus-Bild an, demzufolge Jesus eine von etlichen Verleiblichungen des „kosmischen Christus" darstellt[51]. Neuere Christologien kontextueller und feministischer Art beleben das pluralistische Angebot[52] – und relativieren das eigentliche kirchliche.

Hinzu kommen die schier unüberschaubaren, aber meist nicht eben kirchennahen Vermittlungen von Jesus-Bildern durch die öffentlichen Medien, die oft verunsichernd auf Gemeindeglieder einwirken. „Was bleibt von Jesus Christus?", fragte etwa *Der Spiegel* auf dem Cover vom 24. Mai 1999 (Nr. 21). Der damalige Herausgeber dieser Zeitschrift Rudolf Augstein, Autor des Buches „Jesus Menschensohn" (1989), polemisierte hier: „Nicht, was ein Mensch namens Jesus gedacht, gewollt, getan hat, sondern was nach seinem Tode in seinem und unter seinem Namen, aber oft nicht in seinem Sinne, sehr oft gegen seine Intentionen gedacht, gewollt, getan worden ist, hat die christliche Religion und mit ihr die Geschichte des sogenannten christlichen Abendlandes bestimmt."[53] Augstein ging noch weiter: „Vieles spricht dagegen, daß es Jesus gegeben hat. Der ganze Jesus kann eine aus mehreren Figuren und Strömungen synthetisch geformte Erscheinung sein, von phantasievollen, hellenistisch gebildeten Juden bewußt oder unbewußt als eine personifizierte Heilserwartung des jüdischen Volkes erfunden." Anschließend räumte Augstein zwar ein, es sei doch schwer vorstellbar, dass die Evangelien ganz ohne personalen Anlass hätten entstehen können, ohne Inspiration durch den gewaltsamen Tod eines Menschen. Aber der Glaube an Jesus als den Christus stand mit diesem Beitrag schlicht als intellektuell unredlich im Raum.

In diese Kerbe schlugen auch viele andere Veröffentlichungen – beispielsweise Franz Alts „Jesus – der erste neue Mann" (1989) oder ein so abseitiger Titel wie Siegfried Obermeiers „Starb Jesus in Kaschmir? Das Geheimnis seines Lebens und Wirkens in Indien" (1993)[54]. Was hier an vermeintlich modernen Erkenntnissen aufgeboten wird, ist in Wahrheit bereits zu guten Teilen im Zeitalter der Aufklärung diskutiert worden[55]. Gegen so viel christentums-, ja christusfeindliche Literatur kamen auch aufklärende Bücher wie „Der verfälschte Jesus" aus der Feder des protestantischen Neutestamentlers Roman Heiligenthal oder „Die Jesusfälscher. Ein Original wird entstellt" von dem katholischen Theologen und Schriftsteller Josef Dirnbeck kaum an[56].

Eine besonders hervorzuhebende Attacke auf den Christus-Glauben war 2003 das Buch „Sakrileg" von Dan Brown, das 2005 auch erfolgreich fürs Kino verfilmt wurde. Die Verunsicherung vieler auch bis dahin christlich Gesonnener durch dieses Machwerk, das sich wie ein Tatsachenroman liest, war keine geringe. Demnach wäre Jesus Vater gewesen, und um die verworrenen Schicksale seiner Nachkommen bis in unsere Zeit hinein drehen sich die Phantasiegeschichten. Nur wer Hintergrundwissen hatte, durchschaute damals, dass im Hintergrund drei Bücher standen, die Michael Baigent und Richard Leigh unter den Titeln „Das Vermächtnis des Messias. Auftrag und geheimes Wirken der Bruderschaft vom Heiligen

Gral" (1987) und „Der Heilige Gral und seine Erben" (1982) sowie „Verschlußsache Jesus. Die Qumranrollen und die Wahrheit über das frühe Christentum" (1991)[57] veröffentlicht hatten. Deren Tendenz war keineswegs seriös-wissenschaftlich, sondern eher sektiererischer Natur. Immerhin hat das ZDF am Ostersonntag 2005 dies doch für ein breiteres Publikum in der Reihe „Terra X" kritisch offengelegt: Auf Grund genauer Untersuchungen wurde nachgewiesen, dass jene Bestseller bis hin zu Dan Browns „Sakrileg" auf Fälschungen und Täuschungsmanövern im Blick auf das Leben Jesu beruhten[58]. Trotzdem wirken die absurden Jesus-Thesen in Wort und Bild bis heute nach.

Evangelische Theologie und Kirche tun sich entsprechend schwer, das reformatorische *Christus allein* zwischen historisch-kritischen[59] und christentumspolemischen Infragestellungen noch substanziell hochzuhalten. Das gilt dann selbstverständlich auch speziell für die mit der Christus-Gestalt verbundenen Überlieferungen von Jesu Auferstehung und Himmelfahrt. Diese Glaubensgehalte werden von immer mehr Theologinnen und Theologen einer aufgeklärten „Mythenkritik" geopfert, weil sie sich genieren, Christus als eine „Kultgottheit" zu verehren, wie sie angeblich selbst Jesus abgelehnt hätte[60]. Um ihrer jeweils subjektiven Wahrhaftigkeit willen ringen sie kaum noch nachhaltig um die intellektuelle Vertretbarkeit[61] des kirchlichen Christus-Bekenntnisses, um die Erläuterung seiner spirituellen „Theo-logik" auch unter heutigen Bedingungen. In der Folge gibt es in den Kirchen immer weniger wahrhaftige Christus-Anbetung. Viele gottesdienstliche Formulierungen werden insofern zunehmend zur liturgischen Farce. Man halte sich beispielsweise vor Augen: Zum Osterfest 2016 lässt kein Geringerer als der Leitende Bischof der VELKD, Gerhard Ulrich, als Landesbischof der Nordkirche in der *Evangelischen Zeitung* verlauten: Jesu Leib sei vergänglich wie jeder Menschenleib, doch das, was in ihm göttlich gewesen sei, also seine Sache, seine Haltung, seine Leidenschaft und sein Einsatz für das wahre Leben, sei mitnichten tot und lebe, wenn nur seine Nachfolger das wollten[62]. Ist evangelische Kirche nicht gleichsam ein Schiff ohne Kompass, wenn in ihr das *Solus Christus* in erschreckendem Maße zur Torheit verkümmert und an deren Stelle sogar auf Kapitänsebene weisheitliche Uminterpretationen rücken?

Was ist am Ende die Kirche dann überhaupt noch? Man höre Jürgen Moltmann: „Ist für die ‚Kirche Christi' Christus das Subjekt der Kirche, dann wird für die Lehre von der Kirche die Christologie das beherrschende Thema der Ekklesiologie sein. Jeder Satz über die Kirche wird ein Satz über Christus sein. Jeder Satz über Christus enthält auch eine Aussage über die Kirche […].“[63] Eine poröse, ideologisierte oder entkernte Christologie indessen sagt viel über die Kirche aus, die sie als solche in ihren Mauern zulässt. Nach christlicher Grundüberzeugung erschließt Gott sich und seine dynamische Liebe als der Dreieine. Ohne Christus-Glauben kein trinitarisches Gottesverständnis, ohne dieses keine überzeugende, ins Konkrete gehende Vermittlung der göttlichen Liebe – und keine authentische Kirche[64]! Gilt die Lehre von Jesus Christus als Herzstück christlicher Theologie und Kirche, dann muss man hier längst „Herzrhythmusstörungen“[65] diagnostizieren. Die aber können, wenn sie anhalten, lebensbedrohlich werden. Gewiss, Christi Kirche wird laut Mt 16,18 von den Mächten des Todes nicht besiegt werden. Doch das gilt nicht für einzelne ihrer Teile. So hatte Luther 1524 „an die Bürgermeister und Ratsherrn allerlei Städte in deutschen Landen“ geschrieben, Gottes Wort und Gnade sei ein fahrender Platzregen, der nicht wiederkomme, wo er einmal gewesen: „Ihr Deutschen dürft nicht denken, dass ihr ihn ewig haben werdet, denn der Undank und Verachtung wird ihn nicht lassen bleiben.“[66]

3 Heil allein durch Gnade – oder auch durch ihre Akzeptanz?

Sola gratia – dass der Mensch von Gott vorbehaltlos angenommen und ihm Rettung aus aller Schuld und Todesverlorenheit zugesagt wird, das geschieht nach protestantischer Grundüberzeugung allein aus Gnade um Christi willen[67]. Verneint werden mit diesem spirituellen Prinzip alle womöglich zu addierenden Faktoren, die zur reinen Gnade und himmlischen Barmherzigkeit noch menschlicherseits hinzukommen könnten oder sollten – also jedwede religiös anrechenbare Leistung oder Eigengerechtigkeit vor Gott. Demütiges Annehmen der in Christus offenbar werdenden Liebe des Vaters in Gestalt des Glaubens, des kindlichen Vertrauens ist die einzige Bedingung – wobei selbst diese „geschenkt“ wird: Dankbarer Glaube lässt sich in der evangelischen Kirche eigentlich nicht als „Gegenleistung“ missverstehen, sondern seinerseits als Gabe des Heiligen Geistes, als Reflex des göttlichen Gnadenwortes erfahren. Luther spricht (wie bereits dargelegt: I.3) von der „Rechtfertigung", die dem vor Gott als Sünder dastehenden Menschen gnadenhaft zukommt, so dass jeder Gedanke an irgendeine Art von Selbstrechtfertigung als abwegig, ja obszön erscheinen muss. Auch die scheinbar fromme Idee, man müsse die von Gott „angebotene" Gnade überhaupt erst einmal gnädigst akzeptieren, verkehrt nach Luther die Verhältnisse: Der Glaubende hat sich nicht gleichsam über Gott zu stellen, sondern er wird von dessen Wort bekehrt, im Herzen umgedreht, befreit und dadurch motiviert, die Gnade in rechter Freiheit anzunehmen[68].

Theologisch handelt es sich bei der reformatorischen Rechtfertigungslehre um den Ausdruck einer steilen Spiritualität, in der sich die königliche Herrlichkeit des Evangeliums spiegelt. Wenn aber das mit ihr verknüpfte Gnadenprinzip relativiert wird, gerät das protestantische Kirchenschiff notgedrungen ins Schlingern[69]. Solche Relativierungen sind in unserer Zeit an verschiedenen Fronten zu beobachten.

Da ist zunächst die dem ersten Eindruck nach erfreuliche Begebenheit zu nennen, dass das *sola gratia* mittlerweile ökumenisch kaum mehr in Frage steht. Von römisch-katholischer Seite werde doch gar nicht ernsthaft bestritten, dass an Gottes Gnade alles liegt: Der Streit über die theologische Grundfrage der Reformation könne heute als beendet betrachtet werden, meint etwa der Konfessionskundler Wolfgang Thönissen[70]. So gibt die 1999 bilateral verabschiedete „Gemeinsame Erklärung zur Rechtfertigungslehre" vor, zu einem „Konsens in den Grundwahrheiten" des theologischen Rechtfertigungsverständnisses geführt zu haben: Laut Absatz 14 dieser in Augsburg bilateral unterzeichneten Erklärung sind die konfessionell unterschiedlichen Entfaltungen der Rechtfertigungslehre im Grundsätzlichen durchaus miteinander vereinbar. Merkwürdig nur, dass die Ökumene trotzdem seither keine wesentlichen Fortschritte gemacht hat! Sollte das *sola gratia* doch nicht so einvernehmlich geklärt sein, wie es den Anschein haben mag?

Tatsächlich ist in der Erklärung mehrfach, nämlich in den Absätzen 40 und 43 ausdrücklich und leise einschränkend lediglich von einem „Konsens in Grundwahrheiten der Rechtfertigungslehre" die Rede – hier fehlt also der bestimmte Artikel vor dem Wort „Grundwahrheiten". Auch in der „Gemeinsamen offiziellen Feststellung des Lutherischen Weltbundes und der Katholischen Kirche" und im beigefügten „Annex" war damals der bestimmte Artikel weggelassen worden[71]. In der Öffentlichkeit aber wurde weithin gemäß Absatz 14 ein grundsätzlicher, umfassender Konsens als gegeben angenommen. Selbst Kardinal Ratzinger, der an der Vorbereitung aktiv mitgewirkt hatte, konnte pauschalisierend sagen, „der Rechtfertigungskonsens" liege, wenngleich noch als Auftrag verstanden, vor[72]. Dabei war es gerade das Interesse der katholischen Seite gewesen, bloß eingeschränkt und also etwas unbestimmt vom „Konsens in Grundwahrheiten" zu sprechen; faktisch hatte sie sich an den meisten Stellen des hierin unausgeglichenen Dokuments durchgesetzt[73]. Sachstand ist insofern nur eine Einigung in einem Teil von Grundwahrheiten. Klar ausgedrückt: Es gibt andere Grundwahrheiten (!) der Rechtfertigungslehre, die hier weithin ausgeklammert geblieben sind. Die Erklärung räumt in Absatz 5 selbst ein, sie enthalte „nicht alles, was in jeder der Kirchen über Rechtfertigung gelehrt wird". Voreilig wurden jene noch nicht übereinstimmenden Grundwahrheiten taktisch unter jene Einzelaussagen gezählt, die den erreichten Konsens nicht in Frage stellen können sollten.

Worin aber besteht nun der immer noch vorhandene, aber kaum ausdrücklich benannte Dissens? Welches sind denn genau jene Grundwahrheiten der Rechtfertigungslehre auf beiden Seiten, in denen man sich offensichtlich nicht einig geworden ist? Und sind sie wirklich zweitrangiger Natur – oder vielleicht doch von solchem Gewicht, dass demgegenüber der erreichte Konsens gewissermaßen als zweitrangig betrachtet werden müsste? Schließlich handelt es sich um „Grundwahrheiten", die hier vernachlässigt worden sind, also um offenbar durchaus elementare Aspekte und nicht um irgendwelche „unnötigen Subtilitäten"[74] akademischer Diskussion.

Luther hatte sein Verständnis von Rechtfertigung exegetisch korrekt[75] aus dem Neuen Testament erhoben, insbesondere aus den paulinischen und johanneischen Schriften. Der aufs Letzte ausgreifende, also „ultimate" Sinn der Rede von Gottes Gerechtigkeit stand ihm nach jahrelangem Verzweifeln an ihrer Bedrohlichkeit plötzlich klar vor Augen[76]: Die Rechtfertigung versetzt den Glaubenden nicht nur vor den göttlichen Richterstuhl, sondern überhaupt vors *Jüngste* Gericht[77] – und lässt ihn in vorwegnehmendem Zuspruch durch dieses allerletzte Gericht aus Gnade heil hindurchkommen! Mit Hans Joachim Iwand formuliert: „Die Gerechtigkeit, die Christus bringt, ist die im Endgericht, also endgültig uns zugeeignete."[78] Im Hintergrund steht neutestamentlich vor allem Jesu Wort aus Joh 5,24: Die an ihn Glaubenden kommen nicht mehr vor Gottes Gericht; sie haben den Tod schon hinter sich gelassen und das unvergängliche Leben erreicht. Wird also protestantisch „allein die Gnade" hochgehalten, dann ist damit nichts Geringeres als die Gerichtsgnade im Jüngsten Gericht gemeint, die im kirchlichen Kontext *antizipierend* zugesprochene Begnadigung als Akt heilender, rettender Rechtfertigung. Und dies Ganze um Christi willen – ist doch dieser Richter der stellvertretend für die sündigen, gottlosen Menschen am Kreuz Gerichtete!

Gnade war so bei Luther aus etwas Vorläufigem, das man sich von Mal zu Mal anzueignen, ja womöglich zu verdienen hatte[79], wieder zum reinen Geschenk geworden, Christus der Richter zum Retter, der gefürchtete Gott wieder zum guten Vater. Und das hing entscheidend daran, dass die Gnade selbst als bedingungslos definiert, also allein vom Glauben statt von menschlicher Werkerei[80] oder Gegenleistung abhängig gemacht wurde. Die einzige Sachbedingung für die Erlangung des Heils, der Glauben als solcher, wird wie gesagt von Gott selber gewirkt – nicht etwa unter Ausschaltung des Subjekts, sondern unter Inanspruchnahme von dessen Erkenntnisfähigkeit. Nichts Geringeres als diese radikal gefasste Rechtfertigungsbotschaft hängt am protestantischen Prinzip „allein durch Gnade".

In der „Gemeinsamen Erklärung" jedoch ist man sich lediglich einig darin, dass das christliche Verständnis von Rechtfertigung menschliche Selbstrechtfertigung ausschließt, dass also die göttliche Gnade im Verhältnis zu unserem Tun und Lassen allemal das Erstrangige ist. Dies ist gewiss eine Einsicht, an der keine ernsthafte christliche Theologie vorbeikommt, die sich aufs Neue Testament gründet. Strukturell ist sie sogar in manchen nichtchristlichen Religionen vorhanden – namentlich beim verbreiteten *Opfergedanken*, der oft zu Unrecht mit offenkundigen oder sublimen Versuchen menschlicher Selbstrechtfertigung und Leistungsgerechtigkeit gleichgesetzt wird. Religionswissenschaftlich gilt es die schon im 19. Jahrhundert von Albrecht Ritschl[81] vertretene Einsicht zu realisieren: „Im Opfer haben wir ein numinoses Geschehen ersten Ranges vor uns; denn der Opferritus wiederholt den Mythos, in dem sich die Gottheit einst opfernd hingab."[82] Das bedeutet: Die göttliche Selbsthingabe im religiösen Opfergeschehen ist meist primär als Ursache und von daher nur sekundär als Zweck des rituellen Handelns zu verstehen; sie ist Ausdruck zuvorkommender Gnade. Schon im Alten Testament gilt: Der Beter stellt die Gottesbeziehung und Gemeinschaft mit Gott „weder mit seinem Gebet noch mit seinem Opfer erst her, sondern versucht sie neu zu stärken und zu reinigen“[83]. Die Mittel dazu hat Gott selbst in diesen Opfern bereitgestellt und geordnet: „Opfer ist alttestamentlich, wenn man es nicht in seiner Bedeutung entstellt [...], ein Element der Heiligung des Gottesvolkes.“ Kurz: Dass das kultisch vollzogene Opfer die barmherzige Zuwendung Gottes schon elementar voraussetzt und nicht erst herstellt, ist bereits eine vor Jesus Christus gegebene Einsicht[84].

Der Kern der Rechtfertigungsbotschaft im Namen des am Kreuz geopferten[85] Gottessohnes kann mithin kaum darin bestehen, lediglich dieses strukturelle Gnadenwissen zu veranschaulichen. Er liegt vielmehr in der Vorwegnahme des Urteils im Endgericht, so dass Rechtfertigung radikal und nicht bloß mehr punktuell verstanden wird. Freilich war wiederum bereits im Frühjudentum eine lebendige apokalyptische Erwartung emporgewachsen, die Gottes Gerechtigkeit vom Endgericht her zu verstehen wusste[86]. Selbst einen möglichen Vorgeschmack vom künftigen Heil im gegenwärtigen Bewusstsein des einzelnen Frommen konnte man annehmen. Neu war folglich im Urchristentum mitnichten der Gedanke der glaubenden Vorwegnahme des Endgültigen als solcher, sondern das Verständnis des Lebens, Sterbens und Auferstehens Jesu Christi als Heilsgeschehen, das kraft seiner universalen Bedeutung diese Vorwegnahme ermöglicht und in der Taufe bestätigt. In seinem Tod, den das Neue Testament unter anderem als Sühne- oder als Opfertod interpretiert, ist Gottes Endgericht über alle menschliche Sünde ergangen, hat Gott die Welt mit sich versöhnt. Darum ist vor Gott gerechtfertigt, wer an den Gekreuzigten und Auferstandenen glaubt: Der um unserer Rechtfertigung willen Auferweckte (Röm 4,25)[87] schenkt uns als mit ihm Verbundenen das ewige Leben. Die Spitze der neutestamentlichen Heilsbotschaft besteht genau darin, dass die auf ihn Vertrauenden nicht mehr ins Endgericht müssen, sondern dem Zorn Gottes definitiv entronnen sind (5,9). Sie dürfen wissen, dass weder Tod noch Leben, weder Diesseits noch Jenseits, weder Gegenwärtiges noch Zukünftiges sie von der Liebe Gottes trennen kann (8,38f.).

Dieses Rechtfertigungs- und Gnadenverständnis, das nicht allein die Gegenwarts- und Zukunftsmacht des Ewigen, sondern die Unüberholbarkeit des ewigkeitsrelevanten Gottesurteils um Christi willen meint, habe ich als *ultimates*[88] bezeichnet. Es macht den entscheidenden Unterschied[89] zu vor- und außerchristlichen Auffassungen von Rechtfertigung und Gnade aus. Natürlich ist der Glaube an Jesus als den Christus das Kernmerkmal allen Christseins. Aber außerhalb wie innerhalb christlicher Theologie besteht durchaus die Möglichkeit, Jesus Christus selbst und das von ihm gebrachte Heil strukturell in einem vor- oder gar außerchristlichen Sinn zu interpretieren[90]. Umso mehr kommt es sehr wohl auf die stringente Verortung des Christusglaubens im Kontext des ultimaten Rechtfertigungsverständnisses an.

Auf römisch-katholischer Seite wird just diese radikal zugespitzte Auffassung von Rechtfertigung abgelehnt. So hat das Konzil von Trient zwar keineswegs eine Rechtfertigungslehre ohne Bezug auf die verheißene Zukunft vertreten, sondern den „Anspruch auf das ewige Heil“[91] thematisiert. Aber das Verhältnis zu Gott wird gerade nicht durch dessen Offenbarung absoluter, bedingungsloser Liebe, nämlich durch Mitteilung des vom Jüngsten Tag her vorweggenommenen Rechtfertigungsurteils charakterisiert, sondern einfach durch das geschenkhafte Erreichthaben des Standes der Freundschaft, des Friedens mit Gott. Das durch die Rechtfertigungsgnade insofern nur anfänglich erlangte Heil wird also als zukunftsbezogen angesehen, nicht jedoch im ultimaten Sinn als die endgültige Zukunft schon vorwegnehmend verstanden. Vielmehr bedeutet es rückwärtsgewandt die Wiederherstellung des harmonischen, durch die Erbsünde belasteten Gottesverhältnisses. Solche Renovierung geschieht in der sogenannten „ersten Rechtfertigung“ durch die Taufe: Sie löscht alle bis dahin bestehende Schuld. Dabei reinigt sie nicht nur durch Vergebung, sondern macht auch im positiven Sinn heilig, indem die mit ihr eingegossene Rechtfertigungsgnade zu einem heiligmäßigen Leben befähigt. Von daher wird freilich „Rechtfertigung“ im römischen Kontext statt ultimat[92] nur prozessual verstanden – immer unter Einkalkulation der freien Reaktion des Menschen[93], also als stets gefährdet. Kardinal Ratzinger hat definiert: „Das Leben des Getauften ist ein Erlösungsprozess, in dem wir mitgehen, uns mittragen und führen lassen oder dem wir uns verweigern.“[94]

Wird Rechtfertigung auf solche Weise als zwar durch Christi Sühnopfertod ermöglichter, dann aber auch geforderter Heiligungsprozess bedingungshaft aufgefasst, entspricht das strukturell ungefähr der bereits vor Jesus Christus gegebenen Sichtweise von der Effektivität des rituellen Opfers:

Es stellt gnadenhaft das harmonische Gottesverhältnis wieder her – bis auf Weiteres! Wird das Gottesverhältnis erneut gestört, bedarf es kultischer Wiederholung des Opfers[95]. Die römisch-katholische Kirche hat in Analogie dazu die biblische Überzeugung von der Einmaligkeit des Christusopfers mit dessen sakramentaler Wiederholbarkeit systematisch verknüpft: Nach tridentinischer Lehre bewirkt die Messe selbst als „ein wirkliches Sühneopfer“, dass der schuldig gewordene Christ wieder Gnade findet[96]. Dabei ist freilich die archaische Gnadenvorgabe im heidnischen Opferkult vertauscht gegen eine „neue Opferpraxis“[97], die auf Christi ein für alle Mal gültigem Opfer beruht. Und doch wird hier von dessen stets neuer Ereignung und zu erneuernder Zuwendung in kultischer Feier ausgegangen. Der gottesdienstlich je neu realisierten Gnade bedarf der Christ trotz, ja wegen seiner heiligmachenden Befähigung. Das Zweite Vatikanische Konzil betont ausdrücklich: „Je ernster ein Christ als ein von Gott Geheiligter zu leben versucht, um so schmerzlicher wird er sich seines eigenen Unvermögens, seiner Schwachheiten und seiner Schuld bewußt; er bleibt immer hinter der ihm geschenkten Gnade zurück.“[98] Da also der Christ seine gnadenhaft erhaltene Fähigkeit zum Heiligsein in der Regel nicht angemessen umsetzt, stockt der Rechtfertigungsprozess. Mit jeder schweren Sünde wird die Rechtfertigung aufgehoben[99]. Insofern trifft das Tridentinum die reformatorische Grundüberzeugung bis heute durch die Sätze: „Wer sagt, alle Sünden, die man nach der Taufe begeht, würden durch die bloße Erinnerung und durch den Glauben an die empfangene Taufe erlassen oder zu läßlichen Sünden, der sei ausgeschlossen“[100]; und: „Wer sagt, der Getaufte könne [...] die Gnade nicht mehr verlieren, soviel er auch sündige, wenn er nur nicht den Glauben aufgibt, der sei ausgeschlossen.“[101] Dem entspricht die tridentinische Grundaussage, es könne keine Heilsgewissheit geben[102].

Die „Gemeinsame Erklärung“ hat diesen zentralen Punkt dahingehend ausdifferenziert, dass der Christ zwar Gewissheit haben könne hinsichtlich des objektiven göttlichen Gnadenwillens, nicht aber hinsichtlich des subjektiven Sich-Verhaltens ihm gegenüber[103]. Luther hat hier anders unterschieden, nämlich zwischen dem menschlich-subjektiven, religiösen Glauben in seiner ganzen Unsicherheit einerseits und dem Glauben als Geschenk des Heiligen Geistes in seiner Gewissheit andererseits[104]. Nur Letzterer ist der angemessen auf die Rechtfertigung *sola gratia* bezogene Glaube.

Die Konsequenz aus dem nicht-ultimaten Rechtfertigungsverständnis auf römischer Seite ist nun die, dass der Glaubende sich gegenüber dem gnädigen Gott weiterhin in einem entfremdeten, heteronomen Verhältnis weiß, so dass lebenszeitlich immer wieder aufkommende Unheiligkeit je aufs Neue sakramental beseitigt werden muss. Die verloren gegangene Gnade des einen, unwiederholbaren Opfers Jesu Christi muss erneut appliziert und akzeptiert werden, indem jenes einmalige Sühnopfer kultisch aktualisiert[105] wird. Für diese „zweite Rechtfertigung" bedarf es eines priesterlichen[106] Kultpersonals, das der Würde der Buß- und Eucharistie-Sakramente entspricht: „Das Heilige muß heilig verwaltet werden."[107] Damit wiederum hängt es zusammen, dass das Konzil von Trient das reformatorische *sola fide* zur kirchentrennenden Häresie erklärt hat: „Wer behauptet, der rechtfertigende Glaube sei nichts anderes als das Vertrauen auf die göttliche Barmherzigkeit, die um Christi willen die Sünden nachläßt, oder dieses Vertrauen allein sei es, wodurch wir gerechtfertigt werden, der sei ausgeschlossen."[108] Insgesamt liegt somit am Tage: Römisch-katholisches Amts- und Eucharistieverständnis sind strukturell an ein nicht-ultimates Rechtfertigungsverständnis gekoppelt[109].

Also ist es mit der bilateralen Gemeinsamkeit in Sachen Rechtfertigung doch nicht sonderlich weit her. Das *sola gratia* und das *sola fide* im reformatorischen Sinn werden vielmehr weiter bestritten. Deshalb geht es mit der Ökumene nicht wirklich voran. Und so bestätigt sich auch die Skepsis von über zweihundert Theologieprofessoren, die der „Gemeinsamen Erklärung" vor und nach ihrer Unterzeichnung 1999 abgesprochen haben, ihr Ziel eines Konsenses „in (den) Grundwahrheiten" erreicht zu haben[110]. Wie damals Joachim Ringleben herausgearbeitet hat, kommt dieser angebliche Konsens nur um den Preis zustande, „daß ein unverändert bestehender Dissens in der Grundwahrheit weitgehend verdeckt wird"[111]. Kurz: Man ist sich in Sachen Rechtfertigung nur auf einem relativ niedrigen Strukturniveau kognitiver Durchdringung einig geworden, nämlich auf gnadentheologischer Basis in der grundlegenden Abwehr einer Leistungs- bzw. „Werkgerechtigkeit"[112]. Das sollte gewiss nicht unterschätzt, aber auch nicht überschätzt werden; denn solche Einsicht ist eher allgemeinchristlicher, ja allgemeinreligiöser Natur und keineswegs spezifisch evangelisch.

Damit kommt freilich eine weitere Infragestellung des reformatorischen Gnadenprinzips in Sicht: Unsere Gesellschaft entfernt sich, je säkularer und technizistischer sie sich orientiert, immer weiter von jener fast schon allgemeinreligiösen Einsicht, der ein nicht leistungsbezogenes Menschenbild korrespondiert. Perfektion ist heutzutage angesagt; Fortschritt und Beschleunigung gehen demnach Hand in Hand[113]. Der Wert des Menschen scheint zunehmend davon abzuhängen, inwieweit er mit dem immer schneller taktenden Leistungsprinzip mithalten kann[114]. Zwar bezieht sich christlicher Glaube mit seiner Betonung der Gnade aufs Evangelium und nicht auf die Gesetze der Welt; gleichwohl lässt sich die spirituelle Überzeugung von der göttlichen Barmherzigkeit keineswegs abtrennen von einer ihr entsprechenden Sozialethik. Evangelische Kirche ist gehalten, gegen den steigenden Leistungsdruck in unserer Gesellschaft zu protestieren[115] – aber nicht, ohne dies in aller fälligen Deutlichkeit mit ihrem Prinzip *sola gratia* zu begründen. Gerade aus asiatischen Ländern wird berichtet, wie die evangelische Einsicht, dass der Mensch mitnichten perfekt sein muss, befreiend wirkt und begeistert aufgenommen wird[116].

Wie aber sollte dies überhaupt gehen, wenn wiederum mitten im Protestantismus unserer Zeit der innerste Kern des Gnadenprinzips peinlich oft von Theologen lauthals bestritten wird? Dieser Kern ist wie dargelegt der Gekreuzigte, der vom Vater zum Heil der Welt dahingegebene Gottessohn. Kreuzestheologie im Sinne Luthers ist und bleibt angesagt, hat sich aber für nicht wenige evangelische Christen mittlerweile erledigt. „Steht Gott auf Blut?“ Auf der Basis solcher und ähnlicher despektierlicher Formulierungen laufen seit einiger Zeit erfolgreich Versuche, all die traditionellen Frömmigkeitsaussagen vom Sühneblut Jesu Christi, von seinem Kreuzesopfer zu verabschieden, die einst als ein „wundervoll hochheiliges Geschäfte“ (Christian Fürchtegott Gellert) galten. Hochheilig wurde jenes „Geschäfte“ nicht wegen einer Opferverrechnung im Sinne Anselms von Canterbury angesehen, sondern wegen des darin zum Ausdruck kommenden heilvollen Tausches, in dem der Gekreuzigte personal als ewiger Priester an die Stelle des verlorenen Menschen tritt. All das wird über Bord geworfen, wenn etwa der protestantische Theologe Klaus-Peter Jörns meint, Jesus habe Gottes Liebe nicht als *Gnade*, sondern als um ihrer selbst willen gültig verstanden; just für diese Verkündigung sei er hingerichtet worden[117]. Und Gott habe diesen Tod weder gewollt noch gebraucht; erst später sei der Sühnopfergedanke formuliert worden. Uta Ranke-Heinemann schlägt vor: „Wir sollten Jesus, was an uns liegt, vom Kreuz herabsteigen und weiterleben lassen, weil auf solche Weise das Bild eines schrecklichen Gottes, wie es christlicher Gedankenleere entspricht, […] verblaßt […]. Denn Gott ist kein Henker."[118] Ähnlich argumentiert der einstige protestantische Dekan Burkhard Müller: „Gott kann Leben schenken, ohne vorher blutig zu töten."[119] Besonders krass formuliert der einstige „Wort zum Sonntag"-Prediger Heiko Rohrbach: „Was für ein blutliebender Gott! Und im wichtigsten Sakrament der Kirche soll man ja Brot als Fleisch essen und Wein als Blut trinken. Nur die religiöse Höflichkeit und die Angst vor Gotteslästerung hält einen doch noch davon ab, dies als kultischen Kannibalismus zu bezeichnen."[120]

Die Methode ist ganz simpel: Man konstruiert gewissermaßen eine Karikatur, um sie dann abzuschießen. Denn dass Gottes Gnadenhandeln nicht ohne Blutvergießen vorstellbar sei, ist laut Aussage des Hebräerbriefs eine überholte Denkweise: „Es wird fast alles mit Blut gereinigt nach dem Gesetz, und ohne dass Blut ausgegossen wird, geschieht keine Vergebung" (9,22) – dieses alte Gesetz hat Jesus mit seinem Tod gesprengt und ein für alle Mal überwunden! Gott braucht das Blut der Opfer eben nicht. Was er braucht, ist das Vertrauen auf sein Wesen als Liebe, wie er es in Jesu Leben und Sterben ein für alle Mal zum Ausdruck gebracht hat. Doch solches Vertrauen wird zunehmend erschwert in einer Kultur und Kirche, in der das Kreuz wie schon im antiken Pluralismus diffamiert, verspottet und im Übrigen selbst grenzenlos pluralisiert wird[121]. Kuller beobachtet korrekt: „‚Church light' ist angesagt, die schweren Brocken wie die Rechtfertigung des Sünders allein aus Gnade sind out. Wir sind auf dem Weg zu einer Wellness-Kirche […]."[122] Wenn evangelische Theologie und Kirche immer mehr den Abschied von der Torheit des Kreuzes feiert oder solche Abmeldungen innerhalb ihrer Mauern weiter unwidersprochen akzeptiert[123], statt sich neu und konzentriert aufs Wort vom Kreuz und seine intellektuelle Vertretbarkeit als Gottes Weisheit zu besinnen[124], macht sie sich selbst überflüssig.

Das gilt schließlich auch dann, wenn das protestantische Gnadenprinzip verzerrt und das ebenso gefährliche wie verbreitete Missverständnis geduldet wird, als ginge es hier um billige statt um teure Gnade. Bonhoeffer hat in aller Deutlichkeit gewarnt: „Billige Gnade ist der Todfeind unserer Kirche."[125] Selbstverständlich hat der Systematische Theologe gewusst, dass Gnade wesenhaft billig ist, nämlich umsonst gewährt wird. Doch die

Versuchung ist groß, dieses Geschenk nur formal statt inhaltlich zu verstehen. In Wahrheit ist Gnade dadurch teuer, dass sie in der Gemeinschaft mit Christus selbst besteht, der sich aus Liebe dahingegeben hat. Zur Unwahrheit wird Gnade demgegenüber, wenn sie zur Schleuderware wird – als „verschleuderte Vergebung, verschleuderter Trost, verschleudertes Sakrament, Gnade als unerschöpfliche Vorratskammer der Kirche, aus der mit leichtfertigen Händen bedenkenlos und grenzenlos ausgeschüttet wird [...]. In dieser Kirche findet die Welt billige Bedeckung ihrer Sünden, die sie nicht bereut und von denen frei zu werden sie erst recht nicht wünscht." Insofern bedeutet billige Gnade die Rechtfertigung der Sünde und nicht des Sünders. Gerade wenn das Prinzip „durch Gnade allein" gelten soll, kommt alles auf sein richtiges Verständnis an. Wird das verkannt, ist der Kompass untauglich geworden.

4 Selig allein durch Glauben – oder auch durch Technik?

Sola fide – diese Kurzformel reformatorischer Theologie unterstreicht auf ihre Weise das Prinzip *sola gratia*: Der Mensch vermag nichts beizutragen zu einem gelingenden, tragenden Gottesverhältnis. Als Glaubender muss er sich nicht selbst „produzieren". Ihm bleibt nur das dankbar zu lebende Ja zur befreienden Gnadenbotschaft. Im EKD-Papier „Rechtfertigung und Freiheit" heißt es dazu: „Das Einzige, was angesichts der Rechtfertigung auf Seiten des Menschen geschehen kann, ist, dass er glaubt. Dies geschieht aufgrund göttlichen Wirkens und ist daher unabhängig von Bildung und sozialem Status. Glauben wird einem sogenannten Laien genauso geschenkt wie ausgebildeten Theologinnen oder leitenden Geistlichen. Deshalb sind für die Reformatoren alle Christen gleich."[126] Gute Werke und Heiligung des Lebens sind Früchte des rechtfertigenden Glaubens, ohne dass ihnen selber rechtfertigendes Gewicht zukommt[127].

Auch im protestantischen Glaubensprinzip spiegelt sich die Grundwahrheit, dass das Gottes- und Christus-Verhältnis nicht mehr heteronom, sondern stattdessen theonom aufgefasst werden sollte. Das Geschenk, das der Glaube ergreifen darf, ja reflexartig ergreifen wird, sobald er es angemessen erkennt, versetzt aus der Entfremdung, aus der nicht nachhaltig bereinigten Gespaltenheit im Gegenüber zum himmlischen Herrn hinein in die beglückende Liebesverbundenheit, die im Licht des Evangeliums realisiert wird[128]. Es geht um den Wechsel vom Paradigma des tötenden Gesetzes ins Paradigma des belebenden Geistgesetzes (Röm 8,2), das im Reich Gottes herrscht und im Raum der Kirche jetzt schon ansatzweise Freiheit schenkt. Das altgriechische Wort *nomos* bedeutet Gesetz: Von daher versteht sich die hier angewandte Terminologie „heteronom" (fremdgesetzlich, Gesetz unter der Entfremdung) und „theonom" (Gottes Gesetz in seiner angekündigten Herrschaft der Liebe und Versöhntheit).

Damit erschließt sich aber auch der ambivalente Gehalt des bekannten dritten Begriffs dieser Art: „autonom". Autonomie bedeutet wörtlich: Selbstgesetzlichkeit. Dieses moderne Wort steht für aufgeklärtes Freiheitsbewusstsein, für selbstverantwortliche Subjektivität. Um Libertinismus geht es dabei keineswegs; vielmehr herrscht hier im menschlichen Selbst der *nomos* des von Kant definierten kategorischen Imperativs: „Handle nur nach derjenigen Maxime, durch die du zugleich wollen kannst, dass sie ein allgemeines Gesetz werde."[129] Das freilich impliziert, dass jede individuelle Freiheit sich geistig allemal im Horizont eines Sollens bewegt, das sozusagen innerhalb der Subjektivität ein Gegenüber aufmacht, obschon das hier benannte Gesetz als inhärenter Teil des je eigenen Bewusstseins verstanden wird. Genau betrachtet, vereinigt Autonomie also Freiheit und Gesetz in sich. Es geht um nicht weniger als die im Gewissen sich anmeldende *unbedingte* Geltung des moralisch gebietenden Gesetzes: „Wäre dieses Gesetz nicht in uns gegeben, wir würden es, als ein solches, durch keine Vernunft herausklügeln, oder der Willkür anschwatzen: und doch ist dieses Gesetz das einzige, was uns der Unabhängigkeit unsrer Willkür von der Bestimmung durch alle andern Triebfedern (unsrer Freiheit) und hiemit zugleich der Zurechnungsfähigkeit aller Handlungen bewußt macht."[130]

Die Ambivalenz des modernen Autonomiebegriffs besteht folglich in der Behauptung einer Freiheit, die doch auch eine gewisse Knechtschaft in sich trägt – nämlich in Gestalt einer „Selbstgesetzlichkeit", die jeder Subjektivität wesenhaft innewohnt. Dieses den Menschen innerlich bestimmende Gesetz motiviert ihn, treibt ihn an, verurteilt ihn aber auch und lässt ihn nicht wirklich zur Ruhe kommen. Indem liberale Theologie gern auf den Autonomiebegriff baut, verbaut sie sich wahre spirituelle Tiefe[131]. Denn allein im Glauben an Christus sind Frieden und wirkliche Freiheit (Joh 8,36) zu finden. Ohne Christus bleibt der religiöse oder irreligiöse Mensch bei aller Autonomie ein zuinnerst Getriebener und heimlich Geknechteter. Das moderne Zeitalter zeugt im Zeichen des Autonomieprinzips hiervon seit langem in Gestalt des unerbittlichen Fortschrittsgedankens[132]: Um mit sich ins Reine zu kommen, sucht der „autonome" Mensch sich immer mehr der doch unerreichbaren Perfektion anzunähern, ja das Paradies auf Erden zu errichten. Dass der machbare Fortschritt tatsächlich in sich höchst ambivalent ist und mitunter zum Rückschritt werden kann, wird zwischen Moderne und Postmoderne immer deutlicher[133]. Schon der protestantische Dogmatiker Wilfried Joest hat deutlich gesehen: „Gewiß, die Weltmächtigkeit menschlicher Rationalität ist in ständiger Erweiterung ihrer Grenzen begriffen. Es scheint aber doch, daß daraus nicht Selbstbefreiung des Menschen zum Menschlicherwerden seines Lebens, sondern zunehmende Unterwerfung unter die übermächtigen Unheilsfolgen seines eigenen Fortschritts resultiert."[134] Gegenwärtig verrennt sich menschliche Autonomie in die immer mehr Tempo aufnehmende, für Gesundheit und Demokratie riskante Digitalisierung der gesamten Lebenswelt: Der Selbstläufer technischen Fortschreitens in Richtung alles Machbaren droht in die Autonomie von Maschinen zu münden und den ach so autonomen Menschen zunehmend zu entmündigen[135].

Es ist dieses Selbstdiktat der sich hetzenden und am Ende zersetzenden Autonomie[136], aus dessen Zirkel nur die Stimme der Kirche, das theonome Wort des Evangeliums befreien könnte. Tatsächlich hat kein Geringerer als Papst Franziskus in seiner Enzyklika *Laudato si'* (2015) gemahnt: „Es müsste einen anderen Blick geben, ein Denken, eine Politik, ein Erziehungsprogramm, einen Lebensstil und eine Spiritualität, die einen Widerstand gegen den Vormarsch des technokratischen Paradigmas bilden."[137] Aber von solch einem spirituell motivierten Widerstand[138] gegen die digitale Revolution ist namentlich in der evangelischen Kirche bislang sehr wenig zu bemerken. Der neue Kulturprotestantismus hat sich dieser modernen Revolution vielmehr weithin angebiedert und allenfalls sanfte Kritik gefunden[139]. Kirchlich nutze man, wie Margot Käßmann als EKD-Botschafterin für das Reformationsjubiläum betont, „die neuen Medien unbefangen für die Gute Botschaft, wie Luther selbst das tat"[140]. Als könnte man die Medienrevolution des 16. Jahrhunderts mit der heutigen ernsthaft auf einen Nenner bringen[141]! Allzu bereitwillig stimmt evangelische Kirche ins Credo der immer totalitärer um sich greifenden Technokratie ein. Damit aber wird das reformatorische Prinzip des *sola fide* faktisch ergänzt durch den Glauben an die unsere Kultur dem Reich der Erlösung näherbringenden Kräfte modernster Technik. Im Namen eines liberalen Fortschrittsoptimismus überformt so autonomes Denken theonomes – statt umgekehrt.

Eine exemplarische, sehr konkrete Frucht dieses Kurses ist das Angebot von freiem WLAN in der Evangelischen Kirche Berlin-Brandenburg-schlesische Oberlausitz (EKBO). Kostenlose Hotspots sollen offenbar eine „frohe Botschaft" sein: Ziel sei es, allen 3000 Kirchen und kirchlichen Gebäuden in der EKBO solch göttliche Hochfrequenzsender zur Verfügung zu stellen. Mehr noch: Man schicke sich an, „der größte Anbieter von offenem WLAN in Deutschland zu werden", teilte Fabian Kraetschmer als IT-Leiter im Konsistorium der EKBO mit. Vor einem halben Jahrzehnt war es lediglich eine Satiremeldung gewesen: „Einrichtung von Wireless LAN soll leere Kirchen wieder füllen."[142] Heute ist das bereits unter dem blasphemischen Namen „Godspot" irritierende Realität. Man ignoriert dabei in ethisch unverantwortlicher Weise sämtliche kritischen Studien, denen zufolge WLAN biologisch bedenkliche Wirkungen haben kann. So zeigt eine Studie in der renommierten Wissenschaftszeitschrift *Scientific Reports*: Schon nach fünf Minuten WLAN-Bestrahlung mit nur 8000 Mikrowatt pro Quadratmeter können Zellfunktionen negativ beeinflusst werden[143]. Das liegt tausendfach unterhalb des deutschen Grenzwerts[144]. Eine geringe Leistungsflussdichte von unter 1 Mikrowatt pro Quadratmeter vermag mithin an Zellmembranen biologisch negativ zu wirken!

Bekanntlich gibt es zur WLAN- und Mobilfunkwirkung auch entwarnende Studien und Auskünfte. Aber gerade im Falle widersprüchlicher Auskünfte und Prognosen gilt ethisch und rechtlich das sogenannte Vorsorgeprinzip, das zu entsprechend vorsichtiger und abwägender Haltung verpflichtet[145]. Deshalb hat das *Bundesamt für Strahlenschutz* empfohlen, die persönliche Strahlenbelastung zu minimieren, um mögliche, aber bisher nicht erkannte gesundheitliche Risiken gering zu halten, und geraten: „Vermeiden Sie die Aufstellung von zentralen WLAN-Zugangspunkten in unmittelbarer Nähe der Orte, an denen sich Personen ständig aufhalten […].“[146] Sollten daher Kirchen mit WLAN nicht eher zurückhaltend hantieren? Und das umso mehr, als sie elektrosensible Mitmenschen nicht aus ihren eigenen Mauern ausschließen dürfen[147]!

Nach Dietrich Bonhoeffer ist christliche Kirche wesentlich „Kirche für andere“[148]. Wie kann evangelische Kirche ein Technikprojekt vorantreiben, das anstelle von Empathie und sorgfältigem Hinsehen von einer unethischen, weil letztlich ignoranten und unbarmherzigen Haltung zeugt? Warum machen sich die Verantwortlichen für dieses problematische Projekt nicht ernsthaftere Gedanken darüber, dass es von einem Teil der Kirchenmitglieder keineswegs als „frohe Botschaft“ verstanden wird, sondern Kopfschütteln oder gar Entsetzen hervorruft? Laufen sie nicht Gefahr, das Evangelium mit ihrer strahlenden „Zwangsbeglückung“ im Umkreis von Kirchengebäuden zu verdunkeln? Die Verbraucherschutz-Organisation *Diagnose:Funk* übte jedenfalls scharfe Kritik: „Der allwissende Gott wird ersetzt durch seine profane Variante: Big Data für den Big Brother.“[149] Und *Die Zeit* gab das Thema auf ihrer Titelseite mit wenigen Sätzen der Lächerlichkeit preis: „Der Fortschritt wird Gott die Arbeit erleichtern. Man erinnere sich an die in der Bibel geschilderte aufwendige Kommunikation mithilfe von Engeln und Feuerzeichen. Hinfort kann Gott eine E-Mail schicken.“ Es bestehe freilich das Risiko, dass Satan die Firewall überwinde und digitale Gottespost abfange[150]. Nur wenig ernster kommentierte die *F.A.Z.*: Da „dürfte der springende Punkt doch gerade sein, dass der digitale Hotspot zur Unterbrechung der Kommunikation mit dem Allerhöchsten führt: Am ‚Godspot‘ ist Gott offline und hat der Heilige Geist Sendepause.“[151] Der Berliner Philosoph Byung-Chul Han erkennt klarer als die dortige Kirchenleitung: „Offenbar zerstört die digitale Kommunikation die Stille. Das Additative, das den kommunikativen Lärm erzeugt, ist nicht die Gangart des Geistes.“[152] *Godspot* quasi als Markenzeichen evangelischer Kirche? Welch ein Irrweg[153]!

Im Bannkreis des neuen Kulturprotestantismus muss man sich freilich wenig wundern über die Offenheit für eine angeblich fortschrittlichere Kultur, welcher die Ideologie der digitalen Revolution nicht nur ein quasiparadiesisches Schlaraffenland, sondern sogar die Produzierung individueller Unsterblichkeit verheißt[154]. Der Glaube an Gott versucht hier eine Synthese mit dem technisch Machbaren einzugehen, an das man gerade nicht *glauben* muss, weil es ja anscheinend oder zumindest zukünftig mit geradezu göttlich anmutender Perfektion funktioniert[155]. Religion und Ersatzreligion vermischen sich. Die protestantischen Prinzipien verschwimmen. Mit ihnen aber steht und fällt evangelische Kirche.

B Vergewisserungen

IV Was verstanden die Reformatoren unter „Kirche"?

„Wenn die alte Kirche sich im Irrtum befand, so ist die Kirche gefallen. Sollte sie sich heute im Irrtum befinden, so ist das nicht das gleiche, denn sie hat ja dann immer noch die bestimmende Regel der Glaubensüberlieferung der alten Kirche."[1]

Blaise Pascal

Was evangelische Kirche heißt, ist nicht zu verstehen ohne Kenntnis der geschichtlichen Ursprünge im Zeitalter der Reformation[2]. Da sind nicht nur die persönlichen und politischen Kämpfe jener so folgenreichen Epoche zu betrachten, sondern man kann auch entdecken, dass sich Evangelischsein immer schon auf die Ursprünge und die frühen Jahrhunderte des Christentums überhaupt bezogen hat. Deshalb wollten die Reformatoren partout keine „neue Kirche" etablieren, sondern explizit zur alten Kirche gehören. Unter anderem die lutherischen Bekenntnisschriften bringen das zum Ausdruck. Nie war Kirchentrennung angepeilt; immer ging es um energische, weil fällige Reform der einen Kirche Jesu Christi in der Zeit.

Reform ist dabei nicht zu verwechseln mit Restauration. Es geht nicht um Rückwärtsgewandtheit. Zukunftsblindheit kann ebenso wenig gemeint sein. Vielmehr kommt es auf korrigierende Neujustierung an, die dem ursprünglich eingeschlagenen Ziel dient und insofern konzentriert nach vorn gerichtet ist. Reformation bedeutet demnach Kurskorrektur in Orientierung an vergangenen Aufbrüchen – im Interesse der eigentlichen Zukunft. In diesem Sinn ist die Kirche immer reformbedürftig, weil sie nicht gefeit ist vor so manchem „Fortschritt", der fort von der eigentlich anvisierten Wahrheit führt und darum so manche *Re*vision erfordert.

Zu gewissen Zeiten kann im geschichtlichen Kontext eine ganz besonders deutliche *reformatio* angesagt sein. Von „der" Reformation wird in der Regel historisch mit Blick auf jenes Geschehen gesprochen, das im 16. Jahrhundert evangelische Kirche als Phänomen neben der katholischen hat hervorgehen lassen. Angesichts der damals längst gegebenen Fälligkeit einer Reformation hat sich dieses Geschehen nicht nur in wenigen Köpfen und auch nicht bloß in einem einzigen Gebiet abgespielt. Darum gilt es im Folgenden neben Martin Luther auch Gestalten und Gestaltende wie Philipp Melanchthon, Ulrich Zwingli und Johannes Calvin in den Blick zu nehmen – und mit ihnen neben reformatorischem auch reformiertes Kirchesein. Wer einigermaßen begreifen will, welche Kräfte, Personen, Ideen, Visionen und Konstellationen die große Alternative zur mächtigen Institution der römisch-katholischen Kirche möglich gemacht haben, muss Umschau halten in der Geschichte mit ihren Geschichten und reichhaltigen Perspektiven. Das kann hier freilich nur in Ansätzen geschehen.

1 Luther über die Versammlung der Heiligen

Martin Luther (1483–1546) war überzeugt: „Es weiß – Gott Lob! – ein Kind von sieben Jahren, was die Kirche sei: die heiligen Gläubigen und die Schäflein, die ihres Hirten Stimme hören."[3] Im 21. Jahrhundert dürfte das nicht mehr zutreffen. Aber der Reformator behält insofern Recht, als die Definition von „Kirche" gerade aus evangelischer Sicht grundsätzlich leicht fallen sollte. Dabei enthält sein Satz keinerlei konfessionalistische Engführung – wie denn Luther „selbst nicht lutherisch sein"[4] wollte.

Schließlich war er ja auch, als er sein befreiendes Verständnis des Evangeliums entdeckte, Mönch gewesen, und es lag ihm stets fern, die Kirche spalten zu wollen. Er gedachte vielmehr, sie zu reformieren, nämlich konsequent zurückzubinden an den Quellgrund der neutestamentlichen Botschaft und zu reinigen von mancherlei dogmatischem Gestrüpp, das neben den altkirchlichen Bekenntnissen und über sie hinaus gewachsen war. Im Kern ging es ihm stets um die konzentrierte Bindung an den gekreuzigten und auferstandenen Christus als den Herrn der Kirche. Diese Glaubensbindung wird dem Einzelnen ermöglicht zum einen durch die sichtbare kirchliche Gemeinschaft, in die er hineingestellt ist, zum andern durch den Heiligen Geist, der ihn wie seine Geschwister zum Glauben ruft und damit eine teilweise unsichtbare Kirche leitet. Individuelle Erneuerung trägt indirekt zum Aufbau der sichtbaren Gemeinde bei. Diese ist und bleibt unvollkommen und fehlbar[5]; die unsichtbare, von Gottes Geist zusammengerufene Gemeinschaft der Glaubenden ist nach ihrem inneren Kern nur dem Glauben zugänglich. In diesem Sinne ist ja Kirche auch

Glaubensgegenstand im Apostolischen Credo. Luther betont, der Glaube erkenne die Gegenwart des Leibes Christi überall dort, wo er in der Predigt des Evangeliums und dem ihm gemäßen Gebrauch der Sakramente das „äußere Wort" finde. Spirituelle Innerlichkeit und das von außen kommende, richtende und aufrichtende Wort im Kontext der Gemeinde gehören deshalb für den Reformator zusammen.

Was die Innerlichkeit des Glaubens betrifft, so war Luther sich des existenziellen Moments in der christlichen Grundhaltung besonders bewusst. Die Rechtfertigung des verlorenen, von Gott entfremdeten Menschen war für ihn nichts geistlich Klischeehaftes, sondern lebendige Erfahrung von mystischer Tiefe. So erklärt er, selber ekstatisch im „dritten Himmel" gewesen zu sein[6]. Sein Verständnis von *Evangelium* kann er in geradezu mystischer Sprache ausdrücken: dass wir durch das uns rechtfertigende Wort von Christus „sind, was er ist, auf dass wir in ihm sind und sein Sein unser Sein sei"[7]. In der berühmten kleinen Schrift „Von der Freiheit eines Christenmenschen" (1520) heißt es im 12. Absatz: „Der Glaube gibt nicht nur dies, dass die Seele dem göttlichen Wort gleich wird, aller Gnaden voll, frei und selig, sondern er vereinigt auch die Seele mit Christus als eine Braut mit ihrem Bräutigam." Auf Grund solch liebesmystischer Einheit „werden auch beider Güter, Glück, Unglück und alle Dinge gemeinsam; das, was Christus hat, das ist der gläubigen Seele zu eigen; was die Seele hat, wird Christus zu eigen." Noch 1532 verdeutlicht der Reformator in einer Auslegung zu Psalm 45,10, der Christ müsse hinaufsteigen zu Christus als seinem Bräutigam durch den Glauben an dessen Wort; dabei sei es ihm verboten, über sich selbst nach eigenem Gefühl und Empfinden zu urteilen. Volker Leppin zufolge ist seine Theologie „bis in ihre Kerninhalte hinein gar nicht anders zu verstehen als vor dem Hintergrund ihrer mystischen Wurzeln"[8].

Allerdings hat Luthers Christus-Mystik allein, wie es sie ja schon in den Jahrhunderten vor ihm in der Kirche unübersehbar gab, seinen Durchbruch zur reformatorischen Erkenntnis gewiss nicht bewirkt. Sie gründete vielmehr, was die genannten Zitate illustrieren, im bewegten Hören des Wortes, das ihm die Bedingungslosigkeit der Liebe Gottes verkündigte – gemäß der paulinischen Überzeugung: Hat Gott seinen Sohn für uns alle dahingegeben, wie sollte er uns mit ihm nicht alles schenken? (Röm 8,32). Christen dürfen demnach gegen die eigene Selbsterfahrung anglauben und lernen, ganz auf die Zusagen des Evangeliums zu vertrauen. So stellt sich evangelische Mystagogie dar. Gerade solche Innerlichkeit aber verdankt sich dem Wort, das in der Gemeinschaft der Kirche tradiert und immer wieder neu zum Erklingen gebracht, ja sakramental sichtbar gemacht wird.

Nach Luthers Verständnis bedeutet zudem die innere Erneuerung des Menschen aus dem Wort nicht nur eine vorübergehende, wie sie das katholische Buß-Sakrament vermittelt. Überhaupt ist die Buße bei ihm nicht länger als ein Sakrament verstanden, das an der Weihe amtskirchlicher Vollmacht hängt und mit kirchlichen Sanktionen einhergeht. Vielmehr unterliegt das Kirchenverständnis selbst vom neuen Rechtfertigungsverständnis her einer revolutionären Umkehrung[9]. Nicht zufällig ist es von diesem Ansatz her schließlich zur konfessionellen Spaltung gekommen, obgleich sie nicht angestrebt war. Bekanntlich war es der Kontext des Buß-Sakraments, der vor einem halben Jahrtausend zum Anlass für den Konflikt mit der Kirche wurde – eben die damalige Ablasspraxis, mit der Luther als Seelsorger im Beichtstuhl konfrontiert worden war. „Ablass" bedeutet den Erlass zeitlicher, von der Kirche verhängter Sündenstrafen einschließlich des Fegfeuers. Immer häufiger war im Spätmittelalter Ablass gegen Geld gewährt worden[10]. Wegen entsprechender Missstände hatte sich Luther Ende Oktober 1517 mit 95 Thesen an seinen Ortsbischof sowie an den Erzbischof von Magdeburg, den verantwortlichen päpstlichen Ablasskommissar, gewandt[11]. Beide aber reagierten auf seine Reformvorschläge nur negativ und schickten seine Thesen nach Rom, um ihn wegen der Verbreitung neuer Lehren anzuklagen.

Im Laufe des weiteren Konflikts wurde Luther sich selbst theologisch zunehmend klar darüber, dass die Bedeutung des priesterlichen und bischöflichen Amtes als Instrument der Heilsvermittlung und entsprechend der Charakter der Messe[12] als immer neu wiederholter Opferhandlung grundsätzlich zu hinterfragen waren. Es sollte allein das *allgemeine* Priestertum gelten, nämlich die Gottunmittelbarkeit durch Christus allein im Glauben. Die mit dem kirchlichen Amt der öffentlichen Wortverkündigung und der Sakramentsverwaltung beauftragten Diener sollten nicht mehr durch eine höhere geistliche Weihe von der Gemeinde getrennt sein.

1518 kam der päpstliche Gesandte Kardinal Cajetan nach Verhörung Luthers und nach dem Studium von dessen Schriften zu der kritischen Überzeugung, die neue Rechtfertigungslehre mit dem Implikat der Heilsgewissheit müsse auf eine neue Kirche hinauslaufen. 1519 unterstrich Luther in einer Disputation mit seinem Ingolstädter Kollegen Johannes Eck über die Rechtfertigungslehre, dass Papst und Konzilien irren könnten und auch geirrt hätten, weshalb die Heilige Schrift die einzige Quelle und Richtschnur des Glaubens sei. Die Kirche stelle nicht die *Mutter*, sondern das *Geschöpf* des göttlichen Wortes dar. Anders verstanden sei sie als widerchristlich einzustufen. Lediglich Wort und Sakrament seien für ihr Bestehen erforderlich[13]. Damit stellte Luther auch ein kirchliches Lehramt, das die Bibel verbindlich auszulegen befugt wäre, prinzipiell in Frage[14].

Angesichts seiner Betonung des Sakraments neben dem Wort kann man ihm keineswegs vorwerfen, er habe eine individualistische Erlösungslehre favorisiert. Allerdings traf es zu, dass von seinem rechtfertigungstheologischen Ansatz her das gläubige Individuum aufgewertet wurde. „Kirche" definierte er als die „geistliche Versammlung der Seelen in einem Glauben"[15], also als das Volk der Gläubigen, als Versammlung jener heiligen Menschen, die das Evangelium hören und Christus angehören wollten[16]. Er glaubte, dass „immerdar auf Erden ein christliches, heiliges Volk am Leben sei, in welchem Christus lebt, wirkt und regiert durch Gnade und Vergebung der Sünden und der heilige Geist durch tägliches Ausfegen der Sünden und Erneuerung des Lebens, auf dass wir nicht in Sünden bleiben, sondern ein neues Leben führen können [...]"[17].

Dass Christus selbst das *Haupt* der Kirche sei, wird von Luther immer wieder unterstrichen. Den *Leib* der Kirche bildet für ihn konkret die christliche Versammlung, der „Haufen" im Sinne des Beisammenseins und Zusammengehörens. Es geht um die „Einleibung mit Christus und allen Heiligen": Diese Gemeinschaft bedeutet für den Reformator, dass alle geistlichen Güter Christi und seiner Heiligen mitgeteilt und gemeinsam werden, dass also Liebe gegen Liebe angezündet wird und vereinigend wirkt[18]. Lässt die in mystische Tiefen reichende Rechtfertigungserfahrung keinen Zweifel daran, dass Gott ein „glühender Backofen voller Liebe" ist[19], so kann auch die Lehre von der Kirche nicht anders als im Verbund mit dem Kernbegriff der Liebe – deren Konkretionen inbegriffen – verdeutlicht und verstanden werden. Ist es doch Gottes Liebe, die uns „in seine heilige Gemeinde führt und in den Schoß der Kirche legt, durch welche er uns predigt und zu Christus bringt"[20].

Kritisch stand Luther dem institutionell und klerikal geprägten Selbstverständnis seiner Mutterkirche gegenüber: Es passte kaum mit seiner auf froher Gewissheit aufbauenden Rechtfertigungstheologie zusammen. Die katholische Kirche definiert sich primär vom Kultus her und insofern im Ganzen qua Organisation als Leib Christi, ja in ihrer Sichtbarkeit als heiliger Teil Christi selbst. Für Luther ist Christus als Haupt der Gesamtkirche auch Haupt jeder Einzelgemeinde, ja durch den Heiligen Geist mit jedem Glaubenden in mystischer Liebesverbindung zu einem „Kuchen" zusammengebacken[21] – wobei derselbe Geist wiederum den Getauften in den Leib Christi als Ganzen integriert.

Was aber konnte das heißen: der ganze Leib Christi? Luther kannte selbstverständlich die überregionale Ebene von Kirche, aber er wusste um die notwendige Dimension des Konkreten, des Anfassbaren und Überschaubaren für die Vollzüge von Liebe. In dieser Hinsicht rang er lebenslang mit zweierlei Konzepten von Gemeinde. Das eine, eher ideale war das einer „richtigen *Bekenntnisgemeinde*"[22], das andere, an den realen Verhältnissen orientierte war sozusagen das volkskirchliche.

Was zunächst die „Bekenntnisgemeinde" angeht, so war es dem Reformator um Leute zu tun, die „mit Ernst Christen sein wollen" und das Evangelium hochhalten[23]. Diese Art Kerngemeinde – durchaus in Analogie zum inneren Zirkel der urchristlichen Gemeinde zu Korinth vorstellbar[24] – würde sich über den wöchentlichen Sonntagsgottesdienst hinaus in Häusern zu Gebet, Bibellektüre, Taufe und Abendmahl versammeln. Diakonische Liebestätigkeit und Gemeindezucht könnten vor Ort realisiert werden[25]. Diese Gedanken von 1525 nahm der Reformator in einem Brief von 1533 an einen hessischen Pfarrer erneut auf: Hier sprach er von einer besonderen Gemeinde („sonderlichen Gemeine"), in der es konzentriert um Gebet, Lesung und Auslegung der Heiligen Schrift, um Taufe und Abendmahl sowie um gelebte Liebe, etwa in seelsorgerlicher oder diakonischer Gestalt, gehen sollte. Treffen könnte sich diese Sonder- oder Kerngemeinde in Privathäusern oder einem kirchlichen Haus unter Leitung des Pfarrers.

Die Masse der Volkskirche kann nach Luther „immer nur Objekt, nie aber Subjekt des kirchlichen Handelns sein. Daher ist es nach Luthers Meinung – im Gegensatz zu der Calvins – unmöglich, ganze volkskirchliche Gemeinden in lebendige Gemeinden umzubilden[26]. Zudem erkannte der Reformator das Risiko, dass Christen in solchen „Sondergemeinden" eine ambivalente Wirkung entfalten, nämlich der Botschaft von der Rechtfertigung der Gottlosen entgegenstehen könnten. Er sah deshalb von der

Entwicklung besonderer Gemeinden oder Gemeindezirkel ab – nicht nur, weil er die Leute und auch die gesellschaftlichen Bedingungen dazu noch nicht hatte, sondern auch um der Gefahr zu wehren, dass „eine Rotterei draus werde"[27]: Sektierertum war nicht seine Sache; es ging ihm um Kirchenreform.

Was nun den volkskirchlichen Aspekt von Gemeinde betrifft, so stellt sich hier unvermeidlich das Problem der Differenz zwischen solchen, die tatsächlich mit Ernst Christen sein wollen, und dem mehr oder weniger oberflächlich eingestellten Rest der Getauften. Diesbezüglich ging Luther von der Verborgenheit der wahren Kirche aus; die sei nur bedingt identisch mit der sichtbaren[28]. Er betonte: „Es ist die Kirche ein hoch, tief verborgenes Ding, dass sie niemand kennen noch sehen mag, sondern allein an der Taufe, Sakrament und Wort fassen und glauben muss."[29] Verborgen sei die Kirche, verborgen seien die Heiligen als solche – doch deswegen nicht einfach unsichtbar[30]! Wort und Sakrament bei der Versammlung der Gemeinde seien jedenfalls für alle wahrnehmbar. Die sichtbare Kirche kann bisweilen auch eine verkehrte sein. Mit Blick auf Jesu Warnung vor falschen Propheten in Schafskleidern mahnt der Reformator, zwischen rechter und falscher Kirche zu unterscheiden[31] – wobei solche Unterscheidung der Geister durchaus auch innerhalb ein und derselben Kirche angebracht sei.

War während der ersten Jahre der Reformation noch allenthalben das Bewusstsein vorhanden gewesen, dass es lediglich *eine* (Volks-)Kirche gebe, die sich vorübergehend in verschiedene Parteien verästelt habe, so zeigte sich doch bald, dass die konfessionelle Spaltung auf Dauer angelegt war. Als 1529 der Reichstag zu Speyer beschloss, die Thematisierung der religiösen Neuerungen bis zu einem Konzil zurückzustellen, war die konfessionelle Ausdifferenzierung faktisch zementiert; die theologischen Würfel waren gefallen. Daran konnte selbst der ernst gemeinte Versuch von Luthers Mitstreiter Philipp Melanchthon[32] auf dem Augsburger Reichstag 1530, noch eine konfessionelle Einigung zu erzielen, nichts mehr ändern.

Die Organisation der evangelisch-lutherischen Kirche wurde notgedrungen improvisiert: Protestantisch gewordenen Landesherren wurde das Kirchenregiment übertragen. Diese „Notlösung" sollte fast vier Jahrhunderte halten. Hatte der Reformator gegen die Vermischung von kirchlicher und weltlicher Gewalt auf Seiten der katholischen Bischöfe energisch protestiert, so machte es die neue Kirche an diesem Punkt nicht viel besser. Nachdem ihm in den 1520er Jahren von politischer Seite her wichtige Unterstützung zuteilgeworden war, bestärkte ihn das in der Haltung, die staatliche Gewalt gemäß Röm 13 auf Gott zurückzuführen und ihre negative Wertung in Offb 13 hintanzustellen. So entwickelte er seine Zwei-Regimenten-Lehre, derzufolge Gott mit der rechten Hand sein eigentliches Werk durch die kirchliche Verkündigung des Evangeliums vorantreibt, während er mit der linken Hand das Weltregiment durch die mehr oder weniger säkularen Mächte führt[33]. Diese Theorie hat das Luthertum bis tief ins 20. Jahrhundert hinein folgenreich geprägt und „eine oft gefährliche Untertanen- und Gehorsamsmentalität hervorgebracht“[34].

Luthers Kirchenverständnis hatte insgesamt kaum zu überblickende kirchen- und realpolitische Folgen. Auf dem Reichstag zu Speyer von 1529 suchten König Ferdinand als Bruder des Kaisers und eine Mehrheit katholischer Fürsten, die Reformation in den evangelischen Städten und deutschen Landen zu stoppen, ja rückgängig zu machen. Die Toleranzbeschlüsse des Speyerer Reichstags von 1526 zur Duldung der Evangelischen sollten aufgehoben werden. Doch war die neue konfessionelle Ordnung bereits so weit eingeführt, dass eine evangelische Minderheit von sechs deutschen Fürsten und vierzehn Reichsstädten Einspruch erhob: Von dieser „Protestation“ leitete sich die Bezeichnung „Protestanten“ her. Kaiser Karl V. verwarf diesen Protest und schrieb für das Jahr 1530 einen Reichstag nach Augsburg aus, um doch noch eine konfessionelle Einigung zu erzielen – bekanntlich erfolglos. Als Reichstagsabschied verkündete der Kaiser schließlich die energische Durchführung des Wormser Edikts von 1521, womit die Verbreitung der neuen Lehre erneut verboten und die Rückerstattung aller Kirchengüter an die katholischen Jurisdiktionen angeordnet war. Durchzusetzen waren diese Forderungen freilich nicht, denn schon bald schlossen sich die lutherischen Bekenntnisstände im „Schmalkaldischen Bund“ gegen den Kaiser zusammen. Da dieser sie für seinen Feldzug gegen die Türken brauchte, konnten sie ihn im Sommer 1532 im „Nürnberger Religionsfrieden“ dazu bringen, ihren Forderungen nachzugeben. Bald nach Luthers Tod im Februar 1546 kam es zu den blutigen Auseinandersetzungen des Schmalkaldischen Krieges. Durch das Bündnis einiger lutherische Landesfürsten mit dem König von Frankreich geriet schließlich der Kaiser erneut unter Druck: Gegen seinen Willen wurde 1555 auf dem Reichstag zu Augsburg der „Augsburger Religionsfriede"[35] beschlossen und zum Reichsgesetz erhoben. Damit war nunmehr offiziell das evangelisch-lutherische Bekenntnis neben dem römisch-katholischen für Deutschland als gleichberechtigt anerkannt. Die Wahl der Konfession war den jeweiligen Landesfürsten freigestellt, und für die Untertanen galt mit allen Konsequenzen: *Cuius regio, eius religio* – der Regionalherrscher definiert die Religion seines Gebietes. Lediglich in jenen Städten, in denen zuvor bereits beide Konfessionen nebeneinander bestanden hatten, sollten sie weiterhin koexistieren dürfen. Luther hatte mit seinem Ansatz also nicht „die" Kirche reformieren können, sondern notgedrungen eine Kirchenalternative hervorgebracht, die sich ihrerseits nicht ideal-, sondern realpolitisch ausformte.

2 Melanchthons Sorge um die wahre Kirche

In dem von Philipp Melanchthon (1497–1560) formulierten Augsburgischen Bekenntnis wird „Kirche" definiert als die „Versammlung aller Gläubigen, bei denen das Evangelium rein gepredigt und die heiligen Sakramente laut dem Evangelium gereicht werden" (*Confessio Augustana* [= CA] VII). Wie Luther lag auch seinem Wittenberger Mitstreiter Melanchthon die Einheit der christlichen Kirche durchaus am Herzen. Beiden machte die geschichtliche Entwicklung einer konfessionellen Trennung zutiefst Beschwer: Nicht Spaltung, sondern Eintracht unter der Fahne des recht verstandenen Evangeliums war das reformatorische Ziel[36]. Melanchthon war überzeugt, es sei der Teufel, der die Kirche durch Ärgernisse zu sprengen und Gott zu beleidigen suche[37]. Umso mehr setzte er sich dafür ein, dass der Konsens unter den Kirchen erhalten und die „Einheit der wahren Kirche" bewahrt werde[38]. Namentlich die erwähnte *Confessio Augustana* erwies sich 1530 in ihrer Verknüpfung von reformatorischer Entschiedenheit und theologischer Verständigungsbereitschaft als Meisterstück Melanchthons[39]. Mit allen ihm zur Verfügung stehenden Kräften wollte er als als Sprecher der Reformation[40] „für die ganze Kirche Heilsames wirken"[41].

Diese *ganze* Kirche aber schloss für ihn – in Übereinstimmung mit den Altgläubigen – die himmlische Kirche ein. Mehr noch: Die himmlische, also „ewige Kirche"[42] sowie ihre reine, „himmlische Lehre"[43] waren für ihn Ursprung und Maßstab aller ökumenischen Gesinnung. Solche Überlegungen hatte er nicht zuletzt in Anknüpfung an die orthodoxe Kirche des Ostens entwickelt[44]. Er wünschte, dass Christus „immer die ewige Kirche unter uns sammeln und regieren“ möge[45]. Und er zweifelte insbesondere nicht daran, dass der Sohn Gottes „diese Kirchen, in denen die Stimme des Evangeliums unverfälscht erklinge, immer schützen werde“[46]. Zwar wusste er, dass die „ewige Kirche“ in der Zeit unbeständig sein und zwischendurch vielfach zu leiden haben würde, dann aber auch – das habe ja schon die biblische Heilsgeschichte erwiesen – immer wieder wunderbar wiederhergestellt werde. In diesem Sinne deutete er auch das reformatorische Wirken in Wittenberg, nachzulesen in seiner Schrift „Von der Kirche und der Autorität des Wortes Gottes“ (1537).

Die Kirche auf Erden war für ihn weder eine platonische Idee[47] noch eine Art Mysterienreligion. Theologisch definierte er sie noch in seinen späten „Antworten auf die unfrommen Artikel der Bayerischen Inquisition“ (1558) als „die Schar derer, die das Evangelium annehmen und die Sakramente recht gebrauchen“. Auch in der Letztfassung seiner *Loci*, den „Hauptartikeln christlicher Lehre“, nennt er als Kennzeichen der Kirche lediglich die reine Lehre des Evangeliums und den rechten Gebrauch der Sakramente[48]. Doch in den erwähnten „Antworten“ von 1558 fügte er schließlich dieser Aufzählung obendrein den neuen Gehorsam als drittes notwendiges Kennzeichen der Kirche Gottes hinzu[49]. Er konnte die Kirche daher mit einer „Versammlung ähnlich einer Schulklasse“ vergleichen. Mit denen, die zwar die rechte Lehre hätten, aber nicht heilig lebten, habe die Kirche „tote Glieder“ in sich – so seine strenge Ermahnung.

Während er dem Papst und seinen Anhängern vorwarf, „der Kirchen Seligkeit“ zu verhindern[50], erblickte er solche Seligkeit durchaus in den reformatorischen Gemeinden. Äußerst wichtig war ihm deshalb auch das ordinierte Amt, dem im Sinne göttlicher Stiftung die geordnete Wortverkündigung und Sakramentsverwaltung obliegt. Diese Hochschätzung des kirchlichen Amtes hatte nicht zuletzt in der Sorge ihren Grund, dass die Kirche auf ihrem Erdenweg stets gefährdet bleibe. So herrschen nach seiner Überzeugung in der Kirche oft die „Gottlosen“ im Gegenüber zur kleinen Schar derer, die sich an den rechten Glauben halten. In einer Schrift zur Frage der Autorität von Synoden erklärte er 1541: Wenngleich die „wahre Kirche, in der die Gabe der Auslegung und das Licht der Kirche strahlen, über ein rechtes Urteil verfügt, sind doch nicht die Synoden die Kirche, seien sie auch legitim einberufen. Sondern es kann geschehen, dass dort auch mehrere Gottlose sind und deren Stimmen das Übergewicht haben."[51] Kirchenleitende Verantwortung maß er demgemäß an Schrift und Bekenntnis. In seiner Apologie zur *Confessio Augustana* von 1531 zitierte er Nikolaus von Lyra (1270–1349): „Darum steht die Kirche auf denjenigen, in welchen ist eine rechte Erkenntnis Christi, eine rechte Confession und Bekenntnis des Glaubens und der Wahrheit" (7,22).

Je älter Melanchthon wurde, desto weniger Gewicht legte er auf die „unsichtbare Kirche", umso mehr aber auf die sichtbare. In der letzten Ausgabe seiner Dogmatik (1559) bezeichnete er die Kirche ausdrücklich als *coetus vocatorum*, als Zusammenkunft der sichtbar durch Gottes Wort Gerufenen – in deutlicher Abgrenzung von der früheren Bezeichnung *coetus electorum*, die sich auf die unsichtbare Kirche der Erwählten bezog. Sein Plädoyer lässt an Deutlichkeit nichts zu wünschen übrig: „Jedesmal, wenn wir an die Kirche denken, sollen wir schauen auf die Versammlung der Berufenen (*coetum vocatorum*), welche ist die sichtbare Kirche, und sollen nicht davon träumen, dass irgendwelche Erwählten anderswo seien außer in eben dieser sichtbaren Versammlung. Denn Gott will anders nicht angerufen noch erkannt werden, denn wie er sich offenbart hat, und er hat sich nicht anderswo offenbart außer in der sichtbaren Kirche, in der allein die Stimme des Evangeliums erschallt. Und wir sollen nicht erdichten eine andere unsichtbare und stumme Kirche von Menschen, die doch in diesem Leben leben, sondern die Augen und der Sinn sollen schauen auf die Versammlung der Berufenen, das heißt derer, die das Evangelium Gottes bekennen." Er definierte von daher, die sichtbare Kirche sei die Versammlung derer, die das Evangelium von Jesus Christus bekennen und ihm folgen, die Sakramente recht gebrauchen und durch den Heiligen Geist neu geboren sind – wobei in diese Versammlung viele Heuchler gemischt seien, auch wenn sie die wahre Lehre zusammen mit den Heiligen bekennen würden[52].

Den Begriff der „katholischen Kirche", wörtlich ja ein Gegenstand des altkirchlichen Glaubensbekenntnisses mit der Bedeutung „allgemeine, allumfassende Kirche", reklamierte Melanchthon mit aller Entschiedenheit für die „wahre" Kirche – und damit für die evangelischen Gemeinden[53]. Ein auch heute wieder neu zu bedenkender Vorgang: Protestantische Kirche ist eigentlich „katholisch"! Im recht verstandenen Evangelium selbst ist nach Melanchthons Überzeugung „der dauerhafte Konsens der allumfassenden Kirche" ermöglicht[54]. So verstand er sich selber lebenslang als ein Diener der einen, himmlisch orientierten Kirche. In deren Interesse konnte er beten: „Dich aber, den Sohn Gottes, unsern Herrn Jesus Christus, rufe ich an, der du den ewigen Vater gebeten hast, uns eins sein zu lassen in ihm, und zu dir bete ich: Lindere die uns alle betreffenden Leiden wie auch die jedes Einzelnen, bewahre und sammle die Kirche unter uns und kehre die Herzen der Vielen um zur wahren und heilbringenden Eintracht."[55]

Versteht dagegen die römisch-katholische Kirche unter *Ökumene* nicht nach wie vor primär eine Art Heimholungsprogramm, auch wenn sie das heute nicht mehr ganz so deutlich formuliert? Wenn sie sich als irdische Institution samt ihrer Geschichte im Einklang mit der himmlischen Kirche sieht[56], so können das die protestantischen Kirchen im Sinne Melanchthons mit analogem Anspruch tun – nämlich in der Überzeugung, dass die Kirche insgesamt wirklich von Gott geleitet und bewahrt wird. Melanchthon folgert: „So wollen wir ihre Leitung recht verstehen, die wahren Wagenlenker erkennen und auf ihr Wettrennen genau acht haben."[57] Sollte in solch spirituellem Wettrennen, in solch geistlichem Ringen nicht die beste Form von Ökumene in dieser Welt zu erblicken sein?

3 Zwinglis Kirchenverständnis und das Prädestinationsproblem

Eine Wurstmahlzeit in Zürich am 9. März 1522 gilt als das Urdatum der reformierten Kirche. Bei dem Bürger Christoph Froschauer, einem Druckereibesitzer, soll Ulrich Zwingli (1484–1531)[58] an jenem ersten Sonntag der vorösterlichen Fastenzeit zwar nicht selbst mitgegessen haben, aber zugegen gewesen sein. Den Fastenbruch durch das Wurstessen soll er als Priester damals mit der Begründung verteidigt haben, das Fastengebot sei ein menschliches Gesetz und deshalb nicht unbedingt gültig. Nur göttlichen Gesetzen, wie die Bibel sie lehre, müsse der Mensch unbedingten Gehorsam leisten.

In dieser Geschichte zeichnet sich tatsächlich schon etwas ganz Typisches vom reformierten Christentum ab: die Liebe zur Freiheit vom Gesetz – und die Liebe zum Gesetz. Zwinglis humanistische Bildung wirkte sich hierbei aus, die er zum Teil Erasmus von Rotterdam verdankte; aber auch Schriften Luthers formten sein Denken. Gott wird von dem Schweizer Theologen einerseits als das umfassende Sein verstanden, an dem alles geschaffene Sein teilhat, andererseits als der alles bestimmende, ja vorherbestimmende Wille, dem die Christen die Gewissheit ihrer Erwählung[59] verdankt wissen. Daraus resultierte ein Kirchenverständnis eigener Art.

Mit den anderen evangelischen Kirchen der Reformation teilt die reformierte Kirche zentrale Inhalte: das Priestertum aller Gläubigen, die vier evangelischen Prinzipien *Christus allein*, *allein die Schrift*, *allein durch Gnade* und *allein durch Glauben* sowie das Hochhalten der beiden Sakramente Abendmahl und Taufe, Letztere in der Regel als Kindertaufe praktiziert. Von den evangelischen Schwesterkirchen unterscheidet sie sich aber äußerlich durch kargere Liturgien und bildlos ausgestattete Gottesdiensträume sowie theologisch durch ein etwas anderes Abendmahlsverständnis[60], aber auch durch ein besonders starkes Ausgreifen von Kirche auf Politik wegen der gewichtigeren Rolle des Gesetzes in der Spiritualität[61].

Zwingli schwebte zunächst wie Luther eine kirchliche Gemeinschaft von engagierten, auf Gottes Wort hörenden Christen vor. „Kilchhöri" nannte er solche Gemeinden. Doch von diesem am neutestamentlichen Ideal ausgerichteten Konzept verabschiedete er sich alsbald zu Gunsten einer „Landes- und Zwangskirche, indem er den Rat von Zürich dafür gewann, die Reformation, das heißt die notwendige Reinigung der Kirche vom Papismus, von Staats wegen durchzuführen"[62]. Die Landeskirche von Zürich fasste er als sichtbare Gestalt der unsichtbaren Kirche auf und baute sie zu „einer Art Gottesstaat" aus: „Aber das war nicht möglich ohne Aufrichtung einer neuen Gesetzlichkeit: hochnotpeinliche kirchenamtliche Gewissensprüfung mit Inquisition und nachfolgendem Ketzergericht und Aufbau eines neuen Kirchenrechtes, das statt der kanonischen Rechtsbücher die Bibel sowohl neuen wie alten Testamentes unmittelbar als Gesetzbuch für äußere Ordnungen benutzte. Beides hat Luther aus tiefster Überzeugung abgelehnt [...]."[63] Eine politisch einvernehmliche Lösung sah Zwingli im Zuge von Gebietsstreitigkeiten mit den Schweizer Katholiken nicht. So fiel er 1531 im Kampf – gleichsam als Soldat seiner gewaltsamen Reformbestrebungen, aber auch gemäß dem Jesus-Wort „Wer das

Schwert nimmt, der wird durchs Schwert umkommen" (Mt 26,52). Sein Leichnam wurde gevierteilt und verbrannt.

Einen wichtigen Akzentunterschied zum evangelisch-lutherischen Lager stellte Zwinglis radikaler gefasster Gedanke der Vorherbestimmung von Menschen zum Heil, der sogenannten Prädestinationslehre dar. Wer in der Kirche wird wirklich gerettet, ist also von Gott zum ewigen Heil vorherbestimmt? Gottes Gerechtigkeit sieht Zwingli zwar in Entsprechung zu Luthers Gnadenverständnis den an Christi Sühnetat Glaubenden „allein aus Gnade" zugeeignet; auch wird der Glaube gut reformatorisch nicht als eine Art Leistung verstanden, vielmehr auf das Wirken des Heiligen Geistes zurückgeführt. Also nicht menschlich-subjektive Zuwendung zu Gott ist entscheidend, sondern durchaus Gottes vorausgehende Gnade, die im Zusammenklang mit seinem Vorherwissen Erwählung bedeutet. Aber anders als der deutsche Reformator nimmt Zwingli den Glauben nun nicht einfach als gegenwärtige Heilsgegenwart Christi im Glaubenden hin, sondern er fragt nach der Ursache für ihn – nämlich nach dem Prinzip des göttlichen Schenkens. Dessen Art soll auffälligerweise in göttlicher Willkür bestehen, so dass manche dieses Geschenk erhalten und manche eben nicht. Damit ergibt sich für Zwingli die Lehre von Gottes doppelter Vorherbestimmung. Auch Luther hatte den Erwählungsgedanken gekannt und eine „doppelte Prädestination" bejaht, nachdem er die durchaus erwogene Hoffnung auf das Geschenk einer universalen Versöhnung, einer Allversöhnung wegen des mitunter gegenteilig lautenden Schriftzeugnisses nicht aufrechterhalten zu können meinte. Doch er hat diese Lehre nicht wie Zwingli zu einem Eckpfeiler seiner Theologie gemacht. Für den Schweizer Reformator hingegen steht die Erwählung als Ausdruck von Gottes frei, nämlich willkürlich schenkender Liebe von Ewigkeit her fest. Gottes aktives Erwählen ist dabei keinesfalls zu verwechseln mit passiver Vorhersehung: Es gründet nicht auf dem göttlichen Vorauswissen guter Werke oder Eigenschaften, sondern in willkürlich gewährter Barmherzigkeit. Dem Teil der Menschheit, der auf Grund der Prädestination im Endgericht verworfen werden wird, wird sein Schicksal mit Recht zuteil, denn es geschieht ihm nur, was er wegen der Sünde grundsätzlich verdient hat. Die Erwählung ist demgegenüber ein Akt reiner Gnade.

Freilich wird hier Gottes schenkende Gerechtigkeit nur noch partiell, nämlich im Blick auf die Erwählten als identisch mit Barmherzigkeit angesehen. Hätte Zwingli Jesus Christus nicht nur als Mittel der Heilsverwirklichung, sondern als Gottessohn innerhalb der göttlichen Dreifaltigkeit und somit als Subjekt des Gnadenwillens Gottes in Anschlag gebracht, so wäre ihm wohl der universale Charakter der Gnade deutlicher geworden. Die Prädestination hätte dann von Christus als dem „zweiten Adam" her das Heil der *gesamten* Menschheit bedeutet, wie das vier Jahrhunderte später der große reformierte Theologe Karl Barth verstanden hat[64]. Die Heilige Schrift selbst enthält doch einige deutliche Hinweise auf die Universalität des in Christus offenbar gewordenen Heilswillens Gottes (z. B. Kol 1,19f.; 1. Tim 2,4), so dass eine Lehre von der ausschließlich positiven Prädestination theologisch keineswegs unmöglich gewesen wäre. Demgegenüber wirft Zwinglis Entscheidung für die Lehre einer *doppelten* Prädestination schwerste Fragen auf. Die Gotteslehre selbst erhält einen düsteren Charakter: Wie kann das ein durch und durch liebender, barmherziger Gott sein, der auf Grund seiner willkürlichen Entscheidung einen Teil seiner Schöpfung in die ewige Hölle schickt? Wie kann dieser Gott Glauben und Liebe im Sinne von Vertrauen und Hingabe erwarten?

Hinzu kommt die gewichtige Frage: Wie soll man sich angesichts eines solchen Gottes, ja überhaupt angesichts der dualen Prädestination seines Heils noch gewiss werden können? Wie mag da noch frohe Kirche wachsen? Zwingli hat hier zwar im Sinne Luthers darauf verwiesen, dass Glaube und Heil identisch seien. Doch dabei war ihm klar, dass nur das gläubige Subjekt und niemand sonst auf der Welt in der Lage ist, zu beurteilen, ob es wirklich und tatsächlich glaubt[65]. Kann man aber überhaupt seines Glaubens selber völlig gewiss sein? Mit dieser Frage wird die Identität von Glaube und Christus, wie Luther sie lehrte, ungewollt aufgesprengt: Die Konzentration richtet sich nun weniger in freudigem Vertrauen auf Christus selbst als vielmehr ängstlich auf den eigenen Glauben als psychologische Größe. Der Glaube bezieht sich nicht mehr allein auf Christus in seiner Liebe, sondern auch auf sich selbst. Die von ihm angepeilte Gewissheit wird damit gerade ausgehöhlt und zum ständigen Problem. Weil Zwingli das ebenso wie seine Getreuen empfunden hat, hat er zwecks Selbstvergewisserung des Glaubens empfohlen, auf die dem Glauben wesensmäßig anhaftenden Früchte zu schauen. Zunächst geschah das auf der Ebene der Innerlichkeit. Bezeichnend hierfür sind die Schlusssätze, in die Zwinglis Schrift über „Die Klarheit und Gewissheit des Wortes Gottes" von 1522 mündet und die alle mit den Worten „Spürst du […]" beginnen – zuletzt: „Spürst du, wie die Furcht Gottes dich mehr und mehr erfreut statt betrübt, so ist das ein sicheres Zeichen, daß Gottes Wort und Geist in dir wirken."[66]

Über solch problematische Selbstbeobachtung hinaus lehrte Zwingli dann aber eben auch die Zusammengehörigkeit von Glaube und Werken im Sinn einer Sachbedingung: „Da Gott der erste und letzte Beweggrund ist aller Dinge, selber aber unbewegt ist und alles in Bewegung bringt und hält, lässt er es nicht zu, dass derjenige, dessen Herz er an sich gezogen hat, untätig ist. Diese Tatsache steht zwar nicht durch Beweise fest, aber durch die Erfahrung […]."[67] Hier kommt also das Erfahrungsmoment auch in äußerer Hinsicht ins Spiel. In der Folge kann Zwingli schließlich krass formulieren: „Es ist wahr: allein der Glaube ist die Gabe, durch die uns Gott seine Gnade erweist. Wenn aber kein christliches Werk daraus hervorkeimt, ist es sicher, dass da auch kein Glaube ist. […] Es kann somit keinen ‚Glauben ohne Werke' geben […]."[68] Damit ist der Schweizer Reformator zwar durchaus nahe bei Luther und Melanchthon, die Jesu Bild vom Baum und seinen Früchten klar bejaht haben. Dennoch ist dieser Sachzusammenhang hier zum Bedingungszusammenhang umgemünzt, der Akzent vom Theonomen ins Heteronome verschoben. Und ist es theologisch so weit gekommen, wundert man sich auch nicht mehr über die Aussage Zwinglis, es müsse „beizeiten gelehrt werden, mit welchem Verhalten wir uns bei Gott am meisten verdient machen […]"[69]. So konnte in der reformierten Kirche der Verdienstgedanke wieder an Gewicht gewinnen.

Freilich kann Zwingli mitunter betonen, die Werke des Glaubens würden nichts zur Rechtfertigung aus Gnade beitragen. Ja, er stellt mit Paulus und Luther klar heraus, dass das für uns unerfüllbare Gesetz von Christus stellvertretend erfüllt und damit abgetan sei[70]. Aber das sei nur die eine Seite der Medaille; auf der anderen Seite sei das Gesetz für die Christen neu aufgerichtet[71]. Zwingli lehrt nicht wie Luther einen kritisch die Sünden aufdeckenden Gebrauch des Gesetzes, sondern er erblickt dessen eigentlichen Sinn – darin eher Melanchthon verwandt – in einer positiven Weisungskraft, eben in der Mitteilung des Willens Gottes. Bedeutet doch Rechtfertigung für Zwingli nicht nur die geschenkweise Anrechnung der „fremden" Gerechtigkeit Christi, sondern die tatsächliche Gerechtmachung des Glaubenden! Diese solle sich in seiner neuen Existenz als Heiligungsmacht erweisen. Wer an Christus glaubt, muss und kann demnach Gott und den

Nächsten lieben und „von allem, was auch immer das Gesetz verbietet, Abstand nehmen"[72]. Hier liegen die Quellen einer aktiven, aber am Ende möglicherweise gesetzlich anmutenden Frömmigkeit und Kirchlichkeit, die sich einerseits am Geist und dann doch wieder am Buchstaben ausrichtet: „Zwingli kennt keinen Gegensatz zwischen Gesetz und Evangelium wie Luther, sondern eine Einheit beider, die in Gottes Liebe begründet ist."[73]

Gute Werke sollen also zur Selbstvergewisserung des Glaubens dienen – und werden damit zu einer indirekt wirksamen Bedingung für die Rettung im Endgericht. „Glaube und Werke als Wirkung des Heiligen Geistes sind *Zeichen* für die Erwählung durch Gott. Beide sind erfahrbar, der eine im Herzen des gläubigen Subjekts, die anderen nach außen als Früchte des Glaubens."[74] Hieraus ergibt sich im Kontext zwinglianisch geprägter Kirche die stete subtile Versuchung, gute Werke nicht spontan im Sinne natürlicher Geistesfrüchte, sondern im Schielen auf ihren Zusammenhang mit dem Heil zu vollbringen. Man nennt den Rückschluss von Phänomenen menschlichen Glaubens und Handelns auf Gottes ewigen, segensreichen Heilsratschluss *Syllogismus practicus.* Solch von heteronomer Spiritualität getragenes Rückschlussverfahren war und blieb ein theologisch problematisches Unterfangen, dessen Auswirkungen dann im frühen 20. Jahrhundert Max Weber[75] religionssoziologisch beleuchtet hat.

Die Betonung der Prädestinationslehre lenkte den Blick des nach Heilsgewissheit strebenden Christen *zurück* auf den göttlichen Ratschluss im Uranfang noch vor Beginn der Welt. Im Gegensatz dazu hatte Luther die Heilsgewissheit des Glaubens mit dem Blick *nach vorn* aufs Ende der Welt begründet, nämlich mit dem in Christus bereits vorab vergegenwärtigten Freispruch des Jüngsten Gerichts. Während also Zwingli die Person Christi vor allem zum Anlass nahm, nach rückwärts[76] zu schauen, war sie für Luther der Anlass unbedingter Zukunftshoffnung. Die Differenzen lagen tief: Zwinglis auch philosophisch gefärbte Prädestinationsanschauung unterschied sich strukturell von Luthers theologischem Denken. Die spirituell größere Heilsgewissheit erreichte dabei der lutherische Glaube. Denn was im Uranfang bei Gott beschlossen war, konnte erstens wegen der Verborgenheit jenes Ratschlusses und zweitens wegen der Erfahrung eigenen Kleinglaubens im Blick aufs bevorstehende Gericht fürs Subjekt keineswegs völlig zweifelsfrei sein. Dagegen war die in Christus gegebene Vorwegnahme des endgerichtlichen Freispruchs als unüberholbare, im

Rückgriff auf die Taufe immer wieder einholbare Zusicherung seiner Liebe dazu angetan, subjektive Skrupel und Zweifel erfolgreich zu besiegen. Erst dem Genfer Reformator Calvin sollte in dieser Frage eine theologische Vermittlungslösung glücken.

4 Calvins sichtbare Kirche und die Königsherrschaft Christi

Just mit dem Calvin-Jahr wurde 2009 die Luther-Dekade der Evangelischen Kirche in Deutschland eröffnet. Aber auch weltweit gedachte man des fünfhundertsten Geburtstags von Johannes Calvin (1509–1564). Er war der zweite Schweizer Reformator: Von Genf aus trug er mit seiner Theologie und rationalen Weltsicht effizient zur Ausformung evangelischer Kirche in vielen Ländern und auch zur Entwicklung der modernen Gesellschaft insgesamt bei. Aus Frankreich stammend, hatte sich der Theologe 1531 zum Protestantismus bekehrt[77]. Fünf Jahre später legte er einen ersten Erwachsenenkatechismus unter dem Titel *Christianae Religionis Institutio* vor. Schlagartig machte ihn diese Veröffentlichung berühmt. In Genf wurde er schließlich gebeten, der Reformation dort in Theorie und Praxis aufzuhelfen. Zwischenzeitlich vertrieben, machte er diese Stadt dann seit 1541 zu einem ausstrahlungskräftigen Zentrum der Reformation. Hier schuf er „eine Kirche, die sich unabhängig vom Staat selbständige Gestalt gab und die – ein historisches Unikum – zugleich Bekenntniskirche und Zwangskirche in einem war, indem jeder Bürger der Stadt Genf genötigt wurde, seinen Glauben in der von Calvin vorgeschriebenen Form zu bekennen. Diese Kirche galt nun als die wahre sichtbare Kirche."[78]

Von Genf aus nahm die gesamte weitere Entwicklung der reformierten Kirche ihren Lauf. Zwar gab es auch kleinere Außenwirkungen von Zürich und anderen Orten der Deutschschweiz. Aber hauptsächlich prägte die Theologie Calvins, so wie sie in seiner *Institutio* und in der 1559 von ihm gegründeten Akademie vermittelt wurde, die reformierten Kirchen. Zu ihnen rechnen sich in unserer Zeit rund 100 Millionen Evangelische – auf allen Kontinenten. Bis vor rund einem halben Jahrhundert zählten die Niederlande und die Schweiz zu den Ländern mit mehrheitlich reformierten Kirchen.

Theologisch gelernt hatte der Genfer Reformator sowohl bei Luther als auch bei Zwingli[79]. Von daher vermochte er manch vermittelnde Lösungen zu entwickeln – etwa in der Abendmahlsfrage. Das galt allerdings nicht für die von Zwingli übernommene Lehre von der doppelten Prädestination. Zwar sah Calvin ebenso wie Luther in Christus den Richter des Endgerichts, dessen in der Taufe und im Glauben immer wieder neu realisiertes Gnadenurteil das Subjekt bereits als endgültiges erfassen darf. Aber er schlug von diesem vorweggenommenen Endgericht in der Gegenwart des auferstandenen Gekreuzigten mit Zwingli den Bogen zurück zu jenem himmlischen Dekret, das Gott der Vater und sein Sohn Jesus Christus gemeinsam in ihrem undurchschaubaren Willen und kraft ihres Vorauswissens vor aller Zeit auf einen doppelten Ausgang hin beschlossen haben mussten[80]. Die Erwählung als Prinzip wurde bei Calvin ausdrücklich zur Erstursache für das Heil der Gläubigen[81]. Einerseits galt die Glaubensverbindung mit der Person Christi wie bei Luther als heilsentscheidend. Andererseits war es nach Calvin derselbe Christus, dessen zusammen mit dem Vater vollzogene Gnadenwahl in Richtung Segen und Fluch bereits seit Urzeiten unumstößlich feststand[82]. Zumal diese Gnadenwahl als von jeglicher menschlichen Leistung und Haltung abgekoppelt betrachtet wurde, musste sie als reiner Willkürakt angesehen werden.

Christus als der Wählende wird damit zu einer nicht unbedingt vertrauens- und liebenswürdigen Figur, dessen Selbsthingabe am Kreuz von vornherein nur einem Teil der Menschheit zu Gute kommen sollte[83] und mit seinem Ja zum unausdenklichen Grauen einer ewigen Hölle für den anderen Teil verknüpft war. Calvin gab zu, es sei ein furchtbarer Ratschluss Gottes, ein *decretum horribile*[84], demzufolge manche Menschen „bereits vom Mutterleibe an dem sicheren Tode geweiht sind, um durch ihr *Verderben* seinen Namen zu *verherrlichen*!"[85] Schrecklich ist insbesondere der Gedanke, dass die von vornherein verworfenen Geschöpfe[86] nicht mehr oder weniger schuldig waren als die willkürlich Begnadigten. Zumal Calvin aus rechtfertigungstheologischen Gründen die völlige Unabhängigkeit des göttlichen Dekrets von Verdiensten oder Schuld auf Seiten des Menschen lehrte[87], argumentierte er nicht konsequent, wenn er dann doch von der „Schuld der Verworfenen" sprechen zu müssen meinte[88]. Hatte nicht schon der Apostel Paulus betont, dass Gott alle Schuldigen in ihre Schuld hineingebannt habe – um sich freilich *aller* zu erbarmen (Röm 11,32)? Calvin hingegen meinte auf Grund von mancherlei dualistisch klingenden Bibelstellen, dogmatisch nicht anders entscheiden zu können.

Den Herrn der Kirche, Christus selbst, deutet Calvin von dessen dreifachem Amt her. Die alttestamentlich vorgeprägten Ämter des Propheten, des Priesters und des Königs vereine Christus in sich. Als *Prophet* sei der Gottessohn als Gesetzeslehrer[89] und Vermittler der wahren Gotteserkenntnis in Erscheinung getreten. Als *Priester* habe er sich selbst geopfert; als *König* trete er seit seiner Himmelfahrt in Erscheinung[90], denn nun sei er der Stellvertreter des Vaters im Weltregiment. Von daher entwickelt Calvin die Lehre von der Königsherrschaft Jesu Christi. Diese wird nicht nur über die Gläubigen im Heiligen Geist ausgeübt, sondern verborgen auch über die übrige Menschheit. Hiermit wird die weltliche Ordnung als eines der äußeren Mittel Gottes gewertet, die Erwählten zur Gemeinschaft mit Christus zu bringen; der Bereich des Politischen erhält so gewissermaßen eine Heilsbedeutung[91]. Die Obrigkeit ist Christus unterworfen als Dienerin Gottes, welche dessen Gesetz im weltlichen Bereich Beachtung verschaffen muss. Das bürgerliche Reich bezieht sich auf die äußere Ordnung, das geistliche Reich hingegen auf die Herzen der Menschen. Miteinander verbunden sind sie durch die Herrschaft Christi und die Geltung des göttlichen Gesetzes in beiden Reichen. Calvin bringt damit eine theokratische Tendenz zum Ausdruck, die die Zusammengehörigkeit der beiden Regierweisen Gottes stärker betont, als das in Luthers entsprechender Lehre von den zwei Regimentern der Fall ist. Ihre Problematik liegt hauptsächlich darin, dass sie die durchaus behauptete Verborgenheit der Königsherrschaft Christi nicht als solche angemessen berücksichtigt. Wenn schon Christus selbst sie verborgen ausübt, wieso sollen dann Theologie und Kirche ihre sichtbare Ausgestaltung in der Gesamtgesellschaft postulieren?

Calvins Konzept zwingt das göttliche Gesetz sowohl Ungläubigen als auch Gläubigen auf – in Gestalt strenger Kirchenzucht. Die wahre Kirche gilt ihm als die unsichtbare Gemeinschaft der Prädestinierten[92]. Wer wollte da schon von sich aus unkirchlich leben? Die reale Kirche aber nahm unübersehbar gesetzliche Züge an. Laut Calvin führt das Gesetz Gottes[93] den Menschen, der seit dem Sündenfall nur noch eine eingeschränkte natürliche Gotteserkenntnis und keine Willensfreiheit[94] mehr besitzt, als Erzieher auf Christus hin zur Sündenerkenntnis. Der Einheit der Heilsgeschichte entspricht die von Altem und Neuem Testament; es gibt auch nur einen einzigen Bund[95], der sich von vornherein auf das in Christus zugeeignete Heil bezieht. Indem das Gesetz als Erzieher auf Christus hin wirkt, kommt sein heilsgeschichtlich erster Gebrauch in den Blick: der die Sünde aufdeckende, genannt *usus elenchticus*[96]. Sein zweiter besteht im *usus politicus*, nämlich in seiner Funktion als Sittengesetz, das für Gläubige und Gottlose gleichermaßen zu gelten hat. Sein dritter Gebrauch aber bestimmt das Leben der vom Heiligen Geist Wiedergeborenen[97]: Als *usus in renatis*[98] untermauert er, dass das Gesetz als „Bundesgesetz" und als Ausdruck von Gottes Güte positiv auf Christus hin ausgerichtet sei. Man merkt Calvin an, dass er auch eine juristische Ausbildung durchgemacht hat: Sein Ordnungsdenken kommt in diesem Gesetzesverständnis ebenso wie in seiner Lehre von den drei „Ämtern" Christi zum Ausdruck[99].

Gesetz und Evangelium werden in dieser Perspektive nicht so scharf unterschieden wie bei Luther. Zwar schließt Calvin ebenso wie der deutsche Reformator jede Rechtfertigung durch Leistung aus[100], um zu betonen: „Das Gesetz ist insofern abgetan, als es uns nicht mehr verdammt."[101] Aber dasselbe Gesetz ist insofern keineswegs abgetan, als es den vom Strafurteil Befreiten nun erst recht den Weg zum rechten Gehorsam weist. Dabei möchte Calvin gerade mit Blick auf die römisch-katholische Position, die die praktische Effektivität des Glaubens in ihr Rechtfertigungsverständnis hineinnimmt, zeigen, dass das protestantische Verständnis hinter jenem Heiligungswillen nicht zurückbleibt. Deshalb findet seine Lehre von der Rechtfertigung erst im Anschluss an die Lehren vom Glauben, von der Buße und von der gläubigen Lebensführung ihren Ort, um all dies zusammenzufassen. Der Blick auf die eigenen guten Werke soll zwar nicht das Selbstvertrauen im Gegenüber zu Gott stärken, aber sehr wohl den Glauben selbst. Denn die Früchte der Berufung zeigen den Gläubigen, dass sie persönlich von Gott adoptiert sind. Gute Werke sind Gottes Gaben selbst und tragen deshalb nicht zur Rechtfertigung bei[102]; umso mehr können sie als Früchte der Wiedergeburt verstanden und insofern als Beweis der rettenden Wirksamkeit des Heiligen Geistes genommen werden.

Reformierte Theologie führt daher nicht nur von Zwingli, sondern auch von Calvin her zum *Syllogismus practicus*: Aus der legitimen Sehnsucht nach objektiv möglicher Heilsgewissheit heraus bleibt bloß die Möglichkeit, bei allem Vertrauen auf Christus nach Zeichen des Heils am Subjekt Ausschau zu halten. Somit werden notwendig Glaube und Werke gerade als Geschenke des Heiligen Geistes auf subtile Weise zu *geforderten*, zu beobachtenden Größen. Calvin fragt selbst, wie denn der rechtfertigende Glaube beschaffen sein solle: Es müsse sich um Christus-Glauben handeln, erklärt er und betont: „Wahrhaft gläubig ist nur ein Mensch, der mit fester Gewißheit überzeugt ist, daß Gott ein gnädiger und wohlgesinnter Vater ist, [...] und deshalb die Seligkeit, frei vom Zweifel, kühnlich erwartet."[103] Frei vom Zweifel aber ist der Glauben in der reformierten Kirche praktisch doch schwer zu haben. Denn Glaubensgewissheit wird nicht nur gefordert, sondern der rechtfertigende Glaube wird auch noch bei Calvin wie schon bei Zwingli beschrieben als ein „uns zur Heiligung" gegebener: Er kann Christus „niemals recht erkennen, ohne zugleich die Heiligung des Geistes mitzuergreifen", also Christus „nur zusammen mit der Heiligung seines Geistes erkennen"[104]. Wer folglich Gewissheit darüber haben will, ob er den rechten Christusglauben besitzt, wird unwillkürlich danach forschen, ob er sich innerlich des Glaubens gewiss genug ist und ob Früchte seiner Heiligung in einem beispielhaften Leben hinreichend erkennbar sind.

Die Folgen dieses Denkens sind von Max Weber zum Teil vergröbernd beschrieben worden. Denn Calvin lehrt keineswegs, dass die Erwählten zum Zeichen ihrer Erwählung erfahrbar mit irdischen Gütern gesegnet sein müssten. Vielmehr schreibt er ausdrücklich: „Der Glaube kann sich nicht etwa eine lange Ausdehnung dieses irdischen Lebens, Ehre und Macht in diesem Leben mit Gewissheit versprechen; dergleichen hat uns der Herr nämlich nicht zusagen wollen."[105] Und dennoch erlaubt der Glaube den tröstenden und stärkenden Rückschluss vom Segen des Geisteswirkens auf die Anwesenheit des Geistes, mithin auf die Gotteskindschaft – und so eben doch aufs Erwähltsein[106]!

Wirkliche Gewissheit ermöglicht dieser *Syllogismus practicus* freilich nicht. Das zeigt sich anhand von Calvins Überlegungen zu der Frage, ob es auch bei den von Ewigkeit her Verworfenen so etwas wie „Glaube" geben könne. Der Genfer Reformator muss hier einräumen, die Erfahrung lehre, dass auch Verworfene zuweilen „fast von der gleichen inneren Regung erfaßt werden wie die Erwählten, so daß sie sich auch nach ihrem eigenen Urteil in nichts von den Erwählten unterscheiden"[107]. Die hieraus resultierende Schwierigkeit ist Calvin bewusst: So bleibt „den Gläubigen ja gar nichts mehr, an dem sie ihre Aufnahme in Kindschaft mit Sicherheit merken könnten". Als Lösung bietet er die Unterscheidung an, dass das Geschenk des Glaubens bei den Nichterwählten nur ein vergänglicher Glaube auf Zeit sei, während bei den Erwählten dieser Glaube „nie ganz vergehen kann"[108]. Das hier entwickelte Kriterium ist jedoch wiederum ungeeignet, die Sehnsucht nach Heilsgewissheit zu stillen. Denn solche Sehnsucht will in der Gegenwart erfüllt sein, während die Antwort Calvins auf einen erst zukünftigen Erweis des Durchhaltevermögens des Glaubens abzielt[109]. Zudem räumt er ein, dass „unser Glauben zuweilen gewissermaßen eine Unterbrechung erleidet"[110]. Zum Trost hat er diesbezüglich die Auskunft parat, dass „die Gewißheit des Glaubens, die ja ihrem Wesen nach die Schranken dieses Lebens überspringt und sich nach der künftigen Unsterblichkeit ausstreckt", die eigene Beharrung bis ans Ende inhaltlich einschließt[111]. Nun ist freilich der Hinweis, dass der Glaube und also auch seine Gewissheit hoffender Natur sei, richtig und notwendig. Falsch hingegen ist es, den angesichts der doppelten Prädestination mit doppeltem Ausgang nach Heilsgewissheit Strebenden mit der Auskunft zu bescheiden, er solle daran glauben, dass sein Glaube im Unterschied zu dem des Nichterwählten von Dauer sein werde. Hier wird wieder der Glaube an den Glauben gefordert statt der Glaube an Christus. Wo sich aber der Glaube dermaßen um sich selbst dreht, dort ist es nicht verwunderlich, dass er sich eine heilsrelevante Funktion zuschreibt. So mahnt Calvin die Christen ausdrücklich „zum Fortschreiten im Glauben, damit sie nicht in Faulheit das Licht auslöschen, das ihnen gegeben ist"[112].

Calvins Lehre hat konsequent die praktische Frömmigkeit und Kirchlichkeit angeregt[113]. Reformierte Theologie bildet den Boden einer höchst aktiven, das Leben individual- und sozialethisch rigoros umgreifenden Spiritualität. Sie konnte ihre besondere Gestalt nicht zuletzt deshalb finden, weil in der Schweiz die biblisch orientierte Ausformung des gesamten Lebens in kleinen Stadtstaaten versucht wurde, so dass ein demokratisches und aristokratisches Gepräge von Anfang an bestimmend war – anstelle der auf deutschem Boden gegebenen Abhängigkeit vom Landesfürsten, der über ein großes Territorium herrschte. Reformiertes Kirchentum fand sich daher früh zur Selbständigkeit gedrängt; Genf und später auch Straßburg bildeten das Modell. Für seinen Aufbau setzte sich das Gemeindeprinzip durch. Diese *kongregationalistisch* genannte Variante anerkennt über den einzelnen Gemeinden keine höheren menschlichen Autoritäten. Die verbreitetere *presbyterianische* Kirchenverfassung lässt hingegen leitende Körperschaften vom Gemeindekirchenrat bis zu einer obersten Synode zu.

Im Vergleich zum Luthertum erscheint der Calvinismus „imponierend aktiv“[114]. Gerade die innerweltliche Askese hat seine Anhängerschaft stark gemacht im Umgang mit der Welt, die bei aller Distanz doch als getragen vom Schöpfungsbund betrachtet wurde. Die viel diskutierte Frage, ob Calvins Lehre den Wurzelboden für den Kapitalismus bildete, weil er durch seine asketische Grundhaltung, insbesondere seinen Sparzwang in Verbindung mit der Aufforderung zur Wiederfruchtbarmachung des erarbeiteten Kapitals den Verbrauch drosselte und die hemmungslose Produktion förderte, ist bis heute religionssoziologisch umstritten.

Reformierte Kirchlichkeit ist übrigens durch eine eher sparsame Gottesdienstliturgie charakterisiert. Im Mittelpunkt steht das Wort Gottes, namentlich seine Verkündigung in der Predigt. Calvin hat analog zu den deutschen Reformatoren definiert: „[...] überall, wo wir wahrnehmen, dass Gottes Wort lauter gepredigt und gehört wird und die Sakramente nach der Einsetzung Christi verwaltet werden, lässt sich auf keinerlei Weise daran zweifeln, dass wir eine Kirche Gottes vor uns haben.“[115] Beim Abendmahl empfängt die stehende oder sitzende Gemeinde gebrochenes Brot, also keine Oblaten, und den Kelch. Es gibt weder Altäre noch Bilder. Nicht einmal Orgeln kennen die schmucklosen Kirchengebäude. Der Gesang bleibt auf Psalmen beschränkt. Bewusst hat man sich von der prunkvollen katholischen Messe abgesetzt, die als Götzendienst interpretiert worden war. Die Kindertaufe ist wie in lutherischen Kirchen die Regel.

Eine einheitlichere Gestalt der reformierten Kirche war frühestens um die Mitte des 16. Jahrhunderts zu greifen, weshalb modernes ökumenisches Ringen seinen Ansatz 1549 an der Zürcher Vereinbarung (*Consensus Tigurinus*) zwischen Zwinglis Nachfolger Heinrich Bullinger und Calvin sucht – oder erst an der letzten Auflage der *Institutio* Calvins von 1559, wenn nicht überhaupt am *Heidelberger Katechismus*[116], der 1563 im Rahmen der rheinpfälzischen Kirchenordnung entstand und zur am weitesten anerkannten reformierten Bekenntnisschrift aufrückte. Dabei ist anzumerken, dass die reformierte Tradition stärker als die lutherische die Situationsbezogenheit von Bekenntnisschriften hervorhebt. So ist es in der Geschichte zu einer Vielzahl reformierter Bekenntnisse gekommen[117], während heute manche reformierten Kirchen überhaupt auf eine Bekenntnisschrift verzichten.

V Wohin driftet das ordinierte Amt?

„In der Ausschließlichkeit der Bindung an das Evangelium, in der das Schriftprinzip zum Ausdruck kommt, gründet die Legitimität des Amtes, aber auch seine Freiheit und Unabhängigkeit von jeder Autorität, die nicht auf göttlichem Recht beruht."[1]

Werner Führer

Ökumenische Veranstaltungen bieten oft ein schönes Bild: Da agieren die unterschiedlich gekleideten Geistlichen der beiden Kirchen nebeneinander und miteinander, dass es eine wahre Freude ist! Und doch sind hier keineswegs zwei unterschiedliche religiöse Institutionen mit mehr oder weniger gleichrangigen Ämtern in Aktion. Vielmehr ist es hauptsächlich das Amtsverständnis selbst, das die großen Kirchen voneinander trennt. Über diesen garstigen Graben haben all die dialogischen Bemühungen von Ökumenekommissionen bis heute keine tragfähige Brücke bauen können.

Die evangelische Kirche kennt kein geweihtes Amt. Kirchliche Ämter werden hier nirgends sakramental verstanden. Das hat enorme Konsequenzen für das konfessionelle Verständnis von Kirche überhaupt. Der lutherische Konfessionskundler Reinhard Frieling erklärt: „Das rechtfertigende Handeln Gottes in Jesus Christus wird in den evangelischen Kirchen durch Wort und Sakrament vermittelt, dem das ordinierte Amt dienend zugeordnet ist. Es darf aber nicht an eine hierarchische Amtsstruktur als einzig richtige Ordnung gebunden werden, weil sonst die Botschaft von der freien Gnade Gottes beeinträchtigt wird."[2]

Weil evangelische Kirche von der Rechtfertigungslehre geprägt ist, derzufolge Gott dem Sünder aus reiner Gnade alle Schuld erlässt und ihn gerecht spricht um seines Vertrauens auf Jesus Christus willen[3], steht jeder Christ zu seinem Herrn in einem unmittelbaren, also priesterlichen Verhältnis. Deshalb gibt es aus evangelischer Sicht keine besonderen Priester, keine Kleriker, keine abgehobene Geistlichkeit. Die Ordination stellt in diesem Sinn keine Weihe dar. Und so muss sie auch von keinem Kleriker gespendet werden. Werner Führer erläutert: „In der Ordination konkretisiert sich der kirchlich tradierte Ruf Jesu Christi. Sie ist um der Souveränität und des Öffentlichkeitsanspruches des Wortes Gottes willen erforderlich. Die Amtseinsetzung sollte nicht ohne die Zustimmung der Gemeinde erfolgen."[4]

Dennoch ist auch in der evangelischen Kirche das geistliche Amt hervorgehoben. Rein äußerlich mag der Pfarrer in seinem schwarzen Talar[5] dem katholischen Priester zumindest hinsichtlich seiner Autorität vor dem Altar zum Verwechseln ähneln. Doch der Schein trügt: Qualität und Funktion des Amtes gehen deutlich auseinander. Man kann das schon daran merken, dass im evangelischen Gottesdienst die Predigt im Zentrum steht und entsprechende Länge aufweist, während in der katholischen Messe der Wortverkündigung eher nur ein begleitender Anteil zukommt gegenüber der zentralen Liturgie der Eucharistie, die den geweihten Priester oder Bischof verlangt. Für Protestanten sind Wort und Sakrament gleichwertig, und vom Grundansatz her können sie von jedem Getauften gespendet werden. Es ist eine Frage der Ordnung, der gemeindlich und institutionell nötigen Grundregelung, dass zur Durchführung von Verkündigung und Sakramentsverwaltung nur formell Berufene zugelassen sind. Das hat nichts mit einer besonderen klerikalen Weihe zu tun, wohl aber mit kirchlicher Weisheit. Zu dieser Weisheit gehört auch das Wissen darum, dass das so verstandene Amt durchaus seine besondere Würde hat. Denn hinter ihm steht eben nicht bloß die Beauftragung von kirchlicher bzw. gemeindlicher Seite, sondern zutiefst der Auftrag von Seiten des Herrn der Kirche selbst. Diesen Sachverhalt beschreibt Hellmut Liebig in aller Deutlichkeit: „Unermüdlich wird von Luther […] die Notwendigkeit des Wortes und der Sakramente zur Heilsaneignung betont und dieselbe in einer *göttlichen Ordnung* begründet, die den Charakter der Ausschließlichkeit trägt und darum unbedingt respektiert sein will, wenn der Mensch nicht des Heils verlustig gehen soll. Die göttliche Ordnung der Gnadenmittel Wort und Sakrament aber schließt in sich die positive Anordnung des Dienstes am Wort und Sakrament, wie sie in der Schrift in dem Befehl Christi zur Evangeliumspredigt und Sakramentsverwaltung zutage tritt. Das Evangelium erfüllt seinen Sinn nur als tatsächlich gehandeltes Evangelium und die Sakramente nur als tatsächlich gehandelte Sakramente.“[6]

1 Wie es im Reformationszeitalter zum ordinierten Amt kam

Der reformatorische Glaube an das von Gott her erfolgte Geschenk der Rechtfertigung aus lauter Gnade und Liebe ist im Grunde einfach, lauter und tief. Dennoch stehen ihm gerade in seiner Klarheit und Radikalität anderslautende Aussagen dogmatischer Art und mancherlei existenzielle oder intellektuelle Zweifel entgegen. Deshalb verlangt seine Vermittlung geschulte Theologen, sorgfältig ausgebildete Amtsinhaber, die zu den notwendigen Unterscheidungen, Erklärungen und Entgegnungen befähigt sind. Sie müssen in der Lage sein, den Kern, das eigentliche Ziel der Christus-Botschaft in ihrer Verkündigung deutlich zu machen und predigend, verteidigend oder auch seelsorgerlich angemessenes Verstehen zu ermöglichen. Von daher kommen Luther und auch Melanchthon zu einem Verständnis des kirchlichen Amtes, das ordinierte Amtsträger in gewisser, nämlich funktionaler Hinsicht vom nichtordinierten Kirchenmitglied durchaus abhebt[7]. Aber um einen Unterschied durch priesterliche Weihe handelt es sich dabei definitiv nicht.

Schon für den frühen Luther steht fest, dass das Evangelium eine Botschaft ist, die letztlich nicht aus menschlicher Meinung und Autorität heraus zur Sprache kommt. Vielmehr wird sie mit göttlicher Vollmacht ausgerichtet. Das Wort Gottes erklingt insofern eigentlich nicht aus der Mitte der Gemeinde heraus, sondern als ihr Gegenüber. Diese Position muss durch das besondere Amt der Kirche deutlich werden. Je älter Luther geworden ist, desto klarer hat er das betont – namentlich seit seiner Auseinandersetzung mit dem sogenannten Schwärmertum, den Visionären und Ekstatikern unter den Frommen[8]. Widerspricht Luther mit dieser Einstellung etwa der Lehre vom allgemeinen Priestertum? Keineswegs[9]! Vielmehr ist für den Reformator stets beides klar: Wegen der Taufe auf Jesus Christus, den himmlischen Hohepriester und Erlöser, bedarf es keines klerikalen Priestertums mehr, das zwischen Gott und Gottesvolk opfernd vermittelt. Was im Alten Testament der Fall war und von der römisch-katholischen Kirche in Analogie dazu entwickelt wurde, wird wegen ihres Eucharistieverständnisses im Sinne eines Opfermahls nach wie vor vertreten[10]. Für Luther dagegen macht die Unmittelbarkeit zu Gott, die sich aus der Taufe auf Christus als unser aller „himmlischen Pfarrer"[11] ergibt, sämtliche Glaubenden sozusagen selber zu Pfarrerinnen und Pfarrern[12]. Aber um der von Gott gewollten[13] Ordnung willen sei es angemessen, dass nicht jedes beliebige Kirchenmitglied sich Wortverkündigung und Sakramentsverwaltung anmaßt[14]. Vielmehr habe Christus, um darin sein eigenes Gegenüber-Stehen als Haupt der Kirche symbolisch zum Ausdruck zu bringen, in Entsprechung zu seinem Hirtesein für das Volk der Gläubigen Hirten bestellt. Zu diesem „Hirtenamt"[15] würden Christen berufen, die hierfür geeignete Gaben mitbrächten. Sie bildeten keinen besonderen priesterlichen, zur Sakramentsverwaltung legitimierten Klerus, sondern in funktionaler Hinsicht jenen von Gott eingesetzten[16] Stand der Geistlichen, der zur Wortverkündigung in Predigt und Sakramentsverwaltung besonders beauftragt und bevollmächtigt sei[17].

Dabei ist für Luther wie für Melanchthon klar: Die Vollmacht des geistlichen Amtsträgers kommt nicht etwa durch Delegation von Rechten aus dem allgemeinen Priestertum zustande, „sondern durch göttliche Berufung"[18]. Denn sie ist „Niederschlag des endzeitlichen Berufungs- und Sendungsgeschehens Gottes"[19] und vergegenwärtigt sein Versöhnungs- und Erlösungshandeln. Hieraus wird deutlich, was die beiden großen Konfessionen vor allem trennt: Es sind die unterschiedlichen Gewichtungen und Deutungen von Wort und Sakrament im Amtsverständnis. Die katholische Amtstheologie versteht das geistliche Amt mehr vom Sakrament her, wie sich katholische Kirche sogar insgesamt selbst als „sakramental" ansieht[20]. Evangelisch-lutherisches Amtsverständnis deutet das geistliche Amt hingegen mehr vom Wort her und versteht das Sakrament als eine versinnbildlichende, verleiblichte Gestalt des Wortes.

Umso mehr Gewicht haben in der lutherischen Kirche seit jeher Verkündigung und Lehre. Demgemäß wird die Ordination nicht wie in der katholischen Kirche als sakramentale Weihehandlung verstanden. Dies ist schon daraus ersichtlich, dass das geistliche Amt laut Luther in Notfällen auch ohne die „heilige Ordination" ausgeübt werden darf. Allerdings nimmt Luther die Einsetzung des Abendmahls von der Notfallregel aus[21]. Das hängt mit seiner Überzeugung von der göttlichen Stiftung des Hirtenamtes zusammen und beweist eine gewisse innere Nähe zur römisch-katholischen Position, von der er als ehemaliger Mönch ja herkommt: Die Abendmahlsfeier und das darin leiblich erfahrbare Nahesein Christi sind ihm derart heilig, dass ihm hier die Gegenüber-Struktur von ordiniertem Amt und Gemeinde besonders wichtig ist.

Die Ordination berechtigt also zum heiligen Amt in der heiligen christlichen Kirche. Von daher bedeutet sie auch eine ausdrückliche Inpflichtnahme im Blick auf Lehre und Bekenntnis[22]. Schon für die allerfrühesten Formen von Ordination im ersten Jahrhundert der christlichen Kirche dürfte die jüdische Gelehrtenordination das Vorbild abgegeben haben[23]. Dem entspricht der Tatbestand, dass bereits im frühen Christentum die verlässliche Weitergabe der Verkündigungstradition das entscheidende Motiv für die geregelte Amtsnachfolge durch Handauflegung war[24]. Indem dieses Element der *Sukzession* später an die sakramentale Weihe gebunden wurde, kam freilich ein etwas anderer Sinn in die Weitergabe des Amtes, nämlich der einer quasi magisch-heiligen, eben sakramental wirksamen „Weihefolge" – wobei diese allerdings nach wie vor auch den Aspekt der Traditionssicherung in sich enthielt.

Als sich dann in der frühen Kirche die sogenannten geringeren Ämter (*ordines minores*) herausbildeten, war hierunter ältesten Quellen zufolge bereits das Amt des Lektors zu finden[25]. „Geringer" war jenes Leseamt vor allem wegen der entsprechend geringeren Lehrverantwortung und -vollmacht. Im Lauf der späteren Kirchengeschichte tauchten das Lektoren- und Prädikantenamt im Sinne von pfarramtlichen Hilfsdiensten auf. Ordinieren aber heißt nach Luther: „berufen und befehlen das Pfarramt, welches Macht hat […]."[26]

In Wittenberg wurde die Ordination 1535 eingeführt. Bis dahin war sie für die Wittenberger Reformatoren noch keine unerlässliche Voraussetzung für die Ausübung eines kirchlichen Amtes gewesen[27]. Ihre verbindliche Einführung sollte in erster Linie eine geregelte Lehrprüfung sichern und die Position evangelisch-kirchlicher Amtsträger im Volk stärken. In diesem Sinn verstand Luther die Ordination als Berufungsritus in das öffentliche Amt der Evangeliumsverkündigung und Sakramentsverwaltung.

Dabei wurde die Ordination fortan sozusagen *ganzheitlich* verstanden, nämlich als ein gesamtkirchlich gültiger und die ganze Person für die Dauer ihrer Existenz bestimmender Akt. Der Sinn der Sache war nicht etwa die sakramentale Zueignung eines „unverlierbaren Charakters" (*character indelebilis*), wie das die katholische Kirche seit dem 13. Jahrhundert dachte und lehrte. Denn Rechte und Pflichten aus der Ordination können unter gewissen Umständen dienstlicher Untreue evangelischen Geistlichen durchaus wieder entzogen werden. Doch die Inanspruchnahme betrifft die ganze Person: Ihr bleiben – im Unterschied zu manchen Deutungen in der früheren Kirchengeschichte – die Rechte und Pflichten aus der Ordination auch noch im Ruhestand zu eigen, nämlich auf Lebenszeit. Begründen lässt sich das weniger damit, dass die Ordination eigentlich die Intention der Taufe aufgreift und vertieft[28]; denn das könnte ja auch bei einer nach Raum und Zeit eingegrenzten Ordination gesagt werden. Vielmehr liegt die Begründung in jenem Aspekt personaler Ganzheitlichkeit, wie er einem Hirtenamt grundsätzlich eignet. Schließlich verliert der Hirte seine personale Hirtenwürde auch dann nicht, wenn er sein aktives Amt altershalber niederlegt[29].

Im Bild des Hirten enthalten ist der bereits unterstrichene Aspekt der Lehrvollmacht. Gewiss hat im Kontext der Überzeugung von der Geltung des allgemeinen Priestertums die Gemeinde, ja *jedes* Gemeindeglied das Recht und die Pflicht, Lehre zu beurteilen und gegebenenfalls zu verurteilen[30]. Doch eine von daher denkbare, gerade auch im heutigen religiösen und sogar innerkirchlichen Pluralismus anzutreffende Vielfalt von Meinungen gefährdet die kirchliche Einheit. Darum ist der ausgebildeten, der Kirche verpflichteten Person des oder der Ordinierten die Lehr- und Entscheidungsvollmacht in geistlichen Dingen anvertraut[31]. Nicht ohne Grund ist das ordinierte Amt wiederum an jene Grundlehren gebunden, die in den maßgeblichen Bekenntnissen der Kirche niedergelegt sind. Dass diese Bekenntnisse heutzutage unter den Ordinierten selbst manchmal nicht mehr wertgeschätzt werden und daher massive Richtungsstreitigkeiten vorhanden sind, steht auf einem anderen Blatt. Fundamente der evangelischen Kirche sind fragil geworden.

2 Zur weiteren Entwicklung des Ordinationsverständnisses

Ordination umfasst als ein Hauptelement die Lehrvollmacht. Das besondere Gewicht, das dem Aspekt der Lehre bei Ordinationen im Altprotestantismus zukam, erhellt daraus, dass sie zeitweise nicht im Gottesdienst, sondern an den theologischen Fakultäten vollzogen wurden. Auch im

17. Jahrhundert war in der evangelischen Kirche klar: „Die Ordination ist im Prinzip mit der Vokation in den Lehrstand identisch."[32] In Leonhard Hutters „Compendium Locorum Theologicorum" von 1610 etwa heißt es, der kirchliche Amtsinhaber sei „eine Person, die auf Grund göttlicher Autorität durch die Kirche rechtmäßig berufen worden ist, um das Wort Gottes rein zu lehren und die Sakramente zu verwalten, gemäß der Einsetzung Christi."[33] Im 18. Jahrhundert wurden die Ausbildung und das Prüfungswesen vom Kirchenregiment verbessert[34]. Als dann die Epoche der Aufklärung anbrach, suchte man die Glaubwürdigkeit der Verkündigung durch verstärkte Bildung zu untermauern.

Um die Mitte des 19. Jahrhunderts brach eine neue Diskussion um das lutherische Ordinationsverständnis auf. Angestoßen durch die umstürzenden politischen Ereignisse des Jahres 1848[35], traten Fragen der kirchlichen Verfassung in den Vordergrund. Dabei entwickelten sich auf lutherischem Boden zwei gegensätzliche Argumentationslinien. Die eine wurde repräsentiert vor allem von Wilhelm Löhe[36], Theodor Kliefoth, August Friedrich Christian Vilmar und Julius Stahl: Sie betonten die *göttliche Stiftung* des kirchlichen Amtes. Die andere Linie, repräsentiert von Johann Wilhelm Friedrich Höfling[37] und Georg Rietschel[38], suchte das kirchliche Amt sozusagen von unten herzuleiten, nämlich zu deuten als Resultat einer Delegation von Seiten der Gemeinde, also *Beauftragung von Seiten des allgemeinen Priestertums* her. Die Streitigkeiten um diese beiden Deutungen zogen sich jahrzehntelang hin und ebbten zwischenzeitlich ohne eindeutiges Ergebnis ab.

Im 20. Jahrhundert aber kehrten beide Positionen bei namhaften Theologen wieder. So plädierten etwa Werner Elert[39], Martin Doerne[40], Ernst Wolf[41] und Peter Brunner[42] für die göttliche Stiftung des kirchlichen Amtes. Dagegen votierten Reinhold Seeberg[43], Paul Althaus[44] und Wolfgang Trillhaas[45] eher für dessen Ableitung aus dem allgemeinen Priestertum. Kirchenpolitisch blieb dieses Patt der theologisch und kirchlich streitenden Parteien das ganze 20. Jahrhundert hindurch erhalten.

Erst das von der VELKD verabschiedete Ordinationspapier mit dem Titel „Ordnungsgemäß berufen" (2006)[46] unternahm den Versuch, endlich eine einseitige Entscheidung in der Amtsfrage mit Macht herbeizuführen, und zwar nun zu Gunsten einer Ableitung der geistlichen Amtsvollmacht aus dem „allgemeinen Priestertum". Eine göttliche Stiftung –

wie noch von den Reformatoren unterstrichen – wird in diesem Papier keineswegs völlig in Abrede gestellt, aber doch eher an den Rand der Argumentation geschoben. Die Absicht des VELKD-Textes ist unschwer zu durchschauen. Man möchte bei der sich für die kommenden Jahrzehnte abzeichnenden Finanzknappheit der Kirchen theologisch begründen, dass die einschlägige Formulierung im Augsburger Bekenntnis, nämlich das „Ordentlich berufen" („*rite vocatus*") aus CA V, sich gleichermaßen auf Pfarrer(inn)en wie auch auf Prädikant(inn)en beziehen lässt[47]. Letztere haben ja ungeachtet ihrer viel kürzeren Ausbildung als getaufte Christen ebenso Anteil am allgemeinen Priestertum. Übrigens kennt das „allgemeine Priestertum der Gläubigen" sogar auch die katholische Kirche neben ihrem besonderen Priestertum[48]. Aus lutherischer Perspektive soll es nunmehr auf dieser Basis amtstheologisch genügen, dass Prädikantinnen und Prädikanten für die Ausübung ihres Amtes, also zeitlich und örtlich begrenzt (*pro tempore et loco*) kirchenamtlich[49] und gottesdienstlich *berufen* werden. Die Ordination hingegen soll als eine für die ganze Lebenszeit geltende Einführung ins geistliche Amt den Pfarrerinnen und Pfarrern vorbehalten bleiben.

Genügt es jedoch, die Unterscheidung von Ordinierten und nichtordinierten Gottesdienstleiter(inne)n allein an der zeitlichen und räumlichen Geltungsdimension der Beauftragung festzumachen? Das ist ein theologisches Problem, anhand dessen sich zeigt: Die „Ordination ist in unserer lutherischen Kirche bis heute eine ungeklärte Frage" – wie Joachim Heubach in einer einschlägigen Studie bereits vor über sechs Jahrzehnten festgestellt hat[50]. Das Ordinationspapier der VELKD hat diese Frage zwar zu einer Entscheidung gebracht, doch theologisch keineswegs hinreichend diskutiert. Die sachliche Abwägung war – gemessen an der Jahrhunderte währenden Diskussion – kaum differenziert genug, ja zu einseitig ausgerichtet[51]. Und die Folgen waren schwerwiegend: „Weil das Amt der Evangeliumsverkündigung durch dazu berufene Diener und Dienerinnen des Wortes weithin nicht mehr als Stiftung Gottes gilt, durch die die christliche Gemeinde unter dem Wort ihres Herrn gehalten und immer wieder neu nach seinem Willen ausgerichtet wird (Eph 4,11–14), konnten Pfarrstellen über jedes Maß hinaus gestrichen werden, ist die Unversetzbarkeit eines Gemeindepfarrers oder einer Gemeindepfarrerin, die bisher die Freiheit ihrer Verkündigung schützte, aufgehoben worden, sind Pfarrpersonen zunehmend zu Bediensteten ihrer Kirchenvorstände degradiert und zugleich zu Untergebenen der ihnen angeblich vorgeordneten Aufsichtspersonen und Kirchenamtsjuristen herabgesetzt."[52]

Hochproblematisch war und ist hier insbesondere die damit verbundene Rücksichtslosigkeit angesichts des ökumenischen Prozesses – und zwar nicht nur, weil der VELKD-Empfehlung die römisch-katholische und die anglikanische Position offenkundig ebenso egal sind wie die Vereinbarungen mit der altkatholischen Kirche[53], sondern vor allem, weil durchaus fraglich ist, ob jene nun behauptete evangelische Position überhaupt als „lutherische" haltbar ist, wenn man die historischen Quellen genauer in Augenschein nimmt und abwägt. Die Aussage des damaligen Landesbischofs Johannes Friedrich im Vorwort des Papiers, es handele sich um eine Studie zum Zweck innerlutherischer Verständigung und nicht um eine „ökumenische Ansage", lässt eine bedauerliche Vernachlässigung der Ökumeneperspektive erkennen[54]. Natürlich sind „falsche" Rücksichtnahmen in der Ökumene unangebracht; doch kann und muss in Aufrichtigkeit um ökumenische Gemeinsamkeiten gerungen und darf bereits ansatzweise Erreichtes nicht rücksichtslos preisgegeben werden. Zeugen die erfolgten Proteste von katholischer Seite nicht von ungelösten Problemen und vertanen Chancen?

3 Hilfsgeistliche Betätigung in der Verantwortung Ordinierter?

Mit Blick auf die aktuelle Diskussion um Amt und Ordination bleibt auf dem Hintergrund der kirchengeschichtlichen Entwicklung festzuhalten: Das annähernde Gleichgewicht der Argumente in der Debatte der letzten zwei Jahrhunderte hat sich neuerdings verschoben – und zwar just in jene Richtung, die in Beziehung auf die Sichtweise Luthers und Melanchthons eigentlich das geringere Recht hat. Das lässt sich in dem 2006 verabschiedeten Ordinationspapier der VELKD deutlich erkennen: In dieser „Empfehlung" ist unter Bezugnahme auf das Augsburgische Bekenntnis von 1530, nämlich auf CA V, vom „Verkündigungsamt" so die Rede, dass damit das dem allgemeinen Priestertum, also der Glaubensgemeinschaft insgesamt von Gott gegebene Amt gemeint ist. Daneben erscheint das „Amt der öffentlichen Verkündigung“ durch Predigt und Sakrament gemäß CA XIV als eine von daher abgeleitete, nämlich durch die Glaubensgemeinschaft zu ordnende Angelegenheit. Hierbei wird sachlich falsch in einer Fußnotenerläuterung behauptet, es sei in CA V an das vom allgemeinen Priestertum her verstandene Verkündigungsamt gedacht gewesen, und erst in CA XIV werde dann vom „öffentlichen Verkündigungsamt“ gesprochen. Es werde also in CA V zunächst „auf den Vollzug der Verkündigung und nicht auf deren öffentliche Wahrnehmung durch ein institutionell gefasstes Amt abgehoben“ wie später in CA XIV. Die gegenteilige Ansicht treffe „historisch wie sachlich nicht zu“. Doch in Wahrheit trifft umgekehrt das im VELKD-Papier Vorgetragene historisch und sachlich nicht zu. Das geht eindeutig daraus hervor, dass sich bereits in CA V die Rede vom Amt klar auf die Verkündigung des Evangeliums und das Darreichen der Sakramente bezieht, wie das ebenfalls in CA XIV thematisiert ist. Das Ordinationspapier unterschlägt, dass die Reformatoren das Amt stets als Gottesgabe an die Gemeinde und gleichzeitig im Gegenüber zu ihr gesehen haben – mithin nicht einfach als Ableitung aus dem allgemeinen Priestertum.

Thetisch lässt sich formulieren: Das allgemeine Priestertum als solches begründet das besondere Amt nicht. Und umgekehrt begründet auch das göttlich gestiftete Amt kein besonderes Priestertum[55]. Vielmehr verdankt sich das ordinierte Amt im Ansatz göttlichem Willen, ist also „von oben“ gegeben und nicht „von unten“ her abzuleiten. Edmund Schlink erklärt denn auch in seiner „Theologie der lutherischen Bekenntnisschriften“: „Das öffentliche Predigtamt ist nicht eine von dem sittlichen Grundsatz der Ordnung geforderte Schöpfung der Gemeinde, sondern unmittelbare Stiftung Gottes durch den Befehl und die Verheißung Jesu Christi. Die Bekenntnisschriften erlauben nicht, das allgemeine Priestertum als göttliche Institution dem öffentlichen Predigtamt als menschlicher Institution gegenüberzustellen. […] Die Kirche *überträgt* nicht einzelnen ihrer Glieder ihr Amt der Evangeliumspredigt und Sakramentsverwaltung, sondern sie *bestellt* dieses ihr von Gott anvertraute Amt, sie *beruft* in dieses von Gott gestiftete Amt. In diesem Amt handelt der Prediger darum im Namen und Auftrag *Gottes* und in Stellvertretung *Jesu Christi*. Er handelt in Vollmacht nicht auf Grund einer von den Gläubigen getroffenen Ordnung, sondern auf Grund der göttlichen Anordnung.“[56] Wird das festgehalten, so sind allgemeines Priestertum und der Verkündigungsauftrag an alle Christen keineswegs in Frage gestellt[57]. Argumentiert man aber wie das Ordinationspapier der VELKD, dann besteht die Gefahr, dass „das Amt des Evangeliums kirchlich domestiziert" wird[58]. Steht evangelische Kirche noch unter oder inzwischen sozusagen über dem Wort?

So gibt der durch das Ordinationspapier der VELKD angestoßene Prozess durchaus Anlass zu theologischer Sorge. Zu leichthin wird hier die mit tieferem Recht „lutherisch" zu nennende Position in der Amts- und Ordinationsfrage überspielt[59]. Aus Unbehagen an diesem Sachverhalt haben Dorothea Wendebourg und andere vorgeschlagen, dass auch Prädikanten und Lektoren (historisch gesprochen: die „Hilfsgeistlichen") ordiniert werden sollten, wenn sie denn zur Sakramentsverwaltung zugelassen werden. Plädoyers in dieser Richtung sind gut gemeint, gehen aber wiederum am amtstheologischen Anliegen Luthers und Melanchthons vorbei[60]. Gerecht wird man ihm unter heutigen Bedingungen wohl am ehesten, wenn man zweierlei beachtet: Zum einen sollte die Ordination nach wie vor allein denen zukommen, die auf Grund ihrer Ausbildung beauftragt sind, ihr Hirtenamt ganzheitlich, also örtlich und zeitlich uneingeschränkt wahrzunehmen. Zum andern werden heute und in Zukunft mehr denn je sogenannte „Hilfsgeistliche", vornehmer ausgedrückt: Prädikanten und Lektoren benötigt. Auch sie haben dank des „allgemeinen Priestertums" durchaus Anteil am geistlichen Amt. Deshalb ist es zweifellos möglich, sie rituell zur Amtsausübung zu berufen. Aber ihnen kommt nach Luthers Überzeugung nicht nur in Sachen Sakramentsverwaltung, sondern gerade auch im Blick auf die Lehre nicht jene Vollmacht und Verantwortung zu, die dem geistlichen Amt der Ordinierten eignet.

Nun kann man von protestantischer Warte aus ja durchaus auch über Luther hinausgehen und aus den reformatorischen Grundansätzen – zumal in Zeiten sich abzeichnender Not – etwas weitergehende Konsequenzen ziehen, indem man zusätzlich Lektoren und Prädikanten zur Abendmahlsverwaltung und Verkündigung einsetzt. Zumal aber Letztere bekanntlich in erhöhter Eigenverantwortung agieren, sollten sie entschiedener als bislang vorgesehen von ordinierten, also theologisch umfassend ausgebildeten Amtsträgern geschult und gefördert[61] werden. Sie müssen zudem in ihrer „hilfsamtlichen" Tätigkeit besser im ganz alten ortsbischöflichen Sinn „beaufsichtigt" werden. Hier zeichnet sich die Notwendigkeit amtstheologisch und verfahrenstechnisch begründeter Korrekturen ab.

Ein in diesem Sinn anvisiertes stärkeres Miteinander von ordinierten und berufenen Amtsträger(inne)n dürfte kirchlich wünschenswert, wenngleich nicht ohne Mühen umsetzbar sein. Was in evangelischen Gemeinden an Lektoren- und Prädikantendienst als Teilhabe am geistlichen Amt konkret realisiert wird, sollte keinesfalls außerhalb der Verantwortung des ordinierten Amtes liegen. In entsprechendem Augenmerk und Begleiten aus der Nähe muss sich auch hier bewähren, dass Pfarrerinnen und Pfarrer „eine geistliche Leitungsaufgabe" haben[62]. Schließlich kann nicht erwartet werden, dass Lektoren und Prädikanten „in derselben Weise wie ordinierte Amtsträger und Amtsträgerinnen Lehrverantwortung übernehmen"[63].

Eine sorgfältige Umsetzung dieses Ansinnens wäre nicht nur der Qualitätssicherung, sondern auch dem ökumenischen Miteinander förderlich[64]. Es lohnt sich, die Empfehlung des VELKD-Papiers in dieser Richtung kritisch-konstruktiv zu würdigen. Denn wenn diesem Papier schon daran liegt, das eine Amt – oder besser: die Einheit des Amtes – auch in Bezug auf Prädikanten und Lektoren herauszustellen, dann darf am Ende zum Schutz des Amtes selbst eine Art „Qualitätskontrolle" im angedeuteten Sinn nicht vernachlässigt werden – wie immer diese näherhin geregelt werden mag. Dorothea Wendebourg formuliert in ihrer abschließenden Stellungnahme zum Ordinationspapier der VELKD mit Recht, die darin fixierte Position zwinge „dazu, in jedem Fall mit äußerstem Ernst zu fragen, ob einem Christenmenschen das Amt übertragen werden soll – möglicherweise wird man hier in Zukunft zurückhaltender sein als bisher"[65]. Das aber bedeutet, dass die Ordination Pfarrerinnen und Pfarrer selbstverständlich nicht dem Weihe-, aber doch dem pastoralen Verantwortungsgrad nach höher stellt als Prädikantinnen und Prädikanten. Dies sich theologisch klarzumachen und auch in ökumenischer Hinsicht konstruktiv zu durchdenken, ist eine Aufgabe, deren Wahrnehmung sich gerade jetzt nahelegt, da die Reformation fünfhundertjähriges Jubiläum feiert.

Die Einheit des Amtes zerbricht angesichts solchen Unterscheidens von ordinierten Geistlichen und „Hilfsgeistlichen" keineswegs. Vielmehr ermöglicht es eine verantwortungsvollere Amtstheologie – und ein Stück weit auch neuen ökumenischen Brückenbau[66]. Es muss klarer werden als in letzter Zeit, welche Bedeutung dem ordinierten Amt in der evangelischen Kirche nach wie vor zukommt. Die Spannung zwischen konservativem Betonen der göttlichen Stiftung des ordinierten Amtes einerseits und liberalem Befürworten seiner Ableitung aus dem allgemeinen Priestertum dürfte die Kirche weniger auseinanderdividieren, wenn gemäß diesem Impuls verfahren würde.

4 Wie sieht im Vergleich katholisches Amtsverständnis aus?

Das allgemeine Priestertum ist auch der katholischen Kirche keineswegs fremd. Ist es doch durch Bibelstellen wie 2. Mose 19,5, 1. Petr 2,5 und 9f. sowie Offb 1,5f. geistlich begründet! Woher aber kommt dann überhaupt das spezielle, geweihte Priesteramt? Es hat seinen historischen Ursprung im Aufkommen des Opfercharakters der Messfeier. Der wiederum lässt Fragen hinsichtlich der Einmaligkeit und liturgischen Unwiederholbarkeit des Opfers Christi am Kreuz aufkommen. Bei aller ökumenischen Einigkeit darüber, dass der Gekreuzigte in der christlichen Theologie von zentraler Bedeutung ist, kann reformatorisches Denken das Rechtfertigungsgeschehen nur an Christus allein und nicht an kirchlichen Bezugs- oder Erwiderungsriten festmachen. Ist demnach ein „Mess-Opfer" abzulehnen, fällt damit auch das hierfür angeblich nötige spezielle Priestertum. Hieraus aber ergeben sich gravierende Differenzen im Kirchenverständnis überhaupt.

So erklärt es sich, warum das unterschiedlich definierte Amtsverständnis im jeweiligen Gesamtzusammenhang bis heute ein entscheidendes Hindernis auf dem Weg zur weltweiten Ökumene darstellt. Wenn Ökumeniker bisweilen durch wohlwollend interpretierende Abhandlungen zu einzelnen Aspekten der Amtsfrage meinen, das Problem mehr oder weniger lösen zu können[67], beruht dieser Irrtum eben auf der mangelnden Berücksichtigung der systematischen Verwobenheit von katholischem Rechtfertigungs-, Messopfer- und Amtsverständnis.

Das römisch gewollte Messopfer als Feier einer himmlisch und irdisch verankerten Liturgie[68] begründet gewissermaßen die göttliche Qualität kirchlicher Ämter. Kardinal Walter Kasper erklärt: „Die apostolischen Ämter werden im Neuen Testament nicht als rein menschliche Einrichtungen verstanden. Sie sind vielmehr vom Heiligen Geist gesetzt (Apg 20,28) beziehungsweise vom erhöhten Herrn vom Himmel her der Kirche als Geschenk gegeben (Eph 4,10–12)."[69] In diesem Sinn versteht die römische Kirche die Ordination bzw. Weihe zum Amt des Priesters und des Bischofs als Sakrament, und zwar als eines, das sogar einen unverlierbaren Charakter und entsprechende geistliche Vollmacht verleiht[70]. Bischof und Priester gelten als sakramentales Realsymbol sowohl für Christus als auch für die Kirche als Ganze: Sie handeln nach katholischer Überzeugung *„in persona Christi et ecclesiae"*. Vor allem wegen dieser auf Christus und die zwölf Apostel bezogenen Realsymbolik ist übrigens auch die Frauenordination ausgeschlossen[71], was Papst Johannes Paul II. 1994 ausdrücklich und „endgültig" bekräftigt hat. Der letztlich in der kultischen Reinheit des Messopfers begründete Zölibat für Priester wurde erst auf dem 2. Laterankonzil von 1139 kirchengesetzlich verpflichtend. Bekanntlich stellt er gerade in unserer Zeit ein großes Problem dar[72], doch dürfte auf eine Änderung im Sinne der biblischen Freiwilligkeit kaum zu hoffen sein, obwohl er auf keinem Dogma fußt.

Die ganze Fülle des Weihesakramentes kommt in der katholischen Kirche nur dem Bischofsamt[73] zu. Der Bischof gilt als „Verwalter der Gnade des höchsten Priestertums"[74]: Er übt das Heiligungsamt aus; daneben hat er das Lehr- und Leitungsamt inne. Er ist sichtbares Prinzip und Fundament der Einheit seiner regionalen Teilkirche. Bekanntlich ist die mittelalterliche Verflechtung von geistlicher und politischer Macht im Bischofsamt längst überwunden[75].

Die kollegial verstandene Körperschaft aller Bischöfe hat Autorität, wenn sie zusammen mit dem Bischof von Rom[76] als ihrem Haupt agiert. Das ist auf Konzilien der Fall, aber auch auf den von Papst Paul VI. eingeführten Bischofssynoden mit Teilnehmern aus der ganzen Welt. Das hierarchische Prinzip hebt die Bischöfe als Nachfolger der Apostel dem Wesen und nicht bloß dem Grade nach ab von den anderen Angehörigen des priesterlichen Gottesvolkes, dem sie zu dienen haben. Über den meisten Bischöfen stehen Erzbischöfe, die aber jeweils gleichzeitig als Bischof einer Diözese[77] amtieren. Wird ein Bischof in den Kardinalsrang erhoben, so ist er bis zum Alter von achtzig Jahren zur Teilnahme an der Papstwahl, dem sogenannten Konklave, berechtigt. Statistisch sei erwähnt, dass die Deutsche Bischofskonferenz unter ihrem derzeitigen Vorsitzenden Kardinal

Reinhard Marx die Inhaber von siebenundzwanzig Diözesen umfasst, davon sieben Erzdiözesen (Erzbistümer)[78].

Auch für das Priesteramt[79], das dem Bischofsamt zu- und untergeordnet ist, gilt auf Grund des Weihesakraments die nicht nur graduelle, sondern seinsmäßige Unterscheidung vom Laienstand: „Es gewährleistet, daß in den Sakramenten wirklich Christus durch den Heiligen Geist für die Kirche am Werk ist.“[80] Die Weihe hat gewissermaßen religiöse Garantiefunktion. Sie zeichnet den Priester durch die Salbung des Heiligen Geistes mit einem besonderen Prägemal aus; dieser *„character indelebilis“* macht ihn dem Priester Christus gleichförmig, weshalb er in der Person des Hauptes Christus handeln kann. „Der Amtspriester nämlich bildet kraft seiner heiligen Gewalt, die er innehat, das priesterliche Volk heran und leitet es; er vollzieht in der Person Christi das eucharistische Opfer und bringt es im Namen des ganzen Volkes Gottes dar […].“[81]

Das Priesteramt umfasst auch die Zusage besonderer persönlicher Gnade, und zwar wegen der Sakramentalität der Amtsverleihung, die aus dem vollzogenen Werk (*ex opere operato*) erfolgt[82]. Nicht jeder Priester ist übrigens Pfarrer, wie es in protestantischen Gemeinden oft mehrere Pfarrer gibt; vielmehr gibt es pro Gemeinde nur einen Pfarrer, dem nach Bedarf Kuraten zur Seite gestellt und Kapläne unterstellt sind. Das Amt des Diakons ist vom II. Vaticanum im Rückgriff auf die Tradition der Alten Kirche energisch wiederbelebt worden, nachdem es jahrhundertelang nur als bedeutungslose Durchgangsstufe der priesterlichen Laufbahn existiert hatte. Es bildet das unterste Glied der Weihehierarchie: Neben der Diakonatsweihe gibt es auch eine Subdiakonatsweihe. Diakonissen sind wegen der Partizipation am nur männlichen Weihepriestertum nicht vorgesehen[83]. Seit längerer Zeit gibt es aber Pastoral- oder Gemeindereferentinnen und -referenten: Das ist der relativ neue Beruf der Diplomtheologinnen und -theologen, die in den Pfarreien eingesetzt werden. Weil für sie keine zölibatäre Verpflichtung gilt, übernehmen sie in großer Zahl pastorale Aufgaben – mit Ausnahme der dem Priester vorbehaltenen Spendung der Sakramente. Von ihnen gibt es derzeit einige Tausend in Deutschland.

Für protestantische Theologie ist demgegenüber die Würde des geistlichen Amtes nicht sakramental, sondern funktional, nämlich im göttlichen Auftrag zur ordentlichen Wortverkündigung und Sakramentsverwaltung begründet[84]. Die Ordination führt, wie dargelegt, zu keinem besonderen

Charakter, der den Geistlichen seinsmäßig oberhalb des allgemeinen Priestertums ansiedeln würde. Vielmehr stellt sie eine ordnende Segenshandlung dar, die ausdrücklich auf einer Ordnung menschlichen Rechts beruht. Was den Gedanken der apostolischen Sukzession betrifft, also der geschichtlichen Amtsnachfolge, so ist er keineswegs theologisch pauschal zu negieren. Selbst Luther ist für die Wiederherstellung der bischöflichen Jurisdiktion in evangelischen Territorien eingetreten, wie man seiner „Vermahnung an die Geistlichen“ von 1530 entnehmen kann[85]. Deshalb erklärt Horst Georg Pöhlmann von protestantischer Warte aus: „Der Anerkennung der bischöflichen Sukzession [...] und des historischen Bischofsamtes durch die Kirche der lutherischen Reformation steht nichts im Wege. Es muss von ihr nicht übernommen werden, weil es von ihr nie aufgegeben wurde (Apologie Art. 14).“[86] Und in der Tat besteht hinsichtlich der Sukzessionsfrage heutzutage kaum noch ein ernsthaftes ökumenisches Problem. Wird doch auch von römischer Seite die Sukzession seit dem II. Vaticanum nicht mehr gleichsam als ein „technisches“ Weiterfließen der Amtsgnade verstanden! Vielmehr hat man theologisch realisiert, dass es ja im Lauf der Kirchengeschichte auch Bischofs- und sogar Papstabsetzungen gab[87].

Die Konfessionen trennt vielmehr die Frage nach der Weihe des Amtes, also nach seiner sakramentalen Qualität. Und in dieser Hinsicht bleibt die römische Kirche bei ihrer Position, die sich freilich in keiner völligen Negation der Ämter anderer Konfessionen ausdrückt. Kasper erläutert: „Alle Kirchen bejahen heute, daß es auch außerhalb der sichtbaren Grenzen der jeweils eigenen Kirche Elemente der Kirche Jesu Christi gibt, und zwar Elemente, die [...] sich als geistlich fruchtbar erweisen.“ Es gebe Stufen der Anerkennung – und analog dazu ja auch unterschiedliche Grade der Anerkennung der Ämter in den getrennten Kirchen. Der Kardinal betont: „In diesem Sinn spricht das II. Vatikanum im Blick auf die reformatorischen Kirchen von einem *defectus*, einem Mangel an der Vollgestalt des Amtes, aber nicht von einem vollständigen Fehlen.“[88] Diese Art der Beschreibung der Differenz kann protestantische Theologie und Kirche freilich so lange kaum trösten, als sie von römischer Seite ebenso stringent wie anhaltend zur Negation von Ämtertausch und Abendmahlsgemeinschaft[89] führt.

Der Umstand, dass das katholische Amtsverständnis im Papstamt gipfelt, macht die ökumenische Problematik nicht eben kleiner. Aufrichtig hat Papst Paul VI. bereits 1967 eingeräumt, das Papstamt sei weniger Garantie als vielmehr Hindernis der Kircheneinheit[90]. Gleichwohl hat später Papst Johannes Paul II. in seiner Ökumene-Enzyklika *Ut unum sint* bekräftigt, das Papstamt zähle mitsamt der klerikalen Hierarchie, deren Spitze es darstelle, zu den Wesensgrundlagen der Kirche (Nr. 97). Immerhin lud er zu einem offenen Gespräch über die Formen der Ausübung des Papstamtes ein und regte an, theologisch zu prüfen, wie es zugeschnitten sein müsste, damit es einst in ökumenischer Breite akzeptiert werden könnte[91].

Unter diesem Aspekt hat die Rede vom päpstlichen „Petrusdienst"[92] zunehmend Interesse gefunden. Das zeigt sich insbesondere in der bilateralen Studie „Communio Sanctorum", die eine Kommission deutscher evangelischer und katholischer Theologen im Jahr 2000 vorgelegt hat. Ist der Begriff des „Petrusdienstes" vielleicht geeignet, die seit der Reformation hochgehaltene Alternative zwischen einem Papsttum nach menschlichem Recht und einem nach göttlichem Recht zu überwinden? Erlaubt er, rein funktional verstanden, eine weitgehende Vernachlässigung der oft so misslichen und düsteren Geschichte des Papsttums? Die ökumenische Endvision wäre im Idealfall eine vereinigte Christenheit, die in ihren nichtrömischen Teilen den Vorsitz des römischen Papstes funktional akzeptieren und nur in ihren römischen Teilen auch hinsichtlich seiner Jurisdiktionsvollmacht[93] anerkennen würde.

Als Basis für eine solche Endvision dienen auf evangelischer Seite einschlägige Voten Luthers und Melanchthons, denen zufolge das Papstamt dann toleriert werden könnte, wenn es seinem Anspruch auf religiöse Macht- und Definitionsvollzüge kraft göttlichen Rechts entsagen würde. Der ökumenische Beitrag der evangelischen Kirchen bestünde folglich darin, sich damit zufrieden zu geben, dass der Papst den entsprechenden Verzicht lediglich im Blick auf jene nichtrömischen Kirchen üben würde, die sich ihm immerhin als gemeinsamem Repräsentanten unterordnen würden. Doch das Problem dieser ökumenischen Vision besteht in dem Konstrukt eines „Petrusdienstes" selbst. Es beginnt schon damit, dass die Heilige Schrift exegetisch das nicht hergibt, was man in ökumenischer Abstraktion gern mit ihm verbinden möchte[94]. Wenn aber die biblische und kirchengeschichtliche Legitimation eines „Petrusdienstes" schwerlich als geklärt betrachtet werden darf, handelt es sich offenkundig um ein Abstraktum, dem keine religiöse Notwendigkeit oder Evidenz zukommt. Neutestamentlich gilt: Der Stellvertreter Christi auf Erden ist nicht ein „Heiliger Vater“ in Rom oder sonstwo (womöglich noch in direkter Kommunikation mit dem verstorbenen Apostel Petrus selbst), sondern der Heilige Geist in seiner Ortsungebundenheit (Joh 14,16f. und 26).

Protestanten können also keineswegs so fraglos, wie das die Studie „Communio Sanctorum“ unterstellt, von einem „wahren, bleibenden und unverzichtbaren Kern des Petrusdienstes“ oder von einem gegebenen „Wesen des petrinischen Einheitsdienstes“[95] sprechen. Vielmehr wäre erst einmal zu sondieren, ob jene Studie mit Recht annimmt, dass Lutheraner wie Katholiken sagen können: „Ein universalkirchlicher Dienst an der Einheit und der Wahrheit der Kirche entspricht dem Wesen und Auftrag der Kirche“, und er sei womöglich „notwendig“[96]. Dass die Christenheit auf Erden keineswegs ein einzelnes sichtbares Haupt brauche, hat bereits Luther betont. Der Gedanke des Dienstes an der *Einheit* der Kirche durch einen Papst muss mithin, wie das ja selbst katholischerseits geschieht, in seiner Ambivalenz wahrgenommen werden. Faktisch repräsentiert das Papsttum lediglich die Einheit einer bestimmten Konfessionskirche mit ebenso ausgeprägtem wie dogmatisch fixiertem Selbstverständnis, hat aber gerade darin stark abgrenzende statt integrierende Funktion – und zwar auch den orthodox-katholischen Kirchen gegenüber.

Das Ideal eines „gesamtkirchlichen Petrusdienstes“ soll einerseits protestantische Kirchen zur Anerkennung eines obersten Primats und andererseits die katholische Kirche zur Umgestaltung des in ihrer Geschichte gewachsenen Primatsamtes bewegen. Doch beides dürfte sich schlicht als illusionär erweisen[97]. Zwar suchen ökumenische Gespräche darin Einigkeit zu erzielen, dass unter einem umdefinierten Papstamt für die ganze Christenheit keineswegs die römische Rechtsstruktur von anderen Kirchen übernommen werden müsste[98]. Trotzdem würde sich dabei die Schwierigkeit ergeben, dass der römische Bischof in seiner Person zwei theologisch unterschiedliche Amtsverständnisse vereinen müsste: das konfessionelle und das überkonfessionelle. Selbst wenn ihm dieses Kunststück gelänge, wären diesbezüglich noch längst nicht mancherlei Wahrnehmungskonflikte unter vielen Christen ausgeschlossen – ganz zu schweigen von Nichtchristen, denen gegenüber der Papst ja die so unterschiedlichen Konfessionen der Christenheit zu repräsentieren hätte. Wie zum Beispiel sollten nichtrömische Christen damit umgehen, wenn der Papst kraft seiner Unfehlbarkeit[99] für römische Christen glaubensverpflichtend wieder ein neues, etwa für protestantische Christen theologisch unerträgliches Dogma definieren würde? Gewiss, man könnte annehmen, dass ein neues Dogma, das nicht in absoluter Treue zum apostolischen Glauben und zur Heiligen Schrift formuliert wäre, gar nicht mehr möglich werden würde, weil sonst der Papst seines Amtes verlustig gehen müsste[100]. Doch faktisch gehören schon die unter Pius IX. verkündeten Dogmen von der unbefleckten Empfängnis Mariens und der päpstlichen Unfehlbarkeit zu solch evangelischerseits inakzeptablen Lehrbestimmungen. Und ist nicht das Unfehlbarkeitsdogma indirekt durch die Seligsprechung gerade Pius' IX. erst im Jahr 2000 päpstlich bekräftigt worden[101]?

Von daher ist die von Wolfhart Pannenberg geäußerte Erwartung eher unrealistisch, es könne für die weltweite Christenheit in der Person des römischen Bischofs eine Einheitsfunktion gegeben sein, wenn Christen je nach Konfession in ihr unterschiedliche Grade der Verbindlichkeit wahrnehmen würden[102]. Und wie steht es um den Aufsehen erregenden Vorstoß des einstigen Landesbischofs Johannes Friedrich (München), den er als Catholica-Beauftragter der lutherischen Bischofskonferenz der VELKD unternahm[103]? Hier ging es um die Idee, man könne doch evangelischerseits verstärkt bereit sein, unter weitestgehendem Hintanstellen traditioneller Einwände und Bedenken nach der Möglichkeit einer Bejahung einer zentralen Sprecherinstanz für die weltweite Christenheit Ausschau zu halten.

Luther hat wohl realistischer als Melanchthon gesehen, dass solch ein Dienst – verstanden nach nur menschlichem Recht – von römischer Seite aller Voraussicht nach inakzeptabel bleibt. Würde er ernsthaft verhandelt, bliebe er wie gesagt doch missverständlich. Deshalb verdient bis auf Weiteres das EKD-Votum „Kirchengemeinschaft nach evangelischem Verständnis" (2001) Zustimmung: Hier formulierte der Rat der EKD klar, „dass die Notwendigkeit und Gestalt des ‚Petrusamtes' und damit des Primats des Papstes [...] Sachverhalte sind, denen evangelischerseits widersprochen werden muss" (III, 2.3.). Wahrscheinlich kommt man in der Papstfrage wie überhaupt in der Amtsfrage theologisch erst weiter, wenn es eines Tages gelingt, in Sachen „Messopfer", also im Verständnis der Eucharistie und in der Rechtfertigungslehre einen überzeugenden, tragfähigen Konsens herzustellen.

VI Kirchenleitung an Bord: Visitation oder Inspektion?

„Die Verunsicherung über die Inhalte des christlichen Glaubens gerade auch in der Pfarrerschaft ist eine Lebensfrage der evangelischen Kirche geworden. [...] Eine Kirche, die ihrer eigenen Sache nicht mehr gewiß ist, kann nur noch untergehen."[1]
Wolfhart Pannenberg

Die evangelische Kirche wird heutzutage in Deutschland auf ungefähr allen Ebenen von gewählten Vertretungsorganen geleitet. Bereits in den Kirchengemeinden wirken gewählte Ehrenamtliche mit Geistlichen gleichberechtigt im Kirchenvorstand zusammen. Dieses Prinzip gemeinsamer Leitungsverantwortung setzt sich über die Synoden in den Kirchenkreisen und Gliedkirchen fort bis hinauf in den Rat der EKD. Dabei sind es vorrangig ordinierte Theologinnen und Theologen, die bei einer recht alten Form von Kirchenleitung das Sagen haben – nämlich bei der sogenannten Visitation. Seit anderthalb Jahrtausenden, genauer: seit dem Konzil von Tarragona im Jahr 516, gehört das Visitationsgeschehen zu den regelmäßigen Aufgaben von Kirchenleitung. Die Reformation hat als kirchliches Projekt notwendigerweise auch und gerade die Visitation neu gestaltet. Im Horizont des Reformationsjubiläums lohnt es sich heute, die bleibende kirchenleitende Aufgabe des Visitierens auf die Frage hin zu beleuchten, ob und wie für sie die reformatorischen Impulse bis heute wirksam geblieben sind oder möglicherweise einer Erneuerung bedürfen[2]. Diese Frage stellt sich nicht zuletzt auf dem Hintergrund des nahenden einhundertjährigen Jubiläums des Abschieds vom landesherrlichen Kirchenregiment: Hat sich die moderne Ausgestaltung der Visitation in den evangelischen Landeskirchen bewährt, oder zeigen die theologischen Diskurse des letzten halben Jahrhunderts nicht Grundprobleme auf, die durch eine energische Rückbesinnung auf die geistlichen Kernanliegen der Reformation einer Lösung nähergebracht werden könnten?

Was zunächst die reformatorischen Grundlagen betrifft, so wird Martin Luthers Vorrede zum „Unterricht der Visitatoren" von 1528 mit ihrem geschichtlichen Umfeld auf theologisch Relevantes hin zu betrachten sein. In einem zweiten Abschnitt gilt es nach Philipp Melanchthons Position und den Konsequenzen für die Ausbildung des protestantischen Visitationswesens zu fragen. Sodann sollen die geschichtlichen Entwicklungslinien des Visitationsinstituts auf evangelisch-lutherischem Boden bis zum Ende des Zweiten Weltkriegs nachgezeichnet und die wichtigsten theologischen Diskussionspunkte im 20. Jahrhundert beleuchtet werden. Abschließend bleibt zu überlegen, ob und wie sich die reformatorischen Impulse verstärkt in das heutige Verständnis von Visitation in der evangelischen Kirche aufnehmen lassen.

1 Luthers Visitationsverständnis

Als Luther 1528 die Vorrede zum reformatorisch verantworteten und keineswegs allein von Melanchthon verfassten „Unterricht der Visitatoren an die Pfarrherrn im Kurfürstentum zu Sachsen" schrieb, war im Fortgang der Reformation klar geworden, dass eine von der römischen Kirche unabhängige Neuordnung[3] der kirchlichen Verhältnisse und damit auch des Visitationswesens unabdingbar war. Dabei stellte dies von der Intention her keine völlig neuartige Erkenntnis dar: Schon vorreformatorisch hatte es hier und da Ansätze gegeben, der seit langem verkommenen Einrichtung der Visitation in neuer Weise Geltung zu verschaffen. Die Notwendigkeit einer Neuordnung lag vollends am Tage, da sich in verschiedenen Territorien und Städten, die zur Reformation übergegangen waren, infolge der Ablehnung der bischöflichen und päpstlichen Gerichtsbarkeit und des kanonischen Rechts ein rechtsfreier Zustand ergeben hatte. Obendrein bestand wegen schwärmerischer Tendenzen theologischer Klärungsbedarf. In der Folge kam es im Reformationszeitalter „zu einem regelrechten Aufschwung des Visitationswesens, der sowohl quantitativer als auch qualitativer Art war", wie Christian Peters betont, um zu ergänzen: „Daß sich die Reformation in vielen Teilen des Heiligen Römischen Reichs schon bald flächendeckend durchsetzen konnte, war nicht zuletzt auch der durch sie eingeleiteten Wiederbelebung und Umgestaltung des Visitationswesens zu verdanken."[4]

Gerade im Kurfürstentum Sachsen war einige Zeit nach Luthers Rückkehr von der Wartburg klar geworden, dass die fällige Neuordnung der Kirche im reformatorischen Sinn nicht ohne eine Neugestaltung des Visitationsinstitutes nach Inhalt und Stil zu schaffen war. 1523 trieb die Ritterschaft auf dem Altenburger Landtag zum ersten Male so etwas wie eine flächendeckende Prüfung der Pfarrer und der wirtschaftlichen Zustände der Pfarreien voran. Als 1525 Kurfürst Johann zu regieren begann, machte er sich planvoll an die Beseitigung diverser Missstände in seinem Territorium. Ein Brief Luthers anlässlich des achtjährigen Reformationsjubiläums führte dazu, dass 1526 erste, örtlich begrenzte Visitationen durchgeführt wurden[5]. Nachdem der Reichstag zu Speyer in jenem Jahr Maßnahmen visitatorischer Art offiziell freigab, berief der sächsische Kurfürst 1527 eine Viererkommission und erteilte ihr ausführliche Weisungen, wobei es vorwiegend um die Regelung rechtlicher und finanzieller Gemeindeangelegenheiten ging.

Dabei zeigte sich nun eines der Fundamentalprobleme der Reformation: Die Durchführung von Visitationen war traditionell die Pflicht der Bischöfe, die sich aber bekanntlich der reformatorischen Bewegung verweigert hatten. Mehrfach hatte sich Luther deshalb mit dem Visitationsanliegen an seinen Kurfürsten gewandt, also an die weltliche Obrigkeit, die er im Sinne seiner Zwei-Regimenten-Lehre zu entsprechend frommem Einsatz aus christlicher Liebe bitten zu können meinte. Der Kurfürst und später auch seine Kollegen gingen – zumal sich diese Entwicklung schon vorreformatorisch angebahnt hatte[6] – nur zu gern auf dieses Ansinnen ein. Sie betrachteten die eingeräumten kirchlichen Befugnisse unumwunden als Teilgebiet ihres Herrschaftsbereichs. Indes – der sie leitende Geist war dabei in erster Linie oft eher ein weltlicher als ein geistlicher; es ging durchaus um Machtausübung. Ahnungsvoll wurde das sich so ausbildende landesherrliche Kirchenregiment von den Reformatoren lediglich als vorübergehende Notlösung[7] betrachtet, die sich aber bekanntlich verfestigte und in Deutschland jahrhundertelang fortbestehen sollte.

Auf die ergangene kurfürstliche Instruktion hin erfolgten in Sachsen 1527 erste Visitationen[8]. Ihnen lagen schriftliche Entwürfe zu Grunde[9], die bis zum Frühjahr 1528 weiter ausgearbeitet wurden[10]. So entstand ein vor allem von Melanchthon, aber auch Luther und „weltlichen", nämlich juristisch und verwaltungstechnisch erfahrenen Mitwirkenden verfasstes Kompendium, das über die Ziele einer Visitation nähere Auskunft geben konnte. Für diesen „Unterricht der Visitatoren" schrieb Luther – er hatte bereits der ersten Visitationskommission neben Hans Metzsch, Benedict Pauli und Hans von Taubenheim angehört – 1528 seine Vorrede[11].

Nicht nur ihm und Melanchthon, sondern ebenso dem sächsischen Kurfürsten Johann war die Herstellung einer Eintracht in Lehrfragen wichtig. Deshalb hatte der „Unterricht der Visitatoren" erstmals eine lehrhaft-bekenntnisartige Darstellung der Wittenberger Theologie auszuformulieren, die sich intensiven Diskussionen verdankte und auf die Melanchthon später auch bei der Abfassung der *Confessio Augustana* zurückgreifen konnte. Luthers Stimme erklingt in ihrer Eindeutigkeit aber insbesondere in der Vorrede.

Gleich zu Beginn nennt es der Reformator ein „göttliches, heilsames Werk", Pfarreien und christliche Gemeinden durch „verständige, geeignete Leute zu besuchen". Der nicht nur praktische, sondern geistliche Sinn des Visitationsdienstes steht für ihn außer Zweifel. Dass er explizit vom „Besuchen" spricht und hier keinen verwaltungstechnischen Terminus benutzt, unterstreicht das spirituelle Anliegen. Markant betont wird es vor allem dadurch, dass Jesus Christus selbst als eifrigster Visitator bezeichnet wird. Visitation erscheint somit ausdrücklich als ein Geschehen in pastoraler Färbung.

Das reformatorische *Sola-scriptura*-Prinzip leuchtet gleich im ersten Absatz dadurch auf, dass der Visitationsgedanke nicht etwa mit der kirchlichen Tradition, sondern biblisch begründet wird. Von Petrus, Paulus, Barnabas und anderen Aposteln ist die Rede – und auch von alttestamentlichen Gestalten, was durchaus eine gewisse Berechtigung hat[12] (obschon gerade Esra hier keine Erwähnung findet, der doch im Vergleich am ehesten wie ein Visitator aufgetreten war[13]).

Schließlich aber kommt Luther doch auf die kirchliche Tradition zu sprechen: Er weiß um das gute Beispiel der Väter und Bischöfe der Alten Kirche – und dass „auch noch viel darüber in den päpstlichen Gesetzen zu finden ist". Mehr noch: Aus der Visitationstätigkeit seien ursprünglich die Bischofs- und Erzbischofsämter hervorgegangen: „Denn eigentlich heißt ein Bischof ein Aufseher oder Visitator, und ein Erzbischof der, der über diese Aufseher und Visitatoren gesetzt ist." Die hier klar benannte Aufsichtspflicht kirchenleitender Ämter behält dadurch ihre rein geistliche Funktion, dass sie ausdrücklich abgesetzt wird von der Fehlentwicklung hin zu „weltlicher Herrschaft", in der „die Bischöfe sich zu Fürsten und Herren gemacht" oder ihr Besuchsamt auf Vertreter übertragen haben, welche später ihrerseits eines immer noch schlimmeren Amtsmissbrauchs schuldig geworden sind. Luther betont, ein jeglicher Pfarrer solle „seine

Pfarrkinder besuchen, auf sie acht haben und darauf sehen, wie man da lehrt und lebt, und der Erzbischof soll solche Bischöfe besuchen, auf sie acht haben und darauf sehen, wie sie lehren". Der Hauptakzent des geistlich verstandenen Visitationsdienstes liegt demnach auf allen Ebenen zum einen in der pastoralen Fürsorge und zum andern in der Sorge um die Reinerhaltung der Evangeliumslehre – sozusagen in der theologischen Fürsorge hinsichtlich der Predigt des befreienden Wortes Gottes, aus dem heraus Kirche bekanntlich lebt. Beides gehört zusammen und verdankt sich dem Geist der Liebe Gottes.

Luther verwendet einigen Raum auf die sachlich berechtigte Schilderung des im Mittelalter erfolgten Niedergangs: „Dieses kostbare, edle Werk ist ganz dahin gefallen und nichts davon übriggeblieben […]."[14] Umso mehr kommt es für ihn darauf an, „wie man lehren, glauben, lieben, wie man christlich leben solle, wie die Armen versorgt werden, wie man die Schwachen tröstet, die Zügellosen straft und was sonst noch zu diesem Amt gehört […]". In dieser Aufzählung steht wiederum die Lehre an erster Stelle, denn an ihr liegt es ja, dass Glaube und Liebe sich entsprechend entfalten können. Dieser geistliche Zusammenhang besagt eindeutig, dass es bei der „Lehre" nicht um die Einhaltung eines formalreligiösen Dogmas geht, sondern um das Achten darauf, dass das Befreiungspotenzial des Evangeliums, ja die in der Rechtfertigungsbotschaft offenbar gewordene Liebe Gottes lebendig zum Tragen kommt. Wo solch recht verstandenes Visitieren versäumt wird, ist der Schaden groß – dort nämlich, wo „bloßes Menschenwerk, -lehre und -träume anstelle des Evangeliums regiert haben". Umgekehrt betont der Reformator, niemand könne „aufzählen, wie nützlich und notwendig dieses Amt in der Christenheit ist!"

Zum geistlichen Charakteristikum dieses Besuchsamts gehört freilich – darüber ist sich Luther im Klaren – sein bischöflicher Charakter. Gern hätte er deshalb, nachdem „jetzt das Evangelium durch unaussprechliche Gnade Gottes so barmherzig wiedergekommen oder sogar erst überhaupt aufgegangen ist", dieses „rechte bischöfliche und Besuchsamt, als aufs höchste vonnöten, wieder eingerichtet gesehen". An dieser Stelle erklärt er nun aber demütig, dass keiner der Evangelischen sich berufen gewusst oder erdreistet habe, ein bischöfliches Amt anzunehmen. Gewissheit habe vielmehr die Überlegung gebracht, sich an das Amt der Liebe zu halten, das allen Christen gemeinsam geboten sei. Deshalb sei man an die eindeutige, nämlich von Gott verordnete weltliche Obrigkeit herangetreten mit der Bitte, aus christlicher Liebe „dem Evangelium zugut" tüchtige Personen zu diesem Amt aufzufordern und zu verordnen. Hierzu unterstreicht Karl Holl, wie sehr selbst diese Bestimmung für Luther geistlichen Charakter trägt: „Das *Ordnungsgemäße* ist und bleibt für ihn, daß die Aufsicht in der Kirche von einem *gegenüber dem Staat selbständigen kirchlichen Amt, dem Bischofs-* = Besuchsamt ausgeübt wird. Die jetzt in die Wege geleitete Visitation verfolgt nicht das Ziel, dieses kirchliche Amt durch eine (dauernde) landesherrliche Befugnis zu ersetzen. Der Kurfürst übernimmt nicht selbst das Besuchsamt. Ebensowenig werden die Visitatoren dadurch, daß er sie benennt, seine Beamten. Denn er benennt sie nicht als Landesherr, sondern als Glied der Kirche, als Führer der Gesamtgemeinde des Landes. Das Gleiche gilt von den Visitationsartikeln. Sie werden dadurch, daß der Kurfürst sie empfiehlt, nicht etwa ein obrigkeitliches Gesetz."[15]

So sehr der Reformator in diesem Zusammenhang das Wort *Liebe* unterstreicht, so wenig konnte im Fortgang der Geschichte des evangelischen Visitationsinstituts[16] davon die Rede sein, dass damit der Leitbegriff für das geistlich gewollte und pastoral intendierte Geschehen sichergestellt war. Indem die reformatorische Verlegenheitslösung organisatorisch vom allgemeinen Gebot der Nächstenliebe ausging, das bekanntlich seine Entsprechungen auch in anderen Religionen hat, nahm es gerade der radikalen Liebesbotschaft des Neuen Testaments, die Luther wiederentdeckt hatte, gewissermaßen die Spitze. Dies umso mehr, als der Landesherr damals nach allgemeinem und auch nach Luthers Verständnis als *weltlicher* Herrscher dafür zu sorgen hatte, dass in seinem Territorium weder Aufruhr noch Sektiererei aufkommen konnten[17] – was in der Vorrede explizit festgehalten ist. Karl Holl zeigt, dass die kurfürstliche Instruktion von 1527 und Luthers Vorrede von 1528 in einem „offenkundigen Gegensatz" zueinander standen, ja dass es naheliegt, Luthers Text im Sinne einer „gewissen *Richtigstellung* oder eines stillschweigenden Protests" gegenüber dem kurfürstlichen Machtanspruch zu deuten[18].Tatsächlich blieben die Folgen eines dennoch vermischenden Denkens und Handelns nicht aus[19]. Wäre es der Reformation gelungen, das Amt der Visitation eindeutiger als rein geistliche Angelegenheit zu definieren und zu verankern, hätte die Kirchengeschichte – und auch die weltliche Geschichte – wahrscheinlich einen anderen Verlauf genommen.

Ohne Zweifel hat Luther mit seinen Mitarbeitern damals aus Not so entschieden, während seine geistliche Intention tatsächlich in andere Richtung deutete. Ihm war, wie er gegen Ende seiner Vorrede verdeutlicht, allemal klar, dass den Landesherren als solchen nicht aufgetragen sei, zu lehren und geistlich zu regieren. Holl erklärt: „*Ueberall erscheint die Kirche als selbsttätig.* Das Eingreifen des Kurfürsten hat nur den Sinn zu bewirken, daß die in ihr vorhandene *Absicht* auf eine Visitation zur tatsächlichen Ausführung gelangen kann. In ihr tun selbst hat er sich nicht oder nur als angesehenes Mitglied einzumischen."[20] Worum es Luther ging, das war das „Band der Liebe und des Friedens" – so die letzten Worte seiner Vorrede. Demgemäß wollte er den „Unterricht" nicht „als strenges Gebot ausgehen lassen", also keineswegs neue „päpstliche" Dekrete aufstellen. Vielmehr verstand er den Text als „ein Zeugnis und Bekenntnis unseres Glaubens", das demütig und im Geist der Eintracht „nach Art der Liebe" von allen rechtschaffenen Pfarrern angenommen werden wolle[21]. Immer wieder die Liebe – das ist der durchklingende Leitbegriff seiner Vorstellung von Visitation als geistlichem Akt! Diese Vorstellung gründet in seiner Rechtfertigungstheologie, die ihrerseits nicht von einem juristischen Gerechtigkeitsbegriff herkam, sondern von der Erkenntnis der radikalen Liebe Gottes – anschaubar und erfahrbar geworden im Aufblick zum auferstandenen Gekreuzigten. Das „Anrichten" der Visitation verband Luther deshalb mit den Prinzipien der Freiwilligkeit und Liebe[22]. In diesem Sinn hatte die ganze Gemeinde mitzuwirken; nur so war aus seiner Sicht theoretisch und praktisch ihre Erbauung aus dem Evangelium möglich[23].

Da der Reformator am volkskirchlichen Charakter der christlichen Gemeinschaft festzuhalten gedachte, ließ er sich freilich kompromissbereit darauf ein, dass die nun auszubildenden visitatorischen Konzepte nicht nur rein geistliche, sondern auch weltliche Machtstrukturen aufwiesen. Stellte sich Volkskirche in jener Zeit als *corpus mixtum* dar, dann konnte auch auf evangelischer Seite eine Mischung von geistlichen und weltlichen Impulsen beim Visitieren durchaus angebracht erscheinen. Schließlich sollte „Reformation" am Ende doch nicht den unrealistischen Versuch bedeuten, hinter die Konstantinische Wende zurückzugehen. Der Einheitsgedanke war und blieb reformatorisch leitend; die Gefahr einer schrankenlosen Zersplitterung in Lehre und Gottesdienstform sollte abgewendet werden. Hermann Diem erläutert: „Luther hat die Einrichtung der Visitatoren auch darum gewollt, weil er in ihr den gegebenen Weg sah zum *Zusammenschluß* der einzelnen Gemeinden und zu einem übergemeindlichen *Aufsichtsamt*. Er betrachtete die Visitatoren nicht nur als Platzhalter der Bischöfe, sondern als die eigentlich berufenen Leiter der Kirche, und stärkte darum ihr Selbstbewußtsein gegen den Kurfürsten. [...] Aber die Frage ihrer Selbständigkeit betraf eben nicht bloß ihr Selbstbewußtsein, sondern hing zunächst von ihrer vocatio ab. Berufen waren sie vom Kurfürsten."[24]

Man muss sehen, dass eine Entwicklung in die Richtung vermischter Anliegen und Zuständigkeiten innersten Intentionen Luthers durchaus widersprach. Seine Rechtfertigungslehre und kirchlichen Idealkonzepte standen für eine andere Tendenz bei seiner Kernvorstellung von Visitation. Umso mehr ärgerte er sich innerlich und zum Teil auch äußerlich erkennbar über entsprechende Kompromisse und deren Folgen, sosehr er sie doch teilweise und notgedrungen mittragen hatte müssen. Er, der 1521 vor dem Elstertor in Wittenberg mit der Bannandrohungsbulle auch das Kanonische Rechtsbuch verbrannt und damit der römischen Kirche auf der ganzen Linie ihres Verhältnisses zu Staat und Gesellschaft den Kampf angesagt hatte, konnte und wollte sich nicht damit abfinden, dass die Anfänge der protestantischen Visitation schließlich 1539 in die Etablierung einer staatlichen Behörde, des *Konsistoriums*, neben dem Amt der Visitatoren mündete. Weil diese aus den visitatorischen Kommissionen erwachsene Behörde freilich der kurfürstlich angeordneten und verantworteten Visitation Bestand und Kontinuität verleihen, sie also unterstützen sollte, setzte sich die entsprechende Tendenz konsequent fort. Die theologische und die juristische Fakultät von Wittenberg stimmten der neuen Einrichtung zu, und selbst Luther zeigte sich nicht ablehnend. Vielmehr hatte er zunächst sogar „das Konsistorium noch längere Zeit gegen die bereits mißtrauisch gewordenen Visitatoren verteidigt. Aber bald kam es zu Kompetenzstreitigkeiten zwischen Visitatoren und Konsistorium, und Luther sah immer deutlicher, dass die ihm vorschwebende Trennung zwischen den weltlichen Aufgaben des Konsistoriums und dem geistlichen Amt der Visitatoren sich nicht durchführen ließ."[25] Seit jenem Jahr 1539 wurde an der Juristenfakultät zu Wittenberg wieder Kanonisches Recht gelesen, was Luther gar nicht gefiel: „[...] die Juristen wollen Christo ins Regiment greifen und die Gewissen regieren und verwirren; das ist nicht zu leiden […]. Wir müssen das Konsistorium zerreißen, denn wir wollen kurzum die Juristen und den Papst nicht drinnen haben."[26]

Gleichwohl setzte sich die Konsistorialverfassung faktisch in allen lutherischen Landeskirchen durch: „Das Kirchenregiment der Bischöfe wird vom Konsistorium übernommen."[27] Dieses knüpfte strukturell durchaus an das vorreformatorische Konsistorium an, das es bereits als eine kollegiale Behörde gegeben hatte, welche dem Generalvikar als dem Gehilfen des Bischofs in der Ausübung der *iura iurisdictionis* beratend zur Seite gestellt war. Auch das reformatorisch geprägte Konsistorium entschied durch Kollegialbeschluss, wobei „die Theologen keine selbstständigen geistlichen Entscheidungen fällen, sondern dem Kollegium entweder als ständige oder als von Fall zu Fall zugeordnete Mitglieder als theologische Sachverständige" dienten[28]. Sie hatten in dieser Eigenschaft, von ihrem Stimmrecht abgesehen, kein Gewicht, da das Kollegium nicht an ihren Ratschlag gebunden war.

Umso mehr achtete der ältere Luther darauf, dass die Pfarrer als Theologen gebildet[29] waren und visitatorisch begleitet wurden. So wurde in Wittenberg 1535 die Ordination eingeführt, die bis dahin in den Augen der Reformatoren noch keine unerlässliche Voraussetzung für die Ausübung eines kirchlichen Amtes gewesen war. Gerade die Reinheit der Lehre zu wahren, war für Luther im Kern ein geistliches Anliegen[30], sosehr auch damals der Landesherr für die äußere Bekämpfung von Zwietracht im Reich und damit für die Abwehr von Irrlehren auf seine Weise zuständig war und blieb.

2 Melanchthon und das reformatorische Visitationswesen

Luthers Mitstreiter Philipp Melanchthon hat als Sprecher der Reformation entscheidend und bleibend mitbestimmt darüber, was genuin als evangelisch-lutherische Lehre zu gelten habe. Dabei war das Verhältnis der beiden Vordenker zueinander bei aller gegenseitigen Loyalität keineswegs spannungsfrei. Das galt gerade auch auf dem Gebiet des Visitationswesens: Hier kreuzten sich Luthers „Grundsätze mit denjenigen Melanchthons"[31]. Demgemäß wurde der „Unterricht der Visitatoren" 1528 ein Kompromiss-

oder freundlicher gesagt: ein Konsenspapier, an dem zwar Melanchthon neben Luther intensiv beteiligt war, das aber aufs Ganze gesehen zurückging auf die Visitatorengruppe von 1527 und in enger Zusammenarbeit mit Juristen und landesherrlichen Beamten entstanden war. Es betonte insgesamt mehr die Buße und Gebote als die Rechtfertigungslehre.

Dass damit das Visitationsprojekt ein Gesicht bekam, das Luther wie dargelegt nicht ohne ein gewisses Unbehagen wahrnahm, lag zweifellos an geschichtlichen Gesamt- und Machtkonstellationen, aber tatsächlich auch am Einfluss der im Detail etwas anders akzentuierten Theologie Melanchthons. Dieser nämlich wandte sich gegen Luthers Meinung, weltliche Obrigkeit solle nichts mit geistlichen Sachen zu tun haben. Im Gegenteil: Fürsten sollten nach seiner Überzeugung nicht allein für den äußeren Schutz der Untertanen da sein; vielmehr sei es geradezu ihr vornehmstes Amt, Gottes Ehre zu fordern und demgemäß Gotteslästerung und Abgötterei abzuwehren[32].

Den Hintergrund dieser Wertung Melanchthons bildete sein von Luther abweichendes Verständnis von Gesetz und Evangelium. Just ab 1527 fügte Melanchthon über den zivilen und den überführenden Charakter des Gesetzes hinaus noch ausdrücklich einen dritten Gebrauch hinzu, und zwar denjenigen, den das Gesetz im Zuge der Erneuerung des inneren Menschen als Belehrungsmacht gewinnen kann und soll. Gewiss hielt er das Gesetz als göttliche Forderung für nicht voll erfüllbar, aber für die im Glauben Gerechtfertigten hat es nach seiner Überzeugung belebende Kraft für ein christliches Ethos. Obgleich Christus das Ende des Gesetzes ist[33], soll man laut Melanchthon den Christen nicht nur im Sinne des zweiten, von Luther betonten Gebrauchs das Gesetz vorhalten, sondern wissen, dass durch den Glauben an die Wohltaten Christi der Heilige Geist das Herz erneuere, womit damit das Subjekt befähigt werde, Gottes Gesetz zu halten[34]. Sein Verständnis der im Glauben wiedergewonnenen Gottebenbildlichkeit implizierte die Wiederherstellung einer neuen Fähigkeit, sich in die gottgewollte Weltordnung einzufügen.

Theologisch stellt damit das Bedingungshafte, das dem Gesetz wesenhaft eignet, die Bedingungslosigkeit des Evangeliums doch ein Stück weit in Frage. Melanchthon erklärt beispielsweise, die gerechtfertigten Christen seien nur unter der Bedingung vom Gerichtszorn des Gesetzes errettet, dass sie nicht in Verstöße gegen das durchs Wort Gottes gebundene Gewissen zurückfallen, sondern in der Freiheit der Gotteskindschaft die Sünde unter ihre Füße treten[35]. So aber wird Luthers radikale Rechtfertigungslehre relativiert: Sie gerät merklich in den Sog melanchthonischer Gesetzeslehre, derzufolge das durch den Sündenfall verdunkelte natürliche Gesetz in der Perspektive des Glaubens wieder hell und bei Einhaltung belohnt wird. Bürgerliche wie geistliche Gerechtigkeit gründen letztlich beide auf Gottes Weisungen und seinem segensreichen Ordnungswillen[36].

Auf diesem Hintergrund versteht sich Melanchthons von Luther abweichende Intention bei der Neugestaltung des Visitationswesens: Er war eher und konsequenter bereit, neben geistlichen Experten und Faktoren auch weltliche Machthaber und Aspekte in das Gesamtkonzept einzubeziehen. In den Diskussionen zwischen den beteiligten Autoren des „Unterrichts" spielte unter anderem die für Luther[37] so wichtige Frage der Willensfreiheit eine Rolle. Laut Melanchthon gilt die menschliche Entscheidung des Willens[38] zwar nur als unbedeutende Zustimmung zum Bewegtwerden durch den Heiligen Geist, doch ohne solche Zustimmung verliere der Mensch sein Heil. Der humanistisch Gelehrte konnte in der Folge im Sinne christlicher Philosophie neben der Glaubensgerechtigkeit noch eine weitere Gerechtigkeit aus Tugenden und guten Werken definieren[39]. 1545 erklärte Melanchthon, dass fürs Heil zusammen mit dem Glauben auch die „Gerechtigkeit des guten Gewissens" notwendig sei[40]. Dem korrespondierte 1549 die These, dass der neue Gehorsam mit seinen von Gott gebotenen Werken sich eine Abmilderung zeitlicher Strafen verdienen könne[41]. Und 1558 betonte Melanchthon sogar, der neue Gehorsam sei eines der notwendigen Kennzeichen der Kirche Gottes[42]. Mit alledem zeigten sich unübersehbare Diskrepanzen zu Luthers Theologie und Gestaltungswillen.

Angelegt waren diese Tendenzen schon beim frühen Melanchthon. Das in Wittenberg auftretende Schwärmer- und Sektierertum hatte ihn seit 1522 darin bestärkt, die theologische Bedeutung des Gesetzes für die politische Ordnung überaus zu betonen. Seither war er der „ängstliche Gelehrte, dessen höchstes Ideal Ruhe, Friede, Ordnung und wohlanständige Regelrichtigkeit war" und der das Gesetz „immer als die unantastbare Grundlage aller Lebensordnung respektiert" hat[43]. Tatsächlich forderte aus Melanchthons Sicht nicht nur das Gesetz, sondern im gleichen Sinn „das Evangelium Gehorsam gegenüber der Obrigkeit"[44]. Und umgekehrt setzte er explizit auf den Staat hinsichtlich der Geltung von Gesetz und Evangelium: „Die Obrigkeit sollte sich auch darum kümmern, daß Gottes Wort richtig gepredigt wird und die Ordnung in den Gemeinden, die gegen Gott sind, geändert werde.“[45]

War für Luther die gewichtige Einbeziehung des Landesherrn ins Visitationsgeschehen eine *Notlösung*, die ihn lebenslang bekümmerte, so bedeutete sie für Melanchthon gewissermaßen eine selbstverständliche Angelegenheit. Im Ergebnis waren die beiden führenden Wittenberger Köpfe zwar beieinander, nicht aber in der Intention. Das zeigte sich ebenso im Blick auf die Luther vorschwebende Trennung zwischen den weltlichen Aufgaben des Konsistoriums und dem geistlichen Amt der Visitatoren: Er konnte sie angesichts der realpolitischen Verhältnisse seiner Zeit, aber auch angesichts der sich eher noch verfestigenden Position Melanchthons nicht durchsetzen[46].

Immerhin waren beide sich darin einig, dass es Visitation als im Kern *geistlich* relevante Aufgabe geben musste – in dem Bewusstsein, dass sich Kirchenleitung unter dem Herrn Jesus Christus zu vollziehen habe und im Grunde die Kirche von ihm selbst geleitet und bewahrt werde: „So wollen wir ihre Leitung recht verstehen [...].“[47] In diesem Sinn konnte Melanchthon betonen: „Wie es aber Gott gewollt hat, daß es das evangelische Predigtamt in der Kirche gibt, so will er ebenso, daß über die Lehre Urteile gefällt werden, mit denen das Bekenntnis der Gottesfürchtigen und Gelehrten Irrtümer zurückweist und Zweifelhaftes erklärt.“[48] Der „Unterricht der Visitation“ unterstreicht demgemäß, es müsse „recht und christlich gelehrt und das Wort Gottes und das heilige Evangelium rein und treulich gepredigt“[49] werden.

Gerade der Lehraspekt war und blieb ein zentrales Anliegen beider Reformatoren. Das sollte besonders im Blick behalten werden, wenn noch heute rückblickend gern unterstrichen wird: „Luther und Melanchthon war die Visitation wichtig, um die Gemeinden in ihrer reformatorischen Grundhaltung zu festigen.“[50] Denn beiden ging es insgesamt darum, dass „die evangelischen Gemeinden auf Grund neuer Kirchenordnungen als die rechte und wahre Kirche konstituiert wurden“[51].

Luther starb bald nach Beginn des Trienter Konzils, das sich von 1545 bis 1563 erstreckte und wegen der Notwendigkeit, auf die Forderungen und Lehren der Reformation zu reagieren, frühzeitig Melanchthon einlud.

Dieser lehnte allerdings damals ab. Aus seiner Sicht fand hier kein ökumenisches, im weiteren Sinn „katholisches“ Konzil statt, sondern ein päpstliches, einberufen von einem Widersacher des Evangeliums[52]. Tatsächlich waren die Konzilsväter „völlig unvertraut mit den Lehren aus Wittenberg, Straßburg, Zürich oder Genf. Daran hätte Melanchthon etwas ändern können, hätte er sich zum Konzil einladen lassen.“[53] So aber wurde das Konzil erst recht zu einer gigantischen Abgrenzungsveranstaltung, das neben dem Augsburger Religionsfrieden die konfessionalistische Ausprägung zweier Kirchen weiter förderte. Diese Entwicklung trug auch zur Verfestigung ekklesiologisch unterschiedlich akzentuierter Visitationsprogramme bei: „Die Visitation wurde so rasch zu einem Charakteristikum der Zeit. Weder die Reformation noch auch die Gegenreformation oder das konfessionelle Zeitalter sind ohne sie zu verstehen.“[54]

Um die Mitte des 16. Jahrhunderts waren die Konturen teilweise noch recht verschwommen. Ein Blick in die Kurpfalz des Jahres 1556 zeigt, wie ernüchternd damals durchgeführte Visitationen ausfallen konnten. Im Bericht über den Ort Kirchberg heißt es: „Ausgenommen den Prediger, der ein Eheweib hat, sind die andern alle ungeschickte, ungelehrte Papisten, die noch täglich Messe halten, geringe und kleine Kompetenz haben, so dass man sich wundern muss, wie sie sich dabei erhalten mögen. Aus den Ansagen der Schultheißen und der Kirchenjuristen war soviel wohl zu entnehmen, dass das Volk des Ortes schier gar verwildert ist, wenig nach der Religion fragt und keinen Unterschied zwischen der papistischen und der evangelischen Lehre zu machen weiß.“[55] Aus der Zeit von 1557 bis 1559 ist beispielsweise von dem Laufersweilerer Kaplan überliefert, dass er in der von ihm mit zu betreuenden Krummenauer Kirche evangelisch predigte, in Laufersweiler selbst aber, wo das katholische Kurtrier die Mitherrschaft hatte, die römische Messe las[56]. Erst als sich auf katholischer Seite die Beschlüsse des Konzils von Trient und evangelischerseits die landesherrlichen Kirchenordnungen breiter durchsetzten, gewann das konfessionelle Leben sehr viel deutlichere Konturen – und zwar gerade auch dank des Visitationswesens.

Doch nahezu unabhängig von konfessionellen Aspekten gewannen die kirchlichen Visitationen sehr bald und langfristig einen massiveren politischen Anstrich. Bernhard Lang erläutert: „Der kirchlichen Disziplin an die Seite tritt die Kontrolle staatlicher Behörden. Im Laufe der Geschichte treten beide gern gemeinsam auf, um sich so zu vermischen, daß nur noch der Theoretiker zwischen ‚weltlichem' und ‚geistlichem' Regiment zu unterscheiden weiß. Um wirkliche oder vermeintliche ‚Mißstände' abzuschaffen, arbeiten Kirche und Staat Hand in Hand, bis sie im Zeitalter des Absolutismus jene umfassende Sozialdisziplinierung veranstalten, deren Ergebnisse noch heute bestehen, falls sie sich nicht verschärft haben."[57] Für die katholische Seite beschreibt dies beispielsweise Angelo Turchini in seinem Beitrag zu einem Band über das Trienter Konzil und dessen Wirkung auf die Moderne, betitelt: „Die Visitation als Mittel zur Regierung des Territoriums"[58]. Hier wird die Bedeutung und Funktion nachtridentinischer Visitation als Instrument obrigkeitlicher Disziplinierung herausgearbeitet. Wie Ernst Walther Zeeden und Peter Thaddäus Lang erläutern, war es ohne die Zustimmung größerer katholischer Fürsten keinem Bischof, Erzbischof oder Kardinal möglich, in einer etwa auf bayerischem oder österreichischem Gebiet gelegenen Pfarrei seiner Diözese zu visitieren: „Die Visitation war zu einer Art von Hoheitsrecht geworden. Der nach Omnipotenz drängende frühneuzeitliche Staat eignete sich kirchliche Kompetenzen und Rechte an oder verstand sie sich auf vertraglichem Wege herauszuhandeln [...]. Alles in allem stellen die Visitationsquellen also auch beredte Zeugnisse für das Vordringen der weltlichen Gewalt dar."[59]

Auf protestantischer Seite hat sich eine im Endeffekt vergleichbare Entwicklung vollziehen können, weil vor allem im Gefolge der Akzentsetzungen Melanchthons, aber auch von mancherlei Machtstreben die Lehre Luthers von den zwei Regimenten weniger zu deren Bei- und Miteinander als vielmehr zu ihrer Trennung geführt hat: „Die Fürsten waren schon zu Luthers Lebzeiten nicht geneigt, ihre selbstherrliche Macht durch die Predigt des Evangeliums infrage stellen zu lassen."[60] Dies traf erst recht nach dem Tod der Reformatoren zu. Zeeden und Lang zufolge lassen die Visitationsakten von einst erkennen, „was alles jenseits von Kirche, Glaube und Religion im engeren Sinn von den Überprüfungen mitbetroffen wurde, welche Bereiche im Raum des profanen, im Bereich von Recht und Wirtschaft, von Politik und Gesellschaft, von Bildung, Erziehung und Kultur dabei berührt oder in stärkere Mitleidenschaft gezogen wurden."[61] Bekanntlich wurden Visitationen meist von oben her angeordnet und durchgeführt: „Deshalb festigten die frühmodernen Visitationen die Position der jeweiligen politischen Obrigkeit. Da das ‚Cuius regio, eius religio' nicht nur in Deutschland, sondern auch in weiten Teilen Europas galt, bedeutete die erfolgreiche Durchführung einer Kirchenvisitation, daß die fürstlichen oder republikanischen Inhaber der obrigkeitlichen Gewalt sich des Gehorsams ihrer Untertanenschaft vergewisserten. Die Visitationen stärken das Staatskirchentum, d. h. den Einfluß der politischen Macht."[62]

Im selben Maße gewann ihr Gesicht gutenteils mehr weltlichen als geistlichen Charakter. Und das bekamen die Christen in den Gemeinden zu spüren. Es entwickelte sich mitunter eine bedenkliche Kontrollatmosphäre, denn visitatorisch kontrolliert wurden eben nicht nur die Geistlichen, sondern auch ihre „Schäfchen". Das ging bis hin zur Hausvisitation, die es vor allem in calvinistischen, aber auch in manch lutherischen Gebieten gab. Paul Münch beschreibt das Desaster: „Menschen, die zuvor ihr Zusammenleben, wenn nicht in gutwilliger Solidarität, so doch in existenzsichernder Kollektivität zu organisieren und zu regeln versucht hatten, wurden damit schon während des 16. Jahrhunderts nicht nur zunehmend von der obrigkeitlichen ‚Polizei' diszipliniert, sondern sahen sich nun gleichzeitig unter dem Druck einer von weltlicher und kirchlicher Obrigkeit einverständlich geformten Zange."[63] Ein ähnliches Bild vermitteln viele der im 20. Jahrhundert intensiv erforschten Visitationsakten aus jener Zeit[64].

Natürlich schwebte den Visitatoren zu allererst das Geistliche, die Gemeinsamkeit des zum Heil führenden Glaubensbekenntnisses und der Glaubensausübung vor[65]. Doch im Kontext ihrer Tätigkeit kam es zum einen zur Aufdeckung von religiösen Strukturen und Bräuchen, die jenseits des kirchlich Statthaften lagen: „In Summa traten nicht wenige Rudimente einer auf dem Herkommen beruhenden Volkskultur und einer mit Aberglauben reich durchsetzten Volksfrömmigkeit durch die Fragen und Berichte der Visitatoren ans Licht."[66] Zum andern gewann immer mehr das technisch-behördliche Element beim Visitieren an Gewicht. So entwickelte sich 1580 in Kursachsen eine direkte Verbindung von Visitation und kirchlicher Verwaltung: „Die hierdurch entstehenden Konsistorien neuen Typs blieben zwar Gerichte, wurden aber zugleich auch umfassende landesherrliche Verwaltungsbehörden."[67] In der Folge trugen Visitationen dazu bei, dass sich die behördliche Verwaltungsapparatur sachlich und personell verfeinerte. Nachdem die Obrigkeiten Taufregister eintrugen, um täuferisch gesinnte Menschen und Gruppen aufzudecken, war es nur noch eine Frage der Zeit, dass Heirats- und Sterberegister folgten. Dank eines entsprechenden Registrier- und Kontrollwesens konnte der Staat mit Hilfe der Kirche und ihrer Visitationstätigkeit seinen Machtapparat festigen.

Dieser historische Prozess lag schon insofern nahe, als der König, Fürst oder städtische Rat damals auf evangelischer Seite selbst Inhaber der geistlichen Jurisdiktion war[68]. Deshalb erklären Zeeden und Lang mit Recht, speziell am Visitationswesen ließe sich der Machtanstieg frühmoderner Staatsgewalt beobachten: „Er gehört zu den beherrschenden Vorgängen der frühneuzeitlichen europäischen Geschichte, verläuft nicht überall gleichmäßig, zeigt aber überwiegend den Trend zum Absolutismus und gibt sich vorzüglich im Ausbau des staatlichen Verwaltungswesens zu erkennen."[69] Wohlgemerkt, das Ganze vollzog sich in direkter Verknüpfung von geistlichen und weltlichen Interessen. Da sich Fürsten und Stadtmagistrate auch für Glaube und Kirche verantwortlich sahen, entwickelten sie – beraten von Theologen oder Männern ihrer Konfession – einschlägige Methoden, die ihre Untertanenschaft in bisher nicht da gewesener Weise unter Kontrolle nahmen und ihr kirchlich-religiöses Verhalten mit staatlichen Mitteln reglementierten. Das reichte vom Glaubensverhör und Glaubensgericht bis zur Überwachung des Gottesdienstbesuchs und des Abendmahlsempfangs. Dabei waren die Visitationen selbst auch „ein Ausfluss des sich sukzessiv stärker entwickelnden obrigkeitlichen Überwachungswesens. Es entsprang, wenn man von der damaligen Bewusstseinslage ausgeht, der Amtspflicht der Könige, Fürsten und republikanischen Obrigkeiten, die sie, wie aus hundertfältigen Bezeugungen hervorgeht, dazu anhielt, sich um die rechte Gottesverehrung, um das ewige Heil und um das zeitliche Wohlergehen ihrer Untertanen mit Vorrang zu kümmern. Diese Amtsauffassung machte die weltliche Obrigkeit auch zum Herrn über den Glauben ihrer Untertanen. Darin lag quantitativ die höchste Steigerung ihres Amtes."

Solche Verquickung von geistlichen und weltlichen Aspekten der Visitation war gewissermaßen dem Zeitgeist geschuldet[70]. Eine klare Trennung zwischen den Sphären des Weltlichen und des Geistlichen kannten weder das Mittelalter noch die frühe Neuzeit. Kirchliche Ordnungen und weltliche Polizeiordnungen kümmerten sich oft um dieselben Angelegenheiten – mit Detailvorschriften für den Sozialbereich ebenso wie für das sittliche Verhalten etwa bei Festen und Feiern, in der Freizeit und bei der Pflege des Brauchtums. Das war keineswegs immer von Nachteil, und daher blieben auch die Früchte der visitatorischen Mühen nicht aus. So „scheinen sich die innerkirchlichen Allgemeinzustände in allen Konfessionskirchen fortschreitend langsam gebessert zu haben – infolge langwieriger Kriege und Bürgerkriege kam es jedoch nicht selten zu Rückschlägen."[71] Insgesamt war gerade auch unter geistlichem Aspekt dem sich durchhaltenden Visitationsgeschehen durchaus Erfolg beschieden; schon die Vorrede zur Konkordienformel von 1577 hat seine Bedeutung für die Durchsetzung des lutherischen Einigungswerkes betont. Zeeden und Lang räumen deshalb aufs Ganze gesehen ein: „Die Kirchen aller Glaubensrichtungen sind (bei größter Variationsbreite nach Ort, Zeit und Konfession) tatsächlich reformiert und in ihrer reformierten Gestalt gefestigt worden. Sie haben je auf ihre Weise die Geschichte der Länder und ihres Glaubens bis in die Tiefe hinein geprägt."[72]

3 Zur weiteren Geschichte des Visitationsinstituts

Im Zeitalter der lutherischen Orthodoxie wurde die Visitation hoch geschätzt und treu gepflegt[73]. Konsistoriale Strukturen bildeten sich hierbei vor dem Dreißigjährigen Krieg noch keineswegs flächendeckend aus; und als sie es danach im Zuge des Wiederaufbaus doch taten, bewährte sich das Institut der Visitation aufs Neue[74]. So hieß es in einer vom Schwedenkönig Carl Gustaf 1655 unterschriebenen Instruktion für das Herzogtum Pommern und das Fürstentum Rügen, die Visitation sei eine Arznei, mit der den eingeschlichenen geistlichen Mängeln und Missbräuchen entgegengetreten werde[75]. Festzuhalten bleibt: „Obwohl nicht jeder Visitation ein konkreter Erfolg beschieden war, hat die das 16. und 17. Jahrhundert durchziehende Visitationstätigkeit das konfessionelle Kirchenwesen der frühen Neuzeit gefestigt. Die Visitation stabilisierte aber nicht nur das Christentum, sondern sie erhöhte auch das Ansehen dessen, der letztlich hinter ihr stand: Sie steigerte die Macht des Souveräns."[76] Insofern hatte sie tatsächlich ihren Anteil an der Entstehung absolutistischer Herrschaftsstrukturen im staatlichen Bereich.

Gleichzeitig setzte sozusagen ein Schwund des „Absoluten" auf kirchlichem Gebiet ein. Denn um die Mitte des 17. Jahrhunderts begann in das Staatsrechtsdenken das Naturrecht einzudringen, womit auch der Kirche gesellschaftlich keine göttlichen Machtbefugnisse mehr zuerkannt wurden; vielmehr wurde sie nun als ein durch einen Gesellschaftsvertrag entstandenes Kollegium innerhalb des Staatswesens betrachtet. In der Folge zerbrach die Idee der Einheit von Staat und Kirche. Diese neue Kirchenrechtstheorie war es, „die nicht nur die Lehre vom Staat, sondern auch von der Kirche völlig enttheologisiert und für die entscheidenden Voraussetzungen der christlichen Lehre über die Kirche kein Verständnis mehr hat.“[77]

Im Laufe des 18. Jahrhunderts ließen das Vordringen der Aufklärung und die am Vorbild des Staates orientierte Modernisierung der kirchlichen Systeme mit ihrer verstärkten Ausbildung von Bürokratien die Visitationen des alten Typs zunehmend verschwinden. Das Visitationsinstitut passte immer weniger zum neuen Zeitgeist. „Viele Städte und Kirchenpatrone entzogen sich nun auch bewusst der Visitation, die als lästig und demütigend empfunden wurde. Kirchen- und Schulberichte traten immer häufiger an die Stelle der Visitation. Zunächst verschwanden daraufhin zumeist die Generalvisitationen, später auch die Spezialvisitationen.“[78] Keineswegs mehr in allen Landeskirchen wurde regelmäßig visitiert.

Dass diese Krise des Visitationsinstitutes gleichwohl nicht von Dauer war, hing ein Stück weit mit seiner Wertschätzung im Kontext des Pietismus zusammen. Denn insofern die Visitationen auf eine Intensivierung der gemeindlichen Frömmigkeit abzielten, wurden sie gutgeheißen. Und nicht nur das: „Interessanterweise gab es aber auch Fälle, in denen sich die pietistische Frömmigkeit mit den Mitteln der Visitation durchsetzte. Eine eigentümliche, in den Reisen N. L. Graf von Zinzendorfs vorgebildete Visitationspraxis prägte sich daneben auch im Herrnhutertum aus.“[79] Schließlich war es gerade der Pietismus, der Luthers Sehnsucht nach Leuten, die „mit Ernst Christen sein wollen“ und das Evangelium hochhalten, also nach der Möglichkeit einer „sonderlichen Gemeine“ innerhalb von Volkskirche, aufgriff und in das Praxisprojekt sogenannter „Kleinkirchen“ (*ecclesiolae*) überführte. Diese konnten als überschaubare, intensive Gemeinschaftsbildungen den geistlichen Aspekt von Kirche wieder betonen helfen, was wiederum dem Programm von Visitationen im Sinne Luthers entsprach.

Nach der Krise des Visitationsinstituts im Zeitalter der Aufklärung brachte das 19. Jahrhundert zwar dessen Rückkehr, doch erneut in behördlich-rechtsförmig akzentuierter Gestalt. Das nach wie vor betonte Wächteramt führte zu „Formalismen, die eine konstruktive, seelsorgerliche Wechselbeziehung zwischen Visitatoren bzw. Visitationskommission und Gemeinde bzw. Pfarrer“ behinderten: „Mit einer damit in Verbindung stehenden Verfeinerung des Verwaltungsapparates kam es zu einer Bürokratisierung in Parallele zum fortgesetzten Ausbau des staatlichen Verwaltungswesens jener Zeit.“[80] Mit dem Ende der Reichskirche und konfessionell geschlossener Territorien in Folge des Reichsdeputationshauptschlusses von 1803 und mit dem beginnenden Selbstregiment der Kirchen war die protestantische Konsistorialverfassung keineswegs besiegelt. Vielmehr konnte sie ohne Rechtsbruch weitergeführt werden: „Wenn auch durch die Bestimmungen des Westfälischen Friedens ein andersgläubiger Landesherr verpflichtet war, das Konsistorium seines Landes mit Beamten von dessen Konfession zu besetzen, so blieb dadurch trotzdem das Kirchenregiment ein Teil der Landeshoheit. Durch jene Bestimmung aber war es möglich, nach dem Aufhören des konfessionell geschlossenen Territoriums und dem beginnenden genossenschaftlichen Selbstregiment der Kirchen am Anfang des 19. Jahrhunderts die alte Konsistorialverfassung ohne Rechtsbruch weiterzuführen [...].“[81] Von daher nahmen die Kirchenverfassungen des 19. Jahrhunderts die Visitation in rechtsförmiger Gestalt auf, wodurch sich ihr Erscheinungsbild kaum veränderte.

Der Einfluss des großen Theologen Friedrich Daniel Ernst Schleiermacher auf das Visitationsinstitut blieb trotz seiner praktisch-theologischen Vorschläge gering[82]. Immerhin sprach er sich kritisch gegenüber der vorgefundenen Konsistorialverfassung aus, bei der er den großen Einfluss der Staatsdiener, also eines fremden Interesses nachteilig fand. Das Kirchenregiment bezeichnete er als notwendiges Übel, das bei weit besserer Bildung der Masse und bei größerem Gemeingeist schließlich überflüssig werden könnte. An Stelle des noch stark in weltlichen Händen gesehenen Kirchenregiments schlug Schleiermacher die Synoden als Instanzen vor, die unabhängig von aller administrativen Behördlichkeit Fragen und Probleme der Gemeinden verhandeln sollten. In seinem Entwurf einer „Synodalen Ordnung“ von 1813 gab er Hinweise für eine brüderliche Disziplinarordnung, die grundlegende Ansätze zu einer Neugestaltung von Gemeindevisitation enthielt[83].

Zur geistlichen Förderung der Visitation trugen die evangelischen Erweckungsbewegungen bei. Seit 1834 wurden in fast allen deutschen Landeskirchen neue Visitationsordnungen erlassen. Eine weitere Belebung des Visitationsinstituts verdankte sich den Eisenacher Kirchenkonferenzen von 1852 und 1853. Es ging hier um den Auftrag zur Wiederherstellung „in thunlichster Beschleunigung und möglichster Vollständigkeit der in Abgang gekommenen Visitationen“[84] in den verschiedenen Landeskirchen. Auf Pastoralkonferenzen war bereits ab 1850 der Ruf nach solch einer Wiederherstellung erklungen. Friedrich Hammer hatte 1851 in seinem Buch „Über die Neubildung des Institutes der Kirchen-Visitation“ dazu aufgefordert, die Kirche nicht weiter als „Staats-Anstalt“ und „dienende Magd des weltlichen Regimentes“ zu verstehen[85]. Vielmehr sollte den einzelnen Gemeinden und Geistlichen wieder ein neues Bewusstsein der Zusammengehörigkeit mit der Gesamtkirche gegeben werden. Dem „Allgemeinen Kirchenblatt“ von 1854 ist zu entnehmen, dass mit der jeweiligen Gemeinde auch ihre Ältesten, Hausväter und Hausmütter in den Ablauf der ein- oder zweitägigen Visitationen einbezogen wurden – und zwar weniger in einem kontrollierenden als vielmehr vertrauensvollen Austausch. Inhaltlich umfassten Visitationen meist folgende Teile: „Predigt des Gemeindepfarrers, Ansprache des Superintendenten, Inspektion des Religionsunterrichts, Gespräch mit dem Pfarrer, den Lehrern und den Gemeindevertretern, Besichtigung der Kirche, des Friedhofs und der übrigen Baulichkeiten, Prüfung der Kirchenbücher und der Registratur. Das Ergebnis der Visitation wurde in einem Bericht festgehalten. Er bildete die Basis des der Gemeinde später von der Kirchenbehörde zugeleiteten Visitationsbescheids.“[86] Erwähnenswert ist insbesondere, dass die Ordnung der Preußisch-Brandenburgischen Kirche explizit Visitation und verwaltungsmäßige Revision voneinander trennte: „Auf kirchliche Vermögensverwaltung, Prüfung der Rechnungen, der Kirchenbücher, auf Baustreitigkeiten und andere kirchliche Verwaltungsgegenstände sind die Visitatoren nicht schuldig von Amtswegen einzugehen.“[87]

Doch im Zuge der Industrialisierung veränderte sich die Kultur zunehmend: Die Lebensverhältnisse wurden dank großstädtischer Massengemeinden anonymer; die Bedeutung der Kirchen ging zurück. Diese Entwicklung minderte auch die Effizienz der bis dahin praktizierten Visitationsordnungen. Insgesamt geriet um die Wende zum 20. Jahrhundert das Visitationswesen in den deutschen evangelischen Kirchen vielfach wieder in Verfall: „Mancherorts wurde jahrzehntelang nicht mehr visitiert (Berlin). Ein Kontakt der Kirchenleitung zur gemeindlichen Basis war so kaum mehr gegeben. Dazu kamen die verfassungsmäßigen Umbrüche: 1918 endete das Landesherrliche Kirchenregiment."[88] Hiermit ging auch die kirchliche Aufsicht über das Schulwesen und die Armenpflege verloren.

Zudem war es theologisch inzwischen zu massiven Umbrüchen gekommen: Der sogenannte Neuprotestantismus lehnte Konfessionalismus und Klerikalismus ab und fand seinen theologischen Niederschlag in der liberalen Theologie[89]. Als „Kulturprotestantismus" löste er vielerorts die überkommenen kirchlichen Dogmen – namentlich auf dem wichtigen Sektor der Christologie – und damit zumindest indirekt auch das frühere kirchliche Selbstverständnis ab. Dies musste sich auf die Dauer in den Visitationsordnungen ansatzweise bemerkbar machen. So sahen die nach der Verabschiedung des landesherrlichen Kirchenregiments eingeführten Ordnungen in der Visitation „ein Mittel der sittlich-religiösen Erneuerung". Dabei betonten sie wieder – zumal die Konsistorien als Träger der Kirchengewalt diese Umbrüche überlebt hatten – „vor allem deren Kontrollfunktion […]"[90].

Ein stärker geistliches Gewicht erhielt das Visitieren erneut im Zuge der Gemeindetätigkeit der Bekennenden Kirche. Sie drängte auf eine vollständige Wiederherstellung des darniederliegenden Visitationsinstituts. Hierzu wurden regelmäßige „bruderschaftliche Besuchsdienste" eingeführt. Bisweilen sah sich das „Notkirchenregiment" unter den geänderten Vorzeichen regelrecht um Gemeindevisitationen gebeten. Der Begriff „Visitation" wurde weniger im Sinne einer weltförmigen Kontrolleinrichtung denn als partnerschaftlicher Besuchsdienst verstanden, der von der Sorge um die rechte Verkündigung und Sakramentsverwaltung getragen war[91]. Friedrich Krause unterstreicht: „Im Visitationshandeln, wie es die Bekennende Kirche unter erschwerten Bedingungen unbeirrt vollzog, zeigte sich, daß Ordnung unter dem Vorbehalt der Liebe zur Geltung gebracht wurde. Recht und Ordnung verloren dort ihre Gültigkeit, wo sie das an das Wort und die Bekenntnisse gebundene Gewissen verletzten. In ihrer klaren Ausrichtung an der Verkündigung des einen Wortes in der gottesdienstlichen Versammlung war das Interesse weniger auf Überprüfung der Verwaltung als vielmehr auf die Verbundenheit mit der Kirche insgesamt und die Lebendigkeit der einzelnen Gemeinde gerichtet. In dieser Gemeindenähe verstand sich Visitation als Dienst am Gemeindeaufbau."[92] Die damals gemachten Erfahrungen gingen in viele evangelische Kirchenordnungen der Nachkriegszeit ein.

Nach dem Zweiten Weltkrieg konnte an die Intensivierung des Visitationsinstituts angeknüpft werden. In der Wiederaufbauarbeit der Kirchen tat es gute Dienste. 1963 hat die VELKD eigene Richtlinien über die Visitation ihrer Kirchen beschlossen. Seit 1975 liegt außerdem das von der *Arnoldshainer Konferenz* auf Grund von früheren Erfahrungen entwickelte Muster einer Visitationsordnung vor: Es begründet die Visitation ausdrücklich wieder als brüderlichen Besuchsdienst, der von den Synodalorganen, gegebenenfalls unter Beteiligung der Kirchenleitung, wahrgenommen werden soll. Längst haben alle Gliedkirchen der EKD Visitationsordnungen; sie weichen zwar in manchen Punkten voneinander ab, weisen aber auch viele Gemeinsamkeiten auf. So erfolgen Visitationen meist in einem Turnus von sechs bis zwölf Jahren[93]. Die Visitatoren stehen als Inhaber von kirchlichen Leitungsämtern einer Kommission vor, der neben den Geistlichen auch nichttheologische Mitglieder angehören sollen. Peters erläutert: „Der Besuch der Kommission wird durch einen schriftlichen Bericht der Visitierten vorbereitet. Zum Verfahren selbst gehören meist der Visitationsgottesdienst, der Besuch des kirchlichen Unterrichts, das Gespräch mit der Pfarrerin/dem Pfarrer, die Aussprache mit dem Presbyterium (Gemeindekirchenrat) sowie Gespräche mit den haupt- und nebenamtlichen Mitarbeitern. Dazu kommt die Inspektion des äußeren Zustands der Gemeinde (Gebäude und Inventar, von Amtsverwaltung und Kasten). Das Ergebnis des Besuchs wird in einem förmlichen Bescheid der visitierenden Kommission festgehalten."[94]

4 Worum es in der neueren protestantischen Diskussion geht

Bis heute sind Visitationen üblicher und dem Ansatz nach[95] selbstverständlicher Teil angewandter Kirchenleitung, ohne dass das „Amtsmäßige" überbetont wird. Hatte sich schon von den Erfahrungen der Bekennenden Kirche her das „bruderschaftliche" Element beim Visitieren verstärkt und dann nach 1945 weitgehend durchgehalten, so hat die Entwicklung in den letzten Jahrzehnten diese Art der Ausgestaltung überwiegend bestätigt: „Die jüngeren Ordnungen heben weniger die Kontrollfunktion der Visitation (Visitation als Instrument der Kirchenleitung) als vielmehr deren Kontaktfunktion (Visitation als Besuchsdienst zu gegenseitiger Hilfe und Geschwisteraustausch) hervor. Sie tragen damit klar der veränderten gesellschaftlichen Situation Rechnung (Bedeutungsverlust der Kirche, Infragestellung traditioneller Formen kirchlicher Leitung). Auch in der theologischen Diskussion wird die Visitation heute weithin als ein partnerschaftlicher Vorgang begriffen. Sie soll nicht mehr Kirchenleitung realisieren und Kontrolle ausüben, sondern zur Selbstprüfung anleiten und dem Gemeindeaufbau dienen. Dennoch wird man gut daran tun, sich des eigentümlichen Doppelcharakters der Visitation auch weiterhin bewußt zu bleiben."[96]

Was aber hat es mit dem hier angesprochenen „eigentümlichen Doppelcharakter der Visitation" bei näherer Betrachtung auf sich? Um diese nach wie vor klärungsbedürftige Frage rankten sich die theologischen Diskussionen seit den 50er Jahren. Dabei lassen sich hauptsächlich drei markante Standpunkte hervorheben, und zwar in Verbindung mit den drei Systematikern Hermann Diem (Tübingen), Günther Keil (Kiel) und Michael Plathow (Heidelberg).

a) *Diem* hatte seine Position noch unter dem Eindruck des Kirchenkampfes in dem Buch „Theologie als kirchliche Wissenschaft" (1951) dargelegt und in dem Aufsatz „Kirchenvisitation als Kirchenleitung" (1952) zusammengefasst[97]. Auf historische Analysen zurückgreifend, arbeitete er damals engagiert heraus, wie es im Reformationszeitalter frühzeitig zu der dann anhaltenden Verflechtung von geistlichen und weltlichen Aspekten im Visitationsinstitut gekommen ist und warum dieses als „sanktioniertes Übel" zu beurteilen sei[98]. Seine Kritik richtete sich gegen ein Verständnis von Visitation, das diese vor allem als Organ zur Anwendung von Verordnungen und Gesetzen ansieht. Demgegenüber wollte er sie gänzlich als Besuchsamt zum „Zeugnis und Bekenntnis des Glaubens" verstanden wissen, das (gemäß CA VIII) ohne menschliche Gewalt, vielmehr durchs Wort zu erfolgen habe[99]. Im Mittelpunkt solle das „Amt der Schlüssel" stehen, dessen Verkündigungs- und Versöhnungsvollmacht allein durch Lehre und Predigt auszuüben sei.

Die evangelische Kirche muss sich Diem zufolge bewusst bleiben, dass sie mit der ihr zuteilgewordenen Selbständigkeit auch die Verpflichtung übernommen hat, das Werk Luthers in seinem Geiste zu vollenden[100].

Dazu gehört: „Das geistliche und das weltliche Regiment sollten nicht ineinander gemischt werden [...]."[101] Der Reformator habe ja keine kirchliche Institution mehr anerkannt, die als eine zentral regierte und durch ihre Ämter und Ordnungen autorisierte Heilsanstalt der einzelnen Gemeinde vorgeordnet wäre, sondern die Kirche trete als solche in Einzelgemeinden in Erscheinung[102]. Deshalb sei die versammelte Gemeinde der einzige Ort für verbindliche Entscheidungen über Lehre, Verkündigung und Ordnung. Freilich sei zwecks Sicherstellung einheitlicher Evangeliumsverkündigung ein Aufsichtsamt unabdingbar[103]. Aber solch ein „Bischofsamt" dürfe nicht durch Erlass von allgemeinen Gesetzen und Anordnungen über den Kopf der Gemeinden hinweg ausgeübt werden, sondern nur als Besuchsamt, eben als Visitation der Gemeinde[104]. Demgegenüber sieht Diem in der zu seiner Zeit praktizierten Kirchenvisitation eine juristisch regierende Kirchenleitung herrschen, geprägt von Misstrauen gegen Pfarrer und von unmündigen Gemeinden. Visitation „dient letzten Endes nur der gesetzlichen Ausübung einer Kirchenleitung, die ihre Autorität auf die Geltung eines bestimmten Gesetzes- und Verordnungswerkes, aber nicht auf das von ihr zu verkündigende Wort Gottes stützt"[105]. Es komme darauf an, neu zu erkennen, dass die reformatorische Bestimmung, bischöfliche Gewalt sei *allein* mittels Lehre und Predigt von Gottes Wort auszuüben, im Grunde auf das von Luther so betonte „Christus allein!" ziele, dass es sich hier also um eine Bestimmung von gleichem Rang mit den anderen reformatorischen *Sola*-Prinzipien handele[106].

Anbei wägt Diem das naheliegende Gegenargument ab: Wenn laut CA XVIII das bischöfliche Amt gemäß göttlichem Recht bedeutet, das Evangelium zu predigen, Sünde zu vergeben, Lehre zu beurteilen und dem Evangelium entgegengesetzte Lehre zu verwerfen, dann gehe dies nicht ganz ohne Zwangsgewalt, weil es ja für die Kirche als empirische, soziale Größe eine Möglichkeit geben müsse, diese Ordnung Widerstrebenden gegenüber durchzusetzen[107]. Doch Diem kontert, dass eben nicht Kirchengesetze zu greifen hätten, sondern das in persönlicher Verantwortung und unmittelbarer Anrede wahrgenommene Visitationsamt[108]. Es gehe hier um geistliche Führung, die leider durch die Gewalt des Kirchenrechts ersetzt worden sei. Im Wort der Predigt und Lehre vollziehe „Christus selbst als das Subjekt der Verkündigung die richterliche Gewalt in der Kirche, die durch keine andere Gesetzgebungsgewalt durchkreuzt werden darf"[109]. Mit Blick auf Luthers Impuls von 1523 „Daß eine christliche Versammlung oder Gemeine Recht und Macht habe, alle Lehre zu beurteilen und Lehrer zu berufen, ein- oder abzusetzen, Grund und Ursache aus der Schrift" sei auf die um die Verkündigung versammelte Hörergemeinde abzuheben: Die müsse das Recht haben, auf Grund ihres eigenen Urteils über die Berufung und Absetzung eines Predigers sowie über seine Lehre zu entscheiden. „Jede Kirchenordnung, welche der Gemeinde das Recht zu diesem Urteil vorenthält oder die Pflicht dazu abnimmt, nimmt der Verkündigung ihre Verbindlichkeit, mit der sie das, was in der Gemeinde bisher gelehrt, geglaubt, bekannt und getan wurde, jeweils neu mit dem Wort in dessen kritischer Kraft konfrontiert."[110] Nur in der Hörergemeinde und nirgends sonst könnten in der Kirche verbindliche Entscheidungen über die Lehre und Verkündigung sowie über die geltende Ordnung fallen[111]. Das müsse Visitation als Besuchsdienst im Blick haben, statt „nur noch das Exekutivorgan einer juristisch regierenden Kirchenleitung"[112] zu sein.

In ähnlichem Sinn hat sich dann 1975 auch der Praktische Theologe Manfred Josuttis geäußert: Den Konflikt zwischen eher theoretischer Kontakt- und faktischer Kontrollaufgabe der Visitation löste er zu Gunsten einer intensiveren Kontaktpflege. Er sah „erhebliche Schwierigkeiten, die Visitation auch weiterhin als Kontrollinstrument zu interpretieren und zu vollziehen"[113]. Namentlich die Überprüfung von Lehraussagen sei wegen des herrschenden Pluralismus in der Theologie nahezu unmöglich geworden. Das spreche dagegen, die Visitation auch weiterhin als Prüfungs- und Kontrollakt durchzuführen. Solche Akte seien gewiss notwendig, aber eben nicht mit dem Instrument der Visitation zu handhaben, sondern durch vergleichsweise häufiger notwendige „Inspektionsbesuche"[114].

b) Demgegenüber bricht *Keil* eine Lanze für die Betonung und Anerkennung der Visitation als Rechtsakt. Provozierend kann er formulieren: „Die Visitation ist die kleine Schwester des Disziplinarverfahrens auf der einen, des Lehrzuchtverfahrens auf der anderen Seite."[115] Um freundliche Ermahnungen und brüderliche Besuchsdienste könne es eigentlich nicht gehen, die seien auf keine Weise zu „objektiven Verfahren" geeignet. Klar sei vielmehr, dass Visitationen auf Grund von Gesetzen erfolgten[116]. Die sanften Begriffe „Besuch", „Unterstützung" oder „Hilfe" sieht Keil deshalb als im Grunde doch gleichbedeutend mit dem Begriff „Gesetz" an. Visitation sei kein Gegensatz zu kirchenrechtlicher Aufsicht, sondern trage durchaus „gesetzlich-zwanghaften Charakter“[117]. Insofern bekennt sich Keil zum althergebrachten Ausdruck der „kirchenregimentlichen Aufsicht“, als deren Instrument er Visitation versteht. Nicht einmal von „Dialog“ solle gesprochen werden, sondern ehrlicher von Observierung oder zumindest Kontrolle. Von daher entziehe sich der Visitation als einem Rechtsakt all das, was nicht justiziabel oder nachprüfbar sei.

Hieraus folgert Keil nun, dass Visitationen sich nicht mit dem Glauben, der Gesinnung und Überzeugung des zu Visitierenden zu befassen hätten, auch nicht mit seiner Sittlichkeit, Moralität oder Wahrhaftigkeit. Sogar „Erfolge oder Mißerfolge der Verkündiger haben in ihnen keinen Platz.“[118] Der Visitator solle sich jeglicher Zensuren enthalten, die über Justiziables hinausgingen. Auch sei ja Seelsorge etwas, was ein Pfarrer jederzeit von seinem Dekan erhalten könne; dafür bedürfe es keiner Visitation und schon gar keines visitatorischen Zwanges[119]. Was hingegen visitiert werden könne und solle, das seien äußerliche und eindeutige, an die Ordnung des Rechts gebundene Dinge von Öffentlichkeitsrelevanz. So habe der Visitator zu prüfen, ob „der Visitierte alle kirchlichen Gesetze und Verordnungen eingehalten hat“[120]. In diesem Sinn seien etwa Kassen- und Geschäftsführung sowie Fragen der Pünktlichkeit Gegenstand der Visitation.

Dabei verliert Keil inhaltliche Aspekte keineswegs aus dem Blick. Wenngleich er nicht den persönlichen Glauben des Pfarrers bewertet sehen möchte, so ist ihm doch sehr bewusst, dass Lehrangelegenheiten nicht einfach der Beliebigkeit überlassen werden können. Amtsträger in einer bestimmten, profilierten Kirche dürften keineswegs entgegen diesem Profil handeln oder reden; das sei eine Frage der Wahrhaftigkeit und Loyalität. Evangelische Kirchen verdankten ihr Profil ihrer geschichtlichen Entstehung, und das bedeute: „Diese geschichtliche Geprägtheit macht durchaus geschichtliche Neuansätze möglich, aber diese müssen im Kraftstrom dieser Geprägtheit stehen, dürfen den reformatorischen Ansatz nicht verlassen oder gar in sein Gegenteil verkehren [...].“[121] Gegebenenfalls wäre nach Keil in einem kirchlichen Verfahren ein Urteil auf Grund der logischen Implikationen der reformatorischen Geprägtheit durchaus möglich, selbst wenn der Beschuldigte die Gültigkeit dieser Logik abstreiten würde. Die praktische Konsequenz hieraus lautet: „Der Visitator hat zu überprüfen, ob die Verkündigung des Visitierten auf Grund logischer Regeln dem geistigen Profil der Kirche, also ihrer geschichtlich-reformatorischen Geprägtheit gemäß sei. Ist sie das nicht, hat er auf ein objektives Verfahren hinzuwirken."[122] Dabei würde es sich dann um ein Lehrzuchtverfahren, eventuell auch um ein Disziplinarverfahren handeln. Denn nur wo rechte Verkündigung geschehe, sei rechtens Gemeinde.

c) *Plathow* sucht die beiden von Diem und Keil exemplarisch vertretenen, so konträr ausgerichteten Positionen zu verknüpfen. Er hat 1978 zum Thema „Lehre und Ordnung im Leben der Kirche heute" eine Habilitationsschrift (erschienen 1982) und 1991 einen einschlägigen Aufsatz vorgelegt. In diesem votiert er im Anschluss an Martin Honecker[123] und auf Grund von Analysen diverser Visitationsordnungen[124] für die Unterscheidung und gleichzeitige Verbindung von geistlicher und rechtlicher Aufsicht, von Verkündigung, Seelsorge und Verwaltung. Solch integrierendes Verständnis sucht den Wächterdienst der Kirche[125] ebenso zu berücksichtigen wie kirchenrechtliche Kontrolle und verwaltungstechnische Aspekte, weil Kirche zwar nicht von der Welt ist, aber doch in der Welt: „Der heilige Geist verleiblicht sich, das Reich Christi vergestaltet sich, das Volk Gottes institutionalisiert sich auf seinem Weg."[126] Dieser Weg in Richtung der von Gott her zu erwartenden Vollendung kenne den Kampf zwischen wahrer und falscher Kirche; ständig werde die wahre Lehre von falscher bedrängt. Darum hätten in den kirchlichen Ordnungen Grundartikel und Vorsprüche zum Bekenntnisstand und zur Bekenntnisbindung normative und kausative Bedeutung für das ganze Leben der Kirche mitsamt ihrer entsprechenden „Vergestaltung"[127]. Und deshalb gehörten auch bischöfliche, synodale und konsistoriale Strukturen in der Kirchenleitung zusammen. Plathow fasst zusammen: Geistliche Leitung geschehe durch ihre Organe ohne menschliche Gewalt, allein durchs Wort – und rechtliche und administrative Leitung mit den Mitteln des Rechts. Bei alledem akzentuiert Plathow doch den geschwisterlichen Besuchsdienst, während die Revision vergleichsweise in den Hintergrund treten könne.

Angesichts eines zunehmenden „Beliebigkeitspluralismus"[128] steht die Visitation laut Plathow zwischen wechselnder Lehrwillkür und starrer Lehrgesetzlichkeit. Orientierend könne hier – auch angesichts von Auseinandersetzungen in den Gemeinden – nur die gemeinsame Bindung von Visitator und Visitierten ans Schriftprinzip, ja an alle reformatorischen *Sola*-Prinzipien und an den Geist Gottes sein. Einheit in versöhnter Vielheit und Verschiedenheit sei das erstrebte Ziel der Visitation, die ja einen

Öffentlichkeitsauftrag der Kirche bedeute: „Im Gespräch und Dialog aller glaubenden Gemeindeglieder und ihrer gewählten Vertreter, der Inhaber des ordinierten Amtes und der kirchenleitenden Repräsentanten wird das gesamtkirchliche Lehramt ausgeübt."[129]

Auch Friedrich Krause bestätigt das integrative Modell: Er unterscheidet Gemeinde- und Verwaltungsvisitation einerseits und sieht sie andererseits einander zugeordnet[130]. Desgleichen meint beispielsweise Philipp Meyer aus rechtlicher Sicht, dass „das innere Leben der Gemeinde nicht abtrennbar ist von der äußeren Ordnung", weshalb die Visitation immer auch prüfen müsse, „ob in der Gemeinde alles ordentlich zugehe (1. Kor. 14,40)"[131]. Man kann insgesamt sagen, dass sich das integrative Modell inzwischen am meisten durchgesetzt hat, zumal es im Rückblick auf die Geschichte des evangelischen Visitationsinstituts am ehesten Bestätigung findet. Dennoch sind bis heute Unklarheiten und Unsicherheiten in Theorie und Praxis geblieben, die sich bereits seit den reformatorischen Anfängen zeigen.

Angesichts der Komplexität des Themas ist es ernüchternd und hilfreich, wenn Krause betont: „Gemeindevisitation kann stets nur einen Ausschnitt aus der Gemeindewirklichkeit erfassen. Sie ist vorläufiges, exemplarisches Handeln."[132] Heute wird man zudem ihre Abhängigkeit von den jeweiligen Kontexten herausarbeiten müssen, wie sie sich ja auch im geschichtlichen Rückblick erweist. Umso mehr stellt sich unserer Zeit die Frage nach dem inneren Wesen von Visitation, nach ihrem sachlichen, zentralen Kontinuum – und zwar gerade angesichts der aktuellen und spezifischen kirchlichen Herausforderungen.

Hier erweist sich der Ansatz von Keil ein Stück weit als hilfreich, indem er klare Kriterien für die Identität von Kirche und kirchlichem Visitationshandeln benennt. Wie dargelegt, verweist er auf die geschichtliche Geprägtheit der Kirche, die durchaus geschichtliche Neuansätze ermöglicht, sofern diese in normativer und loyaler Rückbindung zum „Kraftstrom dieser Geprägtheit" stehen, also den reformatorischen Ansatz nicht verlassen oder gar in sein Gegenteil verkehren. Wegen des immer weiter ausufernden Säkularismus und Pluralismus in der Gesellschaft kommt Kirche nicht umhin, ihren Standort zu reflektieren und ihre Botschaft – gemäß der von Paul Tillich entworfenen „Methode der Korrelation" – so auf die gegenwärtige Situation zu beziehen, dass dabei weder die Botschaft noch die Situation vernachlässigt werden. Dies ist freilich besonders schwierig geworden in einer Zeit, in der verschiedene Diskussionen die reformatorischen Prinzipien aufgeweicht und massiv in Frage gestellt haben. Kann Visitation hier noch identitätsstiftende, orientierende, notfalls korrigierende und auf die Einheit der Kirche hinwirkende Kräfte entfalten? Diese Frage stellt sich auch im Hinblick auf die äußere Lage: Wie sollen sich Gemeinden, Pfarrer und kirchenleitende Organe zu den gesamtgesellschaftlichen Veränderungen stellen, die heute die „digitale Revolution" mit sich bringt[133]? Was bedeutet da die Unterscheidung von geistlichen und weltlichen Belangen, und wie lassen sich theologisch-ethische Streitfragen kommunikativ am besten klären?

Wenn heutzutage nicht auch kirchlicherseits völliger Beliebigkeit das Wort geredet werden soll, wenn vielmehr den immer mehr in ihrer eigenen Identität verunsicherten Menschen innerhalb und außerhalb der Kirche hilfreiche, orientierende Angebote gemacht werden sollen, dann ist das kaum anders möglich als unter ernsthafter Berücksichtigung von Schrift und Bekenntnis. Hierin ist Keil zweifellos Recht zu geben. Das freilich bedeutet, dass gerade in unserer Zeit im Zuge von Visitationen als kirchenleitendem Handeln mit neuer Intensität Predigt und Lehre in den Gemeinden ins Visier genommen, überprüft und gegebenenfalls mahnend bedacht werden müssen[134]. Weil nun aber visitatorische Bemühungen um Lehrfragen sowohl geistliche als auch kirchenrechtliche Aspekte umfassen, ist Keil und anderen keineswegs zuzustimmen, wenn sie diese Aspekte nicht nur unterscheiden, sondern auch im Sinne von bruderschaftlichem Besuchsdienst einerseits und verwaltungsmäßiger „Inspektion" bzw. „Revision" andererseits auseinanderzudividieren versuchen und Lehrbeanstandungen gar der letzteren Kategorie zuordnen.

Grundsätzlich hat solches Unterscheiden sein Recht. Das war bereits bei Luther deutlich erkennbar, wenngleich bei ihm aus realpolitischen Gründen Vermischungen zum Teil doch toleriert und dann aber auch beklagt wurden. Er, der so prägnant Evangelium und Gesetz auseinanderzuhalten lehrte und die Unterscheidungen der Zwei-Regimenten-Lehre einimpfte, konnte gar nicht anders, als bei der Neuerrichtung des Visitationsinstituts das Geistliche zu betonen, also die unbedingte Liebe einschließlich ihrer Forderungen. Gerade Lehrbeanstandungen samt der Einbeziehung von Juristen zielen ja mit darauf, die erkannte Botschaft von der reinen Liebe Gottes rein von Beeinträchtigungen zu halten[135]. In diesem Sinn wollte der Reformator insgesamt den Besuchsaspekt betont wissen, ohne den „weltlichen“ Aspekt auszuschließen, dessen Notwendigkeit damit zu tun hat, dass auch in Christus versöhnte Gläubige zugleich bis zum Tod unvollkommen und zur Buße gerufene Sünder bleiben. Kann mithin die Unterscheidbarkeit und Zusammengehörigkeit beider Dimensionen bei gründlicher Betrachtung nicht in Frage stehen, so dreht sich der Streit seit den Anfängen und auch in den modernen Debatten sehr wohl darum, wo denn nun genauer die Trennlinie zu ziehen sei.

Terminologisch dürfte es sinnvoll sein, von der *Visitation* im eigentlichen Sinn des geistlich ausgerichteten Besuchsdienstes den Aspekt der *Inspektion* im Sinne eher verwaltungstechnischer Kontrolle abzuheben[136]. Beide Begriffe enthalten in sich semantisch den Aspekt der „Aufsicht“. Doch der Erstere hebt mehr auf das *Besuchen* ab, der andere mehr auf das *Untersuchen*[137]. Beides muss in einer Institution wie der Kirche sein[138] – ähnlich wie in modernen Betrieben und Firmen die Evaluation. Aber der spezifisch kirchliche Aspekt sollte schon in der Projektbezeichnung zum Ausdruck kommen. Die Interessen sind auseinanderzuhalten; darauf achten die heutigen Visitationsordnungen auch schon überwiegend. Kommt der „Visitation“ im ganzen Prozess die Leitfunktion zu, so hat alles, eben auch die Inspektion, letztendlich im Geist der Liebe zu geschehen. Das bedeutet keineswegs, dass Ermahnungen und Rügen auszubleiben hätten; beispielsweise steht ja die elterliche Liebe nicht in Frage, wo sie sich mitunter in Strenge realisiert. Aber der Liebescharakter, der im Geist Christi seinen „charismatischen“ Grund hat, und damit das „geschwisterliche“[139] Element sollte unbedingt das Tragende bei Visitationsvorgängen bleiben. Gerade hierauf haben Visitationsordnungen in ihrem *kirchen*-rechtlichen Zuschnitt besonders zu achten. Denn sie fußen selbst letztlich auf theologischen Grundentscheidungen[140] und formatieren sich zumindest teilweise im Kontext einer Wirklichkeit, die „nicht von dieser Welt“ ist, um gerade dadurch Erfreuliches und wesentlich Neues in die Welt zu bringen.

Die Grenzlinien besagter Unterscheidungen sollten genau deshalb aber nicht so verlaufen, dass sie etwa zwischen Justiziablem und Nichtjustiziablem (Keil) trennen. Vielmehr gilt es, Geistliches und Weltliches, Kirchliches und Säkulares möglichst auseinanderzuhalten. Demnach wären unter dem Begriff der „Inspektion“[141] solche Dinge zu bearbeiten, die des Theologischen nicht bedürfen. Doch auch in dieser Hinsicht ist die

Trennung nicht so radikal durchzuführen, wie das Josuttis vorgeschlagen hatte; vielmehr schließt – wie bei der Zwei-Regimenten-Lehre – die Unterscheidung keineswegs das Beieinander aus[142]. Werden diese Gesichtspunkte angemessen beachtet, dann wird man den „eigentümlichen Doppelcharakter der Visitation" (Peters) nicht länger als ungelöstes Problem ansehen müssen.

Analoges gilt für das Bei- und Miteinander von kirchenleitenden Organen und Personen einerseits und örtlichen Kirchengemeinden andererseits im Visitationsgeschehen[143]. Schon Luther hatte sowohl die hochrangige Bedeutung der Ordination und der „bischöflichen" Verantwortung im Blick als auch das Gewicht der Gemeinde kraft ihres allgemeinen Priestertums und der sie verbindenden praktischen Liebe. Visitation muss überregionale und örtliche Leitung zusammenschauen mit der konkreten gemeindlichen Situation – und zwar unter dem vorrangigen Aspekt ihrer geistlichen Betreuung und Entwicklung. Wenn Meyer meint, es komme beim Visitieren nicht eigentlich auf den Besuch im Sinne einer Ortsveränderung der Besucher an, sondern auf den Aspekt des „Zusammentreffens"[144], verdient diese Art der Unterscheidung Kritik: Das Örtliche spielt sehr wohl eine wichtige Rolle und darf nicht vernachlässigt werden, zumal sich Liebe im Konkreten zu realisieren hat. Daher hat Gemeinde als lebendige Gemeinschaft vor Ort gerade in moderner Zeit eine wertvolle Funktion: Sie „bildet im soziologischen Verständnis genau jene Sozialform, die den Raum der Familie überschreitet, aber noch eine überschaubare, kaum vom Prozeß der gesellschaftlichen Differenzierung erfaßte Lebenswelt darstellt"[145]. Umso mehr sollte die Beteiligung der ganzen Gemeinde in künftigen Visitationsordnungen unterstrichen und gefördert werden. Es genügt keineswegs, wenn vor allem ihre Repräsentanten der Kirchenleitung begegnen und die übrigen Gemeindeglieder auf Statisten reduziert werden[146].

Mit Philipp Meyer lässt sich festhalten: Die Visitation ist und bleibt wertvoll, weil „sie regelmäßig zu einer umfassenden Prüfung der gesamten kirchlichen Arbeit in einer Gemeinde führt und alle Verantwortlichen in der Gemeinde wie in der Landeskirche dazu anhält, die kirchliche Arbeit im ganzen zu reflektieren"[147]. In diesem Sinn stehen Visitationen grundsätzlich im Dienst der immer reformbedürftigen Kirche, die bei allem Ringen um Zeitgemäßheit stets auch darum zu ringen hat, authentische Kirche Jesu Christi zu bleiben.

VII Evangelische Kirche sakramental verstehen?

„Nicht eine Kirche des Sakraments tut uns not, sondern ein echtes, personales Geschehen des Glaubens in Taufe und Abendmahl, das die christliche Bruderschaft aus der letzten Tiefe der Verbundenheit mit Jesus Christus erneuert und aufbaut."[1]
Emil Brunner

Auf die Frage, was nach evangelischem Verständnis die Kirche sei, definiert das Augsburger Bekenntnis im VIII. Artikel ganz kurz und einfach: „die Versammlung aller Glaubenden und Heiligen". Anbei wird noch realistisch vermerkt, dass viele falsche Christen und Heuchler darunter seien. Das ist erstaunlich kurz und knapp gesagt.

Im vorangehenden Artikel findet sich allerdings eine zwar auch noch minimalistische, aber doch etwas nähere Bestimmung, durch die die Sache schon schwieriger wird: Christliche Kirche ist demnach „die Versammlung aller Gläubigen, bei welchen das Evangelium rein gepredigt und die heiligen Sakramente laut dem Evangelium gereicht werden". Der hier beschriebene Kompass, an dem sich Kirche auszurichten habe und dessen Richtigkeit zu ihrer Wesensbestimmung genügen solle, wirft Rückfragen auf. Zum einen: Worin besteht bitte die Reinheit des Evangeliums genau? Nachdem das freilich durch die vorangehenden Artikel eigentlich als geklärt gelten könnte, wäre weiter nachzufragen: Wodurch sorgt die so definierte Kirche effektiv für die Reinhaltung des Evangeliums, zumal ja in den reformatorischen Bekenntnissen davon ausgegangen wird, dass viele falsche Christen und Heuchler in ihr und doch wohl auch unter ihren Theologen zu finden seien? In dieser Hinsicht wurden mit den oben besprochenen Einrichtungen der Ordination und der Visitation immerhin hilfreiche Regelungen versucht.

Zum andern tut sich hier das Problem auf, was es denn genauer heißen soll, dass „die heiligen Sakramente laut dem Evangelium gereicht werden". Eine wichtige Grundfrage wäre dabei, was es überhaupt mit dem Sakramentsbegriff auf sich habe – gemessen am Schriftbefund. Dieser Begriff ist nämlich nicht biblisch[2]. Vielmehr stellt er ein später gebildetes Abstraktum dar, über dessen Bedeutung und zahlenmäßigen Belang sich nicht nur Evangelische und Katholiken, sondern auch die Protestanten untereinander heftig zerstritten haben. Wäre es im Horizont der Maßgabe „allein die Schrift" nicht an der Zeit, über die Grundlagen und die Gewichtung des Sakramentsbegriffs neu, kritisch und konsequent nachzudenken? Sollte in der Sache das „Heilige“ – *sacramentum* hieß ursprünglich ein religiös untermauerter Eid, kirchlich später eine heilige Handlung, die Gottes Wirken verdeutlichen soll und auf so etwas wie Initiation hindeutet[3] – nicht weiträumiger gedacht werden, so dass die als heilig geglaubte Kirche im Ganzen als *sakramental* anzusehen wäre (wozu übrigens die katholische Kirche neigt[4])? Ist nicht Christus als das Haupt der Kirche auch ihr *Mysterium*, wie die orthodoxe Kirche den Begriff „Sakrament“ übersetzt[5]? Und müsste um seinetwillen nicht zugleich besser noch als bisher auf Schriftgemäßheit bei der Durchführung der „heiligen Handlungen“ geachtet werden? Zu beidem wollen die folgenden Überlegungen einige Impulse liefern.

1 Die Taufe reformieren

Alle Reformatoren haben sich zur Kindertaufe bekannt. In der Konsequenz haben sie sich der Verfolgung von Vertretern der Erwachsenentaufe, polemisch „Wiedertäufer“ genannt, in der Regel nicht widersetzt. So verdammt der IX. Artikel der Augsburgischen Konfession diejenigen, „welche lehren, dass die Kindertaufe nicht recht sei“, und sieht in dieser eine Überantwortung der Babys an Gott, die sie ihm gefällig machen soll; zugleich wird die Taufe grundsätzlich als Angebot der Gnade interpretiert.

Diese Deutung hat offenkundig ihre theologischen Schwierigkeiten. Ein „Angebot“ kann man ablehnen; Kleinkinder haben dazu aber bei der Taufe keine Chance. Und lässt sich vom Gott der Liebe ernsthaft sagen, dass ihm Babys, die ungefragt einem Taufritus unterzogen wurden, angenehmer seien als noch nicht getaufte? Von Gewicht ist insbesondere der Umstand, dass die Unmündigentaufe biblisch nirgends ausdrücklich bezeugt ist. Insofern haben sich die Reformatoren hier eher am Traditions- als am Schriftprinzip orientiert – und innerhalb ihrer Aufbruchsbewegung die Täufer zu Unrecht verdammt. Gilt es nicht, in dieser Hinsicht Buße zu tun und die Reformation korrigierend zu vollenden?

Derartige Überlegungen sind nicht neu. So haben namentlich evangelische Systematiker wie Dietrich Bonhoeffer[6] und Karl Barth[7] ausdrücklich auf die theologische Problematik der Kindertaufe hingewiesen. Deren

Missbrauch liegt laut Bonhoeffer überall dort vor, wo sie unter Vernachlässigung der strengen Beziehung auf den Glauben der Gemeinde geübt wird, und sollte in der Konsequenz zu ihrer sachgemäßen Einschränkung, ja zu einer neuen Würdigung der Erwachsenentaufe führen. Nach Barths Überzeugung ist die Taufe gewiss zum einen Gottes Bescheid über seine in Christus getroffene Heilsentscheidung, zum andern aber auch die Entscheidung und das Bekenntnis des Täuflings, sich diesen göttlichen Bescheid gesagt sein zu lassen – also ein erster Schritt auf dem Weg des Glaubensgehorsams. Demgemäß wird die Säuglingstaufe von Barth zwar nicht als ungültig, doch jedenfalls als „schlechte Ordnung" eingeschätzt.

Während die Taufe nach reformierter Lehre nicht heilsnotwendig ist, sehen das lutherische und auch katholische Lehre anders. In der Konsequenz muss die Säuglingstaufe dann verständlicherweise als geboten erscheinen und ihre Infragestellung verteufelt werden[8]. Von daher war noch vor einem halben Jahrhundert die Freigabe der alternativ möglichen Erwachsenentaufe in evangelisch-lutherischen Kirchen sehr umstritten. Nur langsam setzte sich eine zunehmende Anerkennung des „Taufaufschubs" durch – wobei dieser Begriff schon wieder unterstellt, die Unmündigentaufe sei das Normale, so dass die Bedingung mitschwingt, die Erwachsenen- bzw. Glaubenstaufe solle nicht ausdrücklich propagiert werden.

Hält man als evangelischer Christ eher das reformierte Taufverständnis hoch und legt man weniger Betonung auf den nichtbiblischen Sakramentsbegriff, so entfällt mit der Heilsnotwendigkeit der Taufe auch die theologische Notwendigkeit der Säuglingstaufe. Und dadurch rückt man außerdem der Theologie evangelischer Freikirchen[9] näher. Aus guten Gründen gab es mit diesen in letzter Zeit engere Gespräche. So brachte das Dialogdokument „Der Anfang des christlichen Lebens und das Wesen der Kirche" von 2004, das zwischen der *Europäischen Baptistischen Föderation* und der *Gemeinschaft Evangelischer Kirchen in Europa* (GEKE) erarbeitet worden war, manche Fortschritte, stellte allerdings in der Frage der rechten Verwaltung der Taufe weiterhin Differenzen fest[10]. 2009 konstatierte das Konvergenzdokument „Voneinander lernen – miteinander glauben" der *Bayerischen Lutherisch-Baptistischen Arbeitsgruppe*, in der die Evangelisch-Lutherische Landeskirche (ELKB) sich mit dem Bund Evangelisch-Freikirchlicher Gemeinden (BEFG) verständigte, „unerwartet große Übereinstimmungen": Es sei ein „Grundkonsens in der evangeliumsgemäßen Gestaltung von Taufe und Abendmahl erreicht" worden[11]. Nach wie vor liegen freilich die Schwerpunkte im Taufverständnis relativ weit auseinander: Die lutherische Seite hat stark die Objektivität des Gottesgeschenks der Taufe und ihrer Heilszusage im Blick[12], die baptistische Seite dagegen die Subjektivität des Heilsempfangs; beides aber gehört letztlich untrennbar zusammen, wie in dem Papier auch bilateral eingestanden wird. Einig wurde man sich nicht nur über die Zusammengehörigkeit von Taufe und Glaube, sondern sogar darüber, dass die notwendige „glaubende Aneignung" ihrerseits „Werk und Wirkung der Zusage Gottes und der Gabe des Heiligen Geistes" sei. Das mögliche zeitliche Auseinandertreten von Taufe und Glaube stehe selbst dieser gemeinsamen Einsicht nicht entgegen. Hier habe besonders die baptistische Seite hinzugelernt, indem sie inzwischen den Prozesscharakter des Glaubens deutlicher wahrzunehmen wisse.

Die in der Theorie und vor allem auch in der Praxis bestehen bleibenden Differenzen zum Thema charakterisieren dabei nicht nur spezielle konfessionelle, sondern ebenso individuelle Standortstreitigkeiten quer durch alles, was evangelische Kirche heißt. Man kann hier nun einfach „Pluralität" konstatieren und bejahen, aber stattdessen auch versuchen, sich theologisch stringenter am eigentlich propagierten Kompass auszurichten und gerade so mehr auf die schon den Reformatoren am Herzen liegende kirchliche Einheit hinzuwirken. Dabei gilt es zu bedenken, dass die Taufe ohnehin unter allen sogenannten Sakramenten das am ehesten ökumenisch verbindende ist. Seine verbesserte Verwaltung und Gestaltung kann deshalb die Spiritualität auf dem Sektor der Ökumene stärken. Denn die „Gemeinschaft in Christus und unter den Christen besteht, und zwar dadurch, dass die Taufe auf den Namen des Dreieinigen Gottes uns wesenhaft mit Gott in Jesus Christus verbindet."[13]

Festzuhalten bleibt: Angesichts des protestantischen Schriftprinzips fallen bei näherer Betrachtung wesentliche Gründe für die notwendige Beibehaltung der Unmündigentaufe weg[14]. Selbst Mk 16,16 muss genau gelesen werden: „Wer da glaubt und getauft wird, der wird selig werden", heißt es da, doch in der folgenden Negativwendung „Wer aber nicht glaubt […]" fehlt: „und wer nicht getauft wird"! Auch die Aussage des Apostels Paulus, ein gläubiger Ehepartner heilige den ungläubigen Teil und Kinder seien ohnehin rein (1. Kor 7,14), lässt sich gegen die traditionell behauptete Notwendigkeit der Kindertaufe anführen. Und Jesu Ruf „Lasset die Kinder zu mir kommen“ (Mk 10,14), dessen Zitat bei keiner Säuglingstaufe zu fehlen pflegt, hat mit Taufe nichts zu tun und steht zusammen mit dem folgenden Vers, der Kinder und Gottesreich in Beziehung setzt, der behaupteten Notwendigkeit der Unmündigentaufe geradezu entgegen.

Kurz und gut: Die Erwachsenentaufe sollte künftig in allen evangelischen Kirche nicht nur am Rande toleriert, sondern als echte Alternative anerkannt und propagiert werden. Damit könnte indirekt dem schon von Bonhoeffer inkriminierten Missbrauch vermehrt abgeholfen werden. 2011 hat der damalige braunschweigische Landesbischof Friedrich Weber ausdrücklich darauf hingewiesen, dass die Bereitschaft und Fähigkeit von Eltern, ihre Kinder im Glauben zu erziehen, immer mehr schwinde; deshalb sei nach einer Gemeindepraxis zu fragen, die sich dieser Problematik stelle[15]. Und Josuttis weiß: „Die Taufe, die als Familienritus begangen wird, hat praktisch die Qualität eines Segens gewonnen, auch wenn sie immer noch als Sakrament verstanden und vollzogen wird. Im Bemühen, den Prozeß der sozialen Entleerung aufzuhalten, geraten die Kirchen zunehmend in die Gefahr der theologischen Beliebigkeit und der religiösen Verharmlosung. Hat nicht der Traditionsabbruch, den man bei den Zeitgenossen so emphatisch beklagt, die innerkirchliche Sprache längst selber erfasst?“[16]

Um ein Verteufeln der seit dem 3. Jahrhundert nachgewiesenermaßen praktizierten Säuglingstaufe kann es freilich auch nicht gehen. Sie lässt sich nach wie vor ernsthaft begründen, wenngleich nicht mit billigen, sondern im Grunde nur mit steilen gnadentheologischen Argumenten. In ihr scheint der Missionsauftrag auf: Nach Mt 28,19 hängen die Sendung zu allen Völkern und das Taufen zusammen, so dass Letzteres sich auch auf unmündige Kinder beziehen könnte, wie es das ja implizit auch im Blick auf Unmündige anderer Art – etwa geistig Behinderte – tut. Denn der Heilige Geist erfasst das Subjekt des Täuflings nicht nur unter dem Aspekt von dessen aktueller Verstehens- und Glaubensfähigkeit, sondern ganzheitlich auf das Ziel hin, das der Schöpfer letztendlich mit seiner Schöpfung und auch der individuellen Kreatur verfolgt: sein Reich aufzurichten und seine Herrschaft der Liebe durchzusetzen. Das Verheißungswort, das bei jeder Taufe unabhängig vom Alter gesprochen wird, erstreckt sich aufs ewige Leben – mithin noch über das irdische Leben des Täuflings hinaus, wie ja auch das Rechtfertigungsurteil sich aufs Jüngste Gericht bezieht.

Wer nun allerdings befürchtet, die hier vorgeschlagene Öffnung nähme den zu taufenden Kindern etwas weg, der muss sich entgegnen lassen, dass ihnen andernfalls auch etwas sehr Wertvolles vorenthalten würde. Gemeint ist der selbst erlebte Taufritus, wie er in der frühen Kirche als gefeiertes Mysterium der Verbindung mit dem auferstandenen Gekreuzigten und als initiatorische Eingliederung in den Leib Christi noch lange Zeit selbstverständlich war[17]. Evangelische Kirche sollte gerade um der protestantischen Prinzipien willen in diesem Sinne wieder mystagogischer werden[18].

Sieht man die Dinge in dieser veränderten Weise, dann könnte sich auch ein anderes Problem entspannen: das der Konfirmation. Schon zu Luthers Lebzeiten von Martin Bucer vorgeschlagen und realisiert, wurde dieses Fest – in gewisser Analogie zum katholischen, altersmäßig früher angesetzten Sakrament der Firmung[19] – seit dem 18. Jahrhundert zwecks Nachholung des subjektiven Anteils der Säuglingstaufe evangelischerseits zur frommen Gewohnheit. Dabei hat aber auch gerade der in der Regel altersgebundene Ritus der Konfirmation keine biblische Legitimation. Es verwundert nicht, dass seine Bedeutung heutzutage am allermeisten darin gesehen wird, einen lebensgeschichtlichen Einschnitt zu feiern: den Abschluss der Kindheit und den Beginn des Erwachsenwerdens[20], quasi im Sinne einer kirchlichen „Jugendweihe". Unter theologischem Aspekt ist sie als Verlegenheitslösung eigentlich kein authentisches Werbeschild für evangelisches Christsein, so sehr sie die eine oder andere fromme Entscheidung – tatsächlich als Ersatz für ein eigenes Tauferleben – gefördert haben mag. Schon Helmut Thielicke beklagt, „was etwa aus dem Patenamt geworden ist und wie die Degeneration dieses Amtes die Kindertaufe zu einer bizarren Karikatur zu machen droht"[21]. Hier lauere die Unwahrhaftigkeit: „Weil man nämlich erkannt hat, daß eine solche Ratifizierung des Taufgelübdes durch Vierzehnjährige eine Lüge wäre, hat man nicht etwa die Konsequenz gezogen (wie in manchen andern Ländern): also müssen wir die Konfirmation in das Alter von sechzehn oder achtzehn Jahren verlegen, sondern man sagt: Wir können ehrlicherweise von Vierzehnjährigen kein verbindliches Bekenntnis und kein Konfirmationsgelübde verlangen. Wir machen deshalb aus der Konfirmation eine Abschlußfeier des Unterrichts und verstehen das bekennende ‚Ja' zur Konfirmation so, daß es nicht viel mehr ausdrückt als die Bestätigung einer ‚Zurkenntnisnahme von Lehren'. Damit bleibt man in anzuerkennender Weise zwar ehrlich. Aber man hat den Sinngehalt der Konfirmation – nämlich Ratifizierung des Taufgelöbnisses zu sein – ziemlich drastisch aufgegeben. Dann aber hat man auch die Kindertaufe nachträglich sinnentleert und sie zu einer bloß volkskirchlichen Sitte, sprich: zu einer Farce, gemacht." Etwas anders sähe es doch aus, wenn sie anstelle einer protestantischen Sitte dadurch stärker Entscheidungs- und Bekenntnischarakter gewönne, dass Taufe nicht mehr beinahe automatisch als Säuglingstaufe erfolgen würde und es folglich weniger Konfirmationen, aber mehr Taufen im Jugend- und Erwachsenenalter gäbe. Dann würde auch in *jedem* Fall besser kenntlich, dass Taufe auf die Integration des Subjekts in die Christus-Gemeinschaft zielt. Immerhin heißt es in der dritten EKD-Erhebung über Kirchenmitgliedschaft explizit, dass der Mitgliederbestand der Kirche „nur insoweit stabil bleibt, als es gelingt, die ehemals durch die Taufe ‚*zugeschriebene*' Kirchenmitgliedschaft in eine ‚*erworbene*', subjektiv bejahte und bewußte Mitgliedschaft zu transformieren"[22]. Dass die geläufige Konfirmationspraxis dazu wenig beiträgt, ist bekannt: Es geht faktisch in den meisten Fällen eher um eine „Abschiedsfeier" als um eine freudige Initiation in den Leib Christi.

Evangelische Kirche würdigt das „Sakrament" der heiligen Taufe am ehesten, wenn sie seinen Vollzug dahingehend reformiert, dass die dazugehörige theonome Integration des Subjekts nicht länger kleingeschrieben wird. Ob dadurch die Mitgliederzahl stabilisiert würde, ist nicht das entscheidende Kriterium. Zunehmen dürfte so auf jeden Fall die innere Stabilisierung der im Glauben Wachsenden – zumal wenn Tauferinnerungsfeiern[23] hinzukommen und das von Luther empfohlene tägliche „Hineinkriechen" in die am besten selbsterlebte, echtes Erinnern also überhaupt erst ermöglichende Taufe mehr geübt wird. Uwe Steffen hat Recht: „Wenn die Taufe in ihrer ursprünglichen Bedeutung die Grundlage unseres Christenlebens wäre, dann würden wir frei sein von dem Zwang, uns ständig selbst rechtfertigen zu müssen, und von dem Wahn, uns durch unsere Aktivitäten das Heil verdienen zu können. Und wenn wir von der Taufe her unser Leben verstünden als ein tägliches Mitsterben und Mitauferstehen mit Christus, dann würden wir ganz anders gerüstet sein für die Lebenskrisen [...]."[24] Auch Kirchenkrisen könnten dann besser überstanden werden.

2 Abendmahl in vielerlei Gestalt?

„Taufe und Herrenmahl sind die Lebenszeichen der Kirche, weil sie die Zeichen dessen sind, der ihr Leben ist", erklärt Jürgen Moltmann[25]. Namentlich die Feier des heiligen Abendmahls stellt in den verschiedenen Kirchen der Ökumene das Herzstück aller Sakramentalität dar[26]. Auch für evangelische Christen zählt seine schriftgemäße Darreichung zu den zentralen Kennzeichen von Kirche überhaupt. Für Luther ist es eine heilsame, tröstliche und hilfreiche Arznei, die Leib und Seele stärkt[27]. Um ein Beispiel lutherischer Abendmahlsfrömmigkeit anzuführen, sei aus einem Liedtext Wilhelm Löhes (1808–1872) zitiert: „Was ist der Tempel König Salomonis, Was sein Altar, sein Heiligtum? Das ärmste Kirchlein hat den sichern Ruhm, Daß sich in ihm mit Brot des Wortes Leib vereint, Der nur in jener Welt noch herrlicher erscheint."[28] Von Menschenmund wird laut Löhe beim Abendmahl empfangen, was nach seiner verborgenen himmlischen Seite hin bereits Gegenstand des ewigen Liedes der Engel ist.

Je heiliger die Feier der Eucharistie eingeschätzt wird, desto mehr Wert wird verständlicherweise auf ihre „richtige" Gestaltung gelegt – und desto tiefer werden die Gräben zu anders lautenden Konzepten gezogen. Dabei ist die spirituelle Sehnsucht evangelischer wie katholischer Christen nach gemeinsamem gottesdienstlichen Begehen der Abendmahlsfeier seit Jahren im Steigen begriffen – vielfach wird „eucharistische Gastfreundschaft" geschätzt[29]. Schon 2003 hatte sie im Vorfeld des damaligen ökumenischen Kirchentages einen vorläufigen Höhepunkt erreicht: Laut einer vom Nachrichtenmagazin *Der Spiegel* publizierten Umfrage sprachen sich 88 Prozent der Katholiken und 86 Prozent der Protestanten für eine gemeinsame Eucharistiefeier aus. Im Wissen um solche Sehnsucht hat Papst Johannes Paul II. im April 2003 vorbeugend die Enzyklika *Ecclesia de Eucharistia* unterzeichnet, die ein gemeinsames Abendmahl aufs Neue ausdrücklich untersagte[30].

Weil Heiliges heilig verwaltet werden müsse, hat dann ein Jahr später die vatikanische Verlautbarung *Redemptionis sacramentum* deutlich gemacht: Ein „Sakrament der Einheit" sei die Eucharistie nur, wenn sie ganz im Sinn des römisch-katholischen Lehramts verstanden und gefeiert werde. Nicht bloß „die substanzielle Einheit des römischen Ritus" will diese Instruktion absichern, sondern mit dem Messopfercharakter der Eucharistie auch das priesterliche Kirchenverständnis selbst. Damit ist der Horizont für jedwede Erwartungen ökumenischer Art in so unmissverständlicher Weise abgesteckt, dass aller ökumenische Enthusiasmus der letzten Jahre und Jahrzehnte endgültig einem ökumenischen Realismus weichen muss. Ob die Feiern und Verlautbarungen anlässlich des Reformationsgedenkens 2017 daran etwas ändern können, bleibt höchst fraglich[31].

Man versteht die strikte Haltung der römischen Kirche besser, wenn man einen näheren Blick auf ihre Interpretation der Eucharistiefeier wirft. Sie bedeutet ein aktuell durchgeführtes Werk Christi, des wahren Priesters – und so auch ein Werk seines mystischen Leibes, der Kirche im Diesseits und im Jenseits. Im *Weltkatechismus* von 1993 heißt es: „Die Kirche bringt das eucharistische Opfer in Gemeinschaft mit der heiligen Jungfrau Maria dar sowie im Gedenken an sie und alle Heiligen."[32] Sie tut es entsprechend in Gemeinschaft mit dem Papst, der durch seinen Petrusdienst in jede Eucharistiefeier eingebunden ist; sein Name wird ebenso ausdrücklich genannt wie der des jeweiligen Ortsbischofs, der für die Feier verantwortlich ist. Dabei soll es sich bei diesem Sakrament um ein reales Opfer handeln, für dessen himmlische Akzeptanz, wie bereits dargelegt, ein gültig geweihter Priester erforderlich sei: „Priester und Opfergabe sind Christus, der sich durch den Priester opfert."[33] Das Opfer werde dem Vater dargebracht – und zwar als Lob, Dank, Bitte und Sühne für Lebende und Tote.

Katholisch wird eine reale Verwandlung von Brot und Wein in Leib und Blut Jesu Christi gelehrt: Zwar bleiben die äußeren Gestalten von Brot und Wein erhalten, unter denen aber substanziell Leib und Blut Christi empfangen werden. Die „Transsubstantiation" geschieht, wenn der Priester die Einsetzungsworte spricht, also während der Konsekration – angezeigt durch ein Klingelzeichen. Weil die Gegenwart Christi so gleichsam in die Elemente hinein lokalisiert wird, bleibt sie dort auch nach der Feier vorhanden, weshalb Katholiken gehalten sind, diesem heiligsten Sakrament bei der Verehrung etwa durch Kniebeuge vor dem Altar als dem Ort seiner Verwahrung oder während einer Fronleichnamsprozession würdige Anbetung zu erweisen, wie man sie dem wahren Gott schuldet. Neuere katholisch-theologische Interpretationsversuche sprechen wegen des umstrittenen Substanzbegriffs lieber von „Transsignifikation" oder „Transfinalisation". Dabei wird festgehalten, dass Christus in beiden Gestalten des Sakraments jeweils vollkommen anwesend sei, so dass Laien nicht unbedingt neben dem Brot auch noch der (mit Wasser vermischte) Wein gereicht werden muss. Dass nur der Priester den Wein trinkt, hat sich um 1200 n. Chr. durchgesetzt. Das Hauptmotiv für die Abschaffung des Laienkelchs dürfte in der Scheu bestanden haben, womöglich etwas vom kostbaren Blut Christi zu verschütten.

Die Auffassung des geborenen Katholiken Martin Luther von der Gegenwart Christi im Abendmahl war nicht weit entfernt davon, sah diese jedoch streng ans liturgische Wort gebunden und daher nicht in den Elementen auch noch nach der Feier gegeben. Immerhin konnten von daher in der ökumenischen Studie „Das Herrenmahl" (1978) der Vatikanische Einheitsrat und der Lutherische Weltbund gemeinsam die reale Gegenwart Christi im Abendmahl unterstreichen – und trotz der unterschiedlichen Lehren über die Weise und Dauer der Realpräsenz in Brot und Wein urteilen: „Die ökumenische Diskussion hat gezeigt, daß diese beiden Positionen nicht mehr als kirchentrennende Gegensätze betrachtet werden müssen."[34] Doch jenes bilaterale Dokument ist nicht kirchlich verbindlich geworden. Kein Wunder: Genau wegen des „Fehlens des Weihesakraments" geht nach römischer Überzeugung die volle Substanz der Eucharistie bei den Protestantischen und damit ihr volles Kirchesein überhaupt verloren[35].

Umgekehrt betont Edmund Schlink in seiner „Ökumenischen Dogmatik" aus evangelischer Sicht die Gefahr, dass katholischerseits das eucharistische Tun der Kirche ein Eigengewicht bekomme und so „die Souveränität der Selbsthingabe Christi an die Kirche von Aussagen über das Tun der Kirche bzw. des Priesters verdeckt wird […]"[36]. Strittig ist zwischen den Konfessionen keineswegs, dass Christen sich auch selbst in ihrem Leben aus Dankbarkeit aufopfern und Gott hingeben sollten. Zu bestreiten ist jedoch von protestantischer Seite, dass solches Opfer der Gläubigen irgendwie und womöglich noch kultisch in eins zu setzen sei mit dem Opfergang Christi selbst. Genau eine solche Vermischung aber ist erkennbar das erklärte Programm der Messopferliturgie, durch welche die Kirche dem himmlischen Vater Christus „und sich selber ganz mit ihm" darbringt. Deutlich wird dieser Sachverhalt darin, dass die Eucharistie als zweckgerichtetes Geschehen interpretiert wird, als ein Opfer, das als solches etwas bezwecken will und kann – nämlich quantitative „Vermehrung" der Gnade sowie Genugtuung oder Versöhnung für Lebende und für noch im Fegfeuer zu reinigende Verstorbene. Ja man kann es sogar zwecks Erlangung nicht nur geistlicher, sondern auch „zeitlicher Wohltaten" von Gott und „für andere Nöte aufopfern"[37]. Es wird also nicht nur das einmalige Sühnopfer Christi wertgeachtet, sondern man erwartet von seiner kultischen, unblutigen Wiederholung konkrete Heilszuwendungen. Und diese Erwartung gründet nicht allein im göttlichen Gnadengeschenk, sondern auch darin, dass im liturgisch korrekt durchgeführten Opfer ein Tun der Kirche selbst stattfindet.

Dass das Mahl des Herrn in der römisch-katholischen Eucharistiefeier „wiederzuerkennen" sei, haben die evangelischen Landeskirchen in Deutschland beim Projekt „Lehrverurteilungen – kirchentrennend?" durch Synodenbeschlüsse gleichwohl freundlich eingeräumt. Eine römische Revanche ist bezeichnenderweise nicht erfolgt. Noch heute sind ökumenische Wortgottesdienste nicht am Sonntag und vor allem nicht zur üblichen Zeit der katholischen Messe möglich; für katholische Christen gilt der Besuch eines evangelischen oder ökumenischen Gottesdienstes nicht als Erfüllung der Sonntagspflicht. Ausnahmen, die für individuelle Notfälle gelten, bestätigen nur die harte Regel.

Aber ökumenische Differenzen bestehen nicht nur hin zur katholischen Seite, sondern ebenfalls unter Protestanten. So gibt es beispielsweise in den USA mehr als zwanzig lutherische Gemeinschaften, die bisher keine Kanzel- und Abendmahlsgemeinschaft pflegen[38]. Der historisch bedeutsame Zwist zwischen den Reformatoren Zwingli und Luther sei hier nur kurz skizziert: Zwingli folgerte aus den Worten des Apostolischen Glaubensbekenntnisses, dass Christus zur Rechten Gottes des Vaters sitze, die Unmöglichkeit seiner leiblichen Gegenwart in den Elementen des Abendmahls. Luther hielt dem entgegen, „Gottes Rechte" sei allgegenwärtig; also sei auch der Leib Christi zur Rechten Gottes allgegenwärtig und damit unter anderem in Wein und Brot real da. Hierauf wiederum konterte Zwingli, eine solche Argumentation sei hinfällig, weil dann ja die Toten in Christus, die dort sein sollten, wo Christus auch ist, mit ihm „allgegenwärtig" sein müssten[39]. Er bestand darauf, dass sich die traditionellen Aussagen über die Allgegenwart Christi nur auf dessen göttliche Natur, nicht auf seine menschlich-leibliche bezögen[40]. 1529 scheiterte das *Marburger Religionsgespräch* zwischen ihm und Luther kläglich. So konnten damals die reformatorischen Kräfte nicht gebündelt werden.

Erst etliche Jahre später entwickelte Johannes Calvin zu diesem Thema tragende Kompromissvorstellungen. Bei ihm tritt Christus in besonderer Weise in den Mittelpunkt: Die durch den Heiligen Geist vermittelte Glaubensgemeinschaft mit dem himmlischen König ist der wesentliche Inhalt des Abendmahls, dessen besondere Eigenschaft darin liegt, dass es sich hier um „sichtbares Wort" handelt. Durch seinen Geist steige Christus in der Feier aus dem Himmel herab und hebe den Menschen durch den von ihm bewirkten Glauben empor, ohne welchen das Mahl keine Wirkung erziele. Mit dieser Deutung hatte Calvin weder die Luther'sche „Realpräsenz" im Blick, denn die Menschheit Christi befindet sich nach seiner Überzeugung im Himmel bei Gott und besitzt keine Allgegenwart; noch bejaht er die Zwingli'sche „Spiritualpräsenz", die es überhaupt ablehnt, den Heiligen Geist mit materiellen Elementen in Verbindung zu bringen. Vielmehr sieht er im Abendmahl durch Christi Geist dessen Personganzheit anwesend. Die *Leuenberger Konkordie* von 1973 konnte auf dieser Basis die lutherischen, reformierten und unierten Protestanten Europas einen: „Im Abendmahl schenkt sich der auferstandene Jesus Christus in seinem für alle dahingegebenen Leib und Blut durch sein verheißendes Wort mit Brot und Wein. So gibt er sich selbst vorbehaltlos allen, die Brot und Wein empfangen; der Glaube empfängt das Mahl zum Heil, der Unglaube zum Gericht. [...] Wo solche Übereinstimmung zwischen Kirchen besteht, betreffen die Verwerfungen der reformatorischen Bekenntnisse nicht den Stand der Lehre dieser Kirchen."

Doch bei aller protestantischen Einigkeit zeigt der Kompass des Kirchenschiffes auch angesichts dieser Thematik keineswegs immer klar in dieselbe Richtung. Was heißt es unter evangelischen Christen heutzutage, das heilige Sakrament „laut dem Evangelium" zu reichen, also stiftungsgemäß zu verwalten? Das ist keine nebensächliche Frage, weil es doch angeblich um ein tragendes Kennzeichen von Kirche überhaupt geht. Insofern kann man sich über die heutige Spannweite protestantischer Gestaltungen und Deutungen des Abendmahls durchaus wundern: Sie reicht von konservativ bestimmten, streng liturgischen Feiern nach überkommenem Muster bis hin zu fragwürdigen liberalen Varianten, die in dem Vorschlag gipfeln, ersatzweise eine Liturgie ohne Sühneblut- und Erwählungsvorstellungen zu feiern[41]. Sie erweist ihre plurale Länge und Breite in mancherlei alternativen Ausgestaltungen, so dass hier Kinder zugelassen, dort ausgeschlossen werden, hier nur Ordinierte austeilen, dort auch Nichtordinierte, hier statt Wein Traubensaft gereicht und dort solcher Tausch als nicht schriftgemäß abgelehnt wird. Wer wo was geboten bekommt, ist oft nicht klar vorab erkennbar. Kirchenvorstände entscheiden über solche theologisch vielleicht doch nicht drittrangige Fragen ganz nach Belieben und jeweiliger Mehrheit. Den einen gebietet ihr Gewissen gestalterische Toleranz und Rücksicht auf Menschen mit Alkoholproblemen, den anderen Treue zu den Einsetzungsworten der Heiligen Schrift und Berücksichtigung der apostolischen Warnung, sich nicht zum Gericht zu essen und zu trinken: „Wer also unwürdig von dem Brot isst oder von dem Kelch des Herrn trinkt, der wird schuldig sein am Leib und Blut des Herrn" (1. Kor 11,27.29).

Wenn in der evangelischen Kirche die Schrift noch ernsthaft Orientierungsgröße in solchen Fragen sein soll, gibt es da durchaus klare Antworten[42]. Würdig und geordnet soll es zugehen: Was hindert's, dass in aller Regel wirklich nur die angesichts des allgemeinen Priestertums ordnungshalber eingesetzten Ordinierten und Beauftragten austeilen[43]? Von Wein und nicht von bloßem Saft ist im Neuen Testament die Rede (Jesu Worte vom „Saft der Reben" sind unzweifelhaft eine Umschreibung für „Wein"): Was hindert's, gegebenenfalls alkoholfreien Wein zu verwenden oder vielleicht im Einzelfall – etwa auch bei Leberkranken – es mit einem dezenten Wink beim Empfang der Hostie zu lassen, da nach allgemeiner theologischer Überzeugung der „ganze Christus" auch schon im Brot gegenwärtig ist? Nur den engsten Jüngerkreis hat Jesus zu seinem Abendmahl geladen: Was hindert's, die Feier wieder wie in der frühen Kirche mystagogischer abzuhalten, statt das Sakrament weithin als „Schleuderware" (Dietrich Bonhoeffer) auszuteilen? Wären etwa nicht neben dem „öffentlichen" Gottesdienst gezielter als bisher Abendmahlsfeiern im überschaubaren, verbindlicheren Zirkel derer anzubieten, die – um es mit Luther zu sagen – mit Ernst Christ sein wollen[44]? Und könnten nicht daneben die in der Alten Kirche gefeierten, bereits neutestamentlich zu identifizierenden (Apg 2,46; 1. Kor 11,20ff.; 2. Petr 2,13; Jud 12) und erst seit dem 4. Jahrhundert abgeschafften „Liebesmahle"[45] in der evangelischen Kirche vermehrt wiederentdeckt werden? Kirchenleitungsorgane, Universitätstheologen, Ordinierte, Kirchenvorstände und Gemeindeglieder sollten sich in dieser Richtung in gut reformatorischer Manier neu Gedanken machen. So könnten sie je nach ihren Möglichkeiten dazu beitragen, dass der eingeschlagene, von „Verflachung“[46] zeugende Kurs korrigiert wird, man sich also nicht autonom an „Bedürfnissen“ orientiert, sondern theonom am Willen dessen, der das heilige Mahl zu seinem Gedächtnis eingesetzt hat.

3 Ein vergessenes Sakrament

Anderthalb Monate vor seinem Tod traf der berühmte Musiker und Komponist Max Reger (1873–1916) tief in der Nacht nach einem Konzert in Holland im Hotelflur auf einen katholischen Geistlichen. Spontan nutzte er die günstige Gelegenheit: Geplagt von Todesahnungen, ließ sich der Dreiundvierzigjährige zwei Stunden lang die Beichte abnehmen. Das war etwas Besonderes für ihn, denn der katholisch Getaufte war wegen der Heirat mit einer evangelischen geschiedenen Frau exkommuniziert worden. Seitdem quälte er sich autonom im Rahmen einer christlichen Privatreligion mit einer „Werkgerechtigkeit“ ab: „Allein durch Handlungen und Taten wollte er sich rechtfertigen, und diese waren – wie alles in seinem Leben – immer mit Musik verbunden. Wie Bach sah er in der Musik eine Schöpfung Gottes, der er nach Kräften zu dienen suchte. Diese zentrale Funktion des Musikmachens – letztlich um sich von Schuld frei zu machen – mag eine tiefere Begründung für seine selbstzerstörerische Arbeitswut gegeben haben. […] Und dennoch mögen den streng katholisch Erzogenen manchmal die Ängste übermannt haben.“[47] Regers lange Jahre unterdrücktes Bedürfnis nach einer Beichte mit priesterlicher Absolution konnte nur angesichts der spontanen Ermöglichung und unter dem Einfluss von Alkohol zum Zuge kommen. Der nach seinem Tod durch Bruch des Beichtgeheimnisses bekannt gewordene Bußgang macht exemplarisch deutlich, wie sehr ein belastetes Gottesverhältnis seelisch wirksam werden und sich verzweifelt ein Ventil suchen kann[48]. Berühmte Schriftsteller wie Leo Tolstoi und Karl May hatten Ähnliches erfahren – und später sogar öffentlich ihre „Beichte“ abgelegt[49].

In der katholischen Kirche zählt die Beichte neben Taufe und Eucharistie unumstritten zu den insgesamt sieben Sakramenten (Firmung, Weihe, Ehe und Letzte Ölung sind die übrigen). Vom Trienter Konzil wird das Bußsakrament als „Tribunal“ beschrieben. Dabei ist die Sündenvergebung keineswegs mit Straferlass gleichgesetzt; vielmehr geht es nämlich zugleich über die von Christus getragene Schuld vor Gott hinaus auch um jene Schuld, die innerhalb des kirchlichen Miteinanders entstanden sei. Um die daher fälligen Kirchenstrafen gerecht bemessen zu können, benötigt der Priester ein detailliertes, möglichst vollständiges Sündenbekenntnis[50]. Hierin aber gründet so manche Gewissensfolter, die bis heute Katholiken quälen kann[51].

Den Aspekt der Kirchenstrafen und entsprechender Genugtuung (Satisfaktion) kennt die evangelische Kirche in ihrem Verständnis von Beichte nicht. Vielmehr hat eben in diesem Problemzusammenhang die Reformation ihren Anfang genommen. Da die kirchlich fälligen Bußleistungen seit dem 11. Jahrhundert so groß geworden waren, dass sie nicht mehr innerhalb der irdischen Lebenszeit zu bewältigen waren, hatte man begonnen, ihre Vollendung in einem jenseitigen Läuterungsort, dem sogenannten Fegfeuer anzusiedeln. Spätestens dadurch gewannen die Kirchenstrafen ihrerseits transzendenten, jenseitsrelevanten Charakter: Sie wurden der religiösen Empfindung nach unmittelbar aufs Gottesverhältnis bezogen. Dieses Verhältnis war fortan nicht mehr vom Gedanken reiner Gnade und Liebe geprägt, sondern vom Gedanken der Strafe und einer bloß bedingungshaften Gewährung von Gnade. Luther lehrte demgegenüber wie bereits dargelegt, dass der göttliche Freispruch alle Schuld betrifft, sogar auch alle zukünftige, weil er die Gnade des Jüngsten Tages vorwegnimmt. Es kann folglich nichts mehr dazwischenkommen, was die ewige Rettung in Frage stellen würde. Dieser *ultimative* Sachverhalt bedeutet frohe Gewissheit. Entsprechend zielt bei Luther die Einmaligkeit der Taufe auf die *endgültige* Zueignung der in Christus gründenden Gnade[52]. Gerade im Licht der so verstandenen Rechtfertigung ist dem Reformator freilich deutlich gewesen, dass kein Christ im weiteren Verlauf seiner Lebenszeit bis zum Tode gänzlich frei von seiner Sündenverhaftung würde[53]. Das Bußproblem stellt sich demnach existenziell immer wieder neu – und zwar trotz der im Glauben vollzogenen Vorwegnahme des ultimaten Freispruchs[54]. Einerseits überspringt der Glaubende die Zeit bis zum göttlichen Endgericht; andererseits steht er ja doch noch mitten in der Zeit, wodurch sich ihm von Mal zu Mal der Eindruck eines noch ungeklärten Gottesverhältnisses aufdrängen muss. Diese paradoxe Erfahrungssituation des evangelischen Christen hat Luther auf die Formel gebracht, der

Glaubende sei als Gerechtfertigter *simul justus et peccator*, auf Deutsch: Gerechter und Sünder zugleich[55]. Das ist eine radikale, revolutionäre Erkenntnis: trotz aller Unvollkommenheit im Leben um Christi willen für *heilig* erklärt zu sein, für liebenswert und gemeinschaftsfähig mit Gott.

Als junger Mönch hatte Luther im Kloster nur gelernt, Vergebung der Sünden und Heilung durch eigene, vor Gott anzurechnende „gute Taten“ bzw. „Werke“ zu erhoffen[56]. Doch er spürte bei allen frommen Bemühungen: Sie waren nicht geeignet, die Spaltung im Gottesverhältnis und die damit zusammenhängende religiöse Angst zu überwinden. Erst als er die Gerechtigkeit Gottes nicht mehr heteronom als bedrohliche verstand, sondern theonom als schenkende, nämlich als Ausdruck für die liebevoll eintretende Gottesherrschaft, bedeutete das die reformatorische Entdeckung schlechthin. Von daher unterschied er fortan streng zwischen Gesetz und Evangelium. Das eine setzt das andere nicht außer Kraft – und dennoch hat das Evangelium die ungleich größere Wirkmächtigkeit, ja Wirklichkeit: Wer im Glauben an den gekreuzigten Auferstandenen lebt, ist dem Reformator zufolge bereits selbst mit Kopf und Leib und einem Bein aus dem Grab heraus *auferstanden*, so dass „nicht mehr denn der linke Fuß dahinten bleibt. Denn die Sünde ist ihm schon vergeben und ausgetilgt, Gottes Zorn und Hölle ausgelöscht, und er lebt bereits ganz in und bei Christus nach [...] dem besten Stück (welches die Seele ist) teilhaftig des ewigen Lebens [...].“[57] Dabei weiß Luther das paradoxe *Zugleich* im Sinne einer einerseits bereits total gegebenen, andererseits auch in der Zeit *wachsenden* Gerechtigkeit vor Gott zu interpretieren: „Also bleibt in diesem Leben stets die Sünde, bis die Stunde des Jüngsten Gerichts kommt, und dann schließlich werden wir vollkommen gerecht gemacht werden.“[58] Buße heißt in der Konsequenz nichts anderes als ein Immer-wieder-Hineinkriechen ins Sakrament der Taufe, die in ihrer Einmaligkeit dem Ein-für-alle-Mal des Heilsgeschehens in Jesus Christus entspricht. Solche Buße kann und darf jederzeit erfolgen und ist als tägliche Erneuerung des inneren Menschen willkommen. Denn sie stellt den Glaubenden immer wieder neu in die Freiheit eines im Grundansatz geheilten Gottesverhältnisses hinein, das die Welt und ihre Religionen so nicht vermitteln können.

Von daher hat Luther die Beichte so hoch geschätzt, dass er sie in seinem Büchlein „Von der babylonischen Gefangenschaft der Kirche“ und noch im „Großen Katechismus“ neben Taufe und Abendmahl als „drittes

Sakrament" gewertet hat[59]. Denn Christus selbst habe die Absolution seiner Christenheit in den Mund gelegt und die Lossprechung von den Sünden befohlen[60]. Libertinisten, die meinten, man habe das Beichten nicht nötig, sollten nach seiner Überzeugung auch vom Sakrament des Altars ausgeschlossen werden. Abgegrenzt hat sich der Reformator auf der anderen Seite gegenüber der katholischen Praxis, indem er jeden Zwang zum Beichten abgelehnt und alles dafür getan hat, um dessen positive, stärkende und tröstende Elemente hervorzuheben. Er unterschied zwischen dem menschlichen Teil der Beichte, nämlich dem Bekennen der Schuld einschließlich des Begehrens nach dem „köstlichen Schatz" seelischer Erquickung, und dem göttlichen Werk, das darin besteht, dass Gott sein freisprechendes Wort durch Menschenmund ausrichtet. Diesen zweiten Teil nannte er das Vornehmste und Edelste an der Beichte, weil er ein fröhliches Herz und Gewissen mache. Deshalb komme es nicht darauf an, aufs Genaueste alle Sünden zu benennen: Solches Herumkramen lasse das Sakrament sauer erscheinen und schade der Seele[61]. Vielmehr sollten wir klar differenzieren und „unser Werk gering, aber Gottes Wort hoch und groß achten und nicht hingehen, als wollten wir ein köstliches Werk tun und ihm geben, sondern nur von ihm nehmen und empfangen." Wer kein Verlangen danach habe, den solle man fahren lassen, weil er offenkundig das Evangelium nicht hochschätze und das Christsein aufgegeben habe.

Allzu leichtfertig hat man in neuerer Zeit die von Luther und Melanchthon befürwortete Einordnung der Beichte als Sakrament dem Vergessen überlassen[62]. Einig war man sich allerdings in dieser Frage schon mit den Schweizer Reformatoren keineswegs gewesen[63]. Allein in der *Selbständigen Evangelisch-Lutherischen Kirche* (SELK) wird der sakramentale Charakter der Beichte noch hochgehalten; dem entspricht hier die beibehaltene alte, wohltuende Praxis, die Absolution unter Handauflegung jedem Einzelnen vom Pfarrer zuzusprechen. Freilich muss man sich hinsichtlich der Einschätzung als „Sakrament" nicht zerstreiten, zumal dieser theologische Oberbegriff – wie bereits gesagt – selbst nicht biblischer Herkunft ist[64]. Die abstrakte Bestimmung, zu Gottes Wort müsse bei Sakramenten ein äußerliches, dingliches Zeichen hinzukommen, macht jedenfalls bei der Beichte Schwierigkeiten. Ihre geradezu sakramentale Hochschätzung bei den deutschen Reformatoren gründet in ihrem inneren Zusammenhang mit der Taufe: Nach dem immer wieder zu erfahrenden Scheitern am

Gesetz geht es bei der Beichte um eine Aktualisierung dessen, was in der unwiederholbaren Taufe geschehen ist. Sie ist gewissermaßen die erneuernde „Rückkehr in die Ursprungssituation des Soeben-Getauftworden-Seins", wie es Christof Gestrich im Sinne Luthers formuliert[65].

Mit dem rückwärts gewandten Bezug zur Taufe ist in der Beichte aber auch die in der Taufe selbst verankerte Vorwegnahme des rechtfertigenden Freispruchs im Endgericht gegeben. In der Gegenwart der Absolution am Ende der Beichte wird also der Blick in die Vergangenheit des Taufgeschehens und in die Zukunft der Vollendung gerichtet. In der paradoxen Lebenssituation des Christen als Sünder und Gerechtfertigter zugleich muss der doch ultimativ gültige Freispruch je und je aufs Neue bewusst gemacht werden. Das kann durchaus im Zuge eines Gebets oder einer Art Beichtgespräch mit Glaubensgeschwistern (1. Thess 5,11; Jak 5,16) geschehen. Es ist freilich eine besonders tief gehende Erfahrung, die Absolution aus dem Mund eines Ordinierten in feierlicher Zeremonie zu erhalten, wie sie sich von Joh 20,23 her begründet. Wäre nicht im Sinne der Unterscheidung Luthers zu überlegen, künftig diese Zeremonie statt nach ihrem ersten Teil als Beichte besser gemäß ihrem zweiten Teil als Feier, wenn nicht sogar tatsächlich wieder als Sakrament[66] der *Absolution* zu bezeichnen?

Eine entsprechende Regelung könnte mit dazu beitragen, das reformatorisch einst als so befreiend gedeutete und gern praktizierte Bußsakrament der Vergessenheit zu entreißen, in die es mittlerweile in weiten Bereichen des Protestantismus geraten ist. Wer beispielsweise das Taschenbuch „Was ist Kirche? 12 x 12 Stichwörter" (1994) von Karl-Friedrich Wiggermann zur Hand nimmt, wird weder im Inhaltsverzeichnis noch im Sachregister irgendeinen Bezug zu Beichte oder Buße finden[67]. Lediglich der Buß- und Bettag wird erwähnt. Aber gerade hinsichtlich dieses bereits im Dritten Reich staatlich abgeschafften Feiertags wurde im selben Jahr, in dem Wiggermanns Buch erschien, mit kirchlichem Einverständnis aufs Neue beschlossen, ihn als arbeitsfreien Tag zu streichen, um die Mehrbelastung für die Arbeitgeber wegen der Beiträge zur neu eingeführten Pflegeversicherung durch Mehrarbeit der Arbeitnehmer auszugleichen[68]. Buße – kein öffentliches Thema mehr für evangelische Kirche?

Formell und liturgisch gibt es die Beichte in protestantischen Kirchen nach wie vor[69], und zwar in der Regel als – freilich sehr selten angebotene – *Gemeinschaftsbeichte*. Früher wurde sie meist vor der Abendmahlsfeier durchgeführt; diese Verbindung lockerte sich aber in den letzten Jahrzehnten mehr und mehr. Schließlich sei die „Beichte keine Voraussetzung für den Abendmahlsgang. Dies wird heute bei den meisten Abendmahlsfeiern auch deutlich. Besonders an Orten mit häufiger Abendmahlsfeier ist die Verknüpfung von Beichte und Abendmahl weitgehend aufgehoben."[70] Noch seltener sind *Einzelbeichten* in der evangelischen Kirche geworden[71]. Die Ausburgische Konfession hatte mit Artikel XI ausdrücklich gelehrt, dass „man in der Kirchen *privatam absolutionem* erhalten und nicht fallen lassen soll [...]." In der Reformationszeit dementsprechend verbreitet[72], wurden Ende des 17. Jahrhunderts Einzelbeichten durch den „Berliner Beichtstuhlstreit" so gut wie abgeschafft. Zwar kam es im 19. Jahrhundert durch Claus Harms, Johann Christoph Blumhardt und Wilhelm Löhe zu einer Neuentdeckung der Einzelbeichte[73] – doch ohne größere Nachwirkung. 1956 gab der Evangelische Kirchentag in Frankfurt/Main noch einmal einen kräftigeren Impuls zur Beschäftigung mit der Beichte; später folgten hier und da kleinere Initiativen. Im Wesentlichen aber blieb sie ein – immerhin nicht gänzlich aufgegebenes[74] – Randthema. Je mehr sie in der katholischen Kirche unbeliebt und in der evangelischen Kirche weitgehend vergessen wurde, desto stärker kamen säkulare Ersatzformen auf: Man begann zu „beichten" auf der Psychocouch, dann zunehmend in Talkshows[75] und mitunter sogar in der Politik.

Der herausragendste evangelische Theologe, der in der Moderne eine Lanze für das vergessene Sakrament gebrochen hat, war Dietrich Bonhoeffer. Er wusste, dass es in der Verkündigung auch Raum für den Bußgedanken geben müsse[76]. Aber das meinte er nie gesetzlich. Im Gegenteil – von Sünde und Schuld wollte er allein im Licht des Evangeliums geredet wissen: „Schulderkenntnis gibt es nur aufgrund der Gnade Christi, aufgrund des Griffes Christi nach dem Abfallenden. In dieser Schulderkenntnis nimmt der Prozeß der Gleichgestaltung des Menschen mit Christus seinen Anfang."[77] Echte Schulderkenntnis erwachse nicht aus den Erfahrungen der Auflösung und des Verfalls, sondern ausschließlich an der Gestalt Christi selbst. Von ihm abgesehen, sei alles Denken über den Menschen unfruchtbare Abstraktion. Darum aber sei der Ort, an dem echte Schulderkenntnis wirklich werde, die Kirche als „jene Gemeinschaft von Menschen, die durch die Gnade Christi zur Erkenntnis der Schuld an Christus geführt worden ist"[78]. Das zweifellos schwer fallende Aufzählen konkreter Sünden vor einem anderen, seinerseits nicht sündlosen Menschen sei „ein Angebot göttlicher Hilfe für den Sünder“ – und gerade darum ereigne sich in der Beichte zugleich der „*Durchbruch zur Gemeinschaft*“[79]. Christus als der Gekreuzigte aber sei als Richter der Retter, der alle Schuld auf sich genommen habe. Darum vollziehe sich in der Beichte glaubend „der *Durchbruch zum Kreuz*“[80]. Da weiche jeder Hochmut, jede Selbstrechtfertigung. Und es sei vor allem die Gemeinschaft mit dem Auferstandenen selbst, die das Geschehen der Beichte gleichzeitig als einen „*Durchbruch zum neuen Leben*“[81] erfahrbar mache. Erfolgte Vergebung bedeute den Bruch mit der Vergangenheit, mehr noch: im Sinne eines Herrschaftswechsels den ansatzweisen Bruch mit der Sünde. Die Annahme, weil Gnade doch alles allein tue, könne einfach alles beim Alten bleiben, sei ein fatales Missverständnis[82] – im Sinne der billigen Gnade „als Rechtfertigung der Sünde, aber nicht als Rechtfertigung des bußfertigen Sünders, der von seiner Sünde läßt und umkehrt. […] Billige Gnade ist Predigt der Vergebung ohne Buße, […] ist Absolution ohne persönliche Beichte.“[83] Echte Buße heiße „konkrete Umkehr, Buße fordert die Tat“[84]. Sie fließe aus der Freude recht verstandener Beichte.

Der Umkehrruf gilt Bonhoeffer zufolge nicht nur dem glaubenden Individuum, sondern der Gemeinde, ja der Kirche insgesamt. Sie ist als sichtbare Kirche fehlerhaft und zum Teil auch als unsichtbare noch nicht vollkommen – laut Luther „ein sündlich Reich“[85], also immer wieder zur Buße fällig. Beispielsweise klagt Bonhoeffer, die Kirche habe „die Gerechtigkeit Gottes nicht so verkündigt, daß alles menschliche Recht in ihr die Quelle des eigenen Wesens sehen musste […]“[86]. Sollte von diesen Überlegungen her nicht stärker auch so etwas wie eine korporative Beichte liturgisch angedacht werden? Gemeint ist hier nicht eine Gemeinschaftsbeichte im gewöhnlichen Sinn, sondern der konzentrierte und anlassbezogene Beichtgang verantwortlich zusammenwirkender Gremien – etwa eines Kirchenvorstands, eines Landeskirchenrats, einer Dekanatssynode, vielleicht sogar auch eines politischen Gemeinderats oder einer Firmenleitungsgruppe, sofern jedenfalls eine Einsicht in die Notwendigkeit von ganzheitlicher Umkehr, eine Sehnsucht nach Befreiung von Schuld und der Eröffnung eines neuen Weges vorhanden ist[87]. Anlässe dürfte es immer wieder geben. So könnte eine speziellere Form des vergessenen Sakraments praktiziert werden, die es erlaubt, Buße, echtes Umdenken und eine erforderliche Wende im Kraftfeld christlicher Spiritualität auf der Ebene verantwortungstragender Gruppen anzugehen.

Beichte und Absolution wieder zu entdecken, ist dort lohnend, wo der Gedanke des Heiligen kirchlich neu einleuchtet[88]. Peter Zimmerling hat Recht: „Indem in der Beichte die Sünde und Schuld des Menschen ernst genommen werden, erinnert sie an Gottes Heiligkeit und bewahrt vor einem verflachten Gottesverständnis im Sinne eines Gottes, ‚dessen Metier es sei, dem Menschen zu verzeihen', wie Voltaire spottete."[89] Eine dauerhafte Wiedergewinnung der Beichte – so Zimmerling weiter – werde freilich „nur möglich sein, wenn in Theologie und Kirche kontinuierlich über deren Chancen und Möglichkeiten gelehrt und gesprochen und sie regelmäßig angeboten wird". Vielleicht kann der Kompass der evangelischen Kirche so justiert werden, dass sich dies realisieren lässt.

4 Die Ortsgemeinde als „Gemeinschaft der Heiligen"

Würde der Kompass des evangelischen Kirchenschiffs richtig funktionieren, hätte eines kaum passieren dürfen: eine in den letzten Jahrzehnten sich häufende Geringschätzung örtlicher Kirchengemeinden durch Leitungs- und Verwaltungsorgane. Gisela Kittel und ihre Mitautoren zeigen in dem Buch „Kirche der Reformation? Erfahrungen mit dem Reformprozess und die Notwendigkeit der Umkehr" (2016) die mancherorts entstandenen Nöte ausführlich und eindrucksvoll auf. Dort Gesagtes muss hier nicht wiederholt werden. Doch wenige Zitate seien erlaubt: „Nach etwa zwanzig Jahren Strukturumbau der Evangelischen Kirche zeigen sich die angerichteten Schäden unübersehbar. Sie sind vor allem in jenen Landeskirchen und Kirchenkreisen zu spüren, die im sogenannten ‚Reformprozess' kühn voranschritten."[90] Eine gefährliche Verschiebung im evangelischen Kirchenverständnis habe sich ereignet – mit den Folgen einer Umdeutung des Predigtamtes, einer unevangelischen Vorordnung bestimmter Ämter und Dienste vor andere Dienste in der Kirche und einer Veränderung in der Grundorientierung kirchlichen Lebens. Weil die christliche Kirche weithin nicht mehr als die Versammlung der Glaubenden gesehen werde, die auf das Wort ihres Herrn hört, sondern primär als soziale Organisation, deren Spitze von sich meine, die Kirche zu repräsentieren, sei die Selbsterhaltung des derart organisierten Apparates an die erste Stelle der Vorsorge gerückt: „So konnten und können Gemeinden an der Basis der Kirche aufgelöst werden. So schreitet die Institution ‚Kirche' über engagierte und bisher ihren Gemeinden treu verbundene Gemeindeglieder hinweg. Und so ziehen sich dann auch diese Glieder – enttäuscht und im Stich gelassen – zurück oder verlassen gar endgültig ihre einstige Kirche."[91] Zu fordern sei von daher ein Umdenken, zu dem auch gehöre, dass nicht länger Mitarbeiter aus der Beratungsindustrie und Beamte der Verwaltungshierarchie die Richtung in der Kirche vorgäben. Die modische Orientierung an marktförmigen Maßstäben müsse wieder überwunden werden, weil sie letztlich „Gemeinden in die Verarmung" treibe[92]. Dabei sei doch jede Gemeinde „in vollem Sinn Kirche Jesu Christi" und könne somit auch „nicht von einer anderen Gemeinde oder einem übergemeindlichen Gremium oder Leitungsamt bedrängt oder aufgelöst werden"[93].

Welche Bedeutung den Kirchengemeinden vor Ort tatsächlich zukommt, geht aus der neuesten, fünften Mitgliedschaftsuntersuchung der EKD[94] überraschend klar hervor. Wichtige Beiträge lassen im Unterschied zu den früheren Untersuchungen genau diese Frage neu in den Vordergrund rücken. Demnach fühlen stolze 45 Prozent der Kirchenmitglieder sich ihrer Ortsgemeinde sehr oder ziemlich verbunden. Hierbei zeigt sich: Die Betreffenden fühlen sich in der Regel auch der evangelischen Kirche generell verbunden. Gerhard Wegner hält deshalb fest: „Damit ist die Kirchengemeinde – ganz nüchtern und rein faktisch konstatiert – nach wie vor die mit Abstand wichtigste Drehscheibe der Kirchenmitgliedschaft."[95] Desgleichen liegt nun mehr denn je am Tage: „Durch die Sichtbarkeit der Kirche in der Ortsgemeinde gewinnt die evangelische Kirche insgesamt ihre Sichtbarkeit."[96] Gerade ehrenamtliches und freiwilliges Engagement wird offenbar ermöglicht und verstetigt durch die persönlichen Kontakte in der Bindung an den Pfarrer bzw. die Pfarrerin und die vielen kleinen Gemeinschaften innerhalb der Gemeinden[97].

Diese Ergebnisse bestätigen auffallend Luthers Kirchenverständnis. Wie oben dargelegt, sah der Reformator Kirche dezidiert als Versammlung jener heiligen bzw. geheiligten Menschen an, die das Evangelium hören und Christus angehören wollen, so dass unter ihnen „Liebe gegen Liebe angezündet" wird[98]. Versammlungen sind etwas Konkretes – und die tätige, aus dem Glauben fließende Liebe zu jedermann, aber vornehmlich unter Glaubensgenossen (Gal 5,6 und 6,10) auch! Zudem hatte Luther ja an besondere Zirkel innerhalb der örtlichen Kirchengemeinden gedacht: In solchen Hauskreisen könne es konzentriert um Gebet, Lesung und Auslegung der Heiligen Schrift, um Taufe und Abendmahl sowie um gelebte Liebestaten, etwa in seelsorgerlicher oder diakonischer Gestalt gehen.

Vor einigen Jahrzehnten war es im Land des Reformators breitflächig zu einer begeisterten Wiederentdeckung der reformatorischen und bereits neutestamentlichen[99] Hochschätzung gemeindlichen Kircheseins gekommen. Man debattierte und experimentierte, man missionierte und organisierte: „Überschaubare Gemeinde", „Einladende Gemeinde", „Geistliche Gemeindeerneuerung"[100] und ähnlich hießen die Konzepte. Gotthart Preiser beobachtete: „Landessynoden beschäftigen sich quer durch die Republik mit theologischen Grundsatzfragen und möglichen Handlungsfeldern des Gemeindeaufbaus. Die Bücher zum Thema füllen ganze Regalfächer."[101] Von diesen Aufbrüchen ist jedoch später wenig übrig geblieben[102]. Die von der EKD schließlich in dem Perspektivpapier „Kirche der Freiheit" (2006) propagierten „Leuchtfeuer" gaben zwar eine Vision vor, wie angesichts des demographischen Wandels und der volkskirchlichen Erosion evangelische Kirche im Jahr 2030 funktionieren könnte. Doch dieses Papier erzeugte statt Begeisterung vielfach eine Stimmung der Resignation, weil es die Reduzierung von nicht weniger als der Hälfte aller Kirchengemeinden bis dahin forderte[103]. Erst in neuester Zeit beginnt sich wieder hier und da Ermutigenderes „vor Ort" zu formieren[104].

Dass es zwischenzeitlich zu einer eher krisenhaften Stille und mancherlei Entmutigung für die örtlichen Gemeinden gekommen war, dürfte zum einen mit der immer stärker gewordenen Vorherrschaft liberaler Theologie in Theologie und Kirche zu tun haben, die schwerlich zu lebendigeren, wachsenden Gemeinden führt, sondern wenn, dann wohl eher zu wachsenden Apparaten[105]. Zum andern dürfte es schlicht daran liegen, dass es im Zusammenhang damit zu sehr mangelte an der von Luther so betonten Liebe im gemeindlichen Miteinander. Nach wie vor gilt: „Die Ethik des missionarischen Gemeindeaufbaus ist noch zu schreiben. Es gerät sonst zu schnell in Vergessenheit, daß Paulus der Liebe aufbauende Qualitäten zuschreibt."[106] Wenn man etwa das Diakonische[107] weitgehendst dem *Diakonischen Werk* überlässt, die Fürsorge für die Ärmsten

Brot für die Welt und das Missionarische der *Bahnhofsmission*, im Übrigen aber die Kirchenmusik pflegt und ab und an neben den üblichen Gottesdiensten nette Gemeindefeste mit Kirchenkaffee feiert, lebt so der „Leib Christi" in überzeugender Weise?

Damit sich freilich Liebe geschwisterlich ereignen kann, sind bestimmte Voraussetzungen erforderlich, an denen es oft genug fehlt. Zuallererst kommt es darauf an, dass Gottes radikale Liebe in der Verkündigung und in den Gesprächen der Haus-, Bibel- oder Jugendkreise deutlich in Worte gefasst und der Gemeinde nahegebracht wird. Sodann müssen persönliche Kontakte und Aussprachen es überhaupt einmal ermöglichen, dass Nöte und Besorgnisse formuliert werden, um in der Folge konkrete, liebevolle Abhilfen erwägen zu können[108]. Hierfür ist ein gewisses Maß an Nähe und Vertraulichkeit, wie sie sozial in überschaubaren Kreisen und Gruppen gegeben sind, sinnvoll, ja gerade inmitten der Massengemeinden der Volkskirche unverzichtbar[109]. Kurt Rommel fragt mit Recht: Muss sich nicht „in unseren Gemeinden etwas von einer *famila dei*, in Gottes Namen etwas Familiäres entwickeln?"[110]

Änderungen dürften sich in dieser Hinsicht insbesondere für die üblichen Gottesdienstordnungen nahelegen: Sie lassen Artikulationen konkreter, individueller Anliegen, die für die jeweilige örtliche Gemeinde in irgendeiner Weise relevant sein könnten, so gut wie gar nicht zu. Selbst kleinste Ansätze dialogischen Eingehens etwa auf Predigt oder Liedauswahl sind in der Regel nicht vorgesehen; selten einmal darf das „allgemeine" (!) Fürbittengebet von Gemeindegliedern mitformuliert oder abgelesen werden. Als Praktischer Theologe weiß Alexander Deeg: Die Gemeinde, von Luther einst als Trägerin der liturgischen Autorität gedacht, „sitzt vielmehr arretiert auf ihren Plätzen in den Kirchenbänken, und hoch über uns oder weit vor ihr ist der Pfarrer auf der Kanzel oder am Altar der entscheidende liturgische Handlungsträger"[111]. Nicht nur die reformatorisch akzentuierte Überzeugung vom allgemeinen Priestertum, sondern das Liebesprinzip legt Korrekturen im evangelischen Gottesdienstverständnis nahe. Zumal die sonntägliche, zentrale Gemeindeversammlung in der Heiligen Schrift nirgends als „Gottesdienst" bezeichnet wird, sollte der Gottesdienst ein Stück mehr den Charakter einer würdigen und freundschaftlichen Versammlung annehmen. Dann könnte er noch deutlicher Gottesdienst im doppelten Sinn des Wortes – und des Liebesgebots – sein:

nicht allein Dienst für Gott in vorformulierten Texten der Anbetung und des Lobpreises sowie im respektvollen Hören auf sein Wort, sondern Gottes Dienst an den Menschen, der sich sozusagen nicht auf Worte beschränkt. Es müsste in der ohnehin oft recht steifen und lustlos vollzogenen[112] Liturgie ein wenn auch begrenzter Raum eröffnet werden für spontane Resonanzen, für das Einbringen konkreter Wünsche und Sorgen. Mancherlei Experimente in den letzten Jahrzehnten waren vor allem auf „Modernisierungen" und „Individualisierungen" aus[113]. Doch nicht nur um den lebendigen Wechsel von Alt oder Neu und um eine Überwindung bestimmter liturgischer Fixierungen muss es gehen, sondern vor allem um Grundlagen für mehr Ermöglichung gelebter Geschwisterliebe. Wie kann es sein, dass man in den Gottesdienst und am Ende auch wieder hinaus geht, ohne seinem Nebensitzer die Hand geschüttelt, ins Gesicht gesehen und vielleicht auch ein paar wichtige oder unwichtige Worte mit ihm gewechselt zu haben? Genauso aber läuft es meist ab: „Keiner kennt den Nachbarn im Gottesdienst. Noch weniger kennt er seine Nöte. Der überforderte Pfarrer ist gezwungen, die Gemeinde als einen Block zu behandeln, der ihm gegenübersteht. Er ist außerstande, diesen Block durch persönlichen Kontakt und seelsorgerliches Gespräch aufzulösen und zu verlebendigen."[114] Freilich gibt es schon lange Empfehlungen „hin zu stärker interaktiv und kommunikativ gestalteten Gottesdiensten"[115]. Aber vielleicht haben sie immer noch zu wenig unter dem Impuls der Liebe gestanden. Liturgiker, Synoden, Kirchenvorstände, Dekane- und Pfarrerkonferenzen sollten mit neuem Elan über diese Fragen nachdenken – damit nicht die pessimistische religionssoziologische Prognose wahr wird: „Der Kirchgang wird also auch in Zukunft weiter fallen, dieser Rückgang dürfte sich zukünftig wohl sogar noch beschleunigen."[116]

Gerade auch die Abendmahlsfeier könnte deutlicher als bisher zum Ausgangspunkt eines „Kommunismus der Liebe"[117] in der Gemeinde werden – vielleicht ergänzt durch eigene Liebesmahle, wie auch immer im Einzelnen vor Ort gestaltet[118]. Das Sakramentale, das Christus *leiblich* oder zeichenhaft vergegenwärtigt, lässt Heiligkeit anschaulich und spürbar werden – was übrigens gegen den modischen Trend zu virtuellen Digitalkirchen spricht[119]. Wenn der Abstraktbegriff des Sakraments in Gebrauch bleiben soll (wovon auszugehen ist), dann stellt sich gerade auch auf dem Boden evangelischer Kirche die Frage, ob er nicht in einem erweiterten

Sinn Anwendung finden kann: Nachdem die römische Kirche sich selbst als die „heilige katholische Kirche“ des Apostolischen Glaubensbekenntnisses und von daher insgesamt als das „allumfassende Heilssakrament“[120] versteht, wäre eine Übertragung dieser Logik auf protestantische Verhältnisse keineswegs unangebracht. Zwar liegt es evangelischerseits auf Grund des so anderen Amtsverständnisses nicht nahe, sakramental von der Institution als Ganzer, also einschließlich der Verwaltungsapparate und ähnlicher Größen, zu denken. Wohl aber wäre theologisch zu überlegen, ob sich nicht ihr Kirchesein auf der konkreten Realisierungsebene der örtlichen Gemeinden, also der Kirche in Gestalt ihrer jeweiligen „Versammlungen“ durchaus betont in einem sakramentalen Sinn deuten ließe. Die konkret vorfindliche „Gemeinschaft der Heiligen“ – sollte sie nicht im mystagogischen Sinn Sakrament, heilige Verleiblichung ihres Herrn in der Welt sein? Wird nicht kraft des von ihm gesendeten heiligen Geistes als des Prinzips der Heiligung und Heilung[121] die Erbauung der Gemeinde realisiert[122]? Diese Sichtweise entspricht der These Bonhoeffers: „Die Kirche ist Christus als Gemeinde existierend.“[123] Und gerade so hätte Kirche auch im Sinne Bonhoeffers inmitten aller Säkularität „Gemeinde für andere“ zu sein[124].

Ein solches, in Wort und Tat konsequent zum Ausdruck kommendes Selbstverständnis evangelischer Kirche in Deutschland würde wegen seiner Analogie zum römisch-katholischen sogar das ökumenische Potenzial verstärken[125]. Als der CDU-Politiker Heiner Geißler mit Blick aufs Reformationsjubiläum gefragt wurde, ob sich denn in Sachen Ökumene etwas bewege, antwortete er, was im Grunde jedermann weiß: „In den Gemeinden schon. Weiter oben nur zögerlich.“[126] Auf der Ebene der Ortsgemeinden wird aus der Spiritualität der gemeinsamen Christus-Verbindung heraus jene Liebe am ehesten realisiert, die auch Differenzen in Lehrfragen praktisch mehr oder weniger hintanstellen hilft. Diese durchaus bekannte Erfahrung erhält aktuell noch mehr Gewicht dadurch, dass sowohl auf evangelischer wie auf katholischer Seite die Wichtigkeit der Ortsgemeinde gegenüber gut gemeinten, aber oft belastenden Reformmaßnahmen der Kirchenleitungen neu entdeckt wird. So zeigt der katholische Theologieprofessor Herbert Haslinger in seinem Buch „Gemeinde – Kirche am Ort“ (2015) als beunruhigende Entwicklung auf: Durch Fusionen und Zusammenlegungen seien Pfarreien und neue Strukturgebilde entstanden, die in ihrem Umfang kleinen Diözesen glichen. Demgegenüber habe doch das

Zweite Vatikanische Konzil eindeutig definiert, Gemeinde sei Kirche am Ort[127]. Statt weiter Großpfarreien zu etablieren, müsse neu bewusst werden, dass gerade die Menschen vor Ort das bilden, was man kirchlich „Gemeinde" nennt.

Gewiss wird man über diesen – auf reformiertem Boden von jeher selbstverständlicheren – Einsichten bilateral stets die bereits neutestamentliche Einsicht im Blick behalten müssen: Kirche umfasst immer auch überregionale, ja überzeitliche Ebenen. Aber höhere Organisationsebenen sind aus protestantischer Sicht da, um den örtlichen Kirchengemeinden, den kleinen Einheiten zu dienen. Denn in denen verwirklicht sich der Leib Christi in exemplarischer Weise von Mal zu Mal geradezu „sakramental", indem hier Gottes-, Geschwister- und Nächstenliebe im Geist ihres Herrn ganz konkret gelebt und erfahren werden. Mit dem Schweizer Dogmatiker Walter Mostert formuliert: Die „Universalität der Kirche besteht nicht in der Zentralorganisation, sondern darin, daß unendlich viele endliche Gemeinschaften existieren, die alle im Namen des gleichen Herrn versammelt sind. In jeder Kirchgemeinde auf der ganzen Welt existiert die Kirche."[128] Aus dieser theologischen Feststellung folgt im Blick auf die Gesamtstruktur von Kirche genau das, was Kittel und ihre Mitautoren in die Forderung fassen, das Subsidiaritätsprinzip sei konsequent anzuwenden. Übergeordnete Instanzen sollten also nur die Aufgaben übernehmen, die von unteren Ebenen nicht allein geleistet werden könnten: „Alle Ämter und Gremien auf regionaler oder landeskirchlicher Ebene sind – auch wenn sie synodal verfasst sind – weder selbst Gemeinde noch deren Repräsentanten, sondern Institutionen zur Beschaffung der materiellen und personellen Bedürfnisse der Gemeinden und zur Wahrnehmung übergemeindlicher Aufgaben. [...] Sie dürfen nur aus sachlich wirklich zwingenden Gründen in die Rechte und den Bestand der Gemeinden eingreifen."[129] So ist das jedenfalls in der evangelischen Kirche mit Argumenten reformatorischer Theologie zu begründen[130]. Dass es aber tatsächlich wieder weithin so werde, ist eine der großen Herausforderungen, an deren Bewältigung sich zeigen muss, ob dieses Schiff mit oder ohne Kompass unterwegs ist.

C Perspektiven

VIII 95 Thesen

„Die Kirche ist der schönste Liebesgedanke des Herrn, in welchem sich seine eigene Menschenliebe und die Liebe zu seinem Sohne mit enthülltem Antlitz zeigt."[1]
Wilhelm Löhe

1. Als Schiff auf dem Meer der Zeiten ist die Kirche mancherlei Stürmen und Strömungen ausgesetzt. Unter ihrem himmlischen Herrn ist sie daher nicht nur zu steten Reformen, sondern immer wieder auch zu Kurskorrekturen, ja Umkehr aufgefordert.
2. Evangelische Kirche orientiert sich, wie ihr Name zum Ausdruck bringt, am Evangelium von Jesus Christus. Darin geht es um die Offenlegung der Liebe Gottes, also um ihre heute schon ansatzweise befreiende und aufs Ziel ausrichtende Dynamik.
3. Die Konzentration aufs Evangelium als lebendige Botschaft, zu der ihr Herr sie ermächtigt und mit der er sie sendet, ist Voraussetzung ihres Kircheseins. In diesem Sinn sollten alle Kirchen auf der Welt „evangelisch" sein.
4. Insofern die evangelische Kirche einen Grundauftrag im Geist ihres Herrn erfüllt und damit als ein Teil heiliger, allgemeiner Kirche existiert, ist sie immer auch „katholisch", nämlich Teil der einen, weltumspannenden Kirche Jesu Christi.
5. Das notwendige Streben nach kirchlicher Einheit muss auf dem Glauben an den für uns gekreuzigten und auferstandenen Herrn basieren. Andernfalls spaltet es die Kirche und macht die an ihn Glaubenden spirituell heimatlos.
6. Ökumenische Programme und Modelle suchen nach Konkretionen der Gemeinschaft im Geist der einen Taufe, die sie verbindet. Sie sollten aber nicht nur in den Händen von Kirchenleitungen und Fachkommissionen liegen, sondern gleichermaßen subsidiär von den einzelnen Gemeinden her erfolgen, die sich um erfahrbaren und überschaubaren Ausdruck von Verbundenheit zu bemühen haben.
7. Eine Ökumene der „versöhnten Verschiedenheit" ist erstrebenswert. Sie muss aber realisieren, dass die Kirchen theologisch immer noch

eine „verschiedene Versöhntheit" trennt: Die Differenzen in der Rechtfertigungslehre sind mit und trotz der „Gemeinsamen Erklärung" von 1999 keineswegs ausgeräumt.

8. Die Unterscheidung zwischen rechter und falscher Kirche trägt die geistliche Versuchung in sich, von der je eigenen Konfession überheblich zu denken und die gesamtkirchliche Angewiesenheit auf Gottes Vergebung zu übersehen.
9. Es gibt aber auch die Versuchung, die geistlich gebotene Unterscheidung zwischen wahrer und falscher Kirche als irrelevant zu betrachten und sich damit einer anderen Art von Überheblichkeit schuldig zu machen.
10. Die Unterscheidung zwischen irdischer und himmlischer, triumphierender Kirche verkennt den Umstand, dass „Kirche" die Gemeinschaft der „Herausgerufenen" in dieser Weltzeit bedeutet, während es jenseits des Todes, wo das Evangelium vielen erst richtig bekannt wird (1. Petr 3,19f. und 4,6), um weitaus mehr geht: um die universale Vollendung.
11. Darum ist Kirche die Traditionsgemeinschaft der auf Jesus Christus Getauften und an ihn Glaubenden in dieser Welt. Sie ist in aller geschichtlichen Vorfindlichkeit Gabe und Aufgabe.
12. Die Unterscheidung von sichtbarer und unsichtbarer Kirche einschließlich der Lehre von deren Untrennbarkeit entspricht der von innerem und äußerem Menschen. Sie lässt sich aber auch im Sinne der Erkenntnis Luthers vom „Zugleich" des Sünder- und Gerechtfertigtseins der Glaubenden verstehen.
13. Gerade wegen dieser Entsprechung verbietet sich das Missverständnis, als sei im Sichtbaren das umformende Wirken des Heiligen Geistes kaum zu erwarten.
14. Christliche Kirche ist nicht das Reich Gottes auf Erden, aber versucht doch im Geist ihres Herrn ansatzweise dessen Avantgarde zu bilden. Bevor sie freilich dazu tendiert, diese Einsicht in gesellschaftspolitische Ideen umzusetzen, ist sie gehalten, in ihren eigenen Reihen davon beispielhaft Zeugnis zu geben.
15. Kirche ist eine viele Generationen übergreifende Größe, deren Organisation und Lebendigkeit sich maßgeblich auch früheren Weitergaben in Form von Traditionen, Schriften und Bekenntnissen verdankt. Diese sind Hilfen und Aufgaben für die Nachkommenden, welche im

Rückblick die älteren Schätze wertzuschätzen und dankbar auf ihre Gegenwartsrelevanz hin zu prüfen wissen.

16. Der Protestantismus ist als solcher in der Gefahr, eher abgrenzend davon zu reden, wogegen er protestiert, als einnehmend von dem Herrn, in dessen Interesse es ihn gibt.
17. Evangelische Kirche ist demgemäß gefährdet, im Sinne ihrer abgrenzenden Leitprinzipien – Christus allein, allein die Schrift, allein durch Gnade und Glauben – sich „gesetzlich" zu geben, statt fröhlich von der unbedingten Liebe ihres himmlischen Herrn zu zeugen, die durch jene Prinzipien eigentlich beleuchtet werden soll.
18. Sie ist auf der anderen Seite gerade in modernen Zeiten gefährdet, zwecks Abwehr solch „gesetzlicher" Strukturen in Libertinismus zu verfallen und dabei außer Acht zu lassen, dass die Bedingungslosigkeit der Liebe Gottes nicht konturenlos ist, sondern im Heiligen Geist die Erfüllung des mit ihr einhergehenden Anspruchs selbst schenken will.
19. Evangelische Kirche muss um der Wahrung ihrer Identität willen darauf achten, weder von fundamentalistischem Ansinnen noch vom Geist liberaler Theologie beherrscht zu werden. Wer den Glauben an Christus an eine biblizistische Schriftdeutung als Bedingung bindet, aber auch wer „billige Gnade" ohne klaren Christusbezug predigt, verrät die Reformation.
20. Evangelische Kirche hat sich im Glauben an ihren Herrn zentral zu orientieren an der Rechtfertigungsbotschaft, mit deren Wahrheit sie laut ihren Bekenntnisschriften steht und fällt. Denn in dieser Lehre konzentriert sich die Information über die den Menschen liebevoll ergreifende Gottesherrschaft, und in ihrer Weitergabe steckt das Potenzial von deren Umsetzung im persönlichen und kirchlichen Leben.
21. Die Rechtfertigungslehre besagt: Im schmachvollen Tod Jesu Christi hat sich Gottes restlose Solidarität mit dem sterblichen, von ihm entfremdeten Menschen geschichtlich vollzogen, so dass der Glaubende, der sich auf diese göttliche, erweckende Liebesbewegung einlässt, endgültiger Annahme bei Gott gewiss sein darf.
22. Diese Endgültigkeit entspricht der Radikalität der göttlichen Liebe. In der Taufe besiegelt, gilt sie ungeachtet weiterer Entfremdungserfahrungen unter den Bedingungen irdischer Existenz; denn die immer wieder neu auszusprechende und dankbar in Anspruch zu nehmende

Zusage im Namen Jesu Christi nimmt das Urteil des Endgerichts und die künftige Vollendung in der ewigen Liebesdynamik vorweg.

23. Die Bedingungslosigkeit der göttlichen Liebe und der Gnade im Gericht wurde nie in der Religionsgeschichte stärker, präziser und überzeugender formuliert als im Reformationskontext. Schon deshalb muss es evangelische Kirche weiterhin geben – als eine Gemeinschaft und Institution in der Welt, die für genau diese tiefe Einsicht steht.
24. Der Übersetzung reformatorischer Grundanliegen in modernes Denken kann die Begrifflichkeit von Heteronomie, Autonomie und Theonomie dienen: Dem heteronomen Paradigma des Gesetzes und der Bedingungshaftigkeit einerseits und dem autonomen Vernunft- und Freiheitskonzept, das sich selbst zum Gesetz wird und in Varianten auch in den spirituellen Erleuchtungsparadigmen der Gnosis, des Schwärmertums und heutiger Esoterik vorkommt, tritt wahrhaft befreiend das evangelische Paradigma als theonomes gegenüber, indem es die beiden anderen im doppelten Sinne in sich aufhebt, nämlich durchstreicht und dabei doch den jeweiligen Wahrheitskern bewahrt.
25. Die Rechtfertigungslehre heißt auf die Kirche übertragen, dass wahre und verkehrt liegende, heilige und unheilige Kirche in dieser noch unvollendeten Welt nicht scharf voneinander zu trennen sind und trotzdem ihr Angenommensein bei Gott geglaubt werden darf – wobei gerade dieser Glaube zu immer neuer und immer mehr Ausrichtung auf Gottes heilige Liebe ermutigt.
26. Der auf die Kirche angewandte Rechtfertigungsglaube lässt die Unterscheidung zwischen wahrer und falscher Kirche idealtypisch und so gesehen legitim erscheinen, verbietet aber ihre pauschale Übertragung auf konfessionelle Ausprägungen von Kirche.
27. Weil die Heilige Schrift das Evangelium geschichtlich und sachlich in verständlicher Weise überliefert, bildet sie in der evangelischen Kirche ein maßgebliches Kriterium für alle weitere Überlieferung, Lehrbildung und Verwerfung.
28. Wiederum bildet das Evangelium von Jesus Christus das wichtigste Kriterium für die Auslegung und das Verständnis der Heiligen Schrift im Verantwortungsbereich evangelischer Kirche.
29. Historische Kritik ist im modernen Auslegungsverfahren selbstverständlich in die theologischen Überlegungen mit einzubeziehen, kann

aber nicht das leitende Kriterium darstellen; vielmehr hat sie unter der Herrschaft einer nicht autonomen, sondern vom Heiligen Geist erleuchteten Vernunft dienende Funktion.

30. Jesus Christus allein bildet die Mitte der Schrift, die ihn bezeugt. Andere Quellen über Jesus oder zur Christus-Deutung sind unter dem Aspekt religiös-weltanschaulicher Strittigkeiten seriöser theologischer Sachkritik zu überlassen – in dem Wissen, dass es so etwas wie Neutralität in dieser Hinsicht nicht gibt.
31. Geleitet wird jede christliche Kirche, also auch die evangelische von Jesus Christus, dessen Liebesbotschaft und Herrschaftsanspruch sie verkündet und dessen sichtbares Wiederkommen sie im Zuge der Vollendung der gesamten Schöpfung erwartet.
32. Kirchenleitung hat in der evangelischen Kirche dienende Funktion. Auch Repräsentationsaufgaben stehen im Dienst des himmlischen Herrschers, der Knecht geworden ist, um im Geist seiner Liebe das Notwendige zu realisieren.
33. Evangelische Kirche realisiert sich primär in örtlichen Gemeinden, also in konkreten Versammlungen und Gemeinschaftsformen, die geschwisterliche Liebe Gestalt werden lassen können und sollen.
34. Alle anderen Ausformungen von Kirche, institutionelle wie sonstige übergemeindliche, sind demgegenüber von sekundärem Gewicht. Deshalb müssen im Protestantismus gegen klerikale Versuche, sie überzugewichten, Proteste und Wachsamkeit bewahrt oder entwickelt werden.
35. Der sonntägliche Gottesdienst ist die regelmäßige Zentralveranstaltung des Gemeindelebens; diese schließt weitere Gemeinschaftsformen nicht aus, sondern ein.
36. Im Mittelpunkt des evangelischen Gottesdienstes steht die Begegnung mit dem Herrn durch Wortverkündigung, sakramentales Handeln, Lobpreis und Gebet.
37. Die Abendmahlsfeier setzt neben der Taufe das geglaubte Bekenntnis zu Jesus Christus bei den Teilnehmenden voraus. Ein Kinderabendmahl entspricht schwerlich den biblischen Kriterien für diese Feier.
38. Da die Taufe ihren Ort in der Kirche hat, stellt sie ein Ereignis der Gemeinschaft dar. In diesem Rahmen ist die Kindertaufe unter dem Aspekt liebevoller, vorauseilender Stellvertretung nicht unmöglich.

39. Evangelische Kirche ist für die Kindertaufe zwar offen, sollte aber auch die Erwachsenentaufe ausdrücklich und gleichrangig bejahen und pflegen.
40. In diesem Sinn prägt sich evangelische Kirche legitim auch in Gestalt von Freikirchen aus. Alle Formen protestantischen Kircheseins haben Anlass zu besonderer ökumenischer Verbundenheit untereinander.
41. Evangelische Kirche weiß um die Heiligkeit ihres liebenden Gottes und von daher um den Abglanz ihrer eigenen Heiligkeit, kraft derer sie die Welt beschenken und ihr hilfreich begegnen, ja ihr dienen, sich aber nicht ihr gleichmachen will.
42. Der Missionsbefehl im Neuen Testament ist nicht historischer Kritik preiszugeben, sondern so ernst zu nehmen, wie Kirche überhaupt davon ausgeht, dass Jesus Christus als der Auferstandene ihr Herr ist.
43. Vom Missionsauftrag des Auferstandenen her weiß sich die Kirche an alles Volk gewiesen, was keineswegs Anbiederung an Volk, Kultur oder Gesellschaft bedeutet, sondern Sendung mit einer zentralen Botschaft.
44. Evangelische Kirche sollte sich theologisch neu auf Inhalt und Form ihrer „missionarischen" Tätigkeit rückbesinnen und dabei auch wieder intensiver evangelistische Elemente und Methoden ins Auge fassen.
45. Nur wer eine Mission hat, wer etwas wirklich Wichtiges auszurichten hat, wird sich um gewissenhafte und engagierte Erledigung des Auftrags, also auch um unverfälschte Weitergabe der betreffenden Botschaft bemühen. Wer der Botschaft hingegen nicht oder nicht mehr recht traut, wird sie substanziell verändern und mit weniger Elan oder gar nicht weitergeben.
46. Das Modell „Volkskirche" ist mit Luther auf Grund des Missionsbefehls, alle Völker zu Jüngern zu machen und zu taufen, grundsätzlich zu bejahen, denn das Evangelium ist an „alles Volk" (Lk 2,10; Röm 11,32) adressiert.
47. Der Begriff „Volkskirche" muss gegen mancherlei Missverständnisse geschützt werden: Er meint weder nationale Gebilde noch ein Religionsinstitut im kulturprotestantischen Sinn, sondern die Kirche Jesu Christi in ihrer Sendung, das Evangelium in Wort und Tat allem Volk auszurichten.
48. Als Volkskirche hat evangelische Kirche verschiedene Strömungen in sich zu tolerieren. Doch darf ihre Toleranz nicht bis zur Selbstaufgabe

gehen, sondern höchstens so weit, wie sie nach menschlichem und vor allem geistlichem Ermessen ihrem Erhalt dient.

49. Zu den vorrangigen Zielen protestantischer Bildungspolitik zählen nicht bürgerliche Qualitäten wie „Pluralismusfähigkeit“ und allgemeine Einübung von Toleranz, sondern geistliche Qualitäten wie „Evangeliumsfähigkeit“ und entsprechendes Einüben von genauem Hören, tiefem Verstehen und notwendigem Protest.
50. Die anhaltende Säkularisierung – einschließlich einer bedauerlichen Selbstsäkularisierung der Kirche – dürfte mittelfristig dazu führen, dass sich die überkommene Volkskirche in eine Diasporakirche verwandelt. Darauf gilt es sich verstärkt einzustellen, während das Schielen auf rein zahlenmäßiges Plus oder Minus für kirchliche Identität nicht entscheidend sein darf.
51. Die subjektive Wahrhaftigkeit von Theologinnen und Theologen darf in der evangelischen Kirche nicht höher veranschlagt werden als die geglaubte Wahrheit und Wahrhaftigkeit der kirchlichen Grundbekenntnisse.
52. Deshalb haben Visitatorinnen und Visitatoren wieder verstärkt darauf zu achten, dass das Evangelium rein gepredigt wird und der Respekt ordinierter Personen vor kirchlichen Grundlehren nicht allein individueller Gewissenhaftigkeit und Beliebigkeit überlassen bleibt.
53. Visitation darf nicht als rein kirchenrechtliche Angelegenheit oder „Inspektion“ gedeutet werden, denn nicht das Recht, sondern der Geist des Evangeliums leitet evangelische Kirche; Geistliches muss über dem Juristischen stehen.
54. Der geistliche Kampf gegen Irrlehren ist in der evangelischen Kirche faktisch fast völlig zum Erliegen gekommen. Das aber ist ein falscher Frieden.
55. Weil es zu allen Zeiten „falsche Propheten“ gibt, sollte notwendiges Streiten auf allen Ebenen wieder aufgenommen werden – und sich auf eindeutige, den protestantischen Prinzipien widersprechende Lehren konzentrieren. Konfliktfähigkeit und Versöhnungsbereitschaft sind gleichermaßen erforderlich, um den geistlichen Kompass funktionstüchtig und insgesamt Kurs zu halten.
56. In der Praxis sollten im Rahmen von Visitationen neben den Gottesdiensten auch Gemeindeversammlungen zur Selbstverständlichkeit

zählen. Überhaupt gehören solche Versammlungen in gewisser Regelmäßigkeit zu einer lebendigen Gemeinde, die hier unter anderem ihrer von Luther hervorgehobenen Aufgabe nachkommen kann und soll, Lehre zu beurteilen.

57. Kirchenleitungen sollten dafür Sorge tragen, dass das kirchliche Lehramt nicht länger faktisch-praktisch in nahezu vollem Umfang Theologieprofessorinnen und -professoren an den Universitäten und Hochschulen überlassen bleibt. Bei aller unerlässlichen Berücksichtigung geisteswissenschaftlicher Inhalte und Methoden muss die Lehrvollmacht der Ordinierten wieder energischer zur Geltung kommen, die freilich ihrerseits nicht völlig unkontrolliert bleiben kann, sondern eben durch Visitationen sowie durch Gemeindeversammlungen zu kommentieren ist.
58. Hinsichtlich der sensiblen Frage einer Zulassung von kirchlichen Trauungen standesamtlich verheirateter Gleichgeschlechtlicher sollte gerade für die Kirche des *sola scriptura* die in der weltweiten Ökumene überwiegend geübte Zurückhaltung Vorbildcharakter haben. Hierbei wäre auch zu bedenken, dass Forschungsergebnisse zur Veranlagung und Prägung Homophiler sich kaum so eindeutig darstellen, wie gern behauptet und heute meist geglaubt wird.
59. In der Bezeichnung „evangelische Kirche" steckt mit dem Wort „Evangelium" der Hinweis auf die Freudenbotschaft, die vom Sieg der Gottesherrschaft kündet. Darum sollte evangelische Kirche nicht nur für Freiheit und Weisheit, sondern gleichermaßen für Freude, ja für Begeisterung in der Kraft des Heiligen Geistes stehen.
60. Eine dezidierte Theologie des Kreuzes ist für protestantische Theologie und Kirche charakteristisch, bezieht ihren tiefen Sinn aber ihrerseits aus dem Zusammenhang mit der Freude der Auferstehungsbotschaft. Der angebetete Gekreuzigte, dem die Kirche ihre Versöhntheit mit Gott verdankt, ist ja der Auferstandene, dessen Gegenwart und Zukunft sie grundsätzlich erfreut und immer wieder aufrichtet.
61. Evangelische Kirche muss sich wieder neu auf eine intellektuell vertretbare Theologie des Kreuzes besinnen, um ihre Rechtfertigungsbotschaft nach wie vor glaubwürdig zu vertreten.
62. Innerkirchlich hat das Wort vom Kreuz mitnichten als „Torheit" zu gelten, sondern als Kraft schenkende Weisheit Gottes (1. Kor 1,24).

Dies lässt sich durchaus auch nach außen hin als theologisch vernünftig darlegen.

63. Da im Wort vom Kreuz von Gottes Mitleiden die Rede ist, muss in kirchlichem Handeln und Reden menschliche Empathie und Barmherzigkeit als durchgehend erkennbarer Grundzug vorherrschen – gegen den Zeitgeist!
64. In unserer Zeit treten aus verschiedenen Gründen technokratische Züge gesamtgesellschaftlich in den Vordergrund. Kirche ist aktuell aufgerufen, diesbezüglich laut werdende Kulturkritik ernst zu nehmen und ihrerseits darauf Acht zu haben, wie die Einhaltung humaner Grundwerte zunehmend in Gefahr gerät, während posthumanistische Tendenzen die Oberhand gewinnen.
65. Namentlich die zunehmenden Einschränkungen von Freiheitsrechten zu Gunsten technokratischer Strukturmaßnahmen legen es nahe, dass die „Kirche der Freiheit" hierzu nicht einfach schweigt. Vielmehr sollte sie protestierend das Wort ergreifen, wenn Menschen systematisch auf wirtschaftliche oder technische Faktoren reduziert und in diesem Sinn mit Zwängen (z. B. zu unerwünschten Funkzählern im eigenen Wohnraum) bedacht werden sollen.
66. Kirchtürme und Kirchengebäude mit Funkmasten auszustatten, ist angesichts der internationalen Studienlage hinsichtlich möglicher Gesundheitsgefährdung und wegen der somit gebotenen Vorsorgehaltung ethisch nicht ernsthaft zu vertreten. Hier ist vielerorts Umkehr angesagt.
67. Dass evangelische Kirche als Großanbieter von offenem WLAN aufzutreten gedenkt und eine Landeskirche bereits ihre Gebäude entsprechend unter dem Namen „Godspot" ausstattet, ist theologisch unangemessen und auch rücksichtslos gegenüber elektrosensiblen Mitchristen. Selbst manche Nichtchristen schütteln darüber den Kopf.
68. Evangelische Kirche laviert zwischen Kulturkritik und kultureller Anpassung. Auf der Basis liberaler Theologie hat sich inzwischen so etwas wie ein neuer Kulturprotestantismus ausgeformt, der sowohl gesellschaftspolitisch als auch theologisch Widerständigkeit gegen eher allgemeinreligiöse oder fremdreligiöse, jedenfalls jenseits reformatorischer Profile angesiedelte Spiritualität allzu oft vermissen lässt.

69. Ob die Gegenwartskultur kirchlich bereichert werden kann oder will, ist nicht das entscheidende Kriterium für die Ausrichtung des Kurses, den das Schiff namens Kirche zu fahren hat. Funktioniert dessen Kompass richtig, so orientiert er sich am Willen und Ziel des Herrn und erst nachrangig an den – womöglich zu kritisierenden – Erwartungen der Welt.
70. Der Protestantismus braucht heute eine Profilerneuerung: Er muss der Welt authentisch genau das Erfreuliche ausrichten, was sie sich selbst nicht sagen kann. Dies geht kaum ohne innerkirchliche und nach außen gerichtete Konflikt- und Leidensbereitschaft ab.
71. Das Kirchenverständnis Martin Luthers bleibt wichtiger Maßstab für das, was an reformatorischer Grundorientierung für heutiges Gemeindewachstum heranzuziehen ist. Dies bedeutet konkret, an Versammlungen der an Jesus Christus Glaubenden mit deren Orientierung am Grundbekenntnis zum dreieinen Gott sowie am Doppelgebot der Liebe zu denken.
72. Das ordinierte Amt markiert inmitten einer Gemeinschaft allgemeinen Priestertums das bleibende Gegenüber von Gnaden- und Freudenbotschaft einerseits und den Adressaten andererseits. Insofern ist es im Sinne der Reformatoren als von Gott gestiftet zu betrachten.
73. In evangelischen Gemeinden hat der Lektoren- und Prädikantendienst ein Stück weit am geistlichen Amt teil. Doch gerade wegen solcher Partizipation darf er weder theoretisch noch praktisch außerhalb der Verantwortung des ordinierten Amtes liegen.
74. Darum hat sich die geistliche Leitungsaufgabe von Pfarrerinnen und Pfarrern auch konkret auf die in ihrem Bereich tätigen Lektoren und Prädikanten zu erstrecken. Es kann und darf nicht erwartet werden, dass diese in ganz derselben Weise wie langjährig ausgebildete und ordinierte Amtsträger und Amtsträgerinnen Lehrverantwortung übernehmen.
75. Umso mehr kommt es aber auch darauf an, dass Ordinierte ihrerseits hinsichtlich ihrer Tätigkeit und Verantwortung von ihren Vorgesetzten unterstützt und begleitet werden – insbesondere im Zuge von Mitarbeiterjahresgesprächen, Visitationen und durch großzügig gewährte Fortbildungen.

76. Die Heiligkeit christlicher Kirche auf Liturgisch-Klerikales und Jenseitiges beschränken zu wollen, wäre ein unevangelisches Missverständnis. Sie sollte als Implikat wahrer, weil in ewiger Liebe verankerter Lebensenergie und gerade deshalb als geschenkte Ausstrahlungskraft erfahrbar werden.
77. Die liturgische Gestaltung der Sakramente hat in den zurückliegenden Jahrzehnten eine zunehmende Öffnung hinsichtlich möglicher Teilnehmer und verwendeter Elemente erfahren. Gewisse Vorteile dieser Entwicklung gehen freilich mit dem Nachteil einher, dass die mystagogische Dimension und das Verbindlichkeit Schaffende des Sakramentalen eher schwindet.
78. Evangelische Kirche kann und darf sich wie ihre katholische Schwesterkirche im Grundwesen als sakramental verstehen – nämlich als konkrete Größe, in welcher der heilige Gott erfahrbar begegnet und geschichtlich wirksam ist, wenngleich ihre Heiligkeit sich wie in jedem einzelnen Glaubenden mit mancherlei Unvollkommenheit verbindet. Ihr sakramentaler Grundcharakter betrifft allerdings Kirche primär als konkret existierende Ortsgemeinde und nur in davon abgeleitetem Sinn andere ihrer Organisationsformen.
79. Der zu sehr festgelegte Sakramentsbegriff darf in dieser Weise in einem weiteren Sinn verstanden und ausgeweitet werden. Insbesondere legt es sich von daher nahe, die Beichte als Sakrament zu verstehen, wie das bereits von den Wittenberger Reformatoren angedacht war.
80. Dieses „Buß-Sakrament" sollte entsprechend dem theologischen Verständnis bei Luther künftig nicht als Beichte, sondern als Sakrament der Absolution bezeichnet werden. Liturgische und pastorale Ausgestaltungen wären zum Teil neu zu überdenken – bis hin zu Angeboten für das entsprechende Feiern von anlassbezogener Umkehr durch bestimmte Gremien oder Gruppen.
81. Die weithin in Vergessenheit geratene Einzelbeichte sollte in der evangelischen Kirche wieder zu Ehren kommen; das ist ihrer Nähe zum Rechtfertigungsglauben geschuldet. Individueller Zuspruch mit Handauflegung fördert das geistliche, ja sakramentale Erleben.
82. Abendmahlsfeiern wieder mehr mit einer mystagogischen Note auszustatten, dürfte ihrer Wertschätzung und dem Gemeindeaufbau zu Gute kommen. Dazu gehört verstärkte Bemühung um ihre liebevolle

und biblisch gedeckte Ausgestaltung – nicht zuletzt hinsichtlich der verwendeten Elemente (am besten echtes Brot, eventuell alkoholfreier Wein).

83. Zum Spektrum einer weiter gefassten Sakramentalität der Gemeinde zählen auch Liebes- oder Gemeinschaftsmahle, die das Miteinander und Aufeinander-Angewiesensein zum Ausdruck bringen. Ein möglicher Ort hierfür könnten etwa Gemeindefeste oder Hauskreise sein.
84. Das diakonische Element von Kirche darf sich nicht auf Diakonie-Einrichtungen beschränken, zumal diese ihren Dienst weithin in Analogie zu staatlichen oder privaten Instituten gegen Bezahlung verrichten. Vielmehr muss es im Sinne Luthers wieder vermehrt integrierter Bestandteil des Gemeindelebens und seiner Kreise werden.
85. Kirche hat durchaus „Kirche für andere" zu sein, aber nach Gal 6,10 zuallererst Kirche als Liebesgemeinschaft im Sinne eines mehr oder weniger gelebten Miteinanders der Getauften. Notlagen der Mitglieder, ob materieller oder seelischer Art, können und sollten innergemeindlich angegangen werden – im kleinen oder größeren Kreis.
86. Die Gemeindeleitung ist auch auf diesem Feld Verantwortungsträger. Dabei müssen Taten geschwisterlicher Liebe und ehrenamtlicher Hilfe keineswegs immer über Verwaltungswege laufen, um als gemeindliches Handeln Ausdruck und Anerkennung zu finden.
87. Kirche als „Gemeinschaft der Heiligen" meint das Ganze der Kirche, spiegelt sich aber holographisch in jeder konkreten Gemeinschaft vor Ort – in der organisierten Gemeinde wie überall dort, wo zwei oder drei im Namen Jesu Christi versammelt sind. In diesem Sinn hat auch das Feiern wichtiger individueller Lebensstationen weniger religiöser Überhöhung als vielmehr kirchlicher Erbauung zu dienen.
88. Insgesamt muss das Bewusstsein allgemeinen Priestertums in der evangelischen Kirche dahingehend wachsen, dass das konkrete Zusammenkommen der Glaubenden die eigentliche Lebensgestaltung von Kirche ausmacht. Gemäß dem Subsidiaritätsprinzip ist „Kirche von unten" elementarer als „Kirche von oben".
89. Marktförmige Organisation von Kirche, Orientierung an säkularer Methodik und Inanspruchnahme von fachkundiger Beratungsindustrie können auf allen Ebenen als Hilfen in Betracht gezogen werden. Dabei muss aber darauf geachtet werden, dass sie sich nicht zum prä-

genden und autoritativen Element kirchlicher Gestaltung und Entwicklung aufschwingen.

90. Kirchenreform ist ein ständig notwendiger Prozess, der freilich unter bestimmten Gegebenheiten in besonders konzentrierter Form ablaufen muss, wie das beispielsweise im 16. Jahrhundert unter der Bezeichnung „Reformation" der Fall war.
91. Initiatoren, Lenker und Gestalter von besonderen Kirchenreformprozessen sollten sich an zwei grundlegenden Bedingungen ausrichten: Zum einen müssen ihre Schritte theologisch genau begründet und dabei dem Diskurs in der kirchlichen Öffentlichkeit ausgesetzt sein; zum andern sollten sie von einer spürbaren Vielzahl von Gemeinden mit ihren Pfarrerinnen und Pfarrern an der Spitze bejaht und engagiert mitgetragen werden.
92. Mitunter vorkommende Auflösungen von Kirchengemeinden sollten bei Strukturreformen *ultima ratio* sein.
93. Kirchliche Gemeinschaftsformen virtueller Art liegen inzwischen im Bereich des Möglichen, sollten aber – ob nun auf „Facebook" oder in sonstigen Foren – nicht dazu führen, dass die Face-to-face-Begegnung in der analogen Welt vernachlässigt wird. Kein digitales Medium kann die Lebendigkeit der Ortsgemeinde und ihrer „ganzheitlichen" gottesdienstlichen Begegnung angemessen ersetzen.
94. Kirche ist die Gemeinschaft der Erwählten, denen die Gnade gewährt ist, bereits im Hier und Jetzt um die kommende Gottesherrschaft zu wissen und sie im Ansatz erleben und bezeugen zu dürfen.
95. Wer seine Kirche liebt, wird sie auch kritisieren. Evangelische Kirche braucht zu jeder Zeit die konstruktive Kritik, zu der das allgemeine Priestertum in seiner Treue zum Evangelium befähigt und berufen ist.

Anhang

Anmerkungen

Hinweise:

Bibeltexte werden in der Regel nach der revidierten Luther-Übersetzung 2017 zitiert. *Luther-Zitate* sind in modernes Deutsch übertragen (meist vom Verf. selbst).

Abkürzungen werden mit Rücksicht auf eine breitere Leserschaft weitgehend vermieden; Ausnahmen: BSLK = Bekenntnisschriften der Evangelisch-Lutherischen Kirche, Göttingen 1979[8]; CA = Confessio Augustana (Augsburgische Konfession); DtPfrBl = Deutsches Pfarrerblatt; EKD = Evangelische Kirche in Deutschland; RGG = Religion in Geschichte und Gegenwart; TRE = Theologische Realenzyklopädie; VELKD = Vereinigte Evangelisch-Lutherische Kirche in Deutschland; WA = Martin Luther: Kritische Gesamtausgabe, Weimar 1883ff.

Literaturhinweise beschränken sich auf wichtige deutsche Bücher zum Thema (S. 274–277). Sie und Aufsätze oder Artikel werden bei der ersten Nennung in den Anmerkungen ausführlich zitiert. Bei Rückverweisen (a.a.O.) oder Kurztiteln kann die Erstnennung in der Regel über den *Personenindex* gefunden werden.

Geleitwort und Vorwort

1 Prof. em. Dr. Gerhard Müller war Kirchenhistoriker an der Universität Erlangen-Nürnberg (1967–1982), Präsident der Luther-Gesellschaft (1975–1983), Landesbischof der Evang.-Luth. Landeskirche in Braunschweig (1982–1993), Leitender Bischof der VELKD (1990–93) und langjähriger Hauptherausgeber der TRE, des größten theologischen Lexikons im deutschen Sprachraum.

2 Wolfgang Huber: Die wirkliche Kirche, in: G. Baumbach u. a.: Kirche als „Gemeinde von Brüdern". Barmen III, Bd. 1, Gütersloh 1980, 249–277, hier 250.

3 Vgl. Blaise Pascal: Gedanken, hg. von A. Brummer, Leipzig o. J., 234.

4 Vgl. H. M. Müller (Hg.): Kulturprotestantismus. Beiträge zu einer Gestalt des modernen Christentums, Gütersloh 1998.

5 Vgl. z. B. D. Pieper/E.-M. Schnurr (Hg.): Die Reformation. Aufstand gegen Kaiser und Papst, München 2016; Thomas Kaufmann: Erlöste und Verdammte. Eine Geschichte der Reformation, München 2016.

6 Vgl. Thomas Großbölting: Der verlorene Himmel. Glaube in Deutschland seit 1945, Göttingen 2013.

A Herausforderungen

I Ist der Protestantismus noch auf Kurs?

1 Landesbischof Carsten Rentzing im Interview: „Konservativ ist kein Makel", in: pro 4/2016, 32–34, hier 34.

2 „Die Erfahrung, dass eine Gemeinde nicht von ihren Pfarrern abhängig ist, unterstützt zudem in vorher nicht gekannter Weise das Zusammengehörigkeitsgefühl der Ehrenamtlichen. Sie können etwas, und man traut ihnen zu, gemeinsam Leib Christi zu sein" (Fabian Vogt: Gemeinde – allein zu Haus!, in: G. Maier (Hg.): Lieber Pfarrberuf!, Altenstadt 2015, 238–242, hier 242).

3 Die EKD, die 20 Landeskirchen vereint, versteht sich mittlerweile selbst als eine Kirche. Das sogenannte Verbindungsmodell im deutschen Protestantismus soll weitergeführt und ausgebaut werden (vgl. Gunther Wenz: VELKD, UEK und EKD. Zum Modell ihrer Verbindung, in: Deutsches Pfarrerblatt [= DtPfrBl] 6/2014, 344–349). Vor allem in der VELKD gibt es Befürchtungen, das lutherische Profil könne teilweise verwischt werden (z. B. bei Gerhard Müller: Die Luther-Dekade 2008–2017, in: Homiletisch-Liturgisches Korrespondenzblatt NF 33 [2015/16], Nr. 119, 97–112, bes. 106–109).

4 Dazu meine Bücher „Esoterik – die postreligiöse Dauerwelle" (Neukirchen-Vluyn 1995) und „Theologie und Esoterik. Eine gegenseitige Herausforderung" (Leipzig 2007).

5 Auch in den USA schreitet die Säkularisierung sichtlich voran: Von 2008 bis 2015 nahm die Zahl der Religionslosen von 16 auf 23 Prozent zu (laut *America's Changing Religious Landscape*, Pew Research Center, 12.5.2015).

6 Vgl. Ulrich H. J. Körtner: Wiederkehr der Religion? Das Christentum zwischen neuer Spiritualität und Gottvergessenheit, Gütersloh 2006.

7 Ulrich H. J. Körtner: Abschied vom Megatrend Religion, in: Materialdienst der EZW 4/2014, 123f.

8 V. EKD-Erhebung: Engagement und Indifferenz. Kirchenmitgliedschaft als soziale Praxis (Hannover 2014) – zitiert nach: http://www.ekd.de/EKD-Texte/92134.html (Zugriff 16.3.2014). Vgl. bereits W. F. Kasch (Hg.): Entchristlichung und religiöse Desozialisation, Paderborn u. a. 1978.

9 Joachim Kunstmann: Rückkehr der Religion. Glaube, Gott und Kirche neu verstehen, Gütersloh 2010, 42f. „Die viel beschworene ‚Wiederkehr der Religion' ist also eine Defizitanzeige" (45).Vgl. auch Thomas Großbölting: Der verlorene Himmel. Glaube in Deutschland seit 1945, Göttingen 2013.

10 Vgl. Friedrich Gogarten: Verhängnis und Hoffnung der Neuzeit, Stuttgart 1966, bes. 90ff. und 142ff.; ders.: Der Mensch zwischen Gott und Welt, Heidelberg 1952.

11 Bernhard Lang/Anton Grabner-Haider: Was bleibt vom christlichen Glauben? Paderborn 2015, 42f. Vgl. auch M. Berger/M. Murrmann-Kahl (Hg.): Transformationsprozesse des Protestantismus, Gütersloh 1999.

12 Vgl. Bryan Wilson: Religion in Secular Society. A Sociological Comment, London 1966.

13 Vgl. Detlef Pollack: Rückkehr des Religiösen? Studien zum religiösen Wandel in Deutschland und Europa II, Tübingen 2009; ders./Gergely Rosta: Religion in der Moderne, Frankfurt/New York 2015; und bereits ders.: Säkularisierung – ein moderner Mythos? Studien zum religiösen Wandel in Deutschland, Tübingen 2003.

14 Siehe aktuell http://www.kirchenaustritt.de/statistik (Zugriff 20.10.2016). Manfred Josuttis betont: „Lebensgefährlich für die Zukunftsentwicklung sind nicht die Menschen, die austreten, oder die Gelder, die ausbleiben; lebensgefährlich für das Dasein von Kirche wäre eine Situation, in der sie aus Angst vor personeller Auszehrung und aus Sorge um die finanzielle Verknappung den Kontakt mit der Heilsmacht Gottes verspielt" („Unsere Volkskirche" und die Gemeinde der Heiligen, Gütersloh 1997, 15).

15 Siehe dazu den vom Rat der EKD herausgegebenen Grundlagentext „Christlicher Glaube und religiöse Vielfalt in evangelischer Perspektive" (Gütersloh 2015). Christoph Markschies, Vorsitzender der Kammer für Theologie der EKD, fasst dort als Leitthese zusammen: „Ein positives Verständnis religiöser Vielfalt wird gerade dadurch möglich, dass wir leidenschaftlich für unsere eigene Glaubensüberzeugung einstehen und die innere Freiheit spüren, anstatt Identität aus Abgrenzung zu gewinnen."

16 Vgl. M. Krüggeler/F. Stolz (Hg.): Ein jedes Herz in seiner Sprache ... Religiöse Individualisierung als Herausforderung für die Kirchen, Basel 1996.

17 Vgl. Werner Thiede: Die Wahrheit ist exklusiv. Streitfragen des interreligiösen Dialogs, Gießen 2014. Christoph Schroeder konstatiert: „Für einen Großteil der Mitglieder unserer Kirche, das ist das Ergebnis der letzten EKD-Kirchenmitgliedschaftsuntersuchung, hat ihr Lebensalltag keinerlei Berührungspunkte mit der Frage nach der Wahrheit" („Was ist Wahrheit?" Die Pilatusfrage im gegenwärtigen gesellschaftlichen Kontext, in: DtPfrBl 7/2016, 379–382, hier 380).

18 Detlef Pollack: Was wird aus der Kirche? Teil III, in: DtPfrBl 9/2016, 506–509, hier 507; ähnlich 508.

19 Siehe: Religiöse Orientierung gewinnen. Evangelischer Religionsunterricht als Beitrag zu einer pluralitätsfähigen Schule. Eine Denkschrift des Rates der Evangelischen Kirche in Deutschland (EKD), Gütersloh 2014, 68. Hier wird zwar „ein evangelisches Profil als Voraussetzung von Pluralitätsfähigkeit zur Geltung gebracht" (74), weil „eine gefestigte religiöse Identität die Voraussetzung für Dialogfähigkeit darstellt" (45). Doch wie fest sind heutzutage religiöse Identitäten noch – zumal angesichts eines betont nichtkonfessionalistischen (47) Religionsunterrichts, dessen oberstes Ziel weniger die Vermittlung zentraler religiöser Inhalte als vielmehr die freie, selbständige religiöse Orientierung von Heranwachsenden ist (34)?

20 Schon vor über vier Jahrzehnten stellte Wolfgang Huber fest, dass sich die Volkskirche „in Lehre und Verkündigung an die pluralistischen Vorstellungen der Gesellschaft anpaßt" (Welche Volkskirche meinen wir?, in: Lutherische Monatshefte 14/1975, 481–486, hier 484). Walter Mostert kritisiert entsprechend die Selbstdarstellung der Kirche als eines vor allem sozialen, diakonischen Gebildes, das sich den Menschen anbiedert als Erfüllungsgehilfe menschlicher Bedürfnisse: „Was sich hier zeigt, ist auch der latente, religiös kaschierte Atheismus der Kirche selbst" (Jesus Christus – Anfänger und Vollender der Kirche. Eine evangelische Lehre von der Kirche, hg. von J. Bauke-Ruegg u. a., Zürich 2006, 70).

21 Theo Sorg/Walter Kasper: Europa evangelisieren, Stuttgart 1993, 4.

22 Michael Welker: Kirche im Pluralismus, Gütersloh 1995, 28f. Richtig hieran ist: „Einheit" und „Pluralismus" stellen zwei Seiten ein und derselben Münze dar. Doch das ist eigentlich eine *philosophische* Feststellung: Sie besagt, dass Pluralismus im Grunde die Einheit der Wirklichkeit im Sinne eines monistischen Prinzips bejaht. Hingegen ist es eine *theologische* Frage, in welchem Verhältnis Monismus und Gotteslehre zueinander stehen (dazu mein Aufsatz „Jenseits von Gut und Böse? Spiritueller Monismus als theologische und weltanschauliche Herausforderung, in: R. Hempelmann

[Hg.]: Religionsdifferenzen und Religionsdialoge. Festschrift – 50 Jahre EZW [EZW-Texte 210], Berlin 2010, 259-268). Betrachtet man dieses Verhältnis aus biblischen Gründen kritisch, wird man auch den Pluralismus als Kehrseite des Monismus keineswegs pauschal heiligsprechen dürfen.

23 Wolfhart Pannenberg: Angst um die Kirche. Zwischen Wahrheit und Pluralismus, in: ders.: Kirche und Ökumene. Beiträge zur Systematischen Theologie, Bd. 3, Göttingen 2000, 34–43, hier 38.

24 In: Theologische Beiträge 9 (1978), 79–84, hier 82f.

25 Vgl. Thiede: Wahrheit, a.a.O. 16ff., 111ff. Wilfried Härle fragt, „ob und inwieweit eine pluralismusfähige Kirche und Theologie selbst pluralistisch verfasst sein kann, oder ob genau das mit dem Wesen der christlichen Kirche ... unvereinbar ist" (Ethik, Berlin/New York 2011, 461).

26 So zeigt Klaus-Peter Jörns auf, wie religionsinterner Pluralismus Theologie, Gemeinden und Pfarrerberuf kennzeichnet (Notwendige Abschiede, Gütersloh 2005^2, 46ff.).

27 Martin Urban im 1. Abschnitt seines Buches „Ach Gott, die Kirche! Protestantischer Fundamentalismus und 500 Jahre Reformation" (München 2016).

28 Vgl. z. B. Gerhard Wegner: Religiöse Kommunikation und soziales Engagement. Die Zukunft des liberalen Paradigmas, Leipzig 2016. Erinnert sei hier auch an ein Buch von 1923, das erst 90 Jahre später ins Deutsche übersetzt wurde, nämlich John Gresham Machen: Christentum und Liberalismus. Wie die liberale Theologie den Glauben zerstört, Waldems-Esch 2013.

29 G. Müller: Luther-Dekade, a.a.O. 108.

30 Vgl. z. B. Lothar Gassmann: Evangelische Kirche – wohin? Ein Ruf zur Besinnung und Umkehr, Uhldingen 1995. Zum Begriff des Fundamentalismus siehe H. Hemminger (Hg.): Fundamentalismus in der verweltlichten Kultur, Stuttgart 1991.

31 Siehe z. B. Werner Zager u. a.: Liberales Christentum. Perspektiven für das 21. Jahrhundert, Neukirchen-Vluyn 2009.

32 S. u. Kap. III.1. Beim Konflikt zwischen liberaler und konservativer Theologie geht es keineswegs nur um die Gegensätze zwischen moderner Aufgeschlossenheit und Zukunftsorientierung versus rückwärtsgewandter Bestandssicherung. Vielmehr handelt es sich um einen Paradigmenkonflikt, der sich schwerlich auf die Formel „neues contra altes Denken" bringen lässt, denn beide Denkstrukturen haben ihre Wurzeln bereits in der Antike.

33 Lang, a.a.O. 74.

34 Dazu näherhin Thiede: Wahrheit, a.a.O. Kap. III–VI. Ferner s. u. Kap. II.2.

35 Dorothea Wendebourg: Angst vor religiösen Gegensätzen, in: zeitzeichen 7/2016, 12–14, hier 14.

36 Wilhelm Löhe sagte als selbstbewusster Protestant: „Daß keine unter allen Partikularkirchen die Wahrheit besitze, ist eine Behauptung, welche ein demütiger und nüchterner Mann nimmermehr unterschreiben wird. [...] Wir behaupten: Eine Partikularkirche hat mehr Wahrheit als die andere, und Eine unter allen hat am meisten!" (Drei Bücher von der Kirche, in: Gesammelte Werke, Bd. V.1, Neuendettelsau 1954, 83–179, hier 126). Anders die EKD-Denkschrift „Identität und Verständigung. Standort und Perspektiven des Religionsunterrichts in der Pluralität" (Hannover 1994, 62f.).

37 Hanns Lilje: Kirche und Welt, München 1956, 11. Die Folge für die Kirche ist freilich, um ein damals zeitgenössisches Buch zu zitieren: „Ausgerechnet ihre Weltläufigkeit erweist sich als die subtilste Form ihrer Weltlosigkeit" (Hans Jürgen Schultz: Dekoration statt Provokation, in: L. Schmidt [Hg.]: Gemeindeveranstaltungen zum Thema Kirche und Welt, Stuttgart 1962, 24–28, hier 26).

38 Lilje, a.a.O. 82, 84 und 86.
39 Georg Picht: Mut zur Utopie. Die großen Zukunftsaufgaben, München 1969, 89.
40 Picht, a.a.O. 103.
41 Picht, a.a.O. 91. Weiteres in meinem Aufsatz „Technik ohne Verantwortung?", in: MUT Nr. 582 (Oktober 2016), 72–81.
42 Erhard Ratz: Kriterien für eine humane Zukunft, in: Nachrichten der Ev.-Luth. Kirche in Bayern 31 (1976), 381–385, hier 381. Nächstes Zitat 382.
43 Siehe dazu näherhin meine beiden Bücher „Die digitalisierte Freiheit. Morgenröte einer technokratischen Ersatzreligion" (Berlin 2014^2) und „Digitaler Turmbau zu Babel. Der Technikwahn und seine Folgen (München 2015).
44 Vgl. Byung-Chul Han: Psychopolitik. Neoliberalismus und die neuen Machttechniken, Frankfurt/M. 2014; Yvonne Hofstetter: Sie wissen alles, München 2014.
45 Papst Franziskus: Enzyklika *Laudato si'* (2015), Abs. 111 (http://w2.vatican.va/content/francesco/de/encyclicals/documents/papa-francesco_20150524_enciclica-laudato-si.html - Zugriff 7.8.2016). Siehe auch meinen Artikel „Online sein oder Nichtsein?" im DtPfrBl 9/2016, 525–527.
46 Vgl. Oliver Krüger: Virtualität und Unsterblichkeit. Die Visionen des Posthumanismus, Freiburg i. Br. 2004; Philipp von Becker: Der neue Glaube an die Unsterblichkeit. Zur Dialektik von Mensch und Technik in den Erlösungsphantasien des Transhumanismus, Wien 2015.
47 Zitiert nach *EKD-Dossier* Nr. 6/2014, 2.
48 Neben Luthers berühmter Bemerkung während der Leipziger Disputation 1519, sogar Konzile könnten irren, lässt sich die Erklärung seines Wittenberger Mitstreiters Philipp Melanchthon stellen: Es „sind doch nicht die Synoden die Kirche, seien sie auch legitim einberufen" (Melanchthon Deutsch, Bd. II, hg. von M. Beyer u. a., Leipzig 1997, 230). Noch heute gilt deshalb für die evangelische Kirche im Prinzip: „Kirchenamtliche Beschlüsse, die gegen Schrift und Bekenntnis verstoßen, sind selbst bei absoluter Mehrheit ungültig" (Reinhard Slenczka: Neues und Altes Bd. 4: Reformation gegen Deformation in der Kirche, Neuendettelsau 2016, 168).
49 Der Dekan i. R. Burkhard Müller räumt sogar ausdrücklich ein, es sei „nun einmal typisch für den Zeitgeist, dass er uns alle irgendwie erfasst; wir können ihm nicht entfliehen" (Dem Zeitgeist sei Dank, in: zeitzeichen 5/2010, 47–49, hier 47). Röm 12,2, Eph 4,17ff. und viele weitere Bibelstellen sehen das freilich anders.
50 Vor ihr warnte wiederholt der frühere EKD-Ratsvorsitzende Wolfgang Huber, z. B. in seinem Buch „Kirche in der Zeitenwende" (Gütersloh 1999). Auch der Freiburger Rechtsprofessor Matthias Jestaedt warnt die Kirchen vor einer „Selbst-Säkularisierung" (http://kirchensite.de/aktuelles/bistum-aktuell/bistum-aktuell-news/datum/2012/10/19/rechtsprofessor-warnt-kirchen-vor-selbst-saekularisierung/ – Zugriff 7.8.2016).
51 Josuttis: Volkskirche, a.a.O. 17.
52 Vgl. Werner Thiede: Der tabuisierte Tod. Überlegungen zu einem Kulturphänomen, in: Geist und Leben 85, 2/2012, 164–181; Annelie Heil/Henning Scherf: Das letzte Tabu, Freiburg i. Br. 2016.
53 Sigmund Freud: Zeitgemäßes über Krieg und Tod (1915), in: ders.: Kulturtheoretische Schriften, Frankfurt 1986", 33–60, hier 49.
54 Wolfhart Pannenberg zufolge besagt die Phänomenologie der Hoffnung, „daß es zum Wesen wachen Menschseins gehört, über den Tod hinaus zu hoffen" (Grundzüge der Christologie, Gütersloh 1964, 81).
55 Der Philosoph Karl Löwith hat aufgezeigt, wie die religiöse Hoffnung auf die Vollen-

dung des Kosmos im „neuen Äon" in der sogenannten „Neuzeit" säkularisiert wurde. Er betont: „Der eschatologische Gedanke vermag die Zeitlichkeit der Zeit zu beherrschen, die ihre eigenen Geschöpfe verschlingt, wenn sie nicht durch ein letztes Ziel sinnvoll begrenzt wird" (Weltgeschichte und Heilsgeschehen. Die theologischen Voraussetzungen der Geschichtsphilosophie, Stuttgart 1953, 26). „Wären die letzten Dinge nur die spätesten Ereignisse in einer kontinuierlichen Reihe weltlichen Geschehens, dann verfiele die Hoffnung auf sie in der Tat der Desillusionierung. Nur weil die letzten Dinge eschatologisch qualifiziert sind, können der Glaube und die Hoffnung auf sie zurecht bestehen" (187).

56 Ernest Becker: Dynamik des Todes. Die Überwindung der Todesfurcht – Ursprung der Kultur, Olten/Freiburg i. Br. 1976, 9.

57 Vgl. Hermann Vogt: Todesangst prägt die Kultur mit. Entdeckungen amerikanischer Psychologen, in: Lutherische Monatshefte 29 (1990), 402–404.

58 Schon zu Beginn der Neuzeit wusste der Philosoph Blaise Pascal: „Da die Menschen kein Heilmittel gegen den Tod, das Elend, die Unwissenheit finden konnten, sind sie, um sich glücklich zu machen, darauf verfallen, nicht daran zu denken" (Gedanken/Pensées, Bremen o. J., Nr. 176).

59 Vgl. Günter Thomas: Neue Schöpfung. Systematisch-theologische Untersuchungen zur Hoffnung auf das „Leben in der zukünftigen Welt", Göttingen 2009.

60 Vgl. Peter Meinhold: Die Genesisvorlesung Luthers und ihre Herausgeber, Stuttgart 1936, bes. 396–398; Carl Stange: Luthers Gedanken über die Todesfurcht, Berlin 1932; Werner Elert: Der christliche Glaube. Grundlinien der lutherischen Dogmatik, Berlin 1940, 631. Richtig dagegen Gerhard Ebeling: Disputatio des homine. Teil 2: Kommentar zu These 1–19, Tübingen 1982 (bes. zu These 3); Werner Thiede: Luthers individuelle Eschatologie, in: Lutherjahrbuch 49 (1982), 22 und 33; Fritz Heidler: Luthers Lehre von der Unsterblichkeit der Seele, Erlangen 1983.

61 Vgl. z. B. Martin Luther: Kritische Gesamtausgabe, Weimar 1883ff. (= WA), Bd. 43, S. 359, Zeilen 36f.; WA 37, 149, 19f., sowie WA 39 II, 401, 4: Gott schafft die Seele unsterblich und ewig.

62 Siehe WA 36, 241, 6–8 und 23–28.

63 WA 43, 481, 32ff. (der erste Satz gehört im Original hinter die beiden folgenden). Vgl. auch Paul Althaus: Die Theologie Martin Luthers, Gütersloh 1962, 344.

64 Vgl. Immanuel Kant: Kritik der reinen Vernunft, in: Werke in zwölf Bänden, hg. von W. Weischedel, Frankfurt/M. 1977, Bd. 4, bes. 49 und 59.

65 Das zeigt auch meine Dissertation: Auferstehung der Toten – Hoffnung ohne Attraktivität, Göttingen 1991.

66 Dazu mein Buch „Die mit dem Tod spielen. Okkultismus – Reinkarnation – Sterbeforschung" (Gütersloh 1994) und zuletzt mein Aufsatz „Hinter dem Vorhang. Warum die Theologie sich mehr mit der Nahtodforschung beschäftigen sollte", in: zeitzeichen 11/2016, 43–45.

67 Siehe Karl Barth: Die kirchliche Dogmatik, Bd. III/2, Zürich 1979^4, 770f., vgl. 768.

68 Vgl. Barth, a.a.O. 760 (ferner Bd. III/4, 383).

69 Wolfhart Pannenberg: Tod und Auferstehung in der Sicht christlicher Dogmatik (1974), in: ders.: Grundfragen systematischer Theologie, Bd. II, Göttingen 1980, 146–159, hier 158. Vgl. auch ders.: Systematische Theologie, Bd. III, Göttingen 1993, 59ff.

70 Vgl. Jürgen Moltmann: Schöpfung, Bund und Herrlichkeit, in: Evangelische Theologie 48 (1988), 108–127, hier 113.

71 Jürgen Moltmann: Der „eschatologische Augenblick", in: J. Rohls/G. Wenz (Hg.): Vernunft des Glaubens, Göttingen 1988, 578–589, hier 589.

72 Hingewiesen sei hier nur auf zwei Mut machende Bücher, die freilich im Einzelnen näher zu diskutieren wären, nämlich auf Hans Schwarz: Die christliche Hoffnung. Grundkurs Eschatologie, Göttingen 2002, sowie auf Reinhard Slenczka: Ziel und Ende. Einweisung in die christliche Endzeiterwartung, Neuendettelsau 2008.
73 Emil Brunner: Das Ewige als Zukunft und Gegenwart, München 1965, 11.
74 Offizieller Bericht der Vierten Vollversammlung des *Lutherischen Weltbunds*, hg. vom LWB, Hannover 1965, 387 (in überarbeiteter Fassung: 525).
75 https://www.ekd.de/presse/pm145_2008_velkd_rechtfertigung.html (Zugriff 8.8.2016).
76 Vgl. von Loewenich: Luther, a.a.O. 69ff.; Joachim Köhler: Luther! Biographie eines Befreiten, Leipzig 2016, 75ff.
77 Gerhard Ebeling: Dogmatik des christlichen Glaubens, Bd. III, Tübingen 1982², 207.
78 Vgl. Wolfhart Pannenberg: Metaphysik und Gottesgedanke, Göttingen 1988, 64.
79 Pannenberg: Metaphysik, a.a.O. 76. Nächstes Zitat: 79.
80 Wolfhart Pannenberg: Systematische Theologie III, a.a.O. 644.
81 Wolfhart Pannenberg: Systematische Theologie, Bd. I, Göttingen 1988, 251.
82 Pannenberg: Systematische Theologie III, a.a.O. 593.
83 Pannenberg: Systematische Theologie III, 635. Siehe aktuell Harald Lesch/Klaus Kamphausen: Die Menschheit schafft sich ab. Die Erde im Griff des Anthropozän, Grünwald 2016; Gabor Steingart: Weltbeben, München 2016.
84 Vgl. Wolfhart Pannenberg: Anthropologie in theologischer Perspektive, Göttingen 1983, 510f.
85 Wolfhart Pannenberg: Die Auferstehung Jesu und die Zukunft des Menschen, in: ders., Grundfragen systematischer Theologie. Gesammelte Aufsätze, Bd. 2, Göttingen 1980, 174–187, bes. 180f.
86 Dazu mein Aufsatz „Fegfeuer – Endgericht – Allversöhnung. Der Gerichtsgedanke im Licht protestantischen Rechtfertigungsglaubens", in: Theologische Literaturzeitung 136 (2011), 1129–1144. Der Vorwurf, dass die Hoffnung auf Gottes universal siegreiche Liebe ethische Nachlässigkeit nach sich ziehe, ist unlogisch, so er denn wirklich lebendige Hoffnung im Geist des Herrn meint.
87 Vgl. Theodor Mahlmann: Art. Articulus stantis et cadentis ecclesiae, in: Religion in Geschichte und Gegenwart [= RGG] (4. Aufl.), Bd. I, Tübingen 1998, 799f. Luthers betonte Äußerungen finden sich in WA 40 III, 352, 3; 39/I 205, 20–22 sowie in den „Bekenntnisschriften der Evangelisch-Lutherischen Kirche" (Göttingen 1979⁸ [= BSLK]) 415, 21f.
88 Vgl. M. J. Rainer (Hg.): „Dominus Iesus" – Anstößige Wahrheit oder anstößige Kirche? Dokumente, Hintergründe, Standpunkte und Folgerungen, Münster 2001; G. L. Müller (Hg.): Die Einzigartigkeit Christi und der Kirche. Originaltexte und Studien der römischen Glaubenskongregation zur Erklärung „Dominus Iesus", Würzburg 2003; Slenczka: Neues, Bd. 4, a.a.O. 129f.
89 Dazu Näheres in Kap. III.3.
90 Vgl. zuletzt Köhler: Luther!, a.a.O. 183ff.
91 Zitiert nach von Loewenich: Luther, a.a.O. 80f.
92 Vgl. Heinz Zahrnt: Glauben unter leerem Himmel. Ein Lebensbuch, München 2000.
93 WA Deutsche Bibel 7 I, 4, zitiert nach W. Metzger (Hg.): Martin Luther: Das Magnifikat, Gütersloh 1979², 13.
94 Vgl. Dietrich Korsch: Art. Dialektische Theologie, in: RGG⁴, Bd. 2 (1999), 809–815.
95 Vgl. Immanuel Kant: Kritik der praktischen Vernunft (1788), in: Werke in zwölf Bänden, hg. von W. Weischedel, Frankfurt/M. 1977, Bd. 7, 262.

96 Sukie Miller: Nach dem Tod. Stationen einer Reise, Wien/München 1998, 133.

97 So Stephan Weyer-Menkhoff: „Reich Gottes" – Zur Doppeldeutigkeit der Theologie Albrecht Ritschls, in: Joachim Ringleben: Gottes Reich und menschliche Freiheit, Göttingen 1990, 60–68, hier 60.

98 Vgl. Gunther Wenz: Der Kulturprotestant Adolf von Harnack als Christentumstheoretiker und Kontroverstheologe, München 2001.

99 Zitiert nach K. Nowak (Hg.): Adolf von Harnack als Zeitgenosse, Berlin/New York 1996, 576.

100 Zitiert nach J. Jantsch (Hg.): Der Briefwechsel zwischen Adolf von Harnack und Martin Rade. Theologie auf dem öffentlichen Markt, Berlin/New York 1996, 108.

101 Vgl. Gangolf Hübinger: Drei Generationen deutscher Kulturprotestanten 1860–1918, in: J. Dantine u. a. (Hg.): Protestantische Mentalitäten, Wien 1999, 181–193, bes. 182–185.

102 Das soziale Milieu des Kulturprotestantismus entsprach vielfach jenem der liberalen Theologie des 19. Jahrhunderts (vgl. Gangolf Hübinger: Kulturprotestantismus und Politik. Zum Verhältnis von Liberalismus und Protestantismus im wilhelminischen Deutschland, Tübingen 1994). Zur heutigen Aktualität dieser Richtung nehme ich Stellung in dem Aufsatz „Nicht ohne Verbindlichkeit. Antwort auf Alexander Graus Plädoyer für einen neoliberalen Protestantismus" (in: zeitzeichen 3/2011, 47f.).

103 Vgl. Friedrich Wilhelm Graf: Das Reformationsjubiläum selbstbewusst feiern, in: Pastoraltheologie 1/2016, 5–20.

104 http://www.emw-d.de/fix/files/Gemeinsam_fuer_das_Leben_-_Mission_Evangelisation_wandelnde_Kontexte.pdf (Zugriff 8.8.2016).

105 Josuttis formuliert: „Die Kirche, in welcher Sozialgestalt auch immer, ist nicht das Reich Gottes. Aber sie bleibt solange lebendig, solange sie von den Kraftströmen dieses Reiches erfaßt wird" (a.a.O. 15).

106 Die Mormonen etwa betrachten ihre „Kirche Jesu Christi der Heiligen der Letzten Tage" als Realisierung des Reiches Gottes auf Erden (Russell M. Nelson: Das Priestertum ehren, in: Der Stern 7/1993, 36–38, hier 36; dazu Thiede: Wahrheit, a.a.O. 201ff.).

107 Hans-Georg Geyer: Wahre Kirche?, in: G. Baumbach u. a.: Kirche als „Gemeinde von Brüdern". Barmen III, Bd. 1, Gütersloh 1980, 223–248, hier 228.

108 Robert Leuenberger: Paradigmawechsel in der Volkskirche?, in: Theologische Zeitschrift 43, 1+2/1987, 85–91, hier 90. Eberhard Jüngel unterstreicht: „Eine mit der Welt identisch gewordene Kirche hat aufgehört, Welt in der Kehre und also Kirche zu sein" (Entsprechungen: Gott – Wahrheit – Mensch, München 1980, 289).

109 Hans Küng: Theologie im Aufbruch, München 1987, 248. Vgl. auch Karl Richard Ziegert: Zivilreligion. Der protestantische Verrat an Luther, München 2013.

110 Friedrich Wilhelm Graf: Der Protestantismus. Geschichte und Gegenwart, München 2006, 116f.

111 Dazu kritisch Karl Richard Ziegert: Dieses Spiel ist aus. Über das verdrängte Sterben der EKD-Kirchenwelt, in: DtPfrBl 10/2014, 558–563. Demnach „hat sich so innerhalb der EKD-Kirchenwelt ein neuer christlicher Totalitarismus etabliert, der Politik und Theologie, Religion und Gesellschaftssteuerung in einem sein will" (558).

112 Wolfgang Huber kritisierte schon vor Jahrzehnten eine willfährige kirchliche Anpassung an die „Politik der Verbände": „Die Denkschriften, die sich auf innenpolitische Probleme beziehen, stellen die gegenwärtige gesellschaftliche Machtverteilung nicht in Frage; […] ihre gesellschaftspolitischen Vorschläge tangieren die Prämissen und bestimmenden Komponenten des gegenwärtigen sozio-ökonomischen Systems nicht" (Kirchliche Sozialethik und gesellschaftliche Interessen, in: Y. Spiegel [Hg.]:

Kirche und Klassenbindung, Frankfurt/M. 1974, 197). Hartmut Kreß hält aktuell fest: „Die kirchlichen Verlautbarungen sind in eine Sackgasse geraten" (Das neue Sozialwort der Kirchen, in: Materialdienst des Konfessionskundlichen Instituts 2/2014, 21f.). Der Kirchenhistoriker Thomas Kaufmann erblickt in der evangelischen Kirche „eine übermäßige Anpassungsbereitschaft", nennt sie „gefallsüchtig" und moniert: „Die evangelische Kirche nimmt eine Vorreiterrolle für sich in Anspruch, dabei repräsentiert sie nichts anderes als den Hauptstrom" (Was feiern wir da eigentlich? Interview in ideaSpektrum 44/2016, 16–19, hier 16f. und 19).

113 Laut Patrick Bahners: Warum wir nicht in der Provinz bleiben, in: Frankfurter Allgemeine Zeitung vom 4.10.2010, 27.

114 Karl Richard Ziegert: Die EKD und das neue Mittelalter, in: DtPfrBl 7/2016, 383–389, hier 384. „Unausweichlich wird die auf Koordination mit der politischen Klasse eingestellte Kirche religiös stumm" (386). Vgl. ders.: Die Verkäufer des perfect life. Über die Amerikanisierung der Religion und den Untergang der EKD-Kirchenwelt in Deutschland, Münster 2015, bes. 259ff., sowie Friedrich Wilhelm Graf: Kirchendämmerung. Wie die Kirchen unser Vertrauen verspielen, München 2011, 159ff.

115 Schon vor Jahrzehnten monierte Hans Eckehard Bahr „die Umwandlung der Kirche zur sakralpolitischen Erziehungsanstalt" (in: Verkündigung als Information, Hamburg 1968, 13f.). Die frühere EKD-Ratsvorsitzende Margot Käßmann und ihr Nachfolger in diesem Amt, Heinrich Bedford-Strohm, haben aktuell das schöne Buch „Die Welt verändern. Was uns der Glaube heute zu sagen hat" (Berlin/Leipzig 2016) veröffentlicht; doch geht es protestantischem Glauben wirklich zentral um programmatische Weltveränderung? Ist es nicht genau solch gut gemeinte, in den Vordergrund geschobene „Transformation" des Glaubens, die sakralpolitische Missverständnisse hervorruft?

116 So verlautbarte die EKD 2008: „Kirchliche Stellungnahmen zu gesellschaftlichen Themen erfüllen nur dann ihren Sinn und ihre Aufgabe, wenn sie das christliche Verständnis vom Menschen und von der Welt in Grundzügen aus evangelischer Perspektive entfalten und zu den jeweiligen aktuellen Herausforderungen in Beziehung setzen. Auf diese Weise dienen sie auch dazu, den Inhalt des christlichen Glaubens in die Gesellschaft hinein zu vermitteln" (http://www.ekd.de/EKD-Texte/69230.html -Zugriff 1.8.2016).

117 Heinrich Bedford-Strohm: Fromm und politisch, in: zeitzeichen 7/2016, 8–11, hier 10.

118 Ebd. In der EKD-Denkschrift zum Öffentlichkeitsauftrag der Kirche „Das rechte Wort zur rechten Zeit" (2008) heißt es bereits: „Die Legitimation der Kirche, sich zu politischen und gesellschaftlichen Fragen zu äußern, beruht nach ihrem Selbstverständnis auf dem umfassenden Verkündigungs- und Sendungsauftrag ihres Herrn." Die Kirche sei daher „nicht nur berechtigt, sondern sogar verpflichtet, die ihr aufgetragene Botschaft so umfassend und allgemein zugänglich, also öffentlich, zu Gehör zu bringen, dass deren Bedeutung für alle Menschen und Völker und für alle Bereiche unseres Lebens vernehmbar wird" (3–5, zitiert nach http://www.ekd.de/EKD-Texte/69230.html – Zugriff 23.7.2016).

119 Bedford-Strohm: Fromm, a.a.O. 11. Nächstes Zitat ebd.

120 Dies umso mehr, als manche Empfehlungen innerkirchlich gerade nicht konsensbildend wirken! „Man müsste blind sein, die Trennungen zu übersehen, die sich durch solche Veröffentlichungen innerhalb der Gemeinde vollziehen, wo der Widerspruch zum Wort Gottes in den Erklärungen oft ganz konkret auch in der Verkündigung wie auch in der Lebensführung von Amtsträgern bedrückend wahrgenommen wird" (Slenczka: Neues, Bd. 4, a.a.O. 114).

121 Wolfgang Schäuble in einem Gastbeitrag von Heft 7 der Pastoraltheologie 2016, das unter dem Gesamtthema „2017 – Jubel und Trubel im Namen der Reformation?" stand.

122 Bedford-Strohm: Fromm, a.a.O. 11.

123 Der Begriff wird hier nicht im weitesten Sinn verstanden, wie ihn etwa Friedrich Wilhelm Graf deutet – nämlich als „bis in die unmittelbare Gegenwart offen für all die neuen christlichen Gruppierungen, Erweckungsbewegungen, Denominationen und Kirchenbildungen, die neben der römisch-katholischen ‚Weltkirche' und den östlichen, orthodoxen Kirchen ein religiös, theologisch und ethisch eigenständiges Christentum repräsentieren" (Der Protestantismus, München 2006, 18).

124 Vgl. Paul Tillich: Systematische Theologie, Bd. I, Stuttgart 1977[5], 74. Dazu z. B. Wolf Reinhard Wrege: Die Rechtstheologie Paul Tillichs, Tübingen 1996, 100ff.; John Powell Clayton: The Concept of Correlation. Paul Tillich and the Possibility of a Mediating Theology, Berlin/New York 1980.

125 Siehe Immanuel Kant: Kritik der reinen Vernunft, in: Werke in zwölf Bänden, hg. von W. Weischedel, Frankfurt/M. 1977, Bd. 4, bes. 49 und 59.

126 Übersetzt aus Erasmus von Rotterdam: Opera omnia. Leidener Ausgabe, Bd. 10, 1258A.

127 Vgl. Jens Beckmann: Wohin steuert die Kirche? Die evangelischen Landeskirchen zwischen Ekklesiologie und Ökonomie, Stuttgart 2007.

128 Küng: Aufbruch, a.a.O. 2.

II Evangelische Kirche ohne Zukunft?

1 Josuttis: Volkskirche, a.a.O. 9.

2 Detlef Pollack/Olaf Müller: Religionsmonitor. Religiosität und Zusammenhalt in Deutschland, Gütersloh 2013, 16. Vgl. auch Ziegert: Zivilreligion, a.a.O. (2013).

3 Norbert Bolz bemerkt: Zivilreligion „nennt man die Schwundstufe eines Christentums, das nicht mehr in seinem Wahrheitsanspruch, sondern nur noch wegen seiner ethisch und politisch stabilisierenden Funktion ernst genommen wird" (Zurück zu Luther, in: CA II/2016, 17–24, bes. 21).

4 Dabei gilt es zu bedenken: „Wenn alle Religionen der Welt ein Gemeinsames haben, so ist es dies, nicht auf ein Allgemeines sich zu gründen, sondern auf ein *Bestimmtes* […]" (Emil Brunner: Religionsphilosophie evangelischer Theologie, München 1948[2], 52).

5 Pollack/Müller, a.a.O. 43. Mit Recht protestiert Reinhard Mawick gegen die verharmlosende EKD-Meldung „Zahl der Austritte um 22 Prozent gesunken" in seinem Kommentar „Recht auf Fakten: Fragwürdige EKD-Statistik in Sachen Kirchenaustritte" (zeitzeichen 9/2016, 11). Pollack prognostiziert, der Prozess der Entkirchlichung werde anhalten (Interview in: zeitzeichen 9/2016, 41).

6 Vgl. bereits Hans Apel: Volkskirche ohne Volk. Der Niedergang der Landeskirchen, Gießen 2004.

7 Zur katholischen Kirche siehe Stefan Oster/Peter Seewald: Gott ohne Volk? Die Kirche und die Krise des Glaubens, München 2016. Der Passauer Bischof betont, ein weichgespültes Evangelium habe keine Relevanz und werde am Ende von niemandem gebraucht.

8 Detlef Pollack: Was wird aus der Kirche? (Teil I), in: DtPfrBl 7/2016, 374–379, hier 376. „Die Mitgliederverluste fielen für die evangelischen Kirchen stets deutlich höher aus als für die katholische Kirche" (ebd.).

9 Pollack/Müller, a.a.O. 32.
10 Siehe https://www.badw.de/de/publikationen/akademieAktuell/2015/52/0115_06_Albrecht_V05.pdf (Zugriff 30.7.2016).
11 Pollack/Müller, a.a.O. 54f.
12 Siehe aktuell http://www.kirchenaustritt.de/statistik.
13 Zum schillernden Begriff siehe näherhin Theo Sorg: Wie wird die Kirche neu? Ermutigung zur missionarischen Gemeinde, Wuppertal 1977, 17ff. und 29ff.
14 Vgl. EKD (Hg.): Zahlen und Fakten, Hannover 2015, 17.
15 Sorg, a.a.O. 21.
16 Slenczka bemerkt: „Volle Kirchen und Kirchentage sind keineswegs ein Zeichen von lebendiger Kirche; es gibt nicht nur Namenschristen (Mt 7,21–23), sondern auch Namenskirchen" (Bd. 4, a.a.O. 267). Auch Josuttis weiß: „Organisationen können sich Kirche nennen, aber daß der damit erhobene Anspruch zu Recht besteht, ist keineswegs garantiert" (Volkskirche, a.a.O. 9).
17 Vgl. Henrik Simojoki: Globalisierte Religion. Ausgangspunkte, Maßstäbe und Perspektiven religiöser Bildung in der Weltgesellschaft, Tübingen 2012.
18 Die EKD überlegt: „Es kann gefeiert werden in einer angemessenen Balance zwischen Tradition und Innovation, ohne die Fremdheit längst vergangener Ereignisse abzuschleifen und zugleich deren tiefgreifende Bedeutung für die Gegenwart zu ignorieren" (Rechtfertigung und Freiheit. 500 Jahre Reformation 2017. Ein Grundlagentext des Rates der Evangelischen Kirche in Deutschland, Gütersloh 2014, Punkt 3). Vgl. auch Margot Käßmann: Durchbruch in Zürich. Wie ich die internationale Bedeutung der Reformation erlebe, in: zeitzeichen 9/2016, 8–11; ferner J. Arnold u. a. (Hg.): Reformation erinnern, predigen und feiern, Hannover 2016; Wichmann von Meding: Die Reformation bejubeln?, in: DtPfrBl 9/2016, 492–496.
19 Vgl. das Statement von Andreas Desing in: CA II/2016, 15.
20 Vgl. insgesamt Richard Faber (Hg.): Zwischen Affirmation und Machtkritik. Zur Geschichte des Protestantismus und protestantischer Bewegungen, Zürich 2005.
21 Vgl. M. Stiewe/F. Vouga (Hg.): Das Fundament der Kirche im Dialog. Modelle des Kirchenverständnisses im Neuen Testament und in der konfessionellen Rezeptionsgeschichte, Leipzig 2003; Eilert Herms: Grund und Gegenstand des Glaubens nach römisch-katholischer und evangelisch-lutherischer Lehre, Tübingen 2008.
22 Siehe A. von Scheliha/M. Schröder (Hg.): Das protestantische Prinzip. Historische und systematische Studien zum Protestantismusbegriff, Stuttgart 1998.
23 Dazu Näheres in Kap. III.
24 Joachim Kunstmann: Die Kirche schafft sich selber ab, in: zeitzeichen 2/2016, 21. Nächstes Zitat ebd.
25 Wer sich des Missionsauftrags mittels historisch-kritischer Exegese entledigen möchte, höre Reinhard Slenczka: „Was aber geschieht, wenn das Einsetzungswort von Mt 28 ebenso wie andere Worte Jesu als ‚Gemeindebildung' aufgefasst wird? Es kommt unweigerlich zu einem Wechsel des Subjekts: An die Stelle des auferstandenen, lebendigen Herrn tritt die Gemeinde mit ihren Bedürfnissen, Vorstellungen und Erfahrungen, die zu befriedigen sind" (Slenczka: Neues Bd. 4, a.a.O. 39). Das Argument der zum Teil problematischen Wirkungsgeschichte des Missionsbefehls hat sein allerdings begrenztes Recht: Es kann und darf ihn nicht außer Kraft setzen (*abusus non tollit usum*, sagt ein lateinisches Sprichwort).
26 Michael Diener: Berufung und Beruf des Pfarrers, in: G. Maier (Hg.): Lieber Pfarrberuf!, Altenstadt 2015, 41–46, hier 45. Grundlegend bestätigt das David Bosch in sei-

nem 1991 erstmals erschienenen, umfangreichen Werk „Mission im Wandel. Paradigmenwechsel in der Missionstheologie" (Gießen 2012).

27 Johannes Friedrich: Kirche, die alle will, in: G. Maier (Hg.): Lieber Pfarrberuf!, Altenstadt 2015, 64–67, hier 64.

28 Ebd. Auch Kurt Rommel unterstreicht: „Die Mission ist das Wesen der Kirche" (Kirche im Jahr 2000, Stuttgart 1987, 62). Schon Wilhelm Löhe wusste: „ Mission ist nichts als die Eine Kirche Gottes in ihrer Bewegung" (Kirche V.1, a.a.O. 96).

29 Martin Brändl: Gedanken zur Erneuerung der Kirche, in: G. Maier (Hg.): Lieber Pfarrberuf!, Altenstadt 2015, 32–34, hier 32.

30 An dem Textentwurf für den Weltkirchenrat hat das Missionswerk mitgearbeitet: „Gemeinsam für das Leben. Mission und Evangelisation in sich wandelnden Kontexten" (http://www.emw-d.de/fix/files/Gemeinsam_fuer_das_Leben_-_Mission_Evangelisation_wandelnde_Kontexte.pdf – Zugriff 31.7.2016). Das Zitat stammt von Seite 1 und steht durchaus prototypisch für den gesamten Text.

31 Texte aus der VELKD 21/1983, 29.

32 Vgl. z. B. Sorg, a.a.O. 26ff. „Missionarischer Gemeindeaufbau ist Teilhabe an dem Werk, das der erhöhte Christus als Herr der Gemeinde durch den Heiligen Geist selbst tut" (40).

33 Vgl. immerhin exemplarisch Michael Herbst: Kirche mit Mission. Gesammelte Beiträge zu Fragen des Gemeindeaufbaus, Neukirchen-Vluyn 2013; ders.: Wachsende Kirche. Wie Gemeinde den Weg zu postmodernen Menschen finden kann, Gießen 2009. Und s. u. (VII.4).

34 Diese Begriffswendung wurde erstmals genannt in der Synodalvorlage „Wachsen gegen den Trend. Auf dem Weg zu einer missionarischen Kirche" der Evangelischen Kirche in Berlin-Brandenburg (1997).

35 http://www.ekd.de/bevollmaechtigter/predigten_vortraege/archiv/75511.html – Zugriff 15.7.2016. Noch 2010 hieß es in einem Bericht des Rates der EKD, es sei „erforderlich, Menschen sprachfähig für missionarische Anliegen zu machen, sie theologisch zuzurüsten […]" (http://www.ekd.de/synode2010/berichte/73174.html – Zugriff 15.7.2016).

36 Hier zitiert nach der älteren revidierten Luther-Übersetzung (1964); 2017 lautet die Übersetzung: „[…] und lehret alle Völker".

37 Handreichung der Evangelischen Kirche im Rheinland: Missionarisch Volkskirche sein (2014), 5–7.

38 Kunstmann: Kirche, a.a.O. 21.

39 So auch Bolz: „Kennt die evangelische Kirche überhaupt noch den Unterschied zwischen Christentum und einem diffusen Humanitarismus? Sie ersetzt den Skandal des Gekreuzigten zunehmend durch einen neutralen Kult der Menschheit" (a.a.O. 18).

40 Reinhard Hempelmann: Dialog und Mission – kein Widerspruch, in: Materialdienst der EZW 8/2016, 283f. Vgl. bereits Werner Thiede: Mission als Dialog – Dialog als Mission, in: CA 1/2014, 19–23; Kenneth Cracknell: Mission und Dialog, Frankfurt/M. 1990; Christine Lienemann-Perrin: Mission und interreligiöser Dialog, Göttingen 1999.

41 Paul Knitter: Ein Gott - viele Religionen, München 1988, 181.

42 Wolfhart Schlichting bemerkt: „Da sagen Christen nach, dass Juden das Evangelium von Christus zum Heil nicht nötig haben. Sie wollen damit den Juden entgegenkommen. Aber sie verabschieden sich zugleich von Gottes Vorhaben und Wirken, für das die Juden Petrus und Paulus sich einsetzten. Und sie tadeln implizit die an Juden gerichtete Predigt des Hellenisten und Erstmärtyrers Stephanus" (Predigt am 7.2.2015 in

Nürnberg: http://abc-bayern.de/wp-content/uploads/25-Jahr-Feier-Predigt-Dr.-Wolfhart-Schlichting.pdf – Zugriff 31.7.2016).

43 „Für viele Europäer markierte Bangkok 1972/73 einen grundlegenden Einschnitt in der Geschichte des protestantischen Christentums" (Katharina Kunter: 1972/3: Ende der Weltmission. Der europäische Protestantismus kehrt nach Hause zurück, in: Themenportal Europäische Geschichte, 2009 – http://www.europa.clio-online.de/2009/Article=360). Siehe bereits Philip A. Potter (Hg.): Das Heil der Welt heute. Ende oder Beginn der Weltmission? Stuttgart 1973. Im 21. Jahrhundert gab es erst eine Weltmissionskonferenz: die Konferenz der Kommission für Weltmission und Evangelisation (Athen 2005).

44 Dieter Becker: Mission verstehen. Themen und Thesen interkultureller Forschung, Neuendettelsau 2012, 15 und 21. Nächstes Zitat ebd. 120.

45 Becker, a.a.O. 158. Theo Sundermeier hat Recht: „Die Absolutheiten werden in gleicher Weise wie früher geäußert, ja letztlich noch umfassender, radikaler, vereinnahmender" (Evangelisation und die „Wahrheit der Religionen", in: R. Bernhardt [Hg.]: Horizontüberschreitung, Gütersloh 1991, 175–190, hier 182).

46 Ein aktuelles Beispiel: „Neuer Chef will Mission nicht halbherzig", titelt „Der Sonntag" vom 14.8.2016 (8) anlässlich der Einführung des neuen Direktors des Leipziger Missionswerks. Dessen Programm aber, so gibt es der Artikel her, ist primär fokussiert auf ethische Werte wie Solidarität, Einsatz für Ausgegrenzte, für „Gerechtigkeit auch in den Strukturen" und gegen Fremdenfeindlichkeit.

47 Das ZMiR ist eine Einrichtung der EKD mit Standort in Dortmund, gegründet 2009 im Kontext des Reformprozesses „Kirche der Freiheit" mit dem in übersichtlichen Projekten umgesetzten Auftrag bis 2017, regionalem Denken Freunde zu gewinnen. Es kooperiert mit dem „Institut zur Erforschung von Evangelisation und Gemeindeentwicklung" (Greifswald) sowie mit den Ämtern für missionarische Dienste einzelner Landeskirchen.

48 Hans-Hermann Pompe: Eine geniale Erfindung Gottes: Gemeinde, in: ideaSpektrum 20/2016, 3.

49 Zu nennen wären hier z. B. die *Arbeitsgemeinschaft Missionarische Dienste* (AMD: Fachverband und zugleich Abteilung der Diakonie Deutschland, befasst sich mit allen Aspekten des missionarischen Auftrags der Kirche) sowie die *Gesellschaft für Innere und Äußere Mission im Sinne der lutherischen Kirche*, die auf Wilhelm Löhe in Neuendettelsau zurückgeht.

50 Evangelisation bleibt selbstverständlich sinnvoll. Zu nennen wäre hier exemplarisch *proChrist* als eine überkonfessionelle Evangelisationsbewegung von Christen unterschiedlicher Kirchen und Gemeinden. Ulrich Parzany appellierte am Reformationstag 2016: „Lasst uns das Reformationsfest nicht feiern, ohne dass uns eine neue Leidenschaft zur Evangelisation ergreift" (laut ideaSpektrum 44/2016, 36). Helmut Thielicke hatte sich nach einer Begegnung mit dem amerikanischen Evangelisten Billy Graham selbstkritisch gefragt: „Was fehlt bei mir und der üblichen christlichen Verkündigung, daß es Billy Graham geben muß?" (Auf Kanzel und Katheder, Hamburg 1965, 200).

51 Karl Barth: Die kirchliche Dogmatik IV/3. Zweite Hälfte, Zürich 1979[3], 1000.

52 Die EKD weiß, „dass auch Grundkenntnisse über Kernelemente des christlichen Glaubens und des kirchlichen Auftrags nicht stillschweigend vorausgesetzt, sondern in ihrer fundierenden Bedeutung erklärt werden sollten. In weiten Teilen der Öffentlichkeit, auch bei nicht wenigen Kirchenmitgliedern, sind diese Kenntnisse nicht

oder nur latent vorhanden und bedürfen der Neuvermittlung oder Erinnerung" (http://www.ekd.de/EKD-Texte/69230.html – Zugriff 30.7.2016, Punkt 54).

53 Landesbischof Friedrich Weber gab zum Thema „Missionsland Deutschland" zu bedenken: „Bei meinen Besuchen in den Kirchenvorständen der visitierten Gemeinden begegnet mir zunehmend die Einschätzung, dass der Gottesdienst längst nicht mehr die eigentliche Mitte der Gemeinde ist. [...] Wie viel schwieriger wird es dann erst im Blick auf Menschen sein, die jedwedes gottesdienstlichen Anknüpfungspunktes entbehren?" (Zeitansage. Texte zur ökumenischen Situation, Frankfurt/M. 2011, 75). Entsprechendes gilt auch für die katholische Kirche (siehe Heft 4/2016 der Ökumenischen Rundschau – Thema „Mission – Weggemeinschaft und Zeugnis im Dialog").

54 Hilfreich sind hier z. B. Christian A. Schwarz: Farbe bekennen mit Natürlicher Gemeindeentwicklung. Wie kann ich mein Christsein kraftvoll leben und entfalten? Emmelsbüll-Horsbüll 2005, sowie M. Herbst (Hg.): Mission bringt Gemeinde in Form, Neukirchen-Vluyn 2008.

55 Günther Keil: Gedanken zur Visitation, in: Zeitschrift für Evangelisches Kirchenrecht 30/1985, 317–331, hier 325. Es dürfe folglich nicht gegen die Regeln der geschichtlichen Sachlogik verstoßen werden (326).

56 Vgl. Hans-Georg Link: Bekennen und Bekenntnis, Göttingen 1998; Peter Brunner: Bekenntnisstand und Bekenntnisbindung, in: ders.: Pro Ecclesia, Bd. 2, Fürth 1990², 295–304 (ferner: Salomo Strauß: Zur Ekklesiologie Peter Brunners, Neuendettelsau 2014).

57 Nach der Präambel der *Barmer Theologischen Erklärung* von 1934 kann der Fall eintreten, dass Kirche „nach allen bei uns in Kraft stehenden Bekenntnissen" aufhört, Kirche zu sein.

58 Vgl. Thiede: Fegfeuer – Endgericht – Allversöhnung, a.a.O. 1129–1144.

59 Karl Johann Philipp Spitta: O komm, du Geist der Wahrheit, Strophe 4.

60 Zu diesem mitunter sehr undifferenziert gebrauchten Schmähbegriff siehe z. B. Walter Künneth u. a.: Fundamentalismus? Neuendettelsau 1990; David Jäggi: Christlicher Fundamentalismus! Von der Selbstbezeichnung zum sozialkonstruktivistischen Herrschaftsbegriff, Norderstedt 2013.

61 Vgl. Peter Beyerhaus: Der Glaubenskampf der Bekennenden Evangelischen Gemeinschaften in Deutschland. Christliches Zeugnis in unserer Zeit, Bd. 1, Nürnberg 2015.

62 Siehe http://abc-bayern.de/wp-content/uploads/Landesbischof-bei-ABC-Feier.pdf (2015) – Zugriff 31.7.2016. Übrigens entstand durch die Initiative von Pfarrer Ulrich Parzany 2016 in Kassel das *Netzwerk Bibel und Bekenntnis* (www.netzwerkbibelund bekenntnis.de). Vgl. auch Hansjörg Hemminger: Evangelikal, Gießen 2016.

63 Die Neuedition ist herausgegeben von I. Dingel: Die Bekenntnisschriften der Evangelisch-Lutherischen Kirche, Göttingen 2014. Vgl. K. Grünwaldt (Hg.): Konfession: Evangelisch-lutherisch. Die lutherischen Bekenntnisschriften für Laien erklärt, Gütersloh 2004.

64 Evangelische Reformierte Kirche (Hg.): Der Heidelberger Katechismus, Neukirchen-Vluyn 2013⁶.

65 Vgl. z. B. Heinz Brunotte: Die theologische Erklärung von Barmen 1934 und ihr Verhältnis zum lutherischen Bekenntnis, Hannover 1955; Rainer Mayer: Kirchenspaltung? Bonhoeffer – Barmen – Politik und Bekenntnis heute, Stuttgart 1986.

66 Tobias Eißler weiß: „In der digitalen Gesellschaft mit ihren raschen Verbreitungen von Stellungnahmen und kritischen Kommentaren nimmt der Druck gegen unliebsame Bekenntnisaussagen zu. Um so mehr sollte man sich an Jesus als den Bekenner erinnern. Das gute Bekenntnis ist sowohl notwendig um des eigenen Treueverhält-

nisses zu Gott willen als auch um der Gemeinde und der Öffentlichkeit willen" (Das gute Bekenntnis bezeugen, in: CA II/2016, 119–124, hier 124).

67 Vgl. Pollack/Müller, a.a.O. 17.

68 Vgl. Thomas Großbölting: Der verlorene Himmel. Glaube in Deutschland seit 1945, Göttingen 2013.

69 Vgl. J. Hanselmann u. a. (Hg.): Was wird aus der Kirche? Ergebnisse der zweiten EKD-Umfrage über Kirchenmitgliedschaft, Gütersloh 1984, 91.

70 K. Engelhardt u. a. (Hg.): Fremde Heimat Kirche. Die dritte EKD-Erhebung über Kirchenmitgliedschaft, Gütersloh 1997, 42.

71 Vgl. Evangelischer Erwachsenenkatechismus, 5. Aufl., Gütersloh 1989, 953.

72 Vgl. bereits Renate Köcher: Das Glaubensbekenntnis. Ergebnisse einer Umfrage über den Glauben, Institut für Demoskopie (Allensbach), in: GEE. Erziehen heute, 1/1990, 30–32.

73 Manfred Görg: Mythos, Glaube und Geschichte. Die Bilder des christlichen Credo und ihre Wurzeln im alten Ägypten, Düsseldorf 1992, 12.

74 So hat etwa der Kirchentagspräsident Martin Dolde (Manager bei Daimler-Chrysler) im Jahr 2000 mit seinem Eintreten für eine Neufassung des Glaubensbekenntnisses viel Aufsehen erregt (vgl. z. B. Evangelisches Gemeindeblatt für Württemberg 30/2000, 6; 34/2000, 11).

75 Laut http://www.kath.net/news/31704 (Zugriff 15.8.2016).

76 Siehe auf evangelischer Seite Eberhard Busch: Credo. Das Apostolische Glaubensbekenntnis, Göttingen 2003; Werner Thiede: Jesus – geboren von der Jungfrau Maria. Vom bleibenden Sinn des alten Bekenntnisses II: Studienbrief A 97 (Beilage zu: Brennpunkt Gemeinde 3/2014).

77 Vgl. Louis Bouyer: The Christian Mystery. From Pagan Myth to Christian Mysticism, London 1995.

78 Busch, a.a.O. 18.

79 Martin Luther: Kirchenpostille (WA 41, 275). Vgl. insgesamt Albrecht Peters: Kommentar zu Luthers Katechismen, Bd. 2: Der Glaube, Göttingen 1991.

80 Vgl. G. Ruhbach u. a. (Hg.): Bekenntnis in Bewegung. Ein Informations- und Diskussionsbuch, Göttingen 1969; Hans-Georg Link: Bekennen und Bekenntnis. Ökumenische Studienhefte 7, Göttingen 1998.

81 Vgl. Reiner Anselm/Franz-Josef Nocke (Hg.): Was bekennt, wer heute das Credo spricht? Regensburg 2000; ferner für die Jugend: Georg Schwikart: Jeder muss mal dran glauben. Denkanstöße zum Glaubensbekenntnis, Gütersloh 2004; Bernhard O. Wilde/Klaus W. Vopel: Das Credo. Eine Landkarte des Glaubens – Lebendiges Lernen und spirituelle Begleitung, Salzhausen 2003.

82 Im Synodenbericht vom 26.2.2015: https://www.nordkirche.de/pressestelle/presse mitteilungen/detail/landesbischof-ulrich-wir-muessen-energisch-zu-den-inhalten-unseres-glaubens-kommen.html (Zugriff 4.8.2016).

83 Redemanuskript Baumanns, zitiert nach H. Pawlowski/P. Rosin (Hg.): Mein Credo – Bd. 3, Oberursel 2001, 138.

84 Siehe z. B den Bericht „Bekenntniskreis widerspricht Landesbischof" in: ideaSpektrum 2/2017, 32. Roland Kopp-Wichmann erklärt: „Ein Konflikt ist dann unlösbar, wenn wenigstens eine Partei vom Fortbestehen des Konflikts mehr Vorteile hat oder sich verspricht als von einer Konfliktlösung" (Ich kann auch anders, Stuttgart 2014^2,138).

85 Slenczka: Neues a.a.O. 174. Noch dazu gehe es dann oft um Weltverbesserung im kulturprotestantischen Sinn (249f.). Zum Thema „Bekenntnis" siehe ebd. 403ff.

86 Johannes Fischer: Gefahr der Unduldsamkeit. Die „Öffentliche Theologie" der EKD ist problematisch, in: zeitzeichen 5/2016 (http://www.zeitzeichen.net/religion-kirche/kritik-an-der-ekd-theologie/ – Zugriff 24.7.2016).
87 Eilert Herms: Das Glaubensbekenntnis: auf absolute Wahrheit bezogen, nicht an deren Stelle, in: Evangelisches Gemeindeblatt für Württemberg 35/2002, 2–3, hier 2.
88 „Weltfremder Papst oder vernunftfremde Welt?", fragt http://kath.net/news/26448 (Zugriff 5.8.2016).
89 Vgl. Hanna Stettler: Heiligung bei Paulus. Ein Beitrag aus biblisch-theologischer Sicht, Tübingen 2014. Einen „auf die Heiligung der Gemeinde sowie die korrespondierende Kirchenzucht verzichtende Gemeindebegriff kennt das Neue Testament nicht" (355).
90 Josuttis: Volkskirche, a.a.O. 19. Nachlesenswert bleibt in diesem Zusammenhang Karl Barths Unterscheidung von wirklicher Kirche und Scheinkirche (Die kirchliche Dogmatik IV/2, Zürich 1955, 698ff.).
91 Josuttis betont: „Man verfälscht die Rechtfertigungslehre, wenn man in ihrem Rahmen nicht mehr von Heiligung redet" (Volkskirche, a.a.O. 30). Vgl. ders.: Heiligung des Lebens. Zur Wirkungslogik religiöser Erfahrung, Gütersloh 2004; Adolf Köberle: Rechtfertigung und Heiligung, Leipzig 1930³.
92 G. Müller: Luther-Dekade, a.a.O. 112.
93 Vgl. Werner Thiede: Heilige Liebe in Ehe und Familie. Dietrich Bonhoeffer über ein göttliches Mandat, in: DtPfrBl 4/2015, 223–225.
94 Z.B. Karl-Hermann Kandeler u.a.: Das Bekenntnis der Kirche zu Fragen von Ehe und Kirche, Neuendettelsau 2011; A. Goddard/D. Horrocks (Hg.): Homosexualität. Biblische Leitlinien, ethische Überzeugungen, seelsorgerliche Perspektiven, Gießen 2016.
95 Peter Dabrock weiß: „Die Lage ist ekklesiologisch, ökumenisch, praktisch-theologisch und, insofern durch solche Debatte das Selbstverhältnis wie auch die gesellschaftliche Verantwortung des christlichen Glaubens auf dem Spiel stehen, theologisch-ethisch bitter ernst" (Zum Gebrauch der Bibel in der Theologischen Ethik. Erörterungen angesichts der aktuellen Debatte um Homosexualität, in: Ökumenische Rundschau 3/2012, 275–286, hier 285f.). Siehe auch E. Harasta (Hg.): Traut euch. Schwule und lesbische Ehe in der Kirche, Berlin-Friedrichshain 2016. Für die aktuelle katholische Sichtweise vgl. Konrad Hilpert: Ehe – Partnerschaft – Sexualität. Von der Sexualmoral zur Beziehungsethik, Darmstadt 2015; Arnold Angenendt: Ehe, Liebe & Sexualität im Christentum, Münster 2015; D. Burkard (Hg.): Die christliche Ehe – erstrebt, erlebt, erledigt? Fragen und Beiträge zur aktuellen Siuation, Würzburg 2016.
96 Unter der Überschrift „Widernatürliche Lebensweise" ist der betreffende Brief abgedruckt in: Christ & Welt 3/2011, 3.
97 Matthias Pankau kommentiert: „In der Frage, was denn nun aber Familie sei, vermitteln die Autoren den Eindruck, dass alles möglich wäre. Freiheit wird dabei mit Beliebigkeit verwechselt, so dass sich die evangelische Kirche einmal mehr der Welt und ihren Wegen anbiedert" (Die EKD und der Zeitgeist, in: ideaSpektrum Nr. 25 vom 19.6.2013, 16–18, hier 18).
98 Die Alterität der Geschlechter in der Ehe wird nicht von ungefähr neutestamentlich mit der Beziehung zwischen Christus und der Kirche verglichen (vgl. Eph 5,21–33); sie hat ihre tiefe Entsprechung darin, dass Gott als Schöpfer nicht in sich selbst verharren, sondern echt *Anderes* setzen wollte – trotz allem damit notwendig verbundenen Schmerz (vgl. Werner Thiede: Der gekreuzigte Sinn. Eine trinitarische Theodizee, Gütersloh 2007).
99 Punkt 51 der „Orientierungshilfe". Man vergleiche damit das EKD-Papier zu Ehe und

Familie von 1994: http://www.ekd.de/EKD-Texte/5386.html (Zugriff 1.8.2016). Kritisch nimmt z. B. R. Slenczka Stellung: Neues, Bd. 4, a.a.O. 375ff.

100 Dabrock, a.a.O. 285. Der Exeget Ulrich Wilckens unterstreicht, dass bei Paulus „eine soziokulturelle Erklärung nicht ausreicht"; es gehe vielmehr „um das Gewahrwerden der in der Schöpfung gegenwärtig-wirksamen Macht des Schöpfers und das praktische Wahrnehmen seines Willens im Tun" (Der Brief an die Römer, 1. Teilband, Neukirchen-Vluyn 1987², 110f.). Slenczka seufzt: „Man kann den Eindruck haben, dass bisweilen Protestantismus als Protest gegen das klare Wort und Gebot Gottes praktiziert wird" (Neues, Bd. 4, a.a.O. 111).

101 WA 10, 2, 275ff. Melanchthon dachte genauso. „Der Schutz von Ehe und Familie als göttliche Stiftungen war ein Hauptanliegen der Reformation" (Slenczka, a.a.O. 172; vgl. 205ff.).

102 Dietrich Bonhoeffer: Barcelona, Berlin, Amerika 1928–1931. Werke, Bd. 10, hg. von R. Staats u. a., München 1991, 343; ähnlich klar auch in: Schöpfung und Fall. Werke, Bd. 3, hg. von M. Rüter und I. Tödt, München 1989, 60f.

103 Zur Frage einer Argumentation mit der Kategorie der Schöpfungsordnung siehe meinen zusammen mit Hans-Martin Weiss veröffentlichten Aufsatz „Heute noch von Schöpfungsordnung reden? Zur kirchlichen Debatte um Ehe und Familie", in: Evangelische Verantwortung 1+2/2015, 7–11. Auch Slenczka betont: „Die Ehe gehört zur Schöpfungsordnung" (Neues, Bd. 4, a.a.O. 62). Für Dietrich Bonhoeffer gehört sie analog zu den „göttlichen Mandaten" (Ethik. Werke, Bd. 6, hg. von I. Tödt u. a., München 1992, 392). Homosexualität wurde theologisch erst seit den 90er Jahren zunehmend als „Schöpfungsvariante" anerkannt.

104 Kritisch äußert sich z. B. Slenczka: Neues, Bd. 4, a.a.O. 424ff.

105 So beschloss im Januar 2016 die Evangelische Kirche im Rheinland, gleichgeschlechtliche Paare gottesdienstlich zu trauen wie Bräutigam und Braut. Tobias Eißler kommentiert: „Dieser Beschluss ist ein weiterer Schritt in Richtung einer Kirche, die sich an neue gesellschaftliche Gepflogenheiten anpasst und die althergebrachte apostolische Ethik aufgibt. Die Kirche, die Jesus Christus untersteht, wird [...] deformiert" (a.a.O. 124). Zur Jahresmitte folgte die Evangelische Kirche Berlin-Brandenburg-schlesische Oberlausitz mit einem entsprechenden Beschluss; im August fand dort die erste kirchliche Trauung zweier Männer statt. Die Nordkirche sagte Ende September wenigstens Ja zur Segnung gleichgeschlechtlicher Partnerschaften. In Württemberg tobte diesbezüglich gleichzeitig ein Richtungsstreit: „Die Uneinigkeit in Sachen Homo-Segnung wächst" (ideaSpektrum 39/2016, 30). In Sachsen gibt es seit Anfang 2017 „Homo-Segnungen", sofern der/die zuständige Geistliche einverstanden ist.

106 Vgl. Günter Krings: Vom Differenzierungsgebot zum Differenzierungsverbot, in: Evangelische Verantwortung 11+12/2011, 7–9.

107 So Christian Meißner: Zum jüngsten Beschluss der Landessynode der EKBO zur Trauung Homosexueller, in: Evangelische Verantwortung 5+6/2016, 10–13, hier 11. Meißner plädiert dafür, anstelle solcher Verrenkungen offen wie z. B. beim Dämonenglauben oder bei Speisegeboten eine Abkehr von den biblischen Vorgaben zu bejahen. Wenn die frühere EKD-Oberkirchenrätin Cornelia Coenen-Marx meint, biblisch begründete Ablehnung von Homosexualität übersehe „den zeitgeschichtlichen Kontext" der Schriftaussagen (laut einem Bericht in ideaSpektrum 50/2016, 8), so übersieht sie, dass man ja zu überhaupt allen Schriftaussagen auf einen „zeitgeschichtlichen Kontext" hinweisen kann, ohne dass solches Historisieren schon theologisch mit ihrer (oft gewünschten) Entautorisierung gleichzusetzen ist.

108 Zum problematischen, weil religiös-theologische Sachkritik psychologisch in Angst

umdeutenden Begriff „Homophobie“ vgl. meinen Kommentar: Was heißt eigentlich „homophob“?, in: ideaSpektrum Nr. 6/2014, 9. Ein mittlerweile geplantes Gesetz soll in allen EU-Ländern bald dafür sorgen, dass „Homophobie“ mit konkreten Maßnahmen „eliminiert“ wird (http://www.europarl.europa.eu/meetdocs/2009_2014/documents/libe/dv/11_revframework_statute_/11_revframework_statute_en.pdf – Zugriff 8.8.2016). Das Grundrecht auf freie Meinungsäußerung und Glaubensfreiheit würde damit per Strafandrohung unterwandert.

109 Manfred Müller: Krise der Tradition – Krise der Zukunft, in: E. Kleindienst/G. Schmuttermayr (Hg.): Kirche im Kommen. Festschrift für Bischof Josef Stimpfle, Frankfurt/M. 1991, 105–122, hier 118.

110 Vgl. auch Röm 11,32, wo vom Hineingebanntsein in die Sünde die Rede ist. Paulus kann sich in seiner kritischen Haltung zur Homosexualität „mit seinen Adressaten und einer breiten Tradition einig wissen“ (Klaus Haacker: Der Brief des Paulus an die Römer, Leipzig 2012^4, 57). Siehe auch Helmut Burkhardt: Ethik, Bd. II/2, Gießen 2014^2, 117ff.

111 http://www.dijg.de/homosexualitaet/wissenschaftliche-studien/epigenetik-entstehung-homosexualitaet/ (Zugriff 13.1.2017); ferner Kayt Sukel: Schmutzige Gedanken, Darmstadt 2013, 226ff. Näheres zur Thematik führe ich aus in dem Aufsatz „Streitfall Ehe“, in: F. Nüssel u.a. (Hg.): 500 Jahre Reformation – Wo steht die Ökumene?, Münster 2017 (im Druck).

112 Vgl. H. Burkhardt, a.a.O. 124 und 139. Auf eine weitreichende Konsequenz des Säkularisierungsprozesses weisen diesbezüglich die amerikanischen Politikwissenschaftler Ronald Inglehart und Pippa Norris (Sacred and Secular, Cambridge 2004) hin: In säkularisierten Gesellschaften sinkt die Geburtenrate unter die demographische Bestandserhaltungsgrenze; weltweit wachsen religiöse Populationen, während säkulare schrumpfen. Religionswissenschaftlich ist dieser Zusammenhang auch innerhalb Deutschlands empirisch bestätigt worden: Menschen, die sich als nichtreligiös einschätzen, haben durchschnittlich weniger Kinder als religiöse (https://de.wikipedia.org/wiki/S%C3%A4kularisierung#USA – Zugriff 7.8.2016).

113 Hat Dabrock zuerst die in der Bibel großgeschriebene „Gemeinschaftstreue“ betont, so erstaunt am Ende seines Beitrags, dass er von Gemeinschaft mit theologisch Andersdenkenden offenbar nicht viel wissen will: Wo heute Homosexualität als sündhaft eingeschätzt wird, endet sein „Verständnis“. Insofern spricht er sich gegen Christen aus, die sich einer konservativen Hermeneutik verpflichtet fühlen – und die ja zum Teil wie er selbst sagen würden, dass Hermeneutik die biblische Botschaft „nicht beschränken“ (281) sollte! Anders z. B. Hans-Martin Weiss: Zum EKD-Dokument „Zwischen Autonomie und Angewiesenheit“ (2013), in: CA IV/2013, 56–58.

114 Vgl. WA 37, 56f. (auch hier in modernem Deutsch wiedergegeben).

115 Der katholische Theologe Richard Heinzmann erklärt: „Kirche existiert nie und nirgends in idealer Verwirklichung, sie ist ihrem Wesen nach eine geschichtliche Größe und wird mit der Geschichte zu Ende gehen“ (Ein neuer Frühling? Papst Franziskus: Perspektiven für die Erneuerung der Kirche, in: ders.: [Hg.]: Kirche – Idee und Wirklichkeit. Für eine Erneuerung aus dem Ursprung, Freiburg i. Br. 2014, 284–321, hier 321).

III Protestantische Prinzipien oder Protest gegen Prinzipienreiterei?

1 Martin Abraham: Evangelium und Kirchengestalt. Reformatorisches Kirchenverständnis heute, Berlin 2007, 403. In diesem Sinn äußert sich z. B. auch Mostert, a.a.O. 68.

2 Helmut Thielicke: Leiden an der Kirche. Ein persönliches Wort, Hamburg 1965, 147.

3 Paul Bernhard Rothen: Auf Sand gebaut. Warum die evangelischen Kirchen zerfallen, Münster 2015, 22.

4 Vgl. Ebeling: Dogmatik, Bd. III, a.a.O. 220ff. (hier kommt noch als fünftes Prinzip „allein das Wort" hinzu, das jedoch oft unter dem Schriftprinzip mitverhandelt wird).

5 Bekanntlich ist es in den letzten Jahrzehnten zu deutlichen exegetischen und systematisch-theologischen Infragestellungen der paulinischen und Luther'schen Rechtfertigungslehre sowie überhaupt der Lehre vom Heilstod Jesu Christi gekommen (dazu z. B. mein Aufsatz „Kann Gott ohne Sühneblut nicht gnädig sein? Vom Sinn des Kreuzes Jesu, in: CA I [2008], 27–31).

6 Vgl. A. von Scheliha/M. Schröder (Hg.): Das protestantische Prinzip. Historische und systematische Studien zum Protestantismusbegriff, Stuttgart 1998.

7 Vgl. Hermann Sasse: Sacra Scriptura. Studien zur Lehre von der Heiligen Schrift, Erlangen 1981; Armin Wenz: Das Wort Gottes – Gericht und Rettung. Untersuchung zur Autorität der Heiligen Schrift in Bekenntnis und Lehre der Kirche, Göttingen 1996; Hubert Kirchner: Wort Gottes, Schrift und Tradition, Göttingen 1998; Ulrich H. J. Körtner: Theologie des Wortes Gottes. Positionen – Probleme – Perspektiven, Göttingen 2001.

8 Vgl. Friedemann Stengel: Sola scriptura im Kontext. Behauptung und Bestreitung des reformatorischen Schriftprinzips, Leipzig 2016; Abraham, a.a.O. 413ff. Auch in der römisch-katholischen Theologie gibt es eine interessante Diskussion – siehe Daniel Eichhorn: Katholisches Schriftprinzip? Josef Rupert Geiselmanns These der materialen Schriftsuffizienz, Münster 2016.

9 Vgl. Werner Thiede: Protestantisches und katholisches Bibelverständnis. Konfessionskundliche Analysen in ökumenischer Perspektive. Studienbrief B 16, in: Brennpunkt Gemeinde 4/2012 (Beilage).

10 Siehe bes. WA 7, 97, 23f. Dazu Bernhard Rothen: Die Klarheit der Schrift, Bd. 1: Martin Luther: Die wiederentdeckten Grundlagen, Göttingen 1990.

11 Ein Beispiel: Das *Southern Baptist Council* (SBC) hat Ende des 20. Jahrhunderts den Satz „Der Maßstab, nach dem die Bibel auszulegen ist, ist Jesus Christus" ersatzlos gestrichen (vgl. Erich Geldbach: Protestantischer Fundamentalismus in den USA und Deutschland, Münster 2001, 107). Siehe auch Gérard Siegwalt: Fundamentalismus, interreligiöser Dialog und christliche Theologie, in: DtPfrBl 9/2016, 502–505, wo betont wird: „Will die reformatorische *particula exklusiva* biblisch recht verstanden werden, so […] als exklusiv und inklusiv zugleich" (504).

12 Übersetzt nach WA 39 I, 47, 15ff.

13 WA 18, 606, 29.

14 Vgl. Albrecht Peters: Gesetz und Evangelium, Gütersloh 1994^2. Gerhard Müller fragt aktuell: „Ist die Lutherische Kirche heute in der Lage, Gesetz und Evangelium Gottes verständlich zu unterscheiden? Oder gibt es heute Wichtigeres?" („Es weiß ein Kind von sieben Jahren, was die Kirche ist […]" Wirklich?, in: CA 2/2016, 47–53, hier 51).

15 WA 12, 259, 8–13 (1523), in heutigem Deutsch wiedergegeben.

16 Vgl. bereits Wolfhart Pannenberg: Die Krise des Schriftprinzips, in: ders.: Grundfragen Systematischer Theologie, Bd. 1, Göttingen 1967, 11–21.
17 Margot Käßmann: Durchbruch, a.a.O. 10.
18 WA 7, 838, 4–7.
19 WA 10 I 1, 240, 9f. Siehe näherhin zum Vernunftverständnis Luthers Bernhard Lohse: Luthers Theologie, Gütersloh 1995, 216.
20 Luther: Genesis-Vorlesung (WA 42, 116, 18f.).
21 Dem „Kleinen Katechismus" Luthers zufolge bekennt der evangelische Christ: „Der heilige Geist hat mich durchs Evangelium berufen, mit seinen Gaben erleuchtet, im rechten Glauben geheiligt und erhalten […]" (BSLK, 512). Im Sinne Kants könnte man unterscheiden zwischen kirchlich zu pflegender *Glaubensvernunft* und philosophisch-liberal ausgerichtetem *Vernunftglauben* (beide Konzepte implizieren das Wissen um ihre Grenzen!).
22 B. Lohse, a.a.O. 218. Der Kirchengeschichtler betont, dass „die Vernunft nach Luther immer wieder zur Eigenmächtigkeit und Selbstherrlichkeit gegenüber Gott neigt" (ebd.).
23 Vgl. Marius Reiser: Bibelkritik und Auslegung der Heiligen Schrift. Beiträge zur Geschichte der biblischen Exegese und Hermeneutik, Tübingen 2011.
24 Dazu das provokante Alterswerk der Theologieprofessorin Eta Linnemann: Bibelkritik auf dem Prüfstand. Wie wissenschaftlich ist die „wissenschaftliche Theologie"? Nürnberg 2012.
25 Eckhard Lessing: Theologischer Anspruch und faktische Geltung des Schriftprinzips, in: R. Ziegert (Hg.): Die Zukunft des Schriftprinzips, Stuttgart 1994, 132–139, hier 133. Vgl. auch Gerhard Bergmann: Alarm um die Bibel, Gladbeck 1974[5].
26 Pfarrer Peter Kuller z. B. beklagt: „Die Themen ‚Gender Mainstreaming', ‚Homosexualität', ‚Judenmission' werden von Synoden ganz offen entgegen dem biblischen Wortlaut behandelt" (Gewissheit durch das Wort Gottes, in: CA II/2016, 7–12, hier 8). „Was heute durch die sogenannte historisch-kritische Exegese aus den Evangelien gemacht wird, ist für den größten Teil der Christenheit unverständlich" (11).
27 Luther: Dicta super Psalterium: Auslegung von Psalm 68,14 (WA 3, 397, 9f.).
28 Das unterstreicht der Neutestamentler Klaus Berger in seinem Artikel: „Bis der Notarzt kommt: Zurück zur Bibel? Der Ökumenismus treibt neue, welke Blüten", in: F.A.Z. Nr. 214 vom 14.9.2004, 33.
29 Vgl. Ulrich Wilckens: Theologie des Neuen Testaments. Bd. III: Historische Kritik der historisch-kritischen Exegese, Neukirchen-Vluyn 2016. Siehe bereits ders.: Kritik der Bibelkritik. Wie die Bibel wieder zur Heiligen Schrift werden kann, Neukirchen-Vluyn 2012.
30 Zur Frage existenzphilosophisch geleiteter Entmythologisierung vermerkt z. B. Wolfgang Nethöfel: „Das Ergebnis läßt sich […] so formulieren: Der Mythos produziert den Mythos, und in dieser Produktion liegt die Lösung, oder: In der Entmythologisierungsfrage ist nichts entschieden" (Strukturen existentialer Interpretation, Göttingen 1983, 252).
31 Als Beispiel hierfür lässt sich die feministische Bibelübersetzung „Die Bibel in gerechter Sprache" anführen, die im Grunde schon gar nicht mehr als Übersetzung bezeichnet werden sollte, wohl aber im größten protestantischen Verlagshaus Deutschlands erscheinen konnte – siehe meinen Aufsatz „Die Bibel in selbstgerechter Sprache. Protestantische Kritik einer Übersetzung zwischen Ideologie und Spiritualität" (in: Materialdienst der EZW 70 [2007], 243–256).
32 Historisch-kritische Erforschung der Entstehung und Aussagevielfalt des überliefer-

ten Bibelkanons entspricht insofern durchaus der Intention der reformatorischen Schrift- und Rechtfertigungslehre, als sie gerade durch mancherlei Relativierungen der Konzentration auf die „Mitte der Schrift" dienen kann. Dass dem Anspruch und Zuspruch des Wortes Gottes durch Grundresultate historisch-kritischer Bibelforschung der Boden entzogen werden könnte, ist bei alledem zwar eine denkbare Möglichkeit, aber keine unausweichliche Gegebenheit; das Evangelium kann auch heute intellektuell redlich geglaubt und verkündet werden.

33 Vgl. z. B. Gerd Lüdemann: Die Auferstehung Jesu, Göttingen 1994; Klaus-Peter Jörns: Notwendige Abschiede, Gütersloh 2005[2].

34 Der protestantische Neutestamentler Jörg Frey warnt allerdings: Man habe in den biblischen Schriften durchaus auch „mit der Möglichkeit zu rechnen, dass Sinnpotentiale nicht weitergeführt, Einsichten zurückgedrängt und Bilder übermalt wurden. Manche der zwischen den Evangelien divergierenden oder auch konkurrierenden Aussagen und Erzählzüge lassen sich nicht einfach additiv und harmonistisch zusammendenken. Als hermeneutische Setzung birgt das von Ratzinger gewählte Modell die Gefahr, dass die je eigenen geschichtlichen Anliegen und Perspektiven der biblischen Zeugen eingeebnet werden [...]" (Jörg Frey: Der Christus der Evangelien als der „historische Jesus". Zum Jesus-Buch des Papstes, in: W. Thiede [Hg.]: Der Papst aus Bayern, Leipzig 2010, 111–129, hier 122).

35 Ihm zufolge kann es ein reines *Sola scriptura* nicht geben; vielmehr gehöre zur Schrift auch das sie verstehende (und deutende) Subjekt Kirche dazu, „womit auch schon der wesentliche Sinn von Überlieferung gegeben ist" (Joseph Kardinal Ratzinger: Aus meinem Leben [1927–1977], Stuttgart 1998, 84).

36 Communio Sanctorum. Die Kirche als Gemeinschaft der Heiligen, hg. von der bilateralen Arbeitsgruppe der Deutschen Bischofskonferenz und der Kirchenleitung der Vereinigten Evangelisch-Lutherischen Kirche Deutschlands, Paderborn/Frankfurt 2000, 35 (nächstes Zitat: 33). Vgl. zum Thema Emil Brunner: Dogmatik, Bd. III: Die Lehre von der Kirche, vom Glauben und von der Vollendung, Zürich 1960, 88ff.

37 Z. B. formulierte E. Lessing bereits 1994: „Obschon die Krise des reformatorischen Schriftverständnisses also durchaus nichts Neues ist, müssen wir sehen, daß sich in der Gegenwart diese Krise noch einmal zuspitzt" (a.a.O. 133). Das gilt umso mehr in unserem „nachschriftlichen" Zeitalter (134), so dass „dem *sola scriptura* heute keine Evidenz zukommt" (135). Falk Wagner betont: „Der mit dem Schriftprinzip verbundene Autoritätsanspruch läßt sich unter der Bedingung der ihrer Selbständigkeit und Selbsttätigkeit bewußt gewordenen Vernunft nicht länger ungebrochen aufrechterhalten" (Auch der Teufel zitiert die Bibel, in: R. Ziegert [Hg.]: Die Zukunft des Schriftprinzips, Stuttgart 1994, 236–258, hier 239; vgl. ders.: Zur gegenwärtigen Lage des Protestantismus, Gütersloh 1995, 74ff.).

38 In: Rechtfertigung und Freiheit, a.a.O. Abschnitt 2.5.4.1 („Innerkirchliche Herausforderungen").

39 Vgl. Werner Thiede: Fundamentalistischer Bibelglaube. Struktur und Problematik im Licht reformatorischen Schriftverständnisses, in: ders. (Hg.): Sektierertum – Unkraut unter dem Weizen? Neukirchen-Vluyn 1999, 197–234, bes. 215ff.

40 Demgemäß hat Papst Benedikt XVI. ein dreibändiges Jesus-Werk veröffentlicht, in dem er angesichts historischer-kritischer Perspektiven seufzend fragt: „Was aber kann der Glaube an Jesus den Christus, an Jesus den Sohn des lebendigen Gottes bedeuten, wenn eben der Mensch Jesus so ganz anders war, als ihn die Evangelisten darstellen und als ihn die Kirche von den Evangelien her verkündigt?" (Jesus von

Nazareth. Erster Teil: Von der Taufe im Jordan bis zur Verklärung, Freiburg i. Br. 2007, 10).

41 Vgl. Horst Georg Pöhlmann/Torleiv Austad/Friedhelm Krüger: Theologie der Lutherischen Bekenntnisschriften, Gütersloh 1996, 87. Luther definiert im Kleinen Katechismus: „Ich glaube, dass Jesus Christus, wahrhaftiger Gott, vom Vater in Ewigkeit geboren, und auch wahrhaftiger Mensch, von der Jungfrau Maria geboren, sei mein Herr [...].“ Siehe näherhin A. Ghiselli u. a. (Hg.): Luther und Ontologie. Das Sein Christi im Glauben als strukturierendes Prinzip der Theologie Luthers, Helsinki/Erlangen 1993.

42 Vgl. ideaSpektrum 43/2016, 31 – unter Bezugnahme auf einen Wittenberger Vortrag des Tübinger Neutestamentlers Hans-Joachim Eckstein.

43 Vgl. hier und zum Folgenden a.a.O. Abschnitt 2.2.

44 Dazu verweise ich hier nochmals auf mein Buch „Die Wahrheit ist exklusiv“ (2014).

45 Bolz bemerkt: „Aus Jesus ist ein guter Mensch geworden – gewissermaßen ein Integrationsbeauftragter höherer Ordnung. Aber wer den Lehrer und Sozialarbeiter Jesus lobt, will den Erlöser Christus verdrängen. Wenn Jesus nur ein Lehrer des richtigen moralischen Verhaltens gewesen wäre, hätte man ihn nicht gekreuzigt“ (a.a.O. 18). Vgl. auch R. Janus u.a. (Hg.): Jesus-Transformationen, Leipzig 2017.

46 Dies drückt die altkirchliche Lehrbildung im Chalcedonense aus, wonach in Jesus Christus göttliche und menschliche Natur in ungetrennter und doch unvermischter Weise vereint sind. Laut Karl-Heinz Ohlig handelt es sich beim Chalcedonense um „eine der bedeutendsten Schöpfungen der menschlichen Religionsgeschichte“ (Fundamentalchristologie. Im Spannungsfeld von Christentum und Kultur, München 1986, 289). Vgl. auch Hanna Reichel: Das christologische Dogma? Die bleibende Ökumenevergessenheit in der Diskussion um Chalcedon, in: Materialdienst des Konfessionskundlichen Instituts 5/2014, 92–96.

47 Christologische Fragestellungen spielen in der zweiten, dritten und vierten Befragung so gut wie keine Rolle. Und in der fünften EKD-Mitgliedschaftsstudie von 2014 heißt es nur pauschal, die überwiegende Mehrheit aller befragten Evangelischen glaube „an einen Gott, der sich in Jesus Christus zu erkennen gegeben hat“ (Engagement und Indifferenz: Kirchenmitgliedschaft als soziale Praxis. V. EKD-Erhebung über Kirchenmitgliedschaft, Hannover 2014, Punkt 1.3.2).

48 Vgl. z. B. Werner Zager: Jesus aus Nazareth – Lehrer und Prophet. Auf dem Weg zu einer neuen liberalen Christologie, Neukirchen-Vluyn 2008: „Eine dem neuzeitlichen Bewusstsein entsprechende Christologie hat auf die traditionelle metaphysische bzw. mythologische Begrifflichkeit der orthodoxen Zwei-Naturen-Lehre zu verzichten“ (109). Gemessen an der Zwei-Naturen-Lehre vertritt etwa Andreas Rössler das Modell einer Trennungschristologie (Steht Gottes Himmel allen offen? Zum Symbol des kosmischen Christus, Stuttgart 1990): Im Leben Jesu, der nicht die zweite Person der Trinität, nicht der Schöpfungsmittler (32), sondern „eine menschliche Person wie alle anderen Menschen auch“ (34) sei, habe „der kosmische Christus seine Strahlen wie in einem Brennspiegel verdichtet“ (27). Dass die Unterscheidung von ewigem Christus und irdischem Jesus freilich „in ähnlicher Weise wie einst im christlichen Gnostizismus heute in der Anthroposophie und der von ihr inspirierten Christengemeinschaft“ gelehrt wird, ist Rössler bewusst (57) und stört ihn wenig.

49 Vgl. z. B. Wilfried Joest: Dogmatik. Bd. 1: Die Wirklichkeit Gottes, Göttingen 1984, bes. 226ff. Der Erlanger Dogmatiker versucht, „das Zugleich der Gegenwart Gottes in Jesus und seines menschlichen Gegenüber zu Gott nicht *substantial* als ontische Doppelbeschaffenheit seiner Person in sich selbst, sondern *relational* als das Miteinander

zweier Beziehungen zu verstehen, die Jesus auf seinem Erdenweg von der Krippe bis zum Kreuz zukamen einmal in seinem eigenen Verhältnis zu Gott und andererseits in dem Verhältnis, das Gott selbst in ihm zu uns eingegangen ist" (233). Kurz: Joest versucht, die traditionelle Zweinaturen-Christologie in eine „Relationschristologie" zu transformieren (236).

50 Vgl. z. B. Leonard Swidler: Der umstrittene Jesus, Stuttgart 1991.

51 Das zeigt ausführlich meine Habilitationsschrift „Wer ist der kosmische Christus? Karriere und Bedeutungswandel einer modernen Metapher" (Göttingen 2001).

52 Vgl. z. B. Volker Küster: Die vielen Gesichter Jesu Christi. Christologie interkulturell, Neukirchen-Vluyn 1999; Elisabeth Schüssler Fiorenza: Jesus – Miriams Kind, Sophias Prophet, Gütersloh 1997.

53 Dass die entsprechende Behauptung, Jesus habe nicht die Kirche gegründet oder gewollt, so undifferenziert nicht haltbar ist, zeigt der evangelische Religionswissenschaftler Marco Frenschkowski in seinem Buch „Mysterien des Urchristentums" (Wiesbaden 2007, 35ff.) – und von katholischer Warte aus Karl Lehmann mit der Broschüre „Jesus hat die Kirche gewollt" (Freiburg i. Br. 1996[2]).

54 Ähnlich bereits Holger Kersten: Jesus lebte in Indien, München 1982. Siehe hingegen Günter Grönbold: Jesus in Indien – das Ende einer Legende, München 1985; Norbert Klatt: Lebte Jesus in Indien? Eine religionsgeschichtliche Klärung, Göttingen 1988; Salcia Landmann: Jesus starb nicht in Kaschmir. Ohne Kreuzestod kein Christentum, München 1996; Heinzpeter Hempelmann: Das Jesusgrab in Shrinagar und andere Blüten der Scheintodtheorie, in: theologische beiträge 34 (2003), 88–104.

55 Siehe Wolfgang Philipp: Christus in der Sicht der Aufklärungsepoche, in: H. Graß/W. G. Kümmel (Hg.): Jesus Christus. Das Christusverständnis im Wandel der Zeiten, Marburg 1963, 85–108; Gustav Pfannmüller: Jesus im Urteil der Jahrhunderte. Die bedeutendsten Auffassungen Jesu in Theologie, Philosophie, Literatur und Kunst bis zur Gegenwart, Leipzig u. a. 1908; ferner Thomas Fornet-Ponse (Hg.): Jesus Christus. Von alttestamentlichen Messiasvorstellungen bis zur literarischen Figur, Münster 2015.

56 Vgl. Fritz May: Der verfälschte Jesus, Neuhausen-Stuttgart 1972; Josef Dirnbeck: Die Jesusfälscher. Ein Original wird entstellt, München 1994; Roman Heiligenthal: Der verfälschte Jesus. Eine Kritik moderner Jesusbilder, Darmstadt 1997; Bernd Kollmann: Jesus-Mythen. Sensationen und Legenden, Freiburg i. Br. 2009.

57 Zur populären These, Jesus sei ein verkappter Essener gewesen, siehe Otto Betz/Rainer Riesner: Jesus, Qumran und der Vatikan. Klarstellungen, Gießen/Freiburg i. Br. 1993[4]; Joachim Finger: Jesus – Essener, Guru, Esoteriker? Stuttgart/Mainz 1993; Wolfgang Stegemann: Qumran, Jesus und das Urchristentum. Bestseller und Anti-Bestseller, in: ThLZ 119, 5/1994, 387–408.

58 Das zeigt insbesondere auch Alexander Schick: Das wahre Sakrileg. Die verborgenen Hintergründe des Da-Vinci-Codes, München 2006.

59 Vgl. z. B. Chr. Danz/M. Murrmann-Kahl (Hg.): Zwischen historischem Jesus und dogmatischem Christus, Tübingen 2011[2], und darin vor allem Roderich Barth: Liberale Jesus-Bilder versus dogmatische Christologie (111–139). Bereits Schleiermacher verstand Jesus nicht mehr im Sinn des altkirchlichen Dogmas: Mit Kant lehnte er die Lehre von dem einen Gottmenschen in zwei Naturen ab; das göttliche Wesen Christi sah er nicht nur der menschlichen Natur Christi einwohnen, sondern auch der Kirche insgesamt – auf sie wirke Jesus als „Urbild" ein. Später gehörte namentlich Adolf von Harnack zu den historisierenden Totengräbern reformatorischer Christologie. Der Grammatik kulturprotestantischer Logik folgend erklärte er, es gebe in Jesus kei-

ne Naturengemeinschaft mit Gott, sondern nur eine moralische. Allein der Vater, nicht der Sohn gehört ins Evangelium hinein, wie Jesus es angeblich verkündigt hat. An die Stelle des Glaubens an Jesus rückte so der Glaube Jesu. Siehe auch Johann Hinrich Claussen: Die Jesus-Deutung von Ernst Troeltsch im Kontext der liberalen Theologie, Tübingen 1997. Wie ein typisches theologisches Jesus-Bild unter dem vorrangigen Einfluss historisch-kritischer Methode heutzutage aussehen kann, zeigt Hans Küngs Buch „Jesus" (München 2013): Es zeugt von der historischen Mutmaßung des Autors über Jesus und soll als Modell des „Menschseins" den dogmatischen Jesus ersetzen. Siehe im Übrigen Walter Kreck: Die Frage nach dem historischen Jesus als dogmatisches Problem, in: Evangelische Theologie 22 (1962), 460–478, sowie Wichard von Heyden: Nach dem Ende der Christologie, in: DtPfrBl 12/2015, 712ff. (hier wird gezeigt, dass ein genauerer Blick auf den historischen Jesus keineswegs notwendig zum Ende des Christusglaubens führen muss).

60 Exemplarisch vertritt diese liberale Position Eugen Drewermann: „Luther wollte mehr", Freiburg i. Br. 2016, 301.

61 Vgl. etwa Heinzpeter Hempelmann: Wirklich auferstanden! Historische und philosophische Argumente für den Osterglauben, Witten 2011; Ulrich Wilckens: Auferstehung. Das biblische Auferstehungszeugnis historisch untersucht und erklärt, Gütersloh 1981³; Werner Thiede: Der auferweckte Begrabene. Von österlichem Doketismus und seiner Kritikwürdigkeit, in: theologische beiträge 35 (2004), 92–113. Nicht zuletzt an das dreibändige Werk über „Jesus von Nazareth" von Papst Benedikt XVI. ist hier zu erinnern.

62 Dazu Jochen Teuffel: Selbstgerecht? Wie ich in der Kirche Jesu Christi ein anmaßendes Kanzelverbot zu verantworten habe, in: CA II/2016, 39–42. Pfarrer Teuffel hatte sich „das Urteil angemaßt, dass Ulrichs Osterbotschaft in der Kirche Jesu Christi fehl am Platz ist […]" (42).

63 Jürgen Moltmann: Kirche in der Kraft des Geistes, München 1975, 17.

64 Paul Schütz unterstreicht: „Christliche Existenz ist Fleischwerdung Gottes in der Aktualität meines Daseins. Sie ist ihr Geschehen jetzt und hier kraft des anwesenden ewigen Christus" (An den Menschen. Gesammelte Werke Bd. 4, Neuausgabe Moers 1985, 164). Von daher relativiert sich übrigens die von Schütz an den reformatorischen *Sola*-Bestimmungen geübte Kritik (Paul Schütz: Freiheit – Hoffnung – Prophetie. Gesammelte Werke Bd. 3, hg. von H. F. Bürki, Moers 1986, 11ff.) als ein – auch damals biographisch für den Hamburger Systematiker bedauerliches – Missverständnis, da sie doch nicht in einem fundamentalistischen Sinn der Exklusivität, sondern der theologischen Konzentration dienen wollen und sollen.

65 So Danz/Murrmann-Kahl in ihrem Herausgebervorwort (a.a.O. 6).

66 WA 15, 32, 7 und 11–13.

67 Wie die Gnade bei Luther als Geschenk der „Einigung mit Christus" verstanden wird, erläutert Martin Seils: Der Grund der Rechtfertigung, in: M. Beintker u. a. (Hg.): Rechtfertigung und Erfahrung, Gütersloh 1995, 25–42. Vgl. ebd. Robert W. Jenson: Rechtfertigung als dreieiniges Ereignis (104–112).

68 Slenczka kritisiert korrekt, dass dies in dem EKD-Papier „Rechtfertigung und Freiheit" verkannt wird (Neues, Bd. 4, a.a.O. 417).

69 Siehe bereits meinen Appell: Lasst klare Töne hören! Die Rechtfertigungslehre wird im Protestantismus hierzulande zunehmend bestritten, in: Rheinischer Merkur Nr. 43/2007, 25.

70 Vgl. Wolfgang Thönissen: Gerechtigkeit oder Barmherzigkeit? Das ökumenische

Ringen um die Rechtfertigung, Leipzig/Paderborn 2016; ferner Walter Kardinal Kasper: Martin Luther. Eine ökumenische Perspektive, Stuttgart 2016.

71 So erklärt der für den Text des Annex mitverantwortliche Systematiker Joachim Track: „Es gibt einen Konsens in (nicht in den!) Grundwahrheiten der Rechtfertigungslehre" (Ein guter Grund. Erklärung zur Rechtfertigungslehre unterschriftsreif, in: Evangelische Kommentare 7/1999, 42–44, hier 42). Zu den Texten siehe insgesamt: Friedrich Hauschildt (Hg.): Die Gemeinsame Erklärung zur Rechtfertigungslehre. Eine Dokumentation offizieller Texte, Göttingen 2002.

72 Joseph Kardinal Ratzinger: Wie weit trägt der Konsens über die Rechtfertigungslehre?, in: Internationale Katholische Zeitschrift 29 (2000), 424–437, bes. 436.

73 Vgl. Dorothea Wendebourg: Zur Entstehungsgeschichte der ‚Gemeinsamen Erklärung', in: Zur Rechtfertigungslehre. Beiheft 10 der Zeitschrift für Theologie und Kirche, Tübingen 1998, 140–206, bes. 161.

74 Gegen derartige Unterstellungen wehrte sich bereits Melanchthon in der Apologie der CA (BSLK, 231). Unangemessen dürfte auch der Vorwurf einer „Hyperorthodoxie" sein, wie ihn Gunther Wenz in Anschlag bringt (Konsens in Grundwahrheiten der Rechtfertigungslehre?, in: ders.: Grundfragen ökumenischer Theologie. Gesammelte Aufsätze, Bd. 1, Göttingen 1999, 57–74, hier 64). Gerade wenn es um eine Grundwahrheit der Rechtfertigungslehre geht, gilt Eberhard Jüngels Diktum: „Eine ordentliche Theologie macht keine Kompromisse" (Das Evangelium von der Rechtfertigung des Gottlosen als Zentrum des christlichen Glaubens. Eine theologische Studie in ökumenischer Absicht, Tübingen 1999[3], XV).

75 Vgl. Wolfhart Pannenberg: Systematische Theologie III, a.a.O. 250f.; Albrecht Peters: Rechtfertigung, Gütersloh 1984, 27ff. und 299ff. Bestreitungen dieser Korrektheit durch die neuere exegetische „Paulus-Perspektive" treffen nicht den inneren Wahrheitskern der Rechtfertigungslehre.

76 „Weil der Reformator unser Erdenleben in das grelle Licht des *Jüngsten Tages* gerückt weiß, deshalb arbeitet er das Discrimen legis et Evangelii heraus" (A. Peters: Gesetz, a.a.O. 37). Vgl. auch insgesamt Jüngel: Evangelium, a.a.O. (1999[3]).

77 „Der Akt des Glaubens [...] ist ein eschatologisch ausgerichteter Akt, ist der Lauf aus der Zeit in die Ewigkeit. Denn die Gabe des Evangeliums ist das ewige Leben" (Edmund Schlink: Theologie der lutherischen Bekenntnisschriften, München 1947[2], 368).

78 Hans-Joachim Iwand: Glaubensgerechtigkeit nach Luthers Lehre, in: Glaubensgerechtigkeit. Gesammelte Aufsätze II, hg. von G. Sauter, München 1980, 11–125, hier 120. Ebenso Wolfhart Pannenberg: Systematische Theologie, Bd. II, Göttingen 1991, 444, und Bd. III, a.a.O. 251; ferner Eberhard Hahn: „Ich glaube [...] die Vergebung der Sünden", Göttingen 1999, bes. 210ff.

79 So haben laut der Apostolischen Konstitution über die Neuordnung des Ablasswesens (1997) die katholisch verehrten Heiligen „ihr eigenes Heil gewirkt und dadurch auch zum Heil ihrer Brüder in der Einheit des mystischen Leibes beigetragen". Noch der „Weltkatechismus" lehrt statt des reinen Gnadenprinzips das Prinzip gnadenhaft ermöglichter Verdienstlichkeit: „Vom Heiligen Geist und der Liebe dazu angetrieben, können wir uns selbst und anderen die Gnaden verdienen, die zu unserer Heiligung, zum Wachstum der Gnade und der Liebe sowie zum Erlangen des ewigen Lebens beitragen" (Katechismus der Katholischen Kirche, München u. a. 1993, Nr. 2010).

80 Vgl. Karl Barth: Die kirchliche Dogmatik IV/1, Zürich 1953, 700ff. Angemerkt sei hier, dass es mittlerweile mit Rücksicht auf die Wertung der Werke in der jüdischen Religion von Seiten der EKD-Synode Stimmen gibt, „die zu einer Rücknahme der

reformatorischen Lehre von der Rechtfertigung ‚allein im Glauben allein aus Gnade' auffordern" (Dorothea Wendebourg: Angst vor religiösen Gegensätzen, in: zeitzeichen 7/2016, 12f.). Aber – so Wendebourg weiter – die „Rechtfertigungslehre bildet die gnadentheologische Kehrseite des ‚Christus allein'. Dazu gehört die Ablehnung des ‚Gesetzes' und der ‚Werke' als Weg des Heils" (13). Und sie fragt: „Ist die Feststellung, dass das ‚Gesetz' und die ‚Werke' des Menschen im Judentum einen anderen Stellenwert innehaben, als es der vom *solus Christus* herkommenden reformatorischen Theologie entspricht, schon ein ‚abwertendes Stereotyp'?" Nein, wäre zu antworten; es geht nicht um Abwertung, sondern um Unterscheidung zwischen unterschiedlichen religiösen Paradigmen.

81 Vgl. Bernhard Steffen: Hofmanns und Ritschls Lehren über die Heilsbedeutung des Todes Jesu, Gütersloh 1910, 90.

82 Peter Gerlitz: Art. Opfer I., in: Theologische Realenzyklopädie [= TRE] 25 (1995), 253–258, bes. 254. Falsch ist hingegen im selben Artikel die Pauschalthese: „Die Opferhandlung […] beruht auf dem *do-ut-des*-Prinzip" (253).

83 Horst Dietrich Preuß: Theologie des Alten Testaments, Bd. 2, Stuttgart 1992, 265.

84 Insofern kann das Tridentinum das Messopfer in den heidnischen Opferkulten vorgebildet sehen (Josef Neuner/Heinrich Roos [= Neuner-Roos]: Der Glaube der Kirche in den Urkunden der Lehrverkündigung, Regensburg 1979[10], Nr. 598).

85 Zur Rede vom stellvertretenden Opfertod Christi auf religionsgeschichtlichem Hintergrund vgl. Jüngel: Evangelium, a.a.O. 131ff.; Ingolf U. Dalferth: Die soteriologische Relevanz der Kategorie des Opfers, in: Jahrbuch für Biblische Theologie 6/1991, 173–194.

86 Vgl. Rudolf Bultmann: Theologie des Neuen Testaments, Tübingen 1980[8], 274.

87 Dieser Vers entstammt wohl der Tauftradition (vgl. Udo Schnelle: Einleitung in das Neue Testament, Göttingen 1996[2], 46). Vgl. Ingolf U. Dalferth: Der auferweckte Gekreuzigte, Tübingen 1994.

88 S. o. (I.3). Hierbei beziehe ich mich indirekt auch auf die religionspädagogischen Diskussionen zur psychologischen Entwicklung von Strukturstufen des Glaubens, verstehe allerdings die Rede vom *Ultimaten* nicht ganz so wie Fritz Oser (Genese und Logik der Entwicklung des religiösen Bewußtseins, in: K. E. Nipkow u. a. [Hg.]: Glaubensentwicklung und Erziehung, Gütersloh 1988, 48–88, bes. 52f.), sondern stärker aufs Endgericht und die universale Erlösung ausgerichtet.

89 Vgl. Bultmann, a.a.O. 275.

90 Beispiele dafür gibt es zahlreiche in Vergangenheit und Gegenwart; ich verweise auf das in meiner Habilitationsschrift Behandelte („Wer ist der kosmische Christus?", a.a.O. 2001).

91 Vgl. Karl Rahner: Art. Rechtfertigung. VI: Systematisch, in: Lexikon für Theologie und Kirche (2. Aufl.) Bd. 8, 1042–1046, hier 1043.

92 Rechtfertigung „darf nicht als rein forensische Imputationsgerechtigkeit […] aufgefaßt werden" (Rahner, Art. Rechtfertigung, a.a.O. 1042). Dabei „ist die schon geschehene Rechtfertigung immer ausgerichtet auf die Rechtfertigung, die erst im Gericht Gottes geschieht, so daß diese *nicht* bloß das Offenkundigwerden jener bedeutet" (1045).

93 So ist die Definition des Rechtfertigungsbegriffs nur römisch-katholisch „richtig", wenn es heißt, Rechtfertigung sei ein „Inbegriff für das Ganze des Heilshandelns Gottes und dessen Annahme durch den Menschen" (Otto Hermann Pesch: Art. Rechtfertigung I. Begriff, in: Lexikon für Theologie und Kirche, 3. Aufl., Bd. 8, Freiburg i. Br. 1999, 882).

94 Joseph Kardinal Ratzinger: Wie weit trägt der Konsens über die Rechtfertigungslehre?, in: Internationale Katholische Zeitschrift 29 (2000), 424–437, hier 432.

95 Bereits Ambrosius erklärte: „Wenn wir den Tod des Herrn verkünden, verkünden wir die Vergebung der Sünden. Falls sein Blut jedesmal, wenn es vergossen wird, zur Vergebung der Sünden vergossen wird, muss ich es stets empfangen, damit es stets meine Sünden nachlässt. Ich, der ich immer sündige, muss immer ein Heilmittel haben" (Sacr. 4,28).

96 Vgl. Neuner-Roos, a.a.O. Nr. 599; dagegen BSLK, 93f. Aus diesem Zusammenhang erklärt sich die „Tatsache, daß keine andere liturgische Tradition mit solcher Ausschließlichkeit die Eucharistiefeier als Opfer charakterisiert hat wie die römische Überlieferung und daß zugleich der Opferbegriff in keinem der östlichen Traditionsstränge theologisch mit der gleichen Ausschließlichkeit vertieft worden ist wie in der römischen Überlieferung [...]" (Gabriele Winkler: Anmerkungen zum „Opferbegriff" und seine Ausweitung auf den alltäglichen Sprachgebrauch im Kontext kultureller Unterschiede, in: Theologische Quartalsschrift 180 (2000), 175–190, hier 183). Vgl. auch Wolfgang Simon: „Sacrificium Christi". Voraussetzungen, Genese, Gestalt und Rezeption der Messopfertheologie Martin Luthers, Tübingen 2003.

97 Bernd Jochen Hilberath/Theodor Schneider: Art. Opfer, in: Neues Handbuch theologischer Grundbegriffe, hg. von P. Eicher, Bd. 3, München 1985, 287–298, hier 293. Zum etwas anders akzentuierten russisch-orthodoxen Verständnis siehe Kirchliches Außenamt der EKD (Hg.): Das Opfer Christi und das Opfer der Christen. Siebtes Theologisches Gespräch zwischen Vertretern der Russischen Orthodoxen Kirche und der Evangelischen Kirche in Deutschland, Frankfurt/M. 1979.

98 Dogmatische Konstitution über die Kirche V.40, in: Das Zweite Vatikanische Konzil. Konstitutionen, Dekrete und Erklärungen. Lexikon für Theologie und Kirche (2. Aufl.), Bd. 12, Freiburg i. Br. 1966, 292.

99 Vgl. Rahner, Art. Rechtfertigung, a.a.O. 1043.

100 Neuner-Roos, a.a.O. Nr. 541.

101 Neuner-Roos, Nr. 537. Hieronymus hatte bereits gegen den libertinistisch argumentierenden Jovianus die Verlierbarkeit der Rechtfertigungsgnade herausgestellt; Luther betonte seinerseits, Libertinismus sei die falsche, weil die Realität der Sünde verkennende Konsequenz aus der Rechtfertigungslehre (vgl. BSLK, 448). Dass Luther keinen Libertinismus lehrte, bewies er u. a. im Antinomistenstreit.

102 Vgl. Neuner-Roos, a.a.O. Nr. 804. Die Abwehr richtet sich hier zwar nachvollziehbar gegen einen „leeren und unfrommen" Glauben, der sich selbst als magisches Mittel missversteht, vermischt diesen aber sofort mit echtem, sehr wohl inhaltlichem Vertrauen, indem es ihn abfällig „Vertrauensglauben" nennt. Zur Gesamtproblematik siehe Alfred Kurz: Die Heilsgewißheit bei Luther. Eine entwicklungsgeschichtliche und systematische Darstellung, Gütersloh 1933; Jüngel: Evangelium, a.a.O. 205ff.; Joachim Ringleben: Heilsgewißheit. Eine systematische Betrachtung, in: Zur Rechtfertigungslehre. Zeitschrift für Theologie und Kirche 95, Beiheft 10, Tübingen 1998, 65–100, bes. 71.

103 Vgl. Abs. 34–36. Wenz meint, damit „sei das Wichtigste gesagt" (Konsens in Grundwahrheiten, a.a.O. 69; ähnlich Pannenberg: Ökumene, a.a.O. 301); ist aber wirklich alles Wichtige gesagt? Faktisch bleibt es bei der schwierigen These: „Der Christ hofft auf die Rettung und das Heil aller Menschen; aber er muß gleichzeitig – vor allem für sich selbst – mit der realen Möglichkeit des Scheiterns rechnen" (Franz-Josef Nocke: Eschatologie, in: Handbuch der Dogmatik, hg. von Th. Schneider, Bd. 2, Düsseldorf 1992, 377–479, hier 472).

104 Vgl. Carl-Heinz Ratschow: Jesus Christus, Gütersloh 1994, 30.
105 „Nach katholischer Lehre ist das Meßopfer die Gegenwärtigsetzung des Kreuzesopfers“ (Gemeinsame römisch-katholische evangelisch-lutherische Kommission: Das Herrenmahl, Paderborn/Frankfurt 1978[10], 38).
106 Vgl. Neuner-Roos, a.a.O. Nr. 813. Klar ist, dass „die Lutherische Reformation von einer solchen ekklesiologischen Konsequenz der Rechtfertigungslehre nichts weiß“ (Gemeinsame römisch-katholische evangelisch-lutherische Kommission [Hg.]: Kirche und Rechtfertigung. Das Verständnis der Kirche im Licht der Rechtfertigungslehre, Paderborn/Frankfurt/M. 1994, 94).
107 Neuner-Roos, Nr. 601. Vgl. zu dieser Problematik die kritischen Ausführungen bei Werner Führer: Das Amt der Kirche. Das reformatorische Verständnis des geistlichen Amtes im ökumenischen Kontext, Neuendettelsau 2001, 109f.
108 Neuner-Roos, Nr. 830. Siehe hingegen BSLK, 79f. und 170. Nicht von ungefähr hat Luther unterstrichen, dass das menschliche Herz von Gesetz und Sünde so gefangen ist, dass es den Artikel der Rechtfertigung – nämlich in seiner radikalen Gestalt – gar nicht zulassen will (WA Tischreden 1, 405, 8–10)!
109 „Die Rechtfertigungsbotschaft läßt sich nicht ungestraft ablösen vom unmittelbaren Eintreten in Gottes eschatologisches Gericht im Bekenntnis der Sünden und im Zuspruch der Vergebung“, mahnt Albrecht Peters: Das Ringen um die Rechtfertigungsbotschaft in der gegenwärtigen lutherischen Theologie, in: E. Hübner u. a.: Theologische Strömungen der Gegenwart, Göttingen 1965, 24–44, Zitat 44.
110 Siehe Hanns Leiner: 10 Jahre „Gemeinsame Erklärung zur Rechtfertigung“. Kritik an einem ökumenischen Papier (http://www.theologische-links.de/downloads/oekumene/gemeinsame_erklaerung_10_jahre_kritik.html – Zugriff 15.9.2016). Vgl. ders.: Allein durch den Glauben. Kein Konsens in der Rechtfertigung, Neuendettelsau 1998; Reinhard Schwarz/Gerhard Müller: Die ökumenische Vereinbarung zur Rechtfertigungslehre im Diskurs der Lutherforscher, in: Luther 3/2000, 143-150, sowie R. Slenczka: Neues, a.a.O. 268ff.
111 In diese deutlichen Worte mündete die Analyse von Joachim Ringleben: Der Begriff des Glaubens in der „Gemeinsamen Erklärung zur Rechtfertigungslehre“, in: Zeitschrift für Theologie und Kirche 95 (1998), 232–249, hier 249. Jüngel konnte in der „Gemeinsamen Erklärung“ ebenfalls „keine soliden theologischen Fundamente ‚zur Überwindung der Kirchenspaltung‘“ entdecken (Evangelium, a.a.O. XIV). Ingolf U. Dalferth erklärte, „dass der behauptete Konsens allenfalls einen Konsens auf der Basis einer vorreformatorischen Gnadenlehre unter Preisgabe zentraler Einsichten der Reformation darstellt“ (Kairos der Ökumene, in: Frankfurter Allgemeine Zeitung vom 26.9.1997, zitiert nach epd-Dokumentation 46/1997, 56). Jörg Baur urteilte: „Das Ganze ist ein fatales Dokument entweder lutherischer Ignoranz und zugleich religiöser Impotenz oder kirchendiplomatischer Schlauheit, die alten Wein in neuen Schläuchen auf den Markt bringt“ (Frei durch Rechtfertigung. Vorträge anläßlich der katholisch-lutherischen ‚Gemeinsamen Erklärung‘, Tübingen 1999, 76).
112 Solche Abwehr wird klar ausgesprochen in der Dogmatischen Konstitution über die Kirche V.40 (a.a.O. 293); unausgesprochen bestand *diese* „Einigkeit“ also längst vor der „Gemeinsamen Erklärung“.
113 Dazu mein Aufsatz „Die Beschleunigungsgesellschaft. Wie digitales Tempodiktat dem Posthumanismus zuarbeitet“, in: Materialdienst der EZW 5/2015, 164–172. Bernhard Nitsche bemerkt: „Unter dem Diktat der Beschleunigung wächst die Oberflächlichkeit, wird die reale zwischenmenschliche Beziehungszeit zur kostbarsten Ressource“ (Frömmigkeit und Marktförmigkeit. EZW-Text 243, Berlin 2016, 38).

114 Vgl. Werner Thiede: Digitale Revolution und Menschenwürde. Ruiniert High Tech die Ethik?, in: Umwelt - Medizin - Gesellschaft 2/2015, 127–136.

115 Die EKD-Schrift „Rechtfertigung und Freiheit“ unterstreicht, durchs Evangelium werde der Mensch in einer Leistungsgesellschaft wie der unseren „in seiner alltäglichen Geschäftigkeit heilsam gestört: Er muss nichts leisten, sich und anderen nichts beweisen“ (a.a.O. Abs. 2.2).

116 Siehe Käßmann: Durchbruch in Zürich. Wie ich die internationale Bedeutung der Reformation erlebe, a.a.O. 10.

117 Vgl. Jörns: Abschiede, a.a.O. 286ff.; ders.: Warum musste Jesus sterben?, in: DtPfrBl 3/2010, 145–153. Der historischen Kritik müsse eine theologische folgen: Gottes bedingungslose Liebe bedürfe keiner stellvertretenden Sühne (146). Der Praktische Theologe verkennt, dass der Stellvertretungstod Christi keine abstrakte Verrechnung meint, sondern auf dynamische Stellvertretung zielt: Wie Christus solidarisch an unsere Stelle tritt, so dürfen wir an seine treten; Luther spricht vom „fröhlichen Wechsel“ oder vom „seligen Tausch“ (z. B. WA 7, 25f.). Liebe selbst wird so – in Entsprechung zur Fleischwerdung des Gottessohnes – zu einer konkreten Bewegung, die unsere Person ergreift, statt abstrakt zu bleiben.

118 Uta Ranke-Heinemann: Nein und Amen. Anleitung zum Glaubenszweifel, Hamburg 1992, 332. Selbst „ein Ratsvorsitzender der EKD soll die Lehre, Jesus habe uns am Kreuz erlöst, für überholt erklärt haben“ (G. Müller: Luther-Dekade, a.a.O. 108).

119 Burkhard Müller, a.a.O. 48 (vgl. ders.: Für unsere Sünden gestorben? Ein Beitrag zur aktuellen Diskussion, Rheinbach 2013³). Dagegen mein Artikel „Widerwärtiger Dünkel. Die Heilsbedeutung des Todes Jesu darf nicht verwässert werden“ (zeitzeichen 4/2010, 45–47); ferner Ulrich Eibach: Versöhnung zwischen Gott und Mensch im stellvertretenden Tod Jesu Christi?, in: DtPfrBl 3/2010, 141–145. Sogar der große Entmythologisierer Rudolf Bultmann betont mit Blick auf Röm 3,25: „Gottes Tat der Gnade besteht also darin, daß er Christus in den Tod gegeben hat, und zwar als Sühnopfer für die Sünden der Menschen“ (Theologie des Neuen Testaments, a.a.O. 289).

120 Heiko Rohrbach: Befreiung von biblischen Alpträumen. Wider Sintflut und Höllenangst, Stuttgart 1994, 129f. Abwegig ist Rohrbachs Behauptung, die Sühnopfertheorie sei urchristlich erst aufgekommen, als der Tempel in Jerusalem mit seinen realen Sühnopfern bereits zerstört war (136f.).

121 Hinzuweisen ist hier auf verbreitete Tendenzen in Religionstheologie und Esoterik, das Kreuz als solches und seine Sinndeutung zu pluralisieren: An die Stelle der exklusiven Heilsbedeutung im neutestamentlichen Kontext rückt eine Vielheit geometrischer und sonstiger Interpretationen meist nichtchristlichen, teils aber auch liberaltheologischen Ursprungs (vgl. z. B. Georg Baudler: Das Kreuz. Geschichte und Bedeutung, Düsseldorf 1997). Wollen die Kirchen ihre Authentizität nicht zu Gunsten einer weiteren Säkularisierung ihres Auftrags und ihrer geistigen Strukturen aufgeben, müssen sie sich solchen Pluralisierungstendenzen ihrer zentralen Inhalte argumentativ und nachhaltig widersetzen.

122 Kuller, a.a.O. 10.

123 Bolz kritisiert: „Als Zivilreligion hat der Protestantismus die großen Themen wie Kreuz, Erlösung und Gnade aufgegeben und durch einen diffusen Humanismus ersetzt. Damit ist er in die Modernitätsfalle geraten. […] Gerade weil sie so modern und ‚aufgeklärt‘ ist, kann die evangelische Kirche nicht mehr das Heil versprechen […]“ (a.a.O. 22). Es gibt zwar neuerdings den Grundlagentext des Rates der EKD „Für uns gestorben – die Bedeutung von Leiden und Sterben Jesu Christi“

(2015), doch dass der systematisch-theologisch Kritik verdient, zeigt R. Slenczka: Neues, Bd. 4, a.a.O. 458ff.

124 Dazu die Ausführungen in meinem Buch „Der gekreuzigte Sinn", a.a.O. bes. 179ff. Zu unterstreichen ist hier, dass der große Aufklärungsphilosoph Kant die kirchliche Theorie von Rechtfertigung und Gnade ausdrücklich als einen möglichen Weg *vernünftigen* Umgangs mit den existenziellen Fragen um Schuld und Leistung vor Gott ansieht (vgl. Werner Thiede: Gnade als Ergänzung? Zur Aporetik der Kantschen Rekonstruktion von Soteriologie und Christologie, in: ders. [Hg.]: Glauben aus eigener Vernunft? Kants Religionsphilosophie und die Theologie, Göttingen 2004, 67–112).

125 Dietrich Bonhoeffer: Nachfolge (1937), hg. von M. Kuske und I. Tödt, München 1989, 29. Nächstes Zitat ebd.

126 Siehe a.a.O. II.6. Vgl. näherhin Martin Seils: Glaube, Gütersloh 1996; J. Frey u. a. (Hg.): Glaube. Das Verständnis des Glaubens im frühen Christentum und in seiner jüdischen und hellenistisch-römischen Umwelt, Tübingen 2017.

127 Wie Stettler (a.a.O. 633) zeigt, ging später die lutherische Orthodoxie mitunter anders als Paulus davon aus, dass das Werk des Menschen in der Heiligung mit der Rechtfertigung durch Gott allein aus Glauben in Konkurrenz treten kann. Bei Paulus wie bei Luther aber beschreibt der Imperativ das neue Leben, zu dem der Indikativ kraft der Neuschöpfung durch die Verbindung mit dem auferweckten Gekreuzigten in seinem Geist ermächtigt. Vgl. auch Wolfram Kopfermann: Heilung – Teilhabe an der neuen Schöpfung, Gießen 2006.

128 Notger Slenczka erläutert: Der Glaube „ist eine Gestalt des Selbsturteils, ein Selbstverhältnis, in dem der Mensch sich selbst nicht nur durch diese fremde Eigenschaft der Gerechtigkeit Christi, sondern durch die Person Christi insgesamt identifiziert" („Allein durch den Glauben": Antwort auf die Frage eines mittelalterlichen Mönchs oder Angebot zum Umgang mit einem Problem jedes Menschen?, in: Chr. Bultmann u. a. [Hg.]: Luther und das monastische Erbe, Tübingen 2007, 291–315, hier 310).

129 Immanuel Kant: Grundlegung zur Metaphysik der Sitten. Ausgabe der Preußischen Akademie der Wissenschaften, Berlin 1900ff., Bd. IV, 421. Ähnlich ebd. 429, 433 und 436.

130 Immanuel Kant: Die Religion innerhalb der Grenzen der bloßen Vernunft (1793), 1794[2], in: Werke in zwölf Bänden, hg. von W. Weischedel, Frankfurt/M. 1977, Bd. 8, 647–879, Anm. 8. Während Gottfried Wilhelm Leibniz noch die theonom inspirierte Erkenntnis bewahrt, der Gott der Liebe wolle „nur, dass man ihn liebt" (Metaphysische Abhandlung [1686], in: Leibniz. Ausgewählt und vorgestellt von Th. Leinkauf, München 1996, 147–192, hier 191), fällt Kant in die heteronome, „schon durch die Vernunft versicherte" Auffassung der Liebe Gottes zurück, die der Menschheit bloß konditional gelte, nämlich „sofern sie seinem Willen nach allem ihrem Vermögen nachstrebt" (783); dabei hält er solch konditionales Denken von der Liebe Gottes für göttliche Weisheit (813)!

131 Luther konnte sagen: „Die Natur wollte gerne so handeln, dass sie gewiss auf sich selbst fußen und stehen möchte, wo nicht, so will sie nicht hinan" (BSLK, 720). Vgl. auch Wilfried Behr: Die endgültige Reformation. Anmerkungen zur radikalen Kirchenkritik eines liberalen Theologen, in: DtPfrBl 9/2016, 497–501.

132 Unter anderem nutzte Adolf Hitler den Begriff des Fortschritts für seine Ideologie, wie eine seiner Reden in Neustadt an der Aisch 1928 zeigte: „Im ewigen Kampf mit anderen Völkern muß dem Fortschritt Tür und Tor geöffnet werden." Er reklamierte den Begriff des technischen Fortschritts für die Rasse der Arier: „Die ganze Kulturentwicklung der Welt geht auf die Arier zurück" (zitiert nach Wolfgang Mück: NS-

Hochburg in Mittelfranken. Das völkische Erwachen in Neustadt an der Aisch 1922–1933, Neustadt/Aisch 2016, 373).

133 Gernot Böhme warnt: „Das Zeitalter des Netzes wird mit großen Erwartungen begrüßt, und Neues und Umwälzungen bringt es ja tatsächlich. Ob die Welt im Ganzen dadurch besser wird, ob dieser technische Fortschritt ein humaner Fortschritt sein wird, ist fraglich" (Invasive Technisierung. Technikphilosophie und Technikkritik, Kusterdingen 2008, 294). Ähnlich Joachim Wanke: Kirche – wohin?, in: G. Koch/J. Pretscher (Hg.): Der Weg der Kirche ins dritte Jahrtausend, Würzburg 1996, 85–101, bes. 87f.; Frank Vogelsang: Das Verhältnis von Technik und Werten, in: K. Neumeister u. a. (Hg.): Technik und Transzendenz, Stuttgart 2012, 57–78, bes. 72; Thiede: Die digitalisierte Freiheit, a.a.O. (2014^2), 25ff.

134 Wilfried Joest: Freiheit in Luthers Verständnis vom Menschen, in: Kerygma und Dogma 29/1983, 127–138, hier 137. „Der Mensch nimmt zunehmend alles Mögliche in die Hand seines Machens – aber hat er wirklich sich selbst in der Hand und das Ziel, dem er mit diesem Machen zusteuert? Ist er nicht eher der von anonymen Mächten Getriebene als der des Daseins Mächtige?" (ebd.). Helmut Thielicke hatte auch schon gewarnt: „Wir haben tiefer in die Geheimnisse der Natur geblickt und können hier ganz andere Kräfte entlocken als frühere Generationen. Da aber der Mensch bei all diesem Fortschritt derselbe geblieben ist und sich nicht geändert hat, so wächst mit der zunehmenden Macht über die Schöpfung auch die mörderische und grausame Gewalt, die er gegen sich selbst und seinesgleichen gebraucht. Und es ist wie ein furchtbares Menetekel über unserer Welt, daß die technische Bewältigung der Welt eben nicht dazu geführt hat, die Welt zu humanisieren […]" (Das Bilderbuch Gottes, Stuttgart 1957, 84).

135 Siehe Yvonne Hofstetter: Das Ende der Demokratie. Wie die künstliche Intelligenz die Politik übernimmt und uns entmündigt, München 2016; Gerd Pfitzenmaier: Leben auf Autopilot. Warum wir der Digitalisierung nicht blind vertrauen sollten; München 2016; Harald Welzer: Die smarte Diktatur. Der Angriff auf unsere Freiheit, Frankfurt/M. 2016^3; Thiede: Digitaler Turmbau, a.a.O. 29ff.

136 Autonomie wird nach Jürgen Hübner zum Verhängnis: „Naturwissenschaft wird zum Selbstzweck, daraus resultierende Technik zum Eigenwert, fortschreitendes Wirtschaftswachstum ihr Medium. Welt wird zur bloßen Materie, die zu formen Aufgabe des Menschen ist. Damit aber ist er überfordert" (Die Einheit der lebendigen Welt, in: Lutherische Monatshefte 11/1978, 653–656, hier 654). Vgl. auch Martin Teising: Selbstbestimmung zwischen Wunsch und Illusion. Eine psychoanalytische Sicht, Göttingen 2016.

137 A.a.O. Abs. 111. – Siehe auch das bereits oben unter I.1 Gesagte.

138 Hier sei an die theologisch motivierte Widerständigkeit des Reformators erinnert (vgl. Uwe Siemon-Netto: Luther – Lehrmeister des Widerstands, Basel 2016; Heinz Schilling: Martin Luther. Rebell in einer Zeit des Umbruchs, München 2016).

139 S. o. Kap. I.1 (insbesondere das einschlägige Zitat der EKD-Synode von 2014) und Johanna Haberer: Digitale Theologie, München 2015.

140 Margot Käßmann: Durchbruch, a.a.O. 11. Ähnlich meint z. B. Landesbischof Carsten Rentzing: „Wir haben heute die neuen Medien, die wir nutzen müssen" (Interview in: pro 4/2016, 32–34, hier 32).

141 „Damit wird so getan, als hätten sich im Laufe der technischen Entwicklungen keinerlei qualitative Unterschiede der Produkteigenschaften ergeben, die auch zu unterschiedlichen Herausforderungen und Wertungen führen könnten. Jede Technik-Philosophie würde sich einen derart undifferenzierten und ungeschichtlichen Nutzungs-

vergleich verbieten; auch jede Theologie sollte sich in ihren Äußerungen zum Technikbezug vor einer derartigen Verkürzung hüten" (Thiede: Digitaler Turmbau, a.a.O. 122).

142 Siehe http://www.der-postillon.com/2011/03/einrichtung-von-wireless-lan-soll.html (Zugriff 17.9.2016).

143 Vgl. Peter Hensinger/Isabel Wilke: Mobilfunk: Neue Studienergebnisse bestätigen Risiken der nicht-ionisierenden Strahlung, in: Umwelt – Medizin – Gesellschaft 3/2016, 16–26, bes. 19.

144 Zu den umstrittenen Grenzwerten vgl. K. Hecht u. a. (Hg.): Warum Grenzwerte schädigen, nicht schützen – aber aufrechterhalten werden. Beweise eines wissenschaftlichen und politischen Skandals, St. Ingbert 2009; Werner Thiede: Mythos Mobilfunk. Kritik der strahlenden Vernunft, München 2012, 128ff.

145 Vgl. Umweltbundesamt (Hg.): Späte Lehren aus frühen Warnungen. Das Vorsorgeprinzip 1896–2000, Berlin 2004; Peter Wiedemann: Vorsorgeprinzip und Risikoängste. Zur Risikowahrnehmung des Mobilfunks, Wiesbaden 2010; Dirk Kiekebusch: Vorsorge als Verfassungsprinzip im europäischen Umweltverbund. Rechtsvergleichende Überlegungen am Beispiel der Risiken der Mobilfunkstrahlung, Tübingen 2017.

146 Infoblatt des Bundesamts für Strahlenschutz, Stand 2012 (https://www.bfs.de/SharedDocs/Downloads/BfS/DE/broschueren/emf/info-bluethooth-und-wlan.pdf;jsessionid=6377C357196CD6891D666990D30EB872.1_cid365?__blob=publicationFile&v=4 – Zugriff 17.9.2016).

147 Die Berliner Kirchenleitung weiß um das Problem elektrosensibler Menschen, Tiere und Pflanzen, nimmt es aber in unbarmherziger Weise nicht ernst (siehe meinen Internetkommentar auf https://www.diagnose-funk.org/publikationen/artikel/detail?newsid=1123 – veröffentlicht am 12.9.2016). Die Brisanz des Problems ist nicht zu leugnen (Thiede: Mobilfunk, a.a.O. 186ff.). Der Krebsforscher Prof. Dominique Belpomme, Vorsitzender der französischen Vereinigung für Krebstherapieforschung, betont diesbezüglich in einem Arte-Interview: „Derzeit leugnen die Politiker das Problem völlig. Gesundheitlich zahlen wir dafür einen hohen Preis […]. Wir müssen vor allem an unsere Kinder denken und uns bewusst werden, dass moderne Technologien zwar praktisch, aber auch gefährlich sind" (http://sites.arte.tv/futuremag/de/gegen-den-strom-gesprach-mit-dominique-belpomme-futuremag – Zugriff 18.9.2016).

148 Vgl. Dietrich Bonhoeffer: Widerstand und Ergebung. Werke, Bd. 8, hg. von Chr. Gremmels u. a., Gütersloh 1998, 560. Dazu Ernst Lange: Kirche für andere. Dietrich Bonhoeffers Beitrag zur Frage einer verantwortlichen Gestalt der Kirche in der Gegenwart, in: Evangelische Theologie (1967), 513–546.

149 So Jörn Gutbier als 1. Vorsitzender von Diagnose:Funk in einem Offenen Brief an den Berliner Landesbischof Markus Dröge vom 24.5.2016 (https://www.diagnose-funk.org/publikationen/artikel/detail?newsid=1079 – Zugriff 17.9.2016). Vgl. auch meinen Beitrag „‚Godspot' – warum Kirche kein WLAN-Anbieter sein sollte", in: DtPfrBl 11/2016, 652f.

150 Die Zeit Nr. 23/2016, 1 (diese kritische Glosse fehlte auf der Titelseite just jener *Zeit*-Ausgaben, denen *Christ & Welt* beilag).

151 Michael Hanfeld: Gott geht online, in: Frankfurter Allgemeine Zeitung vom 26.5.2016 (http://www.faz.net/aktuell/feuilleton/medien/godspot-soll-w-lan-in-kirchen-bringen-14250928.html – Zugriff 16.9.2016).

152 Byung-Chul Han: Im Schwarm. Ansichten des Digitalen, Berlin 2013, 32.

153 Hier sind die letzten Sätze der *Theologischen Erklärung von Barmen* (1934) in Erinne-

rung zu rufen: „Der Auftrag der Kirche, in welchem ihre Freiheit gründet, besteht darin, an Christi Statt und also im Dienst seines eigenen Wortes und Werkes durch Predigt und Sakrament die Botschaft von der freien Gnade Gottes auszurichten an alles Volk. Wir verwerfen die falsche Lehre, als könne die Kirche in menschlicher Selbstherrlichkeit das Wort und Werk des Herrn in den Dienst irgendwelcher eigenmächtig gewählter Wünsche, Zwecke und Pläne stellen."

154 S. o. I.1 und den Abschnitt „Die Digitalisierung der unsterblichen Seele" in meinem Buch „Die digitalisierte Freiheit" (a.a.O. 163ff.). Vgl. auch Stephen Cave: Unsterblich. Die Sehnsucht nach dem ewigen Leben als Triebkraft unserer Zivilisation, Frankfurt/M. 2012. Beispielsweise hofft der russische Milliardär Dimitry Itskov, Gründer der „Initiative 2045", die sich zum Ziel gesetzt hat, Menschen bis 2045 unsterblich zu machen, bis dahin werde es Unsterblichkeit in Form von rein in künstlichen Medien als holographische Avatare existierenden Menschen geben. Auch der Roman „Null K" von Don DeLillo (Köln 2016) zeichnet nach, wie Silicon Valley an einer Ewigkeitsindustrie bastelt.

155 Hier sei an die These des Philosophen Hans Blumenberg erinnert, dass der neuzeitliche Mensch sich gegenüber dem personalen Schöpfergott zu schützen versuche, indem er sich auf Technik und Naturwissenschaft verlasse; das sei sogar der wesentliche Impuls zur Entstehung der modernen Welt gewesen (Schriften zur Technik, hg. von B. Stiegler/A. Schmitz, Berlin 2015).

B Vergewisserungen

IV Was verstanden die Reformatoren unter „Kirche"?

1 Vgl. Blaise Pascal: Gedanken, hg. von A. Brummer, Leipzig o. J., 147. Das Zitat lautet weiter: „Und daher sind dieser ergebene Gehorsam und diese Übereinstimmung mit der alten Kirche stärker als alles, und sie bessern alles."

2 Vgl. M. Stiewe/F. Vouga (Hg.): Das Fundament der Kirche im Dialog. Modelle des Kirchenverständnisses im Neuen Testament und in der konfessionellen Rezeptionsgeschichte, Leipzig 2003.

3 Aus Luthers Schmalkaldischen Artikeln (vgl. BSLK, 459, 20–22). Vgl. Gerhard Müller: „Es weiß ein Kind von sieben Jahren, was die Kirche ist…" Wirklich?, in: CA II/2016, 47–53. „Die Kirche hat ein einziges Haupt: Jesus Christus. Wer mit ihm nicht vereint ist, gehört nicht zur Kirche" (48).

4 Vgl. WA Briefe 4, 375, 3. Siehe zum Folgenden Friedrich-Otto Scharbau: Luther und die Kirche, Hannover 2003.

5 Hingegen ist für Paulus die Kirche Jesu Christi keine Gemeinschaft, zu der auch Sünder gehören können, die Buße und Heiligung verweigern, also kein *corpus permixtum* (Stettler, a.a.O. 680–681). Kirchen- und Gemeindezucht war für den Apostel daher unerlässlich. Zu Luthers Kirchenverständnis siehe auch Peter Gemeinhardt: Die Kirche in ihrer Geschichte von der Antike bis zur Neuzeit, in: Chr. Albrecht (Hg.): Kirche, Tübingen 2011, 81–130, hier 97ff.

6 Vgl. Luther: WA 11, 117.

7 Archiv zur WA 2, 259, 12–14.

8 Volker Leppin: Transformationen spätmittelalterlicher Mystik bei Luther, in: B. Hamm/V. Leppin (Hg.): Gottes Nähe unmittelbar erfahren. Mystik im Mittelalter und bei Martin Luther, Tübingen 2007, 165–185, hier 185; ders.: Die fremde Reforma-

tion: Luthers mystische Wurzeln, München 2016. Vgl. auch Heiko A. Oberman: Luther, Berlin 1982, 190ff.; Gerhard Wehr: Martin Luther – der Mystiker, München 1999; Werner Thiede: Mystik im Christentum, Leipzig 2009, 145–150.

9 Dass es keine Geringschätzung von Kirche bedeutet, zeigt Friedrich-Otto Scharbau: Luther und die Kirche, Hannover 2003. Siehe auch Jürgen Lutz: Unio und Communio. Zum Verhältnis von Rechtfertigungslehre und Kirchenverständnis bei Martin Luther. Eine Untersuchung zu ekklesiologisch relevanten Texten der Jahre 1519–1528, Paderborn 1990.

10 Vgl. Karl August Meissinger: Der katholische Luther, München 1952, 137ff.; Christiane Laudage: Das Geschäft mit der Sünde. Ablass und Ablasswesen im Mittelalter, Freiburg i.Br. 2016; Thomas Schirrmacher: Der Ablass. Eine evangelische Kritik, Hamburg 2005; Reinhard Brandt: Lasst ab vom Ablass, Göttingen 2008. Und s. u. Kap. VII.3.

11 Köhler unterstreicht: „Der Thesenanschlag wurde zum Fanal, das bis in unsere Gegenwart herüber leuchtet" (a.a.O. 156). Dass dieser Thesenanschlag historisch umstritten ist (vgl. Uwe Wolff: Iserloh. Der Thesenanschlag fand nicht statt, Münster 2016^{2}), ändert nichts an der geschichtlichen Tatsache der seit damals emporwachsenden reformatorischen Bewegung.

12 Vgl. Wolfgang Simon: Die Meßopfertheologie Martin Luthers, Tübingen 2002.

13 Dass der entsprechende Kirchenbegriff der Confessio Augustana von 1530 bei Luther schon 1521 vorhanden war, zeigt Werner Elert: Morphologie des Luthertums. Bd. 1: Theologie und Weltanschauung des Luthertums, München 1931, 228f.

14 Siehe Gerhard Simpfendörfer: Das protestantische Lehramt: Sein Niedergang – seine Erneuerung, Hamburg 2001.

15 WA 6, 296, 5.

16 Vgl. WA 50, 624, 15–18.

17 Martin Luther: Von den Konzilen und der Kirche (1539), zitiert nach Kurt Aland: Luther Deutsch, Bd. 6, Leipzig 1948, 31f.

18 WA 2, 743, 21–30 (1519).

19 WA 36, 425.

20 So Martin Luther: Der Große Katechismus" (1529), hier zitiert nach der Ausgabe „Klassiker des Christentums", Augsburg 2007, 121.

21 WA 37, 236 u. ö. Vgl. Ulrich Asendorf: Die Einbeziehung der Theosis in die Theologie Martin Luthers, in: Luther und Theosis. Veröffentlichungen der Luther-Akademie Ratzeburg, Bd. 16, Erlangen 1990, 85–102, bes. 94. Der Geistbezug wird z. B. im Großen Katechismus betont: „Wo man nicht von Christus predigt, da ist kein heiliger Geist, welcher die christliche Kirche macht, beruft und zusammen bringt […]" (BSLK, 655, 29–33).

22 Vgl. Karl Holl: Luther und das landesherrliche Kirchenregiment, in: ders.: Gesammelte Aufsätze zur Kirchengeschichte, Bd. I: Luther, Tübingen 1927, 326–380, hier 378. Siehe auch ders.: Die Entstehung von Luthers Kirchenbegriff, ebd. 288–325.

23 Vgl. Dietmar Bräunig: „…ich habe die Leute noch nicht". Luthers Vision von Gemeinde, in: CA I/2010, 58–61, bes. 59.

24 Vgl. Gerd Theißen: Psychologische Aspekte paulinischer Theologie, Göttingen 1983, 349 passim.

25 Solche Gedanken entstanden wohl 1525 im Anschluss an ein Gespräch mit Kaspar von Schwenckfeld und wurden 1526 in der Vorrede zur *Deutschen Messe* ausgeführt (WA 19, 73–75).

26 Bräunig, a.a.O. 60.

27 Vgl. Hermann Diem: Theologie als kirchliche Wissenschaft, München 1951, 205.
28 „Abscondita ecclesia, latent sancti" (WA 18, 652, 23). Paul Schütz betont: „Das corpus spirituale war immer da. Von ihm lebte zu allen Zeiten die Institution. Es ist das bleibende Unsichtbare im sich wandelnden Sichtbaren" (Widerstand und Wagnis. Gesammelte Werke, Bd. 5, Moers 1982, 111). – Zur repräsentativen Kirche als *Institution* vgl. Abraham, a.a.O. 277ff.
29 WA 51, 507. Josuttis bemerkt: „Die Unsichtbarkeit der Kirche wird behauptet gegen die hybride Ansicht einer Organisation, das Wunder der Gegenwart Gottes in ihrer sozialen Gestalt sichtbar zu manifestieren" (Volkskirche, a.a.O. 33). Und er warnt mit Recht: „Der Protestantismus der Gegenwart muß darauf achten, daß er die reformatorische Differenzierung nicht zur Legitimation eigener Unzulänglichkeiten missbraucht" (29).
30 Vgl. Martin Luther: De servo arbitrio (1525): WA 18, 652, 23. Siehe auch J. Brosseder (Hg.): Verborgener Gott – verborgene Kirche? Die kenotische Theologie und ihre ekklesiologischen Implikationen, Stuttgart 2001.
31 „Sind die Propheten falsch, so sind die Kirchen auch falsch, die den Propheten glauben und folgen" (Martin Luther: Wider Hans Worst, 1541, zitiert nach: Luther Deutsch, Bd. 4, 254). Vgl. auch aktualisierend Reinhard Slenczka: Wahre und falsche Kirche, in: ders.: Neues, Bd. 4, a.a.O. 297ff.
32 Vgl. Nicole Kuropka: Philipp Melanchthon: Wissenschaft und Gesellschaft. Ein Gelehrter im Dienst der Kirche, Tübingen 2002; Heinz Scheible: Melanchthon. Vermittler der Reformation, München 2016.
33 Vgl. Werner Elert: Morphologie des Luthertums. Bd. 2: Soziallehren und Sozialwirkungen des Luthertums, München 1931, 313ff.; B. Lohse, a.a.O. 168ff. und 333ff.
34 Reinhard Frieling u. a.: Konfessionskunde, Stuttgart u. a. 1999, 190.
35 Vgl. Axel Gotthard: Der Augsburger Religionsfrieden, Paderborn 2004. Vorangegangen war der „Passauer Vertrag" von 1552, der bereits ein friedliches Nebeneinander von Katholiken und Protestanten garantieren sollte (Albert Strohm: Kompromiß mit Fragezeichen. Der Passauer Vertrag von 1552 – Ein Rückblick nach 450 Jahren, in: DtPfrBl 12/2002, 640–643).
36 Vgl. meinen Aufsatz „Im Aufblick zur himmlischen Kirche. Melanchthons ökumenischer Einsatz aus evangelischer Sicht", in: M. Fricke/M. Heesch (Hg.): Der Humanist als Reformator. Über Leben, Werk und Wirkung Philipp Melanchthons, Leipzig 2011, 345–370.
37 Vgl. Melanchthon deutsch, Bd. II, a.a.O. 182.
38 Melanchthon deutsch II, 188. Es ging dabei um die Frage, „ob die Einheit der Kirche Kriterium für die Wahrheit der Kirche ist, oder ob die Wahrheit Kriterium der Einheit ist" (Reinhard Slenczka: Melanchthon und die orthodoxe Kirche des Ostens, in: J. Haustein (Hg.): Philipp Melanchthon. Ein Wegbereiter für die Ökumene, Göttingen 1997, 98–120, hier 104).
39 Später heißt es in seiner Apologie: „Ich hab mich bisher, so viel mir möglich gewesen, geflissentlich bemüht, von christlicher Lehre nach gewöhnlicher Weise zu reden und zu handeln, damit man mit der Zeit desto leichtlicher zusammenrücken und sich vergleichen könnte. […] Wir haben wahrlich nicht Lust oder Freude an Uneinigkeit; auch sind wir nicht so gar stock- oder steinhart, dass wir unsere Gefahr nicht bedenken. […] Aber wir wissen die öffentliche, göttliche Wahrheit, ohne welche die Kirche Christi nicht kann sein oder bleiben, und das ewige heilige Wort des Evangeliums nicht zu verleugnen […]" (BSLK, 143f.).
40 Melanchthon blieb in dieser Sprecherposition bis 1557 (vgl. Gerhard Müller: Philipp

Melanchthon [1497–1560] und Martin Luther [1483–1546]. Ein Vergleich, in: Kerygma und Dogma 56 [2010], 166–181, hier 180); mit dem Scheitern des Wormser Religionsgesprächs im September jenes Jahres wegen der Uneinigkeit der Protestanten verlor er seine integrative Funktion endgültig.

41 Melanchthon deutsch, Bd. I, hg. von M. Beyer u. a., Leipzig 1997, 122 (1550). Auch Luther habe er oft „unter Tränen sein Gebet für die ganze Kirche" sprechen sehen (Melanchthon deutsch II, 163). Er selbst habe jedenfalls „die Einheit mit großem Einsatz unterstützt" (II, 249).

42 Melanchthon deutsch II, 237, 270 u. ö. Hierin folgte ihm später namentlich Wilhelm Löhe (z. B.: Kirche, a.a.O. 203); dazu mein Aufsatz „Starke Himmelshoffnung. Wilhelm Löhes Ausrichtung auf die verheißene Vollendung", in: CA IV/2007, 51–53.

43 Melanchthon deutsch II, 160, 173 und 187.

44 Vgl. Slenczka: Melanchthon, a.a.O. 98–120.

45 Melanchthon deutsch I, 204.

46 Melanchthon deutsch I, 232; vgl. auch 234 sowie II, 166f.

47 Vgl. die Zurückweisung in: Melanchthon deutsch II, 236.

48 Philipp Melanchthon: Heubtartikel Christlicher Lere (1553), Leipzig 2010², hg. von R. Jenett u. J. Schilling, Leipzig 2010², 390.

49 Im Hintergrund steht der *Frankfurter Rezess* von 1558, dessen ökumenische Bemühung allerdings nicht den von Melanchthon erstrebten Erfolg hatte (vgl. Irene Dingel: Melanchthons Einigungsbemühungen zwischen den Fronten: der Frankfurter Rezeß, in: J. Haustein [Hg.]: Melanchthon, a.a.O. 121–143, bes. 133ff.).

50 Vgl. BSLK, 489, 24f.

51 Melanchthon deutsch, Bd. II, hg. von M. Beyer u. a., Leipzig 1997, 230.

52 Vgl. Melanchthon: Heubtartikel, a.a.O. 384.

53 Vgl. Jörg Haustein: Melanchthon und die katholische Kirche, in: ders. (Hg.): Melanchthon, a.a.O. 79–97, bes. 85ff.

54 Melanchthon deutsch II, 183.

55 Melanchthon deutsch I, 199.

56 Vgl. z. B. Medard Kehl: Die Kirche. Eine katholische Ekklesiologie, Würzburg 2001.

57 Melanchthon deutsch II, 157.

58 Vgl. Gottfried W. Locher: Zwingli und die schweizerische Reformation, Göttingen 1982; Berndt Hamm: Zwinglis Reformation der Freiheit, Neukirchen-Vluyn 1988; Ulrich Gäbler: Huldrych Zwingli. Leben und Werk, Zürich 2004; Peter Opitz: Ulrich Zwingli. Prophet, Ketzer, Pionier des Protestantismus, Zürich 2015.

59 Zum Erwählungsgedanken vgl. Pannenberg: Systematische Theologie III, a.a.O. 477ff.

60 Dazu s. u. Kap. VII.2.

61 Vgl. Gemeinhardt, a.a.O. 105ff.

62 So der reformierte Theologe Emil Brunner: Dogmatik III, a.a.O. 97.

63 Gerhard Ritter: Luther. Gestalt und Tat, München 1943, 199f.

64 Karl Barth konnte in einer Vorlesung respektlos witzeln: „Kommen wir zu Hölle, Tod und Teufel. Sollen sie Inhalt der Verkündigung sein? Nein. Aber es gibt sie. Nur: Wir haben sie hinter uns. Wir können ihnen das Hinterteil zeigen" (zitiert nach http://www.publicationes.de/wissen/christliche-oekumene/96-karsamstag.html – Zugriff 24.10.2016). Er konnte freilich auch ernsthaft klarstellen: „Ich glaube nicht an die Allversöhnung, aber ich glaube an Jesus Christus, den Allversöhner" (zitiert nach Eberhard Busch: Karl Barths Lebenslauf, Berlin 1979, 409). Siehe ferner Gerhard Gloege:

Zur Prädestinationslehre Karl Barths, in: Kerygma und Dogma 2 (1956), 210–217; Thiede: Fegfeuer, a.a.O. 1135f. und 1141f.

65 Huldrych Zwingli: Schriften, Bd. IV, hg. von Th. Brunnschweiler und S. Lutz, Zürich 1995, 329.

66 Huldrych Zwingli: Schriften, Bd. I, hg. von Th. Brunnschweiler und S. Lutz, Zürich 1995, 154. Zum Hintergrund A. Schindler/H. Stickelberger (Hg.): Die Zürcher Reformation. Ausstrahlungen und Rückwirkungen, Bern u. a. 2001.

67 Zwingli, Bd. I, a.a.O. 228 (1523).

68 Zwingli, Bd. I, a.a.O. 344.

69 Zwingli, Bd. I, 228.

70 Vgl. z. B. Zwingli, Bd. I, 167 und 173.

71 Vgl. Zwingli, Bd. I, 85.

72 Zwingli, Bd. IV, a.a.O. 271.

73 Wolf-Dieter Hauschild: Lehrbuch der Kirchen- und Dogmengeschichte, Bd. II, Gütersloh 1999, 335. Dass Zwingli damit nahe bei Paulus steht, zeigt die Habilitationsschrift von Hanna Stettler, a.a.O. 2014.

74 Hauschild, a.a.O. 335.

75 Max Weber (1864–1920) hat Calvins Position freilich etwas simplifiziert (vgl. Art. Wilhelm Neuser: Calvins Theologie, in: Evangelisches Kirchenlexikon, 3. Aufl., Bd. 1, Göttingen 1986, 621–630, hier 629).

76 Auch die Gottebenbildlichkeit ist nach Zwingli dazu angelegt, dass sie zu ihrem Schöpfer und Bilder *zurück*geführt werde (I, 115).

77 Vgl. Alister E. McGrath: Johann Calvin. Eine Biographie, Zürich 1991; David C. Steinmetz: Calvin in Context, New York 1995; Bernard Cottret: Calvin. Eine Biographie, Stuttgart 1998. Ferner Fritz Büsser: Calvins Urteil über sich selbst, Zürich 1950.

78 Emil Brunner: Dogmatik III, a.a.O. 97.

79 Vgl. Heiko A. Oberman: Zwei Reformationen. Luther und Calvin, Berlin 2003.

80 Vgl. Alfred Adam: Lehrbuch der Dogmengeschichte, Bd. II, Gütersloh 1972[2], 345.

81 Ratschow, Jesus Christus, a.a.O. 53.

82 Vgl. Calvin: Unterricht in der christlichen Religion. Institutio Christianae Religionis, hg. von O. Weber, Bd. 2, Moers 1937, 534.

83 Immerhin kann sich Calvin hier auf neutestamentliche Schriftstellen berufen, unter anderem auf die kreuzestheologische Rede des Paulus von den Verlorenen 1. Kor 1,18; vgl. auch 2. Kor 4,3.

84 Vgl. Institutio, Bd. 2, a.a.O. 553.

85 Calvin: Institutio, Bd. 2, 552. Im Hintergrund steht Röm 9,22f.

86 Calvin fragt in anderem Zusammenhang doch nach einem vernünftigen Grund, den Gott bei seiner Erwählung von Sündern gehabt haben muss, und er kommt darauf, dass es sich ja doch um seine *Kreaturen* handele (vgl. Calvin: Unterricht in der christlichen Religion. Institutio Christianae Religionis, hg. von O. Weber, Bd. 1, Moers 1936, 565). Dieses Argument müsste freilich auch für die Verworfenen gelten!

87 Nach Institutio, Bd. 2, 542, gibt es in Gott „für die Verwerfung anderer keine andere Ursache als seinen *Willen*".

88 Vgl. Calvin: Institutio, Bd. 2, a.a.O. 555f.

89 Vgl. Institutio, Bd. 1, a.a.O. 399: Christus ist der beste Ausleger des Gesetzes!

90 Vgl. exegetisch Joachim Kügler: Der andere König. Religionsgeschichtliche Perspektiven auf die Christologie des Johannesevangeliums, Stuttgart 1999.

91 Hauschild, Bd. II, a.a.O. 365. Nächstes Zitat ebd.

92 Wie anders sah das doch der Lutheraner Wilhelm Löhe im 19. Jahrhundert: „Daher

ist es auch ganz recht, daß man die sichtbare Kirche ‚heilig' nennt; denn nicht nur sind alle Heiligen in ihr, wie oft eine Blume auf unwürdigem Boden blüht, sondern im Gegenteil, die sichtbare Kirche ist der Garten alles Guten trotz der Mühe und des Kummers, welche man mit ihrem Unkraut hat. Alle Wurzeln des ewigen Lebens, alle Anfänge himmlischer Zustände, aller Same ewiger Blumen und Früchte sind in ihr. Gleichwie mit den Leibern die Seelen entstehen, so entsteht immer zugleich Unsichtbares und Sichtbares der Kirche; und wie mit den Leibern die Seelen wachsen und gedeihen, so gedeiht zugleich mit der sichtbaren die unsichtbare Kirche und umgekehrt – und es besteht zwischen beiden eine von Gott gewollte, ewige Wechselwirkung" (Kirche, a.a.O. 117).

93 „Gott ist für *Calvin* vor allem imperativer Gesetzgeber, Souverän und Herr; sein Wille bestimmt schlechthin alles" (Ohlig, a.a.O. 455).

94 Vgl. Calvin: Institutio, Bd. 1, a.a.O. 320ff.

95 „Der stärkste Unterschied zu Luther resultiert daraus, daß Calvin die politische Konfrontation von verurteilendem Gesetz und freisprechendem Evangelium übergriffen sein läßt von der Einheit des Gottesbundes; hierin folgt er stärker Zwingli" (Peters: Gesetz, 99).

96 Ratschow interpretiert die Sichtweise Calvins: „Der Mensch braucht die Botschaft vom Sohn und von Christi Sühne, damit er sich die Rede von Gott überhaupt zu Herzen nimmt" (Jesus Christus, a.a.O. 51).

97 Vgl. Calvin: Institutio, Bd. 1, 384ff. Zum Begriff vgl. Walter Sparn/Werner Thiede: Art. Wiedergeburt, in: Enzyklopädie der Neuzeit, Bd. 14, Stuttgart/Weimar 2011, 1073–1076.

98 Die Entsprechung des menschlichen Gehorsams zu Gottes Gerechtigkeit ist der Zweck der Wiedergeburt. Vollkommenheit ist unmöglich, deshalb wird die Liebe zur Gerechtigkeit gemäß dem göttlichen Gesetz als Motiv angestrebt.

99 Vgl. Ohlig, a.a.O. 458 und 465.

100 Vgl. Calvin: Institutio, Bd. 2, 318; vgl. 309ff.

101 Calvin: Institutio, Bd. 1, 387.

102 Vgl. Institutio, Bd. 2, 315f.

103 Institutio, Bd. 2, 33. Calvin definiert den Glauben wesensmäßig als „die feste und gewisse Erkenntnis des göttlichen Wohlwollens gegen uns, die sich auf die Wahrheit der in Christus uns dargebotenen Gnadenverheißung stützt […]" (19). In gewissem Widerspruch gegenüber solcher Forderung lehrt er im selben Zusammenhang: „Der Glaube mag in der Erwählung noch so gering, noch so schwach sein, so kann doch sein eingegrabenes Zeugnis nie mehr aus ihrem Herzen herausgerissen werden […]" (26). Es gehe bei alledem „nicht um eine Gewißheit, die kein Zweifel mehr berührte", sondern nur darum, dass der Abfall ausgeschlossen sei (34).

104 Institutio, Bd. 2, 21.

105 Institutio, Bd. 2, 49.

106 Vgl. Institutio, Bd. 2, 328.

107 Institutio, Bd. 2, 24. Mitunter „täuschen sie sich mit falscher Meinung selber" (27) – jedoch die Gläubigen „wissen: wir sind keineswegs einer Täuschung verfallen!" (37). Wer soll da innere Sicherheit gewinnen?

108 Institutio, Bd. 2, 25.

109 „Nein, alle Kämpfe, die ihn plagen und ermüden, müssen doch vielmehr schließlich in zuversichtliche Gewißheit auslaufen" (a.a.O. 39).

110 Institutio, Bd. 2, 45.

111 Institutio, Bd. 2, 66f.

112 Institutio, Bd. 2, 28. Später sieht Calvin es sogar beim gläubigen Menschen kommen, dass „sein Licht in der dichten Finsternis der Anfechtungen erstickt“ (45)!
113 Vgl. näherhin Ernst Koch: Das konfessionelle Zeitalter. Katholizismus, Luthertum, Calvinismus (1563–1675), Leipzig 2000.
114 Friedrich Heyer: Konfessionskunde, Berlin/New York 1977, 656. „Im deutschen evangelischen Kirchenkampf 1933–45 traten diese Unterschiede wieder zutage: die reformierten Gemeinden erwiesen sich als widerstandsfähiger“ (ebd.).
115 Calvin: Institutio, Bd. 3, Moers 1938, 16.
116 Verfasst haben ihn Zacharias Ursinus (1534–1583) und Caspar Olevianus (1536–1587). Vgl. näherhin Walter Hollweg: Neue Untersuchungen zur Geschichte und Lehre des Heidelberger Katechismus, Neukirchen 1961.
117 Vgl. insgesamt die „Bekenntnisschriften und Kirchenordnungen der nach Gottes Wort reformierten Kirche“, hg. von W. Niesel, Zürich o. J.; G. Plasger/M. Freudenberg (Hg.): Reformierte Bekenntnisschriften. Eine Auswahl von den Anfängen bis zur Gegenwart, Göttingen 2004; Jan Rohls: Theologie reformierter Bekenntnisschriften. Von Zürich bis Barmen, Göttingen 1987; Margit Ernst-Habib: Reformierte Identität weltweit. Eine Interpretation neuerer Bekenntnisse aus der reformierten Tradition, Göttingen 2017.

V Wohin driftet das ordinierte Amt?

1 Werner Führer: Reformation ist Umkehr, Göttingen 2016, 91.
2 Reinhard Frieling: Amt, Göttingen 2002, 41.
3 Vgl. z. B. Walter Klaiber: Rechtfertigung und Gemeinde. Eine Untersuchung zum paulinischen Kirchenverständnis, Göttingen 1982, bes. 193; Werner Führer: Das Amt der Kirche, Neuendettelsau 2001, 73f., 461 u. ö.
4 Führer, a.a.O. 270.
5 Wie geschickt und theologisch angemessen die mittelalterliche schwarze Amtstracht mit dem weißen Beffchen wirklich ist, sollte aufs Neue diskutiert werden. Geschichtliche Identität für den Protestantismus ist damit seit zwei Jahrhunderten gegeben, doch handelt es sich zweifelsfrei um ein Adiaphoron, das eigentlich nichts mit Schrift und Bekenntnis zu tun hat. Dass sich in lutherischen Kirchen in letzter Zeit auch die Stola durchsetzt, die in der jeweiligen liturgischen Farbe zusätzlich oder anstelle des Beffchens über dem Talar getragen wird, ist zu begrüßen.
6 Hellmut Lieberg: Amt und Ordination bei Luther und Melanchthon, Göttingen 1962, 24.
7 Lieberg erklärt: „Beiden steht es aus der Schrift fest, daß Gott das Amt in dem Sinne der Bindung der Amtsfunktion an bestimmte Amtspersonen als eine stete Institution in der Kirche angeordnet hat und daß es keineswegs in das Belieben der Kirche gestellt ist, den Dienst am Wort so oder auf eine andere Weise wahrzunehmen. […] Beide sind sich aber auch darin einig, daß die Gemeinde keinen Dominat hat über das Amt“ (a.a.O. 380).
8 Vgl. Wilhelm Brunotte: Das geistliche Amt bei Luther, Berlin 1959, 112f.; Rolf Schäfer: Gotteslehre und kirchliche Praxis, Tübingen 1991, 283. Luther betont: „Die Ämter sind Christi, der sie eingerichtet hat“ (WA 41, 241, 39f.).
9 Vgl. Harald Goertz: Allgemeines Priestertum und ordiniertes Amt bei Luther, Marburg 1997; Gunther Wenz: Kirche. Studium Systematische Theologie, Bd. 3, Göttingen 2005, 76ff.; Volker Leppin: Evangelium der Freiheit und allgemeines Priestertum, in: Materialdienst des Konfessionskundlichen Instituts 6/2007, 103–105; Gunther

Wenz: Der episkopale Dienst in der Kirche, in: Homiletisch-Liturgisches Korrespondenzblatt – Neue Folge 21 (2003/2004), 5–20.

10 Dazu Führer, a.a.O. 108.

11 Vgl. WA 6, 369, 34 und 370, 17.

12 Vgl. WA 6, 370, 25f.

13 Vgl. Brunotte, a.a.O. 66.

14 „Denn ob wir wohl alle gleich Priester sind, so können wir doch nicht alle dienen oder schaffen und predigen" (WA 7, 28, 33f.; vgl. 6, 564, 11f.). Vgl. auch WA 50, 632, 36ff.

15 „Wir Pfarrer müssen wieder unsere apostolische Berufung zum Hirtendienst annehmen", mahnt Wolfgang Hering: Eine „wachsende Kirche" fängt beim Pfarrer an, in: ideaSpektrum 11/2007, 16–18, Zitat 17. Vgl. ders.: Priestertum in der evangelischen Kirche, Neuendettelsau 2009.

16 Vgl. WA 6, 441, 22ff. – eine frühe Äußerung des Reformators!

17 Vgl. Reinhard Slenczka: Kirchliche Entscheidung in theologischer Verantwortung. Grundlagen, Kriterien, Grenzen, Göttingen 1991, 190ff.; Brunotte, a.a.O. 101.

18 Brunotte, a.a.O. 95. Gegenteilige Behauptungen beruhen laut Brunotte auf einem „Fehlschluß" (43). Siehe auch Eilert Herms: Luthers Sakristeigebet. Beobachtungen zur Spiritualität des ordinierten Amtes, in: DtPfrBl 10/2016, 552–560.

19 Führer, a.a.O. 78.

20 Vgl. z. B. Walter Simonis: Glaube und Dogma der Kirche: Lobpreis seiner Herrlichkeit (Eph 1,14). Leitfaden der katholischen Dogmatik nach dem Zweiten Vatikanum, St. Ottilien 1995, 115ff.

21 Vgl. Brunotte, a.a.O. 37, 51, 80 und 88 (unter Verweis auf WA 12, 171, 17ff.).

22 Vgl. auch Gunther Wenz: „Nisi rite vocatus" (CA XIV). Aspekte reformatorischer Lehre vom ordinationsgebundenen Amt, in: K. Huber/A. Vonach (Hg.): Ordination – mehr als eine Beauftragung? Wien/Münster 2010, 245–256.

23 Vgl. Hermann von Lips: Art. Ordination, III. Neues Testament, in: TRE 25 (1995), 340–343, bes. 341; Günter Stemberger: Zur Frage von Ordination und Ämtern im rabbinischen Judentum, in: K. Huber/A. Vonach (Hg.): Ordination, a.a.O. 89–104; Eduard Lohse: Die Ordination im Spätjudentum und im Neuen Testament, in: K. Kertelge (Hg.): Das kirchliche Amt im Neuen Testament, Darmstadt 1977, 501–523.

24 Vgl. von Lips, ebd. 342 (mit Blick auf 2. Tim 2,2); Gunther Wenz: Von Aposteln und apostolischer Nachfolge, in: Una Sancta 62 (2007), 52–72, bes. 64.

25 Vgl. Paul Frederick Bradshaw: Art. Ordination, IV. Kirchengeschichte, in: TRE 25 (1995), 343ff., bes. 345.

26 WA 38, 238, 7f. (1533). Luther versteht die Ordination als „effektive Amtsübertragung und wirksame Einsetzung ins Amt und weiß auch von der Segensbedeutung der Ordination" (Lieberg, a.a.O. 385).

27 Vgl. näherhin Martin Krarup: Ordination in Wittenberg. Die Einsetzung in das kirchliche Amt in Kursachsen zur Zeit der Reformation, Tübingen 2007. Bereits 1525 ordinierte Luther Georg Rörer als Diakonus an der Wittenberger Stadtkirche (vgl. Hans Martin Müller, in: TRE 25 [1995], Art. Ordination IV.3., 349).

28 So Hans Martin Müller: Art. Ordination, V. Dogmatik, in: TRE 25 (1995), 362–365, hier 365.

29 Dieser Aspekt findet sich in der neueren Debatte um Ordination und Amt merkwürdigerweise nicht, dürfte aber ökumenisch sehr chancenreich sein.

30 Vgl. WA 6, 412, 22f.

31 Vgl. Führer, a.a.O. 154. „Mit den Katechismen (1529) hat er [sc. Luther] den Amtsträgern das dafür nötige Rüstzeug an die Hand gegeben" (ebd.).

32 Müller, a.a.O. 352. Die „Verpflichtung des Ordinanden auf die rechte Lehre" (ebd.) bzw. die „Prüfung der Lehre" (353) war stets Bestandteil der Ordination.

33 Leonhard Hutter: Compendium locorum theologicorum (1610), hg. von W. Trillhaas, Berlin 1961, 79.

34 Müller, a.a.O. 354.

35 In London veröffentlichten Marx und Engels das kommunistische Manifest; in Paris kam es zur Februarrevolution und in Berlin zur Märzrevolution.

36 In seinen „Drei Büchern von der Kirche" (1845) hält Wilhelm Löhe zu Beginn des II. Buches ganz unaufgeregt fest, die sichtbare Kirche sei überall dort, wo Gottes Berufung erschalle und es Berufene gebe; eine Amtstheologie entwickelt er hier noch nicht, vielmehr setzt er „das heilige Amt der Hirten" voraus. In „Kirche und Amt" (1851) betont er das mit den Gnadenmitteln göttlich gestiftete Amt, wobei er das Hirtenamt als Lebensamt versteht. Das Wesen der Ordination, die er von allgemeinen Berufungen in der Kirche abhebt, erblickt er nicht in gemeindlichem Tun, sondern in Amtsübergabe, Hirtenvollmacht und Amtsgnade.

37 Johann Wilhelm Friedrich Höfling: Grundsätze evangelisch-lutherischer Kirchenverfassung, Erlangen 1853[3] (dazu bes. Brunotte, a.a.O. 13ff.). Für Höfling basiert das Amt schlicht auf dem allgemeinen Priestertum.

38 Georg Rietschel: Luther und die Ordination, Wittenberg 1883; dazu bes. Joachim Heubach: Die Ordination zum Amt der Kirche, Berlin 1956, 33ff.

39 Vgl. Werner Elert: Morphologie des Luthertums, 2 Bde., München 1931/32, 299ff. Brunotte paraphrasiert: „Das Amt kann somit […] nicht als Emanation aus dem allgemeinen Priestertum verstanden werden; es stellt sich vielmehr dar als Korrelat der Gemeinde (= Kirche)" (a.a.O. 22). Siehe auch Heubach, a.a.O. 46ff.

40 Vgl. Martin Doerne: Lutherisches Pfarramt, in: Theologia militans 10, Leipzig 1937, 5ff., bes. 11.

41 Vgl. Ernst Wolf: Zur Verwaltung der Sakramente nach Luther und lutherischer Lehre (1938), in: Peregrinatio, München 1954, 243–256, bes. 243.

42 Vgl. Peter Brunner: Vom Amt des Bischofs, in: SchrThK 9, Berlin 1955, 5ff., bes. 8f. und 14. Laut Brunner ruht das der Kirche als Ganzer eingestiftete Amt freilich dem allgemeinen Priestertum auf (11).

43 Vgl. Reinhold Seeberg: Lehrbuch der Dogmengeschichte, Bd. IV/1, Leipzig 1933[4], 360ff.

44 Vgl. Paul Althaus: Grundriß der Dogmatik, Erlangen 1936[2], 2. Teil, 137ff.; ders.: Die christliche Wahrheit. Lehrbuch der Dogmatik, Gütersloh 1948, Bd. 2, 294ff. Nach Althaus ist es die Gemeinde, die in das von Jesus gegebene Amt beruft (Wahrheit, 299); das Wesen der Ordination besteht in dieser Vokation (vgl. Heubach, a.a.O. 44ff.).

45 Vgl. Wolfgang Trillhaas: Der Dienst der Kirche am Menschen. Pastoraltheologie, München 1950, bes. 38ff. Indem Trillhaas die Geltung der Ordination nicht an die Dauer der offiziellen Berufstätigkeit, sondern an die des kräftemäßigen Zur-Verfügung-Stehens bindet (41), verkennt er die ganzheitliche Intention der seit der Reformation lebenslänglichen Geltung der Ordination.

46 „Ordnungsgemäß berufen". Eine Empfehlung der Bischofskonferenz der VELKD zur Berufung zu Wortverkündigung und Sakramentsverwaltung nach evangelischem Verständnis, Hannover 2006, bes. 5 (dort alle folgenden Zitate).

47 Dem korreliert der Befund, dass die Zahl der unentgeltlich tätigen Mitarbeiter(innen) in der EKD während der letzten zehn Jahre kontinuierlich gestiegen ist (vgl. die „Sta-

tistik über die Äußerungen des kirchlichen Lebens in der EKD in den Jahren 1980 bis 2005“ vom November 2006, 24).

48 Vgl. Emile J. De Smedt: Vom allgemeinen Priestertum der Gläubigen, München 1962.

49 D. h. auch kirchenrechtlich; das *rite* schließt laut Apologie der Confessio Augustana das „kanonische“ Verständnis der Ordination ein (vgl. BSLK, 296).

50 Heubach, a.a.O. 10 (kursiv im Original).

51 Vgl. etwa die Bedenken bei Reiner Knieling: Amtsverständnis und Verlustängste. Ein Beitrag zu den Unterströmungen der Ordinationsdebatte, in: DtPfrBl 1/2007, 6–8.

52 G. Kittel/E. Mechels (Hg.): Kirche der Reformation? Erfahrungen mit dem Reformprozess und die Notwendigkeit der Umkehr, Göttingen 2016, 361.

53 Vgl. Florian Ihsen: Ökumenische Brücken niedergerissen?! Zur Problematik der Empfehlung der Bischöfe der VELKD zu Allgemeinem Priestertum, Ordination und Beauftragung, in: DtPfrBl 106 (2006), 405–408.

54 Als Leitender Bischof der VELKD hat Hans Christian Knuth die Ansicht vertreten, das Ordinationspapier belaste den ökumenischen Dialog nicht, denn dieser sei auf Klarheit und Offenheit angewiesen (Pressemitteilung vom 14.1.2005). Vgl. auch Martin Schuck: Ordnungsgemäß berufen. Ein Rückblick auf die Debatte zum Ordinationsverständnis, in: DtPfrBl 107 (2007), 190f., bes. 190.

55 Zur katholischen Perspektive vgl. Gisbert Greshake: Priester sein in dieser Zeit, Würzburg 2008; Wilhelm Rees: Ordination in der römisch-katholischen Kirche, in: K. Huber/A. Vonach (Hg.): Ordination, a.a.O. 145–181.

56 Schlink: Bekenntnisschriften, a.a.O. 329–331.

57 So die sachlich korrekte Stiftungstheorie (vgl. Reinhard Brandt: Art. Ordination. IV. Dogmatisch, in: RGG[4], Bd. 6 [2003], 622–625, hier 62/2).

58 Führer, a.a.O. 115.

59 Die Problematik wird zuletzt gut herausgearbeitet von Silvia Hell: Ordination – mehr als eine Beauftragung? Anfragen an die evangelisch-lutherische Theologie, in: K. Huber/A. Vonach (Hg.): Ordination, a.a.O. 257–270.

60 Vgl. Ihsen, a.a.O. 408: „Dem ordinierten Leitungsdienst kommt also durch die in der Ordination ergangene gesamtkirchliche Berufung zum Dienst an den Zeit und Raum überschreitenden Heilsgaben Christi eine Dimension zu, die sich mit Beschränkungen ‚pro tempore et loco‘ schwer vereinbaren lässt.“

61 Bedenkenswert ist hier das sogenannte „Freiwilligenmanagement“, das den Weg von der Betreuungskirche zur Beteiligungskirche ebnen helfen könnte; dazu Barbara Hanusa: Perspektivwechsel, in: Kirche in Bewegung (Gemeindekolleg der VELKD in Celle), November 2006, 10–15.

62 So Dorothea Greiner laut einem Bericht von Jürgen Wandel: Behutsam oder radikal? Wie sich deutsche Protestanten die Reform ihrer Kirche vorstellen, in: zeitzeichen 2/2007, 15–16, hier 16.

63 Brandt, a.a.O. 624.

64 Schließlich ist „die ökumenische Herausforderung gewichtig“, zumal gilt: „Die ökumenische Anerkennung ordinierter Ämter wird zur praktischen Frage“ (Bruno Bürki: Art. Ordination. VI. Praktisch-theologisch, in: RGG[4], Bd. 6 [2003], 627f., hier 627).

65 Dorothea Wendebourg: Probe aufs Exempel. „Ordnungsgemäß berufen“ – Zum neuen Amtspapier der lutherischen Bischöfe, in: zeitzeichen 8 (2007), 50–52, hier 52.

66 Vgl. Irene Mildenberger/Wolfgang Ratzmann (Hg.): Ordinationsverständnis und Ordinationsliturgien. Ökumenische Einblicke, Leipzig 2007.

67 Vgl. Heinz Schütte: Amt, Ordination und Sukzession im Verständnis evangelischer

und katholischer Exegeten und Dogmatiker der Gegenwart sowie in Dokumenten ökumenischer Gespräche, Düsseldorf 1974; Hans-Martin Barth: Begegnung wagen – Gemeinschaft suchen, Göttingen 2000, 9–20. Barths Hinweis, eine ökumenische Hoffnung liege darin, dass das allgemeine Priestertum künftig stärker profiliert werde (19), greift insofern zu kurz, als er nicht berücksichtigt, dass ja das allgemeine Priestertum nach protestantischem Verständnis als das einzig gültige strukturell wiederum von der Alleingeltung des Hohepriesters Christus im Himmel (vgl. Hebr 7,25) und dessen *ultimater* Heilsvermittlung abhängt, die einer ontologisch verstandenen Ämterhierarchie entgegensteht.

68 Beim Messopfer geht es nicht nur um ein Handeln Christi, sondern ausdrücklich auch um ein „Tun der Kirche", die sich hierbei als Leib Christi selbst versteht (Neuner-Roos Nr. 624). Vgl. Wolfhart Schlichting: Messopfer – Nacherleben der Kreuzigung Jesu oder Abgötterei?, in: CA I/2015, 76–79.

69 Walter Kasper: Das Zweite Vatikanum weiterdenken. Die apostolische Sukzession im Bischofsamt als ökumenisches Problem, in: Kerygma und Dogma 44 (1998), 207–218, hier 210. Vgl. aber auch Annemarie Mayer: Die Sprache der Einheit im Epheserbrief und in der Ökumene, Tübingen 2002.

70 Vgl. Eva-Maria Faber: Einführung in die katholische Sakramentenlehre, Darmstadt 2002, 150ff. Ferner Karl Rahner: Vom Sinn des kirchlichen Amtes, Freiburg i. Br. 1966; dezidiert wird hier „das geschichtliche Erscheinen der Selbstmitteilung Gottes im autoritativen Wort des Amtes der Kirche" behauptet (24).

71 Man bedenke anbei, dass immerhin rund ein Drittel aller Mitgliedskirchen des Lutherischen Weltbundes Frauen nicht zum geistlichen Amt zulässt. Zum Thema Frauenordination siehe den Bericht „LWB ‚tief betrübt' über die lettische Entscheidung gegen die Frauenordination", in: Lutherischer Dienst 3/2016, 11f. Der lettischen Kirche wurde zur Strafe für ihren Entscheid von der deutschen Nordkirche die Hoheit über Hilfsgelder entzogen (Meldung und Kommentar hierzu in: ideaSpektrum 49/2016, 12).

72 Vgl. z. B. Eugen Drewermann: Kleriker. Psychogramm eines Ideals (1989), München 1992[4]; Heinz-Jürgen Vogels: Allein gegen den Vatikan. Ein Priester kämpft um sein Recht auf Ehe, Wien 2001; Paul M. Zulehner: Priester im Modernisierungsstress. Forschungsbericht der Studie Priester 2000, Ostfildern 2002.

73 Vgl. Adrianus Cardinal Simonis: Der Bischof als Hirte, in: E. Kleindienst/ G. Schmuttermayr (Hg.): Kirche im Kommen. FS für Bischof Josef Stimpfle, Frankfurt a.M./Berlin 1991, 433–472; Kurt Krenn: „Wer sie hört, hört Christus, und wer sie verachtet, verachtet Christus und ihn, der Christus gesandt hat." Gedanken zu Weihe und Amt des Bischofs, ebd. 531–552; Reinhard Frieling: Bischofsamt: „esse" oder „bene esse"?, in: Materialdienst des Konfessionskundlichen Instituts 1/2003, 7–11.

74 Katechismus der Katholischen Kirche, a.a.O. Nr. 893.

75 Über extreme Konsequenzen dieser Verflechtung zum Nachteil der Bischöfe informieren Natalie Fryde/Dirk Reitz (Hg.): Bischofsmord im Mittelalter, Würzburg 2003.

76 Das Papstamt selbst wird nicht ausdrücklich als Sakrament angesehen; auch ist die Inthronisation des Papstes keine Weihe. Vgl. näherhin Werner Thiede: Von Petrus zu Benedikt XVI. Das Papsttum in seiner geschichtlichen Entwicklung und theologischen Problematik, in: ders. (Hg.): Der Papst aus Bayern. Protestantische Wahrnehmungen, Leipzig 2010, 11–32.

77 Vgl. Georg Bier: Die Rechtsstellung des Diözesanbischofs nach dem Codex Iuris Canonici von 1983, Würzburg 2001.

78 Zum politischen Gewicht der Bischöfe hierzulande siehe Thomas M. Gauly: Katholi-

ken. Welchen Einfluss haben die deutschen Bischöfe auf Politik und Medien? Analyse des Machtanspruchs und Machtverlustes der Katholischen Kirche, Bonn 1999.

79 Vgl. Karl Braun: Spiritualität des Priesters und Identifikation mit der Kirche, in: E. Kleindienst/G. Schmuttermayr (Hg.): Kirche im Kommen, a.a.O. 473–496; Leo Scheffczyk: In persona Christi. Zur Theologie und Spiritualität des Priestertums, ebd. 497–516; P. Klasvogt/K. Koch (Hg.): Priester – Visionär und Realist. Zur prophetischen Dimension des geistlichen Amtes, Paderborn 2001.

80 Katechismus der Katholischen Kirche, a.a.O. Nr. 1120.

81 So die Kirchenkonstitution des II. Vaticanums Nr. 10.

82 Vgl. Karl Rahner: Art. Priester. IV. Dogmatisch, in: Lexikon für Theologie und Kirche (2. Aufl.), Bd. 8, Freiburg i. Br. 1963, 744–746, hier 746.

83 Dazu Angelika Fromm: Diakonat der Frau in der römisch-katholischen Kirche – Entwicklungen und Hoffnungen, in: Materialdienst des Konfessionskundlichen Instituts 5/2003, 96f.

84 Vgl. neben W. Führer (a.a.O. 2001) Reinhard Slenczka: Entscheidung, a.a.O. 190ff.

85 Vgl. WA 30 II, 340ff.

86 Horst Georg Pöhlmann: Papst und Kirchenstruktur in den lutherischen Bekenntnisschriften, in: H. Schütte (Hg.): Im Dienst der einen Kirche, Paderborn/Frankfurt 2000, 71–91, hier 84; vgl. 87.

87 Vgl. Kasper: Vatikanum, a.a.O. 212.

88 Kasper, a.a.O. 216. Das Ökumenismusdekret Nr. 22 meine keinen prinzipiellen soteriologischen Mangel, sondern nur einen „ekklesialen" Mangel, betont Hans Jorissen: Erwägungen zur Struktur des geistlichen Amtes und zur apostolischen Sukzession in ökumenischer Perspektive, in: Concilium 32 (1996), 446.

89 Vgl. aber Centre d'Études Oecuméniques/Institut für Ökumenische Forschung/Konfessionskundliches Institut (Hg.): Abendmahlsgemeinschaft ist möglich. Thesen zur Eucharistischen Gastfreundschaft, Frankfurt/M. 2003.

90 Siehe Amtsblatt des Apostolischen Stuhls (AAS) 59/1967, 498.

91 Vgl. *Ut unum sint*, Ziff. 154. Dazu Regina Radlbeck-Ossmann: Vom Papstamt zum Petrusdienst. Zur Neufassung eines ursprungstreuen und zukunftsfähigen Dienstes an der Einheit der Kirche, Paderborn 2005.

92 Vgl. dazu z. B. Wolfhart Pannenberg: Evangelische Überlegungen zum Petrusdienst des römischen Bischofs, in: H. Schütte (Hg.): Im Dienst der einen Kirche, Paderborn/Frankfurt/M. 2000, 173–187; Martin Schuck: Kann der Papst evangelisch werden? Der „Petrusdienst" als Dienst an der Einheit der Kirche, in: zeitzeichen 12/2000, 56–58; Walter Schöpsdau: Eine in jeder Hinsicht offene Frage. Der Papst als Sprecher der Christenheit?, in: Materialdienst des Konfessionskundlichen Instituts 3/2001, 41f.

93 Vgl. z. B. Heinz Schütte: Das Papstamt in ökumenischer Perspektive, in: ders. (Hg.): Dienst, a.a.O. 219–227, hier 223.

94 Nicht von ungefähr beeilte sich die Studie „Communio Sanctorum" einzuräumen, es könne durchaus offenbleiben, „ob der historische Jesus ein Petrusamt gestiftet hat, wann und wie ein solches Amt ausgebildet worden ist und wie die Funktionen dieses Amtes dem Bischof von Rom zugekommen sind" (a.a.O. 197).

95 Communio Sanctorum, a.a.O., 199f. Wegen der Notwendigkeit der Einheit der Kirche sei letztlich auch der Einheitsdienst des Papstes notwendig – und zwar im Sinne eines *ius divinum* und nicht bloß *humanum*, argumentiert Peter Neuner: Ökumenische Theologie. Die Suche nach der Einheit der christlichen Kirchen, Darmstadt 1997, 242. Hans Küng indessen seufzt: „Protestloser Protestantismus posiert gerne mit dem Pontifex zum – photografieren […]" (Aufbruch, a.a.O. 65).

96 Communio Sanctorum, a.a.O. 195 und 189.
97 Das Unrealistische dieser Erwartung kommt in der ökumenischen Diskussion nicht hinreichend zur Geltung: Es ist eben bei genauem Studium der Sachlage keineswegs eine offene Frage, ob die römisch-katholische Kirche bereit sei, „die Anerkennung des jurisdiktionellen und lehramtlichen Primats des Bischofs von Rom als Bedingung für die Möglichkeit gegenseitiger Anerkennung" aufzugeben (gegen Reinhard Hütter: Ökumene und Einheit der Christen – abstrakte Wiedervereinigung oder gelebte Einmütigkeit?, in: Kerygma und Dogma 44 [1998], 193–206, bes. 202).
98 Vgl. z. B. Communio Sanctorum, a.a.O. 198.
99 Vgl. Katechismus der Katholischen Kirche, a.a.O. 262 (Nr. 890f.) und 524 (Nr. 2035). Siehe auch Hermann Josef Pottmeyer: Unfehlbarkeit, Freiburg i. Br. 1984.
100 Vgl. Ulrich Kühn: Gesamtkirchlicher Petrusdienst? Evangelische Erwartungen, in: H. Schütte (Hg.): Im Dienst der einen Kirche, Paderborn/Frankfurt 2000, 159–171, hier 168.
101 „Die am 3. September 2000 sinnfällig zum Ausdruck gebrachte Zuordnung von Vaticanum II und Vaticanum I engt gerade für die Unfehlbarkeitslehre die Spielräume für eine (womöglich sogar den Partnern in der Ökumene vermittelbare) ‚relecture' ein, ja, sie legitimiert die durch neuere lehramtliche Äußerungen betriebene offene oder verdeckte Ausweitung des päpstlichen Unfehlbarkeitsanspruches" (Heiko Frank: Mit Sicherheit selig? Theologische Überlegungen anläßlich der Seligsprechung Pius' IX., in: DtPfrBl 101 [2001], 511–514, hier 511).
102 Pannenberg: Überlegungen, a.a.O. 186f.
103 Vgl. z. B. Johannes Friedrich: Einen Stein ins Wasser geworfen, in: Korrespondenzblatt 5/2001, 74.

VI Kirchenleitung an Bord: Visitation oder Inspektion?

1 Pannenberg: Angst um die Kirche, a.a.O. 40.
2 Die meisten neueren Studien zum Thema sind eher praktisch-theologischer oder kirchenrechtlicher Art; vgl. etwa Friedrich Krause: Begegnungsfeld Visitation, Leipzig 2003; ferner Jan Hermelink: Kirchliche Organisation und das Jenseits des Glaubens. Eine praktisch-theologische Theorie der evangelischen Kirche, Gütersloh 2011, bes. 294f.
3 Vgl. Ritter: Luther, a.a.O. 199ff.
4 Christian Peters: Art. Visitation I. Kirchengeschichtlich, in: TRE 35 (2003), 151–163, hier 153.
5 Schilderung bei Helmar Junghans: Die Reformation in Augenzeugenberichten, Düsseldorf 1967², 366ff. Über einen Pfarrer aus Teutleben beispielsweise heißt es kurz und bündig: „Er ist ehelich geworden. Die Lebensweise ist zu leiden, aber die Lehre ist zwar aus dem Evangelium, aber nicht allzu köstlich" (368).
6 Seit dem späten 15. Jahrhundert hatten auf Grund des Verfalls kaiserlicher Macht sowie eines Sittenverfalls in Teilen der Kirche manche Landesfürsten schon vor der Reformation Einfluss auf solche Gebiete der Gesetzgebung genommen, die nach damaliger Rechtsauffassung eher dem kirchlichen Bereich angehört hätten – wie etwa Dienstaufsicht über die Priester, Armenfürsorge und Eherecht.
7 Luther spricht noch 1539 vom Landesherrn als „Notbischof" (z. B. WA 53, 255, 5; 256, 3) im nur vorläufigen Sinn (254, 8ff.).

8 Exemplarisch der Text der Visitationsinstruktion von Weida bei Junghans, a.a.O. 373. Punkt 8 etwa lautet: „Das Evangelium soll hell und klar gepredigt werden."
9 Hier ist vor allem an Melanchthons *Articuli de quibus egerunt per Visitatores in regione Saxoniae* (1527) zu denken.
10 Siehe (auch zum Folgenden) Carl August Hugo Burkhardt: Geschichte der sächsischen Kirchen- und Schulvisitationen von 1524 bis 1545, Leipzig 1879; Heinrich Nebelsieck: Die erste ordentliche Kirchenvisitation in den zur heutigen Provinz Sachsen gehörigen Aemter des alten sächsischen Kurkreises (1528–1531), Liebenwerda 1917; E. Sehling (Hg.): Die evangelischen Kirchenordnungen des XVI. Jahrhunderts. Erste Abtheilung: Sachsen und Thüringen nebst angrenzenden Gebieten. Erste Hälfte: Die Ordnung Luthers. Die ernestinischen und albertinischen Gebiete, Leipzig 1902.
11 Vgl. WA 26, 195–201. Im Folgenden wird dieser Text zitiert nach K. Bornkamm/G. Ebeling (Hg.): Martin Luther: Ausgewählte Schriften, Frankfurt/M. 1982, Bd. 5, 84ff. Tiefe historische Einblicke vermittelt der Band von J. Bauer/St. Michel (Hg.): Der „Unterricht der Visitatoren" und die Durchsetzung der Reformation in Kursachsen, Leipzig 2017.
12 Zu Ansätzen einer paulinischen Visitation siehe bes. Ulrich Heckel: Gemeinde, Amt, Visitation. Bei Paulus und in der heutigen Praxis, in: DtPfrBl (1997), 439–445.
13 Vgl. Bernhard Lang: George Orwell im gelobten Land, in: E. W. Zeeden/P. Th. Lang (Hg.): Kirche und Visitation. Beiträge zur Erforschung des frühneuzeitlichen Visitationswesens in Europa, Stuttgart 1984, 21–35, bes. 32ff.
14 Zur Visitation im Mittelalter siehe Chr. Peters, a.a.O. 151–153.
15 Holl, a.a.O. 369.
16 Einen Überblick gibt z. B. Martin Honecker: Visitation, in: Zeitschrift für evangelisches Kirchenrecht 17 (1972), 337–358.
17 Zur Geschichte des Sektenwesens und Häresiebegriffs siehe meine Studie: Häresie – Sektierertum – Sekte, in: A. Lexutt/V. von Bülow (Hg.): Kaum zu glauben. Von der Häresie und dem Umgang mit ihr. Festschrift für Heiner Faulenbach zum 60. Geburtstag, Rheinbach 1998, 283–313. Dietrich Bonhoeffer hat unterstrichen, der Verlust des Häresiebegriffs „bedeutet schwere Einbuße an konfessioneller Substanz" (Gesammelte Schriften, Bd. 1: Ökumene, München 1958, 180).
18 Vgl. Holl, a.a.O. 374.
19 Vgl. näherhin Holl, a.a.O. 366ff., bes. 372ff: „Aber ein anderer Geist waltet nun in der *kurfürstlichen Instruktion* vom Jahr 1527. Hier tritt der Kurfürst als derjenige auf, der *kraft seiner Befugnis als Landesherr* die Visitation anordnet und durchführt. Die Visitatoren, die geistlichen wie die weltlichen, haben ‚Gewalt und Befehl' von ihm. Sie sind seine Beamte. […] Auch da, wo sie geistlich eingreifen, handeln die Visitatoren im Dienste des Kurfürsten. Für eine Befugnis, die ihnen die Kirche geben könnte, bleibt hier ebenso wenig ein Raum wie in Luthers Vorrede für ein geistliches Regiment des Kurfürsten" (372, 374).
20 Holl, a.a.O. 369.
21 Luther konnte um der Eintracht und Liebe willen sogar formulieren: „Wo sich's begibt, dass in einer Pfarrei, Stadt oder Herrschaft die Papisten und Lutherischen (wie man sie nennt) gegen einander schreien und widereinander predigen über etliche Artikel, da beide teils die Schrift für sich haben wollen, wollte ich dennoch solchen Zwiespalt nicht gern leiden. Und meine Lutherischen sollten auch selber gern abtreten und schweigen, wo sie merkten, dass man sie nicht gern hört" (WA 31/1, 209, 15).
22 Vgl. Friedrich Krause: Visitation als Chance für den Gemeindeaufbau, Göttingen 1991, 21.

23 Siehe WA 22, 194.
24 Diem, a.a.O. 207.
25 Diem, a.a.O. 208.
26 WA TR 6, 344, Nr. 7024–29 (zitiert nach Diem, a.a.O. 209). Vgl. auch WA Tischreden 6, 329 (Nr. 7024), sowie 335 (Nr. 7025).
27 Diem, a.a.O. 210.
28 Diem, a.a.O. 211.
29 Den ernestinischen Visitationsakten von 1528/29 bereits ist zu entnehmen, dass man sich besonders für den Bildungsstand der Pfarrer interessierte.
30 Laut Holl (a.a.O. 378) hat sich Luther lebhaft darüber gefreut, wenn irgendwo in den Gemeinden ein geistlicher Versuch gemacht wurde, den kirchlichen Bann einzuführen.
31 Holl, a.a.O. 379.
32 Vgl. Holl, a.a.O. 330, 374 und 379; ferner Diem, a.a.O. 219.
33 So Melanchthon in seiner *Apologie* der Confessio Augustana (BSLK, 165).
34 Vgl. BSLK, 169. Wolf-Dieter Hauschild erklärt: „Die im Glauben angeeignete Sündenvergebung bewirkt durch den Heiligen Geist eine Existenzveränderung, weil die Gerechterklärung in der Gewißheit der Versöhnung mit Gott das menschliche Herz unter der weitergehenden Einwirkung des Heiligen Geistes verändert und in eine tatsächliche Gerechtmachung durch den neuen Gehorsam, die Erfüllung des Gotteswillens, einmündet" (a.a.O. 321).
35 Vgl. A. Peters: Gesetz, a.a.O. 78.
36 A. Peters urteilt: Bei Melanchthon „droht sich das Gesetz zu einer ehernen göttlichen Richtschnur, die vom Urbeginn an bis zum Weltende über allen vernunftbegabten Geschöpfen aufgerichtet ist, zu verfestigen. [...] Die zunehmende Orientierung des dritten Gebrauchs an einer *ewigen Norm* läßt die Christusnachfolge nicht recht zum Tragen kommen" (Gesetz, a.a.O. 72 und 80).
37 Vgl. Wolfgang Behnk: Contra Liberum Arbitrium – Pro Gratia Dei. Willenslehre und Christuszeugnis bei Luther und ihre Interpretation durch die neuere Lutherforschung, Frankfurt/Bern 1982.
38 Vgl. Wolfgang Matz: Der befreite Mensch. Die Willenslehre in der Theologie Philipp Melanchthons, Göttingen 2001. Drei Ursachen wirken nach Melanchthon zu einer guten Tat zusammen: 1. Gottes Wort, 2. der Heilige Geist und 3. der menschliche Wille, der dem Wort beipflichtet, sich der Gnade angleicht und den Sünden gegen das Gewissen ständig widersteht.
39 Nachzulesen in der *Confessio Augustana variata* von 1540 (Art. 6). Im selben Jahr begründeten die *Preußischen Artikel* die Notwendigkeit der von ihnen vorgesehenen jährlichen Visitation mit dem Hinweis, dass „christliche Ordnung sowohl von Pfarrern als Pfarrkindern, ohne Aufsehen nicht wohl erhalten werden" könne (zitiert nach Chr. Peters, a.a.O. 156).
40 Vgl. seinen Kommentar zum Kolosserbrief: Col XXXVII B (1545).
41 Vgl. Melanchthon deutsch II, a.a.O. 73–75.
42 S. o. IV.2.
43 So Ernst Troeltsch: Vernunft und Offenbarung bei Johann Gerhard und Melanchthon. Untersuchung zur Geschichte der altprotestantischen Theologie, Göttingen 1891, 163.
44 Melanchthon deutsch I, 265.
45 Melanchthon deutsch I, a.a.O. 286; vgl. 305.

46 Holl unterstreicht: Das Konsistorium übernimmt „einfach das Kirchenregiment der Bischöfe in dessen ganzem Umfang" (a.a.O. 211).
47 Melanchthon deutsch II, 157.
48 Melanchthon deutsch II, 39.
49 Unterricht der Visitation, an die Pfarhern im Kurfürstenthum zu Sachsen. Korrigierte Neuauflage Jena 1554, erster Absatz im Kapitel „Von verorderung des Superattendenten".
50 So (exemplarisch) die Evangelische Kirche von Hessen und Nassau (http://www.ekhn.de/ueber-uns/aufbau-der-landeskirche/einrichtungen-von-a-z/visitation.html – Zugriff 2.5.2016).
51 Lohse, a.a.O. 296. Zur reformatorischen Unterscheidung von wahrer und falscher Kirche und den *nota ecclesiae* siehe ebd. 299ff.
52 Vgl. Haustein: Melanchthon und die katholische Kirche, a.a.O. 92f. Melanchthon sollte als Vertreter Kursachsens nach Trient geschickt werden.
53 Vgl. Dorothea Sattler: Melanchthon und die Ökumene, in: Evangelisches Predigerseminar Lutherstadt Wittenberg/H. Kasparick (Hg.): Philipp Melanchthon. Lebenskreise eines Reformators, Wittenberg 2010, 102–120, hier 111.
54 Chr. Peters, a.a.O. 153.
55 Zitiert nach Willi Wagner: Die Durchführung der Reformation in den sponheimischen und pfälzischen Gebieten an der Nahe, der Mosel und auf dem Hunsrück, in: G. Schellack/W. Wagner (Hg.): Festschrift zum 425-jährigen Reformationsjubiläum 1557–1982 (Mosel-Hunsrück-Nahe), Simmern 1982, 11–25, hier 14 (vom Vf. in heutiges Deutsch transformiert). Vgl. ferner Werner Freitag: Die Reformation in Westfalen, Münster 2016.
56 Vgl. Friedrich Back: Die evangelische Kirche im Lande zwischen Rhein, Mosel, Nahe und Glan bis zum Beginn des dreißigjährigen Krieges, Bd. II, Bonn 1873, 157.
57 Bernhard Lang, a.a.O. 35. Von daher unterstreicht Lang übrigens vom systematisierten Kontrollaspekt her, dass „auch die Kirche ihren Anteil an Schreckensbildern von ‚Nineteen Eighty-Four' hat" (ebd.).
58 Angelo Turchini: Die Visitation als Mittel zur Regierung des Territoriums, in: P. Prodi/W. Reinhard (Hg.): Das Konzil von Trient und die Moderne, Berlin 2001, 261–298. Siehe auch Cecilia Nubola: Visitationen zwischen Kirchen und Staaten im 16. und 17. Jahrhundert, ebd. 299–324.
59 Ernst Walther Zeeden und Peter Thaddäus Lang: Einführung, in: dies. (Hg.): Kirche und Visitation. Beiträge zur Erforschung des frühneuzeitlichen Visitationswesens in Europa, Stuttgart 1984, 9–20, hier 11.
60 Diem, a.a.O. 234.
61 Zeeden/Lang, a.a.O. 10. Vgl. exemplarisch Julius Müller und Adolf Parisius: Die Abschiede der in den Jahren 1540–1542 in der Altmark gehaltenen ersten General-Kirchen-Visitation mit Berücksichtigung der in den Jahren 1551, 1578–79 und 1600 gehaltenen Visitationen. Im Auftrag des Altmärkischen Geschichtsvereins, Magdeburg/Salzwedel 1889/1929, 2 Bde., Nachdruck Faksimile, Potsdam 2012.
62 Zeeden/Lang, a.a.O. 11.
63 Paul Münch: Kirchenzucht und Nachbarschaft. Zur sozialen Problematik des calvinistischen Seniorats um 1600, in: Kirche und Visitation, a.a.O. 1984, 216–248, bes. 246f. Ritter zufolge entwickelte sich die landesherrliche Bürokratie in der Kirche „zu einer förmlichen ‚Kirchenpolizei'"; doch trug dies mit dazu bei, „die landesherrliche Obrigkeit auch an rein geistliche Entscheidungen zu gewöhnen" (a.a.O. 204 und 206).
64 Chr. Peters betont: „Weit stärker als alle übrigen kirchlichen Quellen haben gerade die

Visitationsakten in den letzten Jahrzehnten das Interesse der historischen Forschung auf sich gezogen. […] Schon vor dem Ersten Weltkrieg gab es in Deutschland eine blühende Visitationsforschung" (a.a.O. 153). Einen neuen Anlauf hat die deutsche Visitationsforschung in den 1960er Jahren genommen, zuvor schon in Frankreich. Allerdings ist das Interesse an einer flächendeckenden Erfassung der Visitationsakten mittlerweile „deutlich zurückgegangen und vielfach sogar ganz erloschen. Dies gilt nicht nur für die deutsche, sondern auch für die internationale Forschung" (154).

65 „Die Durchführung einer Visitation lag überwiegend in der Hand eines kirchlichen Personenkreises. […] In der Praxis lief eine Visitation gewöhnlich in Kooperation von geistlicher Leitung und weltlicher Obrigkeit ab, sehr oft nach vorausgegangener Beratung und Absprache" (Zeeden/Lang, a.a.O. 14).

66 So Zeeden/Lang, a.a.O. 15. Marc Venard gibt freilich zu bedenken: „Die Visitationsakten sagen uns weniger etwas über die Realitäten des religiösen Lebens der Visitierten, sondern mehr über die Neugier, die Geisteshaltungen, ja sogar die Obsessionen der Visitatoren" (Die französischen Visitationsberichte des 16. bis 18. Jahrhunderts, in: Zeeden/Lang [Hg.]: Kirche und Visitation, a.a.O. 36–75, hier 64).

67 Chr. Peters, a.a.O. 156.

68 Vgl. Zeeden/Lang, a.a.O. 11.

69 A.a.O. 12. Nächstes Zitat ebd. 12f.

70 Vgl. Zeeden/Lang, a.a.O. 14.

71 Zeeden/Lang, a.a.O. 13. „Auch innerhalb der Konfessionskirchen verfeinerten sich, analog zur Entwicklung der staatlichen Administration, Verwaltung und Überwachung […]" (ebd.).

72 A.a.O. 16.

73 Vgl. Chr. Peters, a.a.O. 157.

74 Vgl. Krause: Visitation, a.a.O. 22f.

75 Vgl. Krause, a.a.O. 23. Die vom Generalsuperintendenten und Regierungsräten angeordnete Visitation begann mit einer Predigt über deren Segen, auf die hin eine Versammlung zwecks „Inquisition" hinsichtlich Lehre und Bekenntnis einberufen wurde. Die Examinierung richtete sich gegen die, die der reinen Lehre und der Kirchendisziplin heimlich oder öffentlich widersprachen.

76 Zeeden/Lang, a.a.O. 14.

77 Diem, a.a.O. 220.

78 Chr. Peters, a.a.O. 157.

79 Peters, ebd. Das Visitationswesen im Pietismus ist insgesamt noch wenig erforscht.

80 Krause, a.a.O. 23f.

81 Diem, a.a.O. 211.

82 Krause betont: „Die Idee des Kirchenregimentes beschreibt Schleiermacher ausführlich. […] Es geht Schleiermacher vordringlich darum, dass die Verfassung und Ordnung in der Verantwortung der gesamten kirchlichen Gemeinschaft liegen" (a.a.O. 24f.).

83 Vgl. auch Christoph Dinkel: Kirche gestalten. Schleiermachers Theorie des Kirchenregiments, Berlin/New York 1996; Hendrik Munsonius: F. D. E. Schleiermachers Theorie der Kirchenleitung, Herzogenrath 2012. Schleiermachers Lehre von der Kirchenleitung enthalten vor allem seine „Kurze Darstellung des theologischen Studiums zum Behuf einleitender Vorlesungen" (1810/1830) sowie seine posthum veröffentlichten Werke „Die christliche Sitte nach den Grundsätzen der evangelischen Kirche im Zusammenhange dargestellt" und seine „Praktische Theologie nach den Grundsätzen der evangelischen Kirche im Zusammenhange dargestellt".

84 D. Villmar: Über die geeigneten Mittel zur Sicherung ausgiebiger Aufsicht über Amtsführung und Lebenswandel der Geistlichen, in: Allgemeines Kirchenblatt Nr. 13, Stuttgart 1852, 224ff., hier 225.
85 Friedrich Hammer: Über die Neubildung des Institutes der Kirchen-Visitation, Grimma 1851, 15. Vgl. heute Lothar Gassmann: Was ist Kirche? Papstkirche, Staatskirche oder Gemeinschaft der Glaubenden? Gladbeck 2009.
86 Chr. Peters, a.a.O. 159. „Die Prüfung war umfassend. Sie betraf nicht nur die geistlichen Belange, sondern auch die Besitz- und die Rechtsverhältnisse. Im Rahmen einer Anhörung der Gemeinde (Hausväterversammlung) oder des Kirchenvorstands (Presbyteriums) wurde auch der Lebenswandel des Pfarrers in den Blick genommen" (ebd.).
87 Allgemeines Kirchenblatt, 1854, 171. Einige Jahrzehnte später, nämlich 1890, forderte die Eisenacher Kirchenkonferenz übrigens geschlossen dazu auf, synodale Elemente bei der Bildung der Visitationskommissionen mit einzubeziehen: „Das bedeutete eine Mitbeteiligung von Laien beim Visitieren und somit ein Anknüpfen an die Anfänge" (Krause, a.a.O. 27).
88 Chr. Peters, a.a.O. 160. Nach Kriegsende kam es zudem zu einer Kirchenaustrittswelle bei der Arbeiterschaft.
89 Vgl. Werner Thiede: Wie Jesus glauben? Oder: An Jesus glauben? Kants Einfluß auf die moderne Theologie, in: CA III/IV (2006), 75–80.
90 So Chr. Peters, a.a.O. 160.
91 Vgl. Krause: Visitation, 29f. – In einer Verlautbarung des Altpreußischen Bruderrates, mit der 1937 eine Visitation angeordnet wurde, hieß es: „Die Bekennende Kirche, die sich in der Stunde der Versuchung in der Christenheit um das Wort Gottes gesammelt hat, weiß sich verpflichtet, für die rechte Verkündigung der Heiligen Schrift und für die Ordnung ihres gesamten Lebens Sorge zu tragen. Der Dienst, den die Bekennende Kirche ihren Gemeinden dabei leisten kann, besteht in der Visitation, wie sie zu allen Zeiten der Kirche Christi befohlen ist."
92 Krause, a.a.O. 30.
93 Die neueste Visitationsordnung findet sich in der ELKB (2016): Nach Möglichkeit soll demnach jede Kirchengemeinde in einem Zeitraum von acht bis zwölf Jahren visitiert werden.
94 Chr. Peters, a.a.O. 160f.
95 In der Realität gibt es freilich erneut diverse Mankos; so ist zu hören, dass die Durchführung von Visitationen in manchen Regionen in den letzten Jahrzehnten – gerade weil der Betrieb eigentlich ordentlich lief – teilweise nahezu zum Erliegen gekommen ist.
96 Chr. Peters, a.a.O. 161.
97 Vgl. Hermann Diem: Theologie, a.a.O.; ders.: Kirchenvisitation als Kirchenleitung, in: Ecclesia semper reformanda. Sonderheft der Evangelischen Theologie 1952, 45–65; hier zitiert nach dem Nachdruck in: ders.: Sine vi – sed verbo. Aufsätze, Vorträge, Voten, hg. von U. A. Wolf, München 1965, 161–183.
98 Diem: Kirchenvisitation, a.a.O. 162.
99 Diem, a.a.O. 183.
100 Diem, a.a.O. 161. Moniert wird die „Diskrepanz zwischen theologischer Erkenntnis und kirchlicher Ordnung" (162).
101 A.a.O. 164. Der „Notbischof" – nur als vorläufige Einrichtung gedacht (s. o.)! Bei Luther, der Bischöfe und Visitatoren bedeutungsmäßig gleichsetzen konnte, wurde nicht dekretiert, sondern ermahnt (168).

102 A.a.O. 163. Laut Diem handelt ja der Satz von CA I „*Ecclesiae magno consensu apud nos docent […]*" nicht etwa von Landeskirchen, sondern von um Predigtstellen versammelte Einzelgemeinden.

103 Auch Dietrich Pirson versteht die Visitation als Sorge für die Koordination des Amtshandelns, damit „sich die an verschiedenen Orten gleichzeitig verkündigte christliche Botschaft als in sich identische Botschaft darstellt und damit auch den Anspruch glaubhaft macht, dass sie mit der Botschaft der apostolischen Kirche identisch ist" (Von der Kirchenleitung, in: F. Scholz/H. Dickel [Hg.]: Vernünftiger Gottesdienst. Kirche nach der Barmer Theologischen Erklärung, Göttingen 1990, 256–270, hier 256).

104 Vgl. a.a.O. 163. Diem beklagt, dass „mit dem Konsistorium die alles beherrschende Gewalt des Rechtes wieder in die Kirche eindrang und daß dann grundsätzlich kein Unterschied mehr bestand zwischen dem päpstlichen Dekretalienwesen und dem juristischen Regiment einer evangelischen Kirchenbehörde" (165).

105 A.a.O. 173.

106 Diem, a.a.O. 175; ebenso 181. Zu den *Sola*-Bestimmungen s. o. Kap. III.

107 Vgl. a.a.O. 177.

108 A.a.O. 179.

109 A.a.O. 179. „Die Kirche macht die Gesetzgebungsgewalt Christi, die im Wort der Verkündigung ausgeübt wird, auf alle Fälle illusorisch, wenn sie neben sie ein kraft Gesetzes wirkendes Rechtssystem stellt und an dieses bindet" (ebd.).

110 Diem, a.a.O. 180. Die Realität sieht in der evangelischen Kirche längst anders aus. Sogar die evangelikale Bewegung habe den geistlichen Kampf gegen Irrlehren weitgehend aufgegeben, kritisiert Walter Keim als Vorsitzender der Bekenntnisbewegung „Kein anderes Evangelium" Westfalen-Lippe (laut ideaSpektrum 36/2016, 32).

111 A.a.O. 181f. Wird festgestellt, dass in einer „Verkündigung tatsächlich die Schrift verkürzt wird, weil sie ein Auslegungsprinzip in Anwendung bringt, das die Freiheit der Schrift, sich selbst zu interpretieren, unterbindet, dann ist es allerdings die Aufgabe der Visitatoren, die Betreffenden eines Besseren zu belehren und den Gemeinden zu einer rechten Verkündigung zu verhelfen" (167).

112 A.a.O. 183. Diems Position wird etwa von Krause (Visitation, a.a.O. 30) mit der Feststellung kritisiert, dass mit dem „vorgetragenen Änderungswunsch der Kirchenvisitation als Kirchenleitung ein theoretischer und durch die Polemik eingeengter Änderungsvorschlag" vorliege.

113 Manfred Josuttis: Visitation und Kommunikation, in: Wissenschaft und Praxis in Kirche und Gesellschaft 64 (1975), 43–54, hier 49f. „Eine künftige Visitationsordnung sollte sich eindeutig an der Kontaktaufgabe der Visitation orientieren" (52). Die Arnoldshainer Konferenz hat sich dieser Sichtweise übrigens damals nicht angeschlossen.

114 Vgl. Josuttis, a.a.O. 50f. „Eine künftige Visitation sollte auf einer klaren Trennung zwischen der Kontakt- und der Kontrollaufgabe der Visitation beruhen" (51). Unterbleibe diese Trennung, dann habe das eine gegenseitige Verfälschung der beiden Elemente zur Folge.

115 Günther Keil: Gedanken zur Visitation, in: Zeitschrift für Evangelisches Kirchenrecht 30/1985, 317–331, hier 317.

116 Vgl. a.a.O. 318. „Sobald ein Gesetz besteht, geschieht das Zusammentreffen der beiden Partner aus gesetzlicher Nötigung heraus, wird es vom Gesetz konstituiert […]" (ebd.).

117 A.a.O. 319. „Entweder ist ein freier Besuchs- und Hilfsdienst gemeint, dann bedarf es

keines Gesetzes, ja kann ein Gesetz nur stören; oder aber die Visitation ist gesetzlich geregelt […]" (ebd.).

118 Keil, a.a.O. 321.

119 Vgl. a.a.O. 330.

120 Keil, a.a.O. 324. „Institutionen aber reichen um keinen Schritt weiter, als das Recht reicht, wenn sie nicht institutionalisierte Willkürherrschaft werden sollen" (330).

121 A.a.O. 325. Es dürfe also nicht gegen die Regeln der geschichtlichen Sachlogik verstoßen werden (326).

122 A.a.O. 237. Logik und sachhaltige Überprüfbarkeit werden in diesem Zusammenhang betont. Das „geistige Profil" der jeweiligen Kirche dürfe nicht zerstört werden (328).

123 Honecker, a.a.O. bes. 354.

124 Im Text eines Pilotprojekts des Kirchenkreises Bayreuth zum Stichwort „Visitation" (überarbeitete Fassung 2004) heißt es: „Weil die Visitation einen unschätzbaren Wert für die innere und äußere Stärkung der Kirche hat, genießt sie zu Recht Verfassungsrang" (3).

125 Beispielsweise heißt es in den Richtlinien der Bischofskonferenz der VELKD über die Visitation vom 8.11.1963 in Ziffer 1: „In der Visitation wacht die Kirche durch Visitatoren darüber, daß das Wort Gottes schriftgemäß verkündigt wird, daß die Sakramente stiftungsgemäß verwaltet werden und sich daraus in den Gemeinden die Kirche Jesu Christi lebendig und vielgestaltig entfaltet" (Amtsblatt der VELKD, Bd. II, Stück 4, 5.50; Amtsblatt der EKD 1964, 58).

126 Michael Plathow: Visitatio est gubernatio et reformatio, in: Kerygma und Dogma 37 (1991), 142–159, hier 147.

127 Plathow: Visitatio, a.a.O. 150.

128 S. o. I.1 – und die dort bereits zitierte Stellungnahme der Arnoldshainer Konferenz: Pluralismus in der Kirche, in: Theologische Beiträge 9 (1978), 79–84.

129 A.a.O. 156. Lehrgespräche sollten sich in geschwisterlichem Dialog vollziehen – aber nicht etwa nach Mehrheiten, sondern durch Orientierung am Bekenntnis und Konsens der Kirche entschieden werden (vgl. 156f.). Auch der Kompromiss hat hier seinen Ort – nicht als ein „fauler", sondern als ein „in Liebe und Verantwortung für die Einheit in der Wahrheit" errungener (158). Siehe außerdem Michael Markert: Evangelisches Lehramt? Gedanken zu Verantwortung und Strukturen verbindlichen Lehrens in einer evangelisch-lutherischen Kirche, in: M. Petzoldt (Hg.): Autorität der Schrift und Lehrvollmacht der Kirche, Leipzig 2003, 135–153, sowie Manfred Karnetzki: Das visitatorische Amt der Kirche, in: Wissenschaft und Praxis in Kirche und Gesellschaft 73 (1984), 156–170. Der einstige Superintendent betont den charismatischen Aspekt am Visitationsgeschehen, um von daher für eine Verquickung der beiden strittigen Dimensionen von Visitation zu plädieren: „Das Wort Gottes klagt an und ruft zur Buße. Von hier aus ergibt sich keine Schwierigkeit, seelsorgerliche und rechtliche Aspekte der Visitation als untrennbar zusammengehörig zu bezeichnen" (157).

130 Vgl. bes. Krause: Visitation als Chance (1991), a.a.O. 134.

131 Philipp Meyer: Die Visitation als Aufsicht mit dem Wort und mit Mitteln des Rechts, in: Zeitschrift für evangelisches Kirchenrecht 18 (1973), 164–177, hier 165.

132 Krause, a.a.O. 135.

133 Dazu sei hier nochmals auf meine Bücher „Die digitalisierte Freiheit. Morgenröte einer technokratischen Ersatzreligion" (Berlin 2014^2) und „Digitaler Turmbau zu Babel. Der Technikwahn und seine Folgen" (München 2015) hingewiesen.

134 So z. B. auch Heckel, a.a.O. 444.
135 Gerade wenn der Gottesdienst als Zentrum der Visitation gilt, weil hier Gott redet, muss die Reinheit des Evangeliums gewährleistet sein.
136 Das sehen nicht wenige Ordnungen vor: „In der Praxis findet sich häufig eine Verwaltungsvisitation (Kassenprüfung, Überprüfung der Kirchenbücher, Pfarramtsverwaltung) als ein selbstständiger Vorgang. Gemeindevisitation als ein partnerschaftlich-kommunikativer Besuchsdienst blendet die notwendigen und sinnvollen Kontrollfunktionen der Visitationskommission nicht aus, zieht sie vielmehr zur Situationserhellung hinzu" (Chr. Peters, a.a.O. 164).
137 Bei Jan Hermelink begegnet der Begriff „Inspektion" abstrahierend als vollwertiger Ersatz von „Visitation": „Eine solche Inspektion oder Besichtigung dient der wechselseitigen Wahrnehmung und Wertschätzung – die Organisationsleitung würdigt die konkreten Verhältnisse und Vollzüge vor Ort und empfängt umgekehrt deren symbolische ‚Huldigung' oder doch Anerkennung. In den Leitungsformen der Inspektion wird sowohl die thematische Eigenart der Organisation als auch ihr übergreifender, translokaler Anspruch öffentlich gemacht" (a.a.O. 294).
138 Jörg Winter vermerkt, Visitation habe ihren „überkommenen Doppelcharakter als einheitlicher Vorgang geistlich-rechtlicher Art" nicht verloren" (Art. Visitation, in: Evangelisches Kirchenlexikon, 3. Aufl., Bd. 4 [1996], 1183–1185, hier 1184).
139 Martin Hein beobachtet: „Derzeit zeichnet sich die Tendenz hin zu einem eher ‚geschwisterlichen' Verständnis von Visitation ab […]" (Art. Visitation, in: RGG⁴, Bd. 8 [2005], 1134–36, hier 1135). Meyer äußert zu Unrecht Bedenken dagegen, dass „derartige Begriffe für den rechtlich geregelten Vorgang der Visitation als ‚Qualitätsbegriff' verwendet werden" (a.a.O. 170).
140 Hier sei nochmals an die Grundartikel und Vorsprüche zum Bekenntnisstand und zur Bekenntnisbindung mit ihrer normativen und kausativen Bedeutung für die diversen Ordnungen erinnert.
141 Josuttis, a.a.O. 50f. Der Begriff ist in vielen säkularen Einrichtungen schon lange üblich, z. B. in Schulen (vgl. bereits den Artikel „Die Annehmlichkeiten der Lokalschulinspektion", in: Allgemeine Evangelisch-Lutherische Kirchenzeitung 25 [1892], 673f.).
142 Vgl. Meyer, a.a.O. 173. *Ius divinum* und *ius humanum* seien zu differenzieren: „Die Unterscheidung von Gottes Gebot und Menschensatzung ist für den Glauben von entscheidender Bedeutung" (174f.).
143 Dazu siehe Heckel, a.a.O. 443.
144 Meyer, a.a.O. 168.
145 Norbert Mette: Die Aufgaben der kirchlichen Gemeinde im religiösen Lernprozeß, in: Concilium 20 (1984), 329–334, hier 331.
146 Hier ist an Luthers Diktum zu erinnern, jedes Gemeindeglied habe das Recht und die Pflicht, Lehre zu beurteilen und gegebenenfalls zu verurteilen (WA 6, 412, 22f.). Vgl. auch Josuttis, a.a.O. 53; Diem: Kirchenvisitation, a.a.O. 180ff. Wenn Christian Peters erklärt, Grundlagen für eine theologisch verantwortete Visitationspraxis würden aus der gottesdienstlichen Gemeindeversammlung als dem ursprünglichen Ort von Gemeindeaufbau im Vollzug erwachsen (a.a.O. 164), so bleibt zu fragen, ob Gottesdienst und Gemeindeversammlung nicht insofern auch unterschieden werden müssen, als im gottesdienstlichen Vollzug freie Äußerungen von Gemeindegliedern in der Regel schlicht nicht vorgesehen sind.
147 A.a.O. 176. Anbei betont Meyer: „Für das Nebeneinander und Miteinander von ‚Predigt' und Recht in der Visitation und die Handhabung beider durch den Visitator kann die Visitationsordnung keine Regelung treffen" (177). Schön bemerkt er, es sei

„ja nicht einmal festzulegen, *wer* in der Begegnung zwischen Visitator und Visitierten zu ‚predigen' und wer zu ‚hören' hat" (ebd., Fußnote).

VII Evangelische Kirche sakramental verstehen?

1 Brunner: Dogmatik III, a.a.O. 121.

2 Dazu Brunner: Dogmatik III, a.a.O. 120; vgl. 78ff.

3 Vgl. den Art. *sacramentum* in Wikipedia: https://de.wikipedia.org/wiki/Sacramentum (Zugriff 26.9.2016) und den sehr lesenswerten Aufsatz von Hans-Martin Barth: „Gott tut gut". Die heilende Kraft des Sakramentalen, in: DtPfrBl 3/2010, 124–129.

4 Vgl. z. B. Miguel M. Garijo-Guembe: Gemeinschaft der Heiligen. Grund, Wesen und Struktur der Kirche, Düsseldorf 1988, 109ff.; Jürgen Werbick: Grundfragen der Ekklesiologie, Freiburg i. Br. 2009, 196ff.

5 Vgl. Pannenberg: Systematische Theologie, Bd. III, a.a.O. 381. Luther weiß: „Die heiligen Schriften kennen ein einziges Sakrament, welches Christus, der Herr, selbst ist" (WA 6, 86, These 18).

6 Bonhoeffer äußerte sich 1942 differenzierend in einem Gutachten (vgl. Uwe Steffen: Taufe. Ursprung und Sinn des christlichen Einweihungsritus, Stuttgart 1988, 174f.).

7 Vgl. Karl Barth: Die kirchliche Lehre von der Taufe, Zürich 1943; ders.: Kirchliche Dogmatik IV/4, Zürich 1967. Dazu z. B. Christoph Höpfner: Die Taufe bei Karl Barth, Norderstedt 2007.

8 Vgl. z. B. Luthers einschlägige Sätze im „Großen Katechismus" (BSLK, 693f., 700, 703f. u. ö.). Im Hintergrund der klaren Bejahung der Säuglingstaufe in den BSLK steht nicht zuletzt die theologische Überzeugung von der „Erbsünde" (53, 153f.), und zwar zusammen mit der damals verbreiteten Annahme teuflischer Besessenheit des Säuglings, die erst durch den Taufexorzismus aufgehoben werde (z. B. 538f.).

9 Vgl. Werner Thiede: Art. Freikirchen, in: Taschenlexikon Religion und Theologie (5. Aufl.), Göttingen 2008, 373–376. Über die großkirchlichen und freikirchlichen Positionen informiert konfessionskundlich Erich Geldbach: Taufe, Göttingen 1996. Klar ist: „Auch Freikirchen wurzeln in der Reformation" (ideaSpektrum 43/2016, 10).

10 Vgl. W. Hüffmeier/T. Peck (Hg.): Dialog zwischen der Europäischen Baptistischen Föderation (EBF) und der Gemeinschaft Evangelischer Kirchen in Europa (GEKE) zur Lehre und Praxis der Taufe, Frankfurt/M. 2005. Siehe außerdem Wolfram Kerner: Gläubigentaufe und Säuglingstaufe. Studien zur Taufe und gegenseitigen Taufanerkennung in der neueren evangelischen Theologie, Norderstedt 2004.

11 Dazu Miriam Rose: Wechselseitige Perspektivenübernahmen. Reflexionen zu einer neueren ökumenischen Methode anlässlich eines baptistisch-lutherischen Dialogdokumentes, in: Una Sancta 3/2009, 182–191. Angesichts der strikten Ablehnung jeglicher Wiedertaufe in den lutherischen Bekenntnisschriften ist an die lutherische Argumentation zu erinnern, dass ja ein Fehl- oder Missbrauch des Sakraments (bei „Wiedertaufe") die erfolgte Säuglingstaufe nicht ungültig macht. Diese Einsicht korrespondiert der im Dialogpapier (5.1.5) geäußerten Bereitschaft auf lutherischer Seite, Taufwiederholungen „im Einzelfall aus seelsorgerlichen Gründen zu dulden, wenn diese Praxis nicht mehr den Regelfall kirchlichen Handelns in baptistischen Gemeinden darstellt".

12 Von der Objektivität des in Christus uns vorgegebenen Heils her ist laut Luther die Taufe sogar dann recht, wenn der Glaube nicht hinzukommt: „Denn mein Glaube macht nicht die Taufe, sondern empfängt die Taufe" (BSLK, 701). Solche Objektivität der Gültigkeit der Taufe jenseits aller Subjektivität kann zudem einen inhaltlich nicht

rechten Glauben vergleichgültigen (703). Im Gegensatz hierzu lehnen Baptisten die Vorstellung einer Heil schaffenden Wirkung durch den bloßen Vollzug der Taufe ab. Eine magische Auffassung ist lutherisch freilich nicht gemeint: Taufe und Glaube gehören zusammen (537, 696f.), wobei die Säuglingstaufe argumentativ gern mit einem postulierten „Kinderglauben" oder dem stellvertretenden Patenglauben (540) in Verbindung gebracht wird – was hier nicht näher diskutiert werden kann.

13 Slenczka: Neues, Bd. 4, a.a.O. 143. Vgl. auch Jürgen Johannesdotter: Im Sakrament der Taufe besteht die Einheit der Kirche schon jetzt. VELKD-Informationen Nr. 112, Hannover 2004. Aus römischer Sicht gelten selbst nichtkatholische Christen als durch die Taufe der katholischen Kirche als der „eigentlichen" Kirche Jesu Christi zugeordnet, auch wenn sie von ihrer „völligen" Gemeinschaft noch getrennt sind.

14 So z. B. Otfried Hofius: Glaube und Taufe nach dem Zeugnis des Neuen Testaments, Engstingen 1994, 29.

15 „Lutheraner warnen vor Gefahren der Kindertaufe" – so ist der betreffende Bericht in ideaSpektrum 45/2011 betitelt (10).

16 Josuttis: Volkskirche, a.a.O. 61; zur Taufproblematik siehe auch 108ff. Schon Emil Brunner hat kein Verständnis für eine wahllose Säuglingstaufe gezeigt (Dogmatik III, a.a.O. 71ff. und 120f.).

17 Uwe Steffen schreibt darüber ausführlich und anschaulich (a.a.O. 36ff.). Anbei beklagt er generalisierend, die pluralistische Gesellschaft verhindere „Initiationserfahrungen, weil die Welt […] total verweltlicht ist, weil entscheidende Lebensschritte, zum Beispiel das Eingehen einer Ehe, rückgängig gemacht werden können und damit den Charakter einer radikalen Transformation mit dem Absterben der alten Persönlichkeiten und der Möglichkeit einer seelischen Wiedergeburt verlieren […]" (41). Pannenberg erläutert, dass die seit dem 3. Jahrhundert aufgekommene Bezeichnung von Taufe und Herrenmahl als „Mysterien" oder „Sakramente" das Christentum zwar in die Nachbarschaft der sogenannten Mysterienreligionen brachte, aber durch den Bezug auf Jesus Christus und den apokalyptischen Sinnhorizont eine Verwechslung mit ihnen ausgeschlossen blieb und bleibt (Systematische Theologie III, a.a.O. 381).

18 Vgl. Sabine Bobert: Jesus-Gebet und neue Mystik. Grundlagen einer christlichen Mystagogik, Kiel 2010, 47ff.; Günter Thomas: Was geschieht in der Taufe? Das Taufgeschehen zwischen Schöpfungsdank und Inanspruchnahme für das Reich Gottes, Neukirchen-Vluyn 2011.

19 Der Bischof persönlich spendet gewöhnlich die Firmung: Durch Handauflegung, Gebet und eine Kreuzzeichnung mit von ihm geweihtem Chrisam-Öl auf die Stirn sollen die meist achtjährigen Firmlinge mit dem Heiligen Geist erfüllt und analog zur Taufe mit einem „unauslöschlichen Charakter" geprägt werden (vgl. Katechismus der Katholischen Kirche, a.a.O. Nr. 1304). Diese Gaben sind mit der Verpflichtung verbunden, den Glauben in Wort und Tat zu verbreiten und zu verteidigen.

20 Vgl. z. B. K. Engelhardt u. a. (Hg.): Fremde Heimat Kirche, a.a.O. 45.

21 Thielicke, a.a.O. 172. Nächstes Zitat ebd. 173f.

22 K. Engelhardt u. a. (Hg.): Fremde Heimat Kirche, a.a.O. 21. Vgl. auch Regina Sommer: Kindertaufe – Elternverständnis und theologische Deutung, Stuttgart 2009; Sina Lethaus: Luthers Verständnis der Taufe und der Kindertaufe in den Katechismen, München 2010.

23 Praxiserprobte Konzepte und Materialien bietet das Buch von J. Augustin/H. Behrends (Hg.): Taufe und Tauferinnerung, Göttingen 2009. H.-M. Barth unterstreicht: Tauferinnerungsgottesdienste „müssen in einem viel tieferen Sinn persönlich ernstgenommen und gefeiert werden" („Gott tut gut", a.a.O. 128).

24 Uwe Steffen, a.a.O. 191. Luther erklärt, „dass wir durch die Taufe im Glauben schon geistlich auferstanden sind", dass also unsere „Seele ihr Teil hinweg hat und mit Christus im Himmel ist" (WA 37, 68f.).
25 Jürgen Moltmann: Kirche in der Kraft des Geistes, München 1975, 269.
26 Einen konfessionskundlichen Überblick bietet Eckhard Lessing: Abendmahl, Göttingen 1993; theologisch informieren grundlegend Michael Welker: Was geht vor beim Abendmahl?, Gütersloh 2004, und H. Löhr (Hg.): Abendmahl, Tübingen 2012.
27 Vgl. BSLK, 721. „Denn wo die Seele genesen ist, da ist dem Leib auch geholfen", heißt es in ganzheitlicher Sichtweise weiter.
28 Zitiert nach Werner Thiede/Hans-Martin Weiss: Löhe und das Kirchenliedgut, in: H. Schönauer (Hg.): Wilhelm Löhe (1808–1872), Stuttgart 2008, 341–353, hier 346. Im Chorraum am eucharistischen Altar stehen und „in Jesum eingesenkt" werden ist für Löhe gleichbedeutend. Hier wird bereits *ewiges* Leben geschenkt; Leib und Seele, also der ganze Mensch, werden „zur Ewigkeit erfreut".
29 Vgl. Walter Kasper: Sakrament der Einheit, Freiburg i. Br. 2004; Michael Plathow: „Damit ihr Hoffnung habt" – auch für „eucharistische Gastfreundschaft", in: DtPfrBl 3/2010, 130–133; Hans-Christian Seraphim: Nicht der Leib bringt das Haupt dar, sondern das Haupt den Leib, ebd. 133–135.
30 Vgl. Werner Thiede: Wissen sie, was sie tun? Gemeinsame Eucharistiefeiern – ein Stein des Anstosses, in: Neue Zürcher Zeitung Nr. 120 vom 26.5.2003, 21, sowie die Dokumentation zum „Streit um Ökumene und Abendmahl nach dem Ökumenischen Kirchentag in Berlin", in: Materialdienst des Konfessionskundlichen Instituts 5/2003, 100–103. Eine gastweise Zulassung zur Eucharistiefeier lehnt die römische Kirche offiziell ab; Ausnahmen sind für sie höchstens Notfälle, für die Regelungen mit der orthodoxen Kirche bestehen, oder entsprechend Fälle von Todesgefahr bei evangelischen Christen.
31 Vgl. Lutherischer Weltbund/Päpstlicher Rat zur Förderung der Einheit der Christen (Hg.): Vom Konflikt zur Gemeinschaft. Gemeinsames lutherisch-katholisches Reformationsgedenken im Jahr 2017, Leipzig/Paderborn 2013; E. Herms/E. Zak (Hg.): Taufe und Abendmahl im Grund und Gegenstand des Glaubens. Theologische Studien zur römisch-katholischen und evangelisch-lutherischen Lehre, Tübingen 2017.
32 Katechismus der Katholischen Kirche, a.a.O. Nr. 1370. Die Liturgie als Ganze „stellt den gesamten öffentlichen Kult des mystischen Leibes Jesu Christi dar" (Neuner-Roos, a.a.O. Nr. 615).
33 Neuner-Roos, a.a.O. 377.
34 A.a.O. 33. Diesem Dokument zufolge hat die römisch-katholische Lehre vom Messopfer, das die Kirche Gott darbringt, zwar keinen anderen Sinn als den, dass die Christen als Glieder seines Leibes in Christi Opfer „einbezogen" werden und sie nur Teilhaber an seiner Selbsthingabe am Kreuz sind, also kein *eigenes* Opfer darbringen. Aber das ändert nichts daran, dass dieses Eucharistieverständnis eben eine Teilhabe der Christen an Christi ureigenem und real zu wiederholendem Opfer lehrt – und damit jene aktive Partizipation meint, die aus protestantischer Sicht die Radikalität der Gnade in Frage stellt. Waren doch beim ursprünglichen Herrenmahl die das endzeitliche Gottesvolk repräsentierenden Zwölf ausschließlich in der Rolle der Empfangenden! So wenig die Rechtfertigungsproblematik ökumenisch-theologisch tatsächlich gelöst ist, so wenig ist es auch die Eucharistie-Problematik.
35 1994 ist in der bilateralen Studie „Kirche und Rechtfertigung" von katholischer Seite immerhin darauf hingewiesen worden, „daß auch eine am Sukzessionsbegriff orientierte Ekklesiologie […] keineswegs Heil schaffende Gegenwart des Herrn im luthe-

rischen Abendmahl leugnen muß“ (a.a.O. Nr. 203). Dennoch wäre es voreilig und übertrieben zu meinen, jetzt seien nur noch die Papst- und Kirchenfrage ungelöste ökumenische Probleme. Denn die Fülle des Sakraments beansprucht die römische Kirche nach wie vor für sich selbst, während umgekehrt protestantische Vorbehalte gegenüber dem Messopfergedanken gerade dann im Recht bleiben, wenn ihr Zusammenhang mit der in Wahrheit ökumenisch noch keineswegs wirklich bewältigten Rechtfertigungsproblematik bedacht wird (s. o. III.3 sowie E. Pulsfort/R. Hanusch [Hg.]: Von der „Gemeinsamen Erklärung“ zum „Gemeinsamen Herrenmahl“? Perspektiven der Ökumene im 21. Jahrhundert, Regensburg 2002).

36 Edmund Schlink: Ökumenische Dogmatik, Göttingen 1993^2, 513.

37 Neuner-Roos, a.a.O. Nr. 608; vgl. 624.

38 Laut Margot Käßmann (http://www.luther2017.de/de/neuigkeiten/kaessmann-lebhaftes-interesse-bei-us-lutheranern-am-reformationsjubilaeum/ – Zugriff 21.10.2016).

39 Vgl. Zwingli: Bd. IV, a.a.O. 60f.

40 „Sein Spiritualismus wirkt sich hier entscheidend aus: Gott handelt nicht durch äußere Mittel am Menschen, der Heilige Geist benötigt kein Transportmittel für seine Gabe“ (Hauschild, Bd. II, a.a.O. 337).

41 Vgl. Klaus-Peter Jörns: Die Lebensgaben Gottes feiern. Abschied vom Sühnopfermahl: eine neue Liturgie, Gütersloh 2007, bes. 85ff. Ähnlich B. Müller, a.a.O. 48f.

42 Der sächsische Landesbischof Carsten Rentzing hat Recht: „Was sollte hier Weltoffenheit bedeuten? Heißt das dann, dass wir unsere Rituale nach den Bedürfnissen der Menschen richten, oder müssen wir nicht umgedreht die Menschen an das heranführen, was wir ihnen Spezifisches zu geben haben? Ich glaube, dass davon auch eine große Kraft ausgeht. Solche Elemente sind ja womöglich auch hilfreich, weil sie die Menschen auf etwas aufmerksam machen, das die normale Welt übersteigt, so wie eben das Evangelium und der Glaube an Gott“ (a.a.O. 34).

43 Luther hat die Einsetzung des Abendmahls ausnahmslos Ordinierten vorbehalten und keine Notfallregel akzeptiert, was mit seiner Überzeugung von der göttlichen Stiftung des Hirtenamtes zusammenhängt (vgl. Brunotte, a.a.O. 37, 51, 80 und 88 – unter Verweis auf WA 12, 171, 17ff.). Als Rückschritt bezeichnete der für Ökumenefragen zuständige Kurienkardinal Walter Kasper am 13.3.2007 in einem Interview mit der *Süddeutschen Zeitung* den VELKD-Vorschlag, „dass auch nicht ordinierte Christen dem Abendmahl vorstehen können“.

44 Kinder wären damit ausgeschlossen; schon rein äußerlich ist ja ersichtlich, dass die Teilnahme in Jesu Augen ein Alter voraussetzt, in dem Alkohol konsumiert werden darf. Luther betonte im *Großen Katechismus*: „Wir sind nicht gewillt, die dazuzulassen und denen zu reichen, die nicht wissen, was sie da suchen oder warum sie kommen“ (BSLK, 708). In diesem Sinn sollte auch in der evangelischen Kirche neu über den altkirchlichen Sinn der Gemeindezucht und über die Gefahren eines laut Bonhoeffer zu billigen Gnadenmahls nachgedacht werden.

45 Vgl. Karl Völker: Mysterium und Agape. Die gemeinsamen Mahlzeiten in der alten Kirche, Gotha 1927; Karl-Adolf Bauer: Gemeinschaft der Heiligen – Kommunismus der Liebe. Leben aus dem Abendmahl bei Martin Luther, Neuendettelsau 2016.

46 Hans-Martin Barth: „Gott tut gut“, a.a.O. 127. Das gelte auch für den oft hierbei vorgesehenen *Friedensgruß*: Leicht „verkommt er zu einer freundlichen Geste. Sakramental verstanden würde er deutlich machen: Hier berühren einander die Heiligen, die Erlösten, die zum ewigen Leben Berufenen“ (128).

47 Susanne Popp: Max Reger. Werk statt Leben, Wiesbaden 2016^2, 454.

48 Vgl. auch Johannes B. Torelló: Psychoanalyse und Beichte, Wien 2005.

49 Vgl. Leo Tolstoi: Meine Beichte (1882), Köln 2012; Karl May: Meine Beichte (1908), in: ders.: „ICH" (Gesammelte Werke, Bd. 34), Bamberg 1982 (35. Aufl.), 13–24.
50 Der Vollzug dieses Sakraments hat zur Bedingung ein gläubiges Bemühen um Genugtuung, um *satisfactio* im Sinne eigener Wiedergutmachung von geschehenem Unrecht. Zusammen mit dem Bekenntnis aller bewussten Todsünden und entsprechender Reue sind damit erst einmal die Voraussetzungen für die persönliche Absolution durch den geweihten Priester gegeben.
51 Vgl. John Cornwell: Die Beichte. Eine dunkle Geschichte, Berlin 2014. Seit Papst Pius X. 1905 das Mindestalter für die Beichte auf sieben Jahre herabsetzte, wurden Kinder systematisch in Scham und Schrecken gehalten. Die Furcht vor Sünde, Fegfeuer und ewiger Verdammnis schuf bei Generationen von Gläubigen ein heteronomes Lebensgefühl der Angst – gerade auch auf dem Gebiet der Sexualität. Dass die Beichte eigentlich befreien und erfreuen soll, ist freilich auch der katholischen Theologie bewusst (vgl. Martin Tiator: Beichte – Gottes Liebesgeschenk. Zur Pastoral des vergessenen Sakraments, Einsiedeln 1988; Klaus Demmer: Das vergessene Sakrament. Umkehr und Buße in der Kirche, Paderborn 2005; Cesare Truqui: Die Beichte: Lebendige Quelle der Freude, Stein am Rhein 2011; Päpstlicher Rat zur Förderung der Neuevangelisierung [Hg.]: Beichte – Sakrament der Barmherzigkeit, Ostfildern 2015).
52 Vgl. Luther in WA 56, 328, 8ff.
53 Während Luther auf Grund seines Verständnisses mit Gelassenheit und Realitätssinn die dem Gerechtfertigten immer noch anhaftende Sünde anerkennen konnte, hat die römisch-katholische Tradition Luther für seine Überzeugung verurteilt, im Getauften bleibe noch Sünde zurück (vgl. Neuner-Roos, a.a.O. Nr. 785).
54 Vgl. von daher Erich Roth: Die Privatbeichte und die Schlüsselgewalt in der Theologie der Reformatoren, Gütersloh 1952.
55 Vgl. z. B. WA 2, 497, 13.
56 Vgl. WA 40 III, 719.
57 WA 36, 581, 25–28.
58 WA 39 I, 98, 9–11. Vgl. auch Wilfried Joest: Gesetz und Freiheit. Das Problem des tertius usus legis bei Luther und die neutestamentliche Parainese, Göttingen 1951, 68ff. Ernstpeter Maurer macht auf die systematische Notwendigkeit der Kombination von endgültig und prozessual verstandener Gerechtwerdung aufmerksam: „Die radikale Unterbrechung kann nämlich nicht artikuliert werden ohne den Hintergrund der auf ein Ziel ausgerichteten Zeitlinie" (Rechtfertigung. Konfessionstrennend oder konfessionsverbindend?, Göttingen 1998, 143).
59 Vgl. BSLK, 706 oben. Auch Melanchthon betont in seiner *Apologie der Augsburger Konfession*, die Absolution könne „billig das Sakrament der Buße" genannt werden (BSLK 259, auch 292). Vgl. Peter Zimmerling: Studienbuch Beichte, Göttingen 2009, 29, wo gesagt wird, Luther habe sich nach langem Zögern entschieden, die Beichte nicht als Sakrament zu werten.
60 Vgl. BSLK, 728. Zum Folgenden siehe 726ff.
61 A.a.O. 729. „Wir aber sagen nicht, dass man sehen solle, wie voll Unflat du seist, und sich darin spiegeln, sondern raten und sagen: Bist du arm und elend, so gehe hin und gebrauche die heilsame Arznei" (731).
62 Die *Wikipedia*-Auskunft, in der evangelisch-lutherischen Kirche sei die Beichte das dritte Sakrament (https://de.wikipedia.org/wiki/Beichte – Zugriff 4.10.2016), ist in dieser Form bislang sachlich falsch.
63 Zwingli meinte: Da Christus von der Sünde befreit habe, ergebe sakramentale Sündenvergebung keinen Sinn; bereits mit der Verkündung von Jesu Tod werde die Bin-

de- und Lösegewalt ausgeübt. Damit wandte er sich auch gegen Luthers Festhalten an der Ohrenbeichte. Calvin sah die Ohrenbeichte nur als bedingt legitim an – und die Generalabsolution als etwas „Verkorkstes und Altmodisches"; in der reformierten Tradition wird sie seit über hundert Jahren kaum mehr praktiziert (siehe Zimmerling: Studienbuch Beichte, a.a.O. 62ff.; Roth, a.a.O. 133ff.). Im *Heidelberger Katechismus* findet sich die einschlägige Frage 88: „Worin besteht die wahrhaftige Buße oder Bekehrung des Menschen? Im Absterben des alten Menschen und im Auferstehen des neuen Menschen."

64 So auch schon Martin Chemnitz im zweiten Teil seines *Examen Concilii Tridentini* (1566).

65 Christoph Gestrich: Ist die Beichte erneuerungsfähig?, in: Berliner Theologische Zeitschrift 100 (1993), 187–196, hier 193.

66 Hans-Martin Barth betont, die persönliche Beichte trage „durchaus sakramentale Züge" („Gott tut gut", a.a.O. 127). Ebd. heißt es: „Die Sakramente haben therapeutische Wirkung […]."

67 Lediglich aufs allgemeine gottesdienstliche Sündenbekenntnis wird eingegangen und dabei lapidar gesagt: „Wer seine Sünde – auch in der Beichte – bekennt, kann die Gnadenzusage beziehungsweise Absolution (lateinisch: Lossprechung) ernst nehmen" (Karl-Friedrich Wiggermann: Was ist Kirche? 12 x 12 Stichwörter, Gütersloh 1994, 16). Auch der Index des von Chr. Albrecht herausgegebenen Buches „Kirche" (Tübingen 2011) enthält weder „Beichte" noch „Buße".

68 Allein in Sachsen besteht er bis heute als gesetzlicher Feiertag weiter, wofür dort abhängig Beschäftigte einen höheren Beitrag zur Pflegeversicherung als im restlichen Bundesgebiet zahlen müssen. In Bayern ist am Buß- und Bettag an allen Schulen unterrichtsfrei.

69 Siehe die Agende für evangelisch-lutherische Kirchen und Gemeinden, Band III: Die Amtshandlungen, Teil 3: Die Beichte. Neu bearbeitete Ausgabe 1993, hg. von der Kirchenleitung der VELKD, Hannover 1993. Dem *Evangelischen Gesangbuch* sind je nach landeskirchlicher Zugehörigkeit im Anhang einschlägige Texte und/oder Lieder beigegeben (z. B. in Bayern Nr. 706ff.; in Baden Nr. 794ff.).

70 Landeskirchenrat der Evang.-Luth. Kirche in Bayern (Hg.): Das Heilige Abendmahl. Bedeutung und Praxis, München 2005, 14. Immerhin beginnt sich auf neueren Kirchentagen und in Kommunitäten ansatzweise eine Renaissance der Beichte abzuzeichnen.

71 Vgl. Rosel Oehmen-Vieregge: Die Einzelbeichte im katholisch-evangelischen Gespräch. Eine theologisch-kanonistische Untersuchung, Paderborn 2001.

72 Vgl. Roth, a.a.O. 13ff., 133f.

73 Vgl. Zimmerling: Studienbuch Beichte, a.a.O. 66–87.

74 Vgl. Wolfgang Böhme: Beichtlehre für evangelische Christen, Stuttgart 1957; Hildegar Höfliger: Die Erneuerung der evangelischen Einzelbeichte. Pastoraltheologische Dokumentation zur evangelischen Beichtbewegung seit Beginn des 20. Jahrhunderts, Freiburg/Schweiz 1971; Ernst Bezzel: Frei zum Eingeständnis. Geschichte und Praxis der evangelischen Einzelbeichte, Stuttgart 1982; Theo Sorg: Das lösende Wort. Gedanken zur evangelischen Beichte, Stuttgart 1983; Georg Kugler: Im Gottesdienst beichten. Beispiele einer neuen Praxis, Rummelsberg 1983; Manfred Seitz u. a.: Die Freude der Beichte, Neukirchen-Vluyn 1985; Klaus-Peter Hertzsch: Wie mein Leben wieder hell werden kann. Eine Einladung zur Beichte in der evangelisch-lutherischen Kirche, Hannover 2000; Ralf K. Wüstenberg: Sündenvergebung praktizieren. Von der befreienden Kraft der Beichte, in: DtPfrBl 108 (2008), 127–130; Chr. Barnbrock/W. Klän

(Hg.): Heilvolle Wende. Buße und Beichte in der evangelisch-lutherischen Kirche, Göttingen 2009; Jobst Schöne: Lutherisch beichten, Göttingen 2011; Peter Zimmerling: Beichte – Gottes vergessenes Angebot, Leipzig 2014; Wolfhart Schlichting: Beichte oder Bußsakrament, in: CA II/2015, 93–96; Gunter Prüller-Jagenteufel u. a.: Beichte neu entdecken. Ein ökumenisches Kompendium für die Praxis, Göttingen 2016.

75 Vgl. Thomas Henke: Schuldbekenntnisse vor Millionen. Anmerkungen zum Talkshow-Phänomen, in: Lebendige Seelsorge 53 (2002), 119–123.

76 Vgl. Dietrich Bonhoeffer: Zettelnotizen für eine „Ethik", hg. von I. Tödt, Gütersloh 1993, 120.

77 Bonhoeffer: Ethik, a.a.O. 125. „Es gibt den wirklichen, den gerichteten und erneuerten Menschen nicht anders als in der Gestalt Jesu Christi und also in der Gleichgestaltung mit ihm. Nur der in Christus angenommene Mensch ist der wirkliche Mensch, nur der vom Kreuze Christi betroffene Mensch ist der gerichtete Mensch, nur der der Auferstehung Christi teilhaftige ist der erneuerte Mensch" (ebd.).

78 Bonhoeffer: Ethik, a.a.O. 126. „Die Kirche ist heute die Gemeinschaft der Menschen, die erfaßt von der Gewalt der Gnade Christi ihre eigene persönliche Sünde wie den Abfall der abendländischen Welt von Jesus Christus als Schuld an Jesus Christus erkennt, bekennt und auf sich nimmt" (ebd.).

79 Dietrich Bonhoeffer: Gemeinsames Leben. Das Gebetbuch der Bibel (1939), hg. von G. L. Müller und A. Schönherr, München 1987, 94 und 98. „Wer kann unsere Beichte hören? Wer selbst unter dem Kreuz lebt. [...] Nur der Gedemütigte kann ohne Schaden für sich selbst die Beichte des Bruders hören" (100). – Etwa zeitgleich wurde die Wichtigkeit der Beichte herausgearbeitet von Hans Asmussen: Die Seelsorge. Ein praktisches Handbuch über Seelsorge und Seelenführung, München 1935, 226ff.

80 Bonhoeffer: Leben, a.a.O. 95.

81 A.a.O. 96.

82 Vgl. Bonhoeffer: Nachfolge, a.a.O. 29.

83 A.a.O. 30.

84 Bonhoeffer: Ethik, a.a.O. 157. Schon die BSLK nahmen die Erneuerung im Christenleben durchaus ernst: „Denn das neue Leben soll so beschaffen sein, dass es stets zunehme und fortfahre" (712).

85 Zitiert nach Theodosius Harnack: Luthers Theologie, Neuausgabe München 1927, 371.

86 Ethik, a.a.O. 131.

87 Das könnte freilich insofern nur konfessionsgebunden geschehen, als die Beichte katholischerseits definitiv sakramental verstanden wird – also in der Regel doch wohl nur im innerkirchlichen Rahmen.

88 Hier sei an einiges unter I.4 bereits Gesagte erinnert.

89 Zimmerling: Studienbuch Beichte, a.a.O. 334. Nächstes Zitat ebd. 335.

90 Kittel, a.a.O. 360. Der Vorsitzende des Verbands evangelischer Pfarrerinnen und Pfarrer in Deutschland seufzt: „Ein Ärgernis sind auch die ständigen Strukturveränderungen. Noch ehe eine Reform der Kirchenleitung umgesetzt ist, kommt schon die nächste. Pfarrer müssen die Veränderungen vor Ort umsetzen, und das belastet nicht selten" (Andreas Kahnt im Interview „Wie geht es den Pfarrern?", in: ideaSpektrum 38/2016, 16–19, hier 16).

91 A.a.O. 361.

92 Vgl. a.a.O. 362 sowie ebd. Hans-Jürgen Volk: Kirche – Gemeinwesen oder Großkonzern? (87–101), ferner Ziegert: Verkäufer, a.a.O. 378ff.

93 A.a.O. 363. „Mit ihrer klaren Orientierung an der vor Ort lebenden Gemeinde und

dem in das Predigtamt berufenen Gemeindepastor oder der Gemeindepastorin entspricht das Kirchen- und Gemeinde-Bild der überwiegenden Mehrheit der Kirchenglieder sehr deutlich den auf die Kirche Jesu Christi bezogenen Grundweisungen des Neuen Testaments und der reformatorischen Bekenntnisschriften" (ebd.). In diesem Sinn bereits Werner Thiede: Der Sinn von Kirche. 25 Thesen zum Kirchenverständnis, in: Korrespondenzblatt des bayerischen Pfarrerinnen- und Pfarrervereins 12/2007, 166f., sowie früher z. B. Diem und Josuttis (s. o. Kap. VI.4) sowie Brunner: Dogmatik III, a.a.O. 87f. und 119f.

94 H. Bedford-Strohm/V. Jung (Hg.): Vernetzte Vielfalt. Kirche angesichts von Individualisierung und Säkularisierung. Die fünfte EKD-Erhebung über Kirchenmitgliedschaft, Gütersloh 2015.

95 Gerhard Wegner: Renaissance der Kirchengemeinde? Überraschende Sichtweisen in der 5. Kirchenmitgliedschaftsuntersuchung der EKD, in: DtPfrBl 1/2016, 20–23, 21.

96 Wegner, ebd. Abraham bemerkte bereits 2007: „Je mehr die christliche Durchdringung der Gesamtkultur abnimmt, desto stärker wächst der Bedarf an profilierten Gemeinden, die für ihre Region eine Art ‚Leuchtturmfunktion' erfüllen können" (a.a.O. 533). Und Hugo Schnell betonte schon 1962: „Die Kirche darf in keinem Augenblick vergessen, daß sie sich aus den Gemeinden aufbaut, daß sie in ihnen und aus ihnen lebt" (Die überschaubare Gemeinde, Hamburg 1962, 42).

97 Von Face-to-Face-Kontakten ist in der Mitgliedschaftsstudie die Rede (vgl. auch Pollack: Kirche, Teil III, a.a.O. 509): Sie stellen etwas anderes dar als Facebook-Kontakte mit ihren teils zweifelhaften Aspekten (dazu Werner Thiede: Gefällt mir keineswegs. Ethische Grundprobleme der Social Media, in: ETHICA 22 [2014], 219–251). Dass die Pfarrersperson nicht allein handelnder Star des Gemeindelebens sein darf, versteht sich bei alledem wohl von selbst. Einst klagte Rudolf Bohren: „Wir aber haben die Gaben weithin eingesargt ins Pfarramt. Weithin ist der Pfarrer allein König, Priester, Prophet und Lehrer. [...] Der Pfarrer dirigiert, spielt die erste Geige und singt Solo. Der Chor dient höchstens zur musikalischen Untermalung. Der Laie ist für den Pfarrer da. Er wird zum Handlanger des Pfarrers degradiert [...]" (Dem Worte folgen, München/Hamburg 1969, 157). Auch Sorg seufzte: „Die Volkskirche als ganze lebt in einer Betreuungsstruktur, das einzelne Mitglied überwiegend in reiner Konsumhaltung" (a.a.O. 24). Das ist inzwischen mancherorts etwas besser geworden, bleibt aber unter volkskirchlichen Strukturbedingungen stets verbesserungswürdig.

98 S.o. IV.1, ferner Karl-Adolf Bauer: Gemeinschaft der Heiligen – Kommunismus der Liebe, in: CA IV/2016, 109-112; Georg Güntsch: Um Gottes Willen – MITEINANDER, Neuendettelsau 2011.

99 Vgl. z. B. Ferdinand Hahn: Die Einheit der ecclesia catholica in den Briefen des Apostels Paulus, in: A. I. Herzog (Hg.): Was die Kirche Jesu Christi, ihre Verheißung und ihr Auftrag ist, Fürth 1993, 32–45. Der Exeget unterstreicht mit Blick auf Paulus: „Was Kirche als umfassende Gemeinschaft ist, spiegelt sich für ihn in der jeweiligen Einzelgemeinde; aber umgekehrt gilt auch, daß die christliche Lebensgemeinschaft vor Ort sich als Glied der einen Kirche bewährt" (32).

100 Namentlich die sogenannte *Charismatische Bewegung* hat sich in beiden Großkirchen und in Freikirchen vielfach verdient gemacht. Christian Möller plädiert mit Recht für die „Ortsgemeinde als charismatische Gemeinde" (Zur Entdeckung der Ortsgemeinde als charismatischer Gemeinde, in: Wissenschaft und Praxis in Kirche und Gesellschaft 64/1975, 1f.). Vgl. auch C. Peter Wagner: Die Gaben des Geistes für den Gemeindeaufbau, Neukirchen-Vluyn 1993[5].

101 Gotthart Preiser: Gemeindeaufbau muß man wollen, in: Das missionarische Wort 6/1990, 202–206, hier 202.
102 Verdienstvoll ist immer noch Christian A. Schwarz: Farbe bekennen mit Natürlicher Gemeindeentwicklung, Emmelsbüll-Horsbüll 2005. Die von Schwarz maßgeblich entwickelte Gemeindeaufbau-Methodik wird weltweit in Tausenden von christlichen Gemeinden unterschiedlichster Denominationen angewandt – basierend auf acht Qualitätsprinzipien (Leitung, gabenorientierte Mitarbeiterschaft, leidenschaftliche Spiritualität, zweckmäßige Strukturen, inspirierender Gottesdienst, ganzheitliche Kleingruppen, bedürfnisorientierte Evangelisation, liebevolle Beziehungen). Zur Verbesserung der gemeindlichen Qualität wird es als effektivste Vorgehensweise betrachtet, zunächst den Arbeitsschwerpunkt auf das am schwächsten ausgeprägte Qualitätsmerkmal, den sogenannten Minimumfaktor, zu legen.
103 Für den Vorsitzenden des Verbands evangelischer Pfarrerinnen und Pfarrer in Deutschland sind die „Leuchtfeuer" der EKD „zum Teil eher Irrlichter" (Kahnt, a.a.O. 17). Vgl. auch Christoph Bergner: Der Triumph der funktionalen Kirche. Warum die evangelische Kirche keine Pfarrer mehr braucht, in: DtPfrBl 8/2016, 436–439, bes. 438. Wie Bergner erläutert, hat sich die Kirche „unter einen enormen Reformdruck gesetzt. Der wichtigste Grund waren jeweils schlechte Prognosen und ein scharfer Blick auf Probleme und Defizite. Aber die funktionale Bestimmung der Kirche offenbart nicht nur vielfältige Defizite, sie ist selbst hoch defizitär. Sie setzt ein Karussell in Gang, das kaum noch zu bremsen ist. [...] Die funktionale Bestimmung definiert die Kirche aber vor allem von außen, von organisatorischen, gesellschaftlichen und politischen Fragestellungen her" (439). Das ist es, was oben (I.4) als neuer Kulturprotestantismus charakterisiert wurde. Siehe auch Friedhelm Schneider: Epoche der Selbstbeschäftigung. Eine Zwischenbilanz zum kirchlichen Impulsprozess ‚Kirche der Freiheit', in: G. Kittel/E. Mechels (Hg.): Kirche der Reformation?, a.a.O. 71–86.
104 Vgl. Wilfried Härle u. a.: Wachsen gegen den Trend. Analysen von Gemeinden, mit denen es aufwärts geht, Leipzig 2012[4]; Frank Weyen: Kirche in der strukturellen Transformation. Identität, Programmatik, organisatorische Gestalt, Neukirchen-Vluyn 2016. Beispielsweise gibt es inzwischen in der Nordkirche das vereinsmäßige Bündnis „Gemeinde im Aufwind" zur Stärkung der Ortsgemeinden (http://www.freies-forum-ortsgemeinde.de/ – Zugriff 12.10.2016).
105 Vgl. Gerhard Wegner: Religiöse Kommunikation und Kirchenbindung. Vom Ende des liberalen Paradigmas, Leipzig 2014.
106 Michael Herbst: Missionarischer Gemeindeaufbau in der Praxis, in: Das missionarische Wort 6/1990, 216–221, hier 220.
107 Vgl. Dietrich Ritschl: Zur Logik der Theologie, München 1984, 320ff.; Rudolf Weth: Kirche in der Sendung Jesu Christi, Neukirchen-Vluyn 1993, 56ff.; Graf: Kirchendämmerung, a.a.O. 155ff.; Christian Albrecht: Wozu ist die Diakonie fähig?, Tübingen 2016. Vorbildlich ist z. B. der vom Diakonischen Werk Bayern ausgeschriebene Diakonie-Wettbewerb 2016 zur Förderung ehrenamtlicher Nachbarschaftshilfe; Ulrich H. J. Körtner: Diakonie und Öffentliche Theologie, Göttingen 2017.
108 „Die menschliche Nähe und Beheimatung in den Ortsgemeinden, das Kennen der Prediger und Predigerinnen des Evangeliums, die Kontaktaufnahmen in Zusammenhang der Gottesdienste und Amtshandlungen, das aktive und engagierte Mittun der Gemeindeglieder im Leben ihrer jeweiligen Ortsgemeinde machen den Reichtum der Evangelischen Kirche aus [...]" (Kittel, a.a.O. 363).
109 Vgl. Schnell, a.a.O. 57ff. Soziologisch ist erwiesen: „Durch Kontakt mit religiös Gleichgesinnten wird der subjektive Glaube gestärkt" (Pollack: Kirche, Teil III, a.a.O.

507, ähnlich 508). Vgl. Dieter Emeis: Die Gruppe in der Kirche, in: N. Greinacher u. a. (Hg.): Gemeindepraxis. Analysen und Aufgaben, München/Mainz 1979, 257–267. In der Regel sollte darauf geachtet werden, dass sich nicht „Sondergemeinden" bzw. abgesonderte Gemeinschaften in der Weise herausbilden, dass die Ortsgemeinde zersplittert (dazu z. B. Judith Hildebrandt: Pietistischer Gemeindeaufbau zwischen Gemeinschaft und Gemeinde, Stuttgart 1998). Vielmehr sollten alle Gaben und Aktivitäten möglichst auf sie ausgerichtet bleiben und von der Verbundenheit mit ihr zeugen, ohne dass sich Gruppen im Einzelnen dirigieren lassen müssen. „Die Liebesgemeinschaft kann sich von Zeit zu Zeit in besonderen Zusammenkünften (Fragen der Liebestätigkeit) darstellen, und sie wird sich außerdem in jeder Versammlung – ohne besondere Form – an der inneren Verbundenheit der Glieder und ihrem gegenseitigen Verhalten kundtun" (Werner Ninck: Die christliche Gemeinde heute, St. Gallen 1942, 281).

110 Rommel, a.a.O. 20. „Denn nur solche Hausgemeinden können von ihrer Größe und Eigenart her so beim Christwerden helfen und im Christsein begleiten, wie es nötig und nicht mehr vielen Familien möglich ist" (21). Hilfreiche Vorschläge für organisierte Nähe unterbreitet Andreas von Maltzahn: Weniger ist anders. Plädoyer eines Bischofs für eine neue kirchliche Präsenz in der Fläche, in: zeitzeichen 11/2016, 16–18.

111 Alexander Deeg: Von Pfarrern und Priestern in der evangelischen Kirche, in: Korrespondenzblatt 8/2016, 104–112, hier 105.

112 Welker seufzt: „Viele deutsche Gottesdienste, die ich erlebt habe, waren steril und freudlos bis zur Abschreckung" (Kirche, a.a.O. 124). Schon Martin Luther hat kritisiert, in den Kirchen werde oft „nur mit lahmem Geist und gleichsam nur auf einem Fuße (d. h. nur mit dem Körper), nämlich auf dem linken, gebetet und gesungen. Brächte man einem Menschen eine solche Verehrung dar, würde er sie sicherlich verschmähen – wie viel mehr die höchste Majestät!" (Erste Vorlesungen über die Psalmen, zitiert nach Kurt Aland: Luther Deutsch, Bd. 1, Göttingen 1983², 66).

113 Hinzuweisen ist hier etwa auf die sogenannte *Thomasmesse* (vgl. Tilmann Haberer: Die Thomasmesse. Ein Gottesdienst für Ungläubige, Zweifler und andere gute Christen, München 2002²).

114 Schnell, a.a.O. 36. Anbei heißt es: „Allein die überschaubare Gemeinde kann der Sekte wirksam begegnen. Weil ihre Größe auf den Menschen bezogen ist, kann sie zur Heimat werden, die trägt und birgt" (ebd.).

115 Welker: Kirche, a.a.O. 126.

116 Detlef Pollack: Was wird aus der Kirche? Teil II, in: DtPfrBl 8/2016, 445–448, hier 446.

117 Vgl. Karl-Adolf Bauer: Gemeinschaft der Heiligen – Kommunismus der Liebe. Leben aus dem Abendmahl bei Martin Luther, Neuendettelsau 2016.

118 S. o. Kap. VII.2. Dorothea Schütz rät zu Tischgemeinschaften in den Gemeinden mit dem Hinweis: „Mitglieder des Kirchengemeinderates und Mitarbeitende kennen lernen (familiäres und häusliches Umfeld) – dies ist eine gute Voraussetzung, deren Glauben zu entdecken und sie zu ermutigen, diese auch einzusetzen" (Impulse aus religionspädagogischer und klinikseelsorgerlicher Sicht, in: G. Maier [Hg.]: Lieber Pfarrberuf!, Altenstadt 2015, 208–211, hier 208).

119 Internetgottesdienste und „vernetzte Kirche" begeistern im Zeitalter des Digitalismus so manche Christen. Beispielsweise freut sich Landesbischof Carsten Rentzing über digitale „Gemeinschaft": „Wir haben im Lutherischen Weltbund etwas ganz Großartiges erlebt: Weltweit haben sich Jugendgruppen parallel online zusammengeschaltet und ein Lied gesungen. Die Synode war dazu geschaltet, und wir fingen an, dasselbe Lied zu singen. Und obwohl die anderen uns gar nicht gesehen haben, war die Syno-

de plötzlich Teil der virtuellen Community, die dort entstanden ist. Das sind beeindruckende Möglichkeiten auch hinsichtlich der Weltgemeinschaft der Christenheit" (Interview: „Konservativ ist kein Makel", a.a.O. 32). Auch wird überlegt, Tablets in Gottesdiensten zur Verwendung zu bringen („Gesangbuch am Ende?", lautet die auf eine britische Kirchengemeinde bezogene Überschrift im Sonntagsblatt Nr. 17 vom 21.4.2013, 24). Was kritisch zu diesem Trend zu sagen ist, habe ich in dem Buch „Digitaler Turmbau zu Babel" auszuführen versucht (bes. a.a.O. 119ff.). Der Allvernetzungswahn bedeutet eine „gigantische Herausforderung für die Gesellschaft und für die Kirchen im Besonderen, ja für jedes achtsame Individuum, dem Verantwortung, Aufklärung und Freiheit am Herzen liegen" (18).

120 Vgl. Joseph Ratzinger: Kirche als Heilssakrament, in: J. Reikerstorfer (Hg.): Zeit des Geistes, Wien 1977, 59–70, und s. o. (Einleitung dieses Kapitels).

121 Auch Salbungs- und Heilungsgottesdienste haben unter diesem Aspekt ihr Recht (vgl. H. Wiesendanger [Hg.]: Wie Jesus heilen, Schönbrunn 2005[3], und darin meinen Aufsatz „Wunderheilungen heute – eine theologische Herausforderung", 135–160).

122 So Karl Barth: Kirchliche Dogmatik IV/2, a.a.O. 695f.

123 Dietrich Bonhoeffer: Communio sanctorum (Diss. 1927), München 1986, 104f.

124 Bonhoeffer: Widerstand, a.a.O. 560. Vgl. auch K. Bloomquist/U. Duchrow (Hg.): Kirche – befreit zu Widerstand und Transformation, Berlin/Münster 2015.

125 Vgl. Klaus Berger: Glaubensspaltung ist Gottesverrat. Wege aus der zerrissenen Christenheit, München 2006, 179f.

126 Interview „Kirchenspaltung war ein Fehler", in: Fränkischer Tag vom 7.5.2016, 21. Angesichts des Hohepriesterlichen Gebets Jesu „dass alle eins seien" (Joh 17,21) drängt sich die Frage auf: Mit wie viel Geduld an der Basis und im Himmel rechnen die fleißigen Ökumenekommissionen denn? Dass die Wahrheitsfrage schwer wiegt, ist unbestritten; und wie viel wiegt die Liebe? Getrennte Kirchen sind ein Stein des Anstoßes zuallererst für sie selbst. Grundlos liegen die Steine freilich nicht im Weg. Sie markieren schmerzliche Schwierigkeiten, an denen es intensiv zu arbeiten gilt. Christiane Tietz betont: „Die Einsicht dominiert, dass uns mehr verbindet, als uns trennt. Man ist sich bewusst geworden: Über der konfessionellen Vielfalt steht die Einheit des dreieinigen Gottes, von dem her alle Christen glauben und leben" (Vielfalt ist nicht nur Ballast, in: zeitzeichen 7/2016, 19). Vgl. auch H.-G. Link/D. Sattler (Hg.): Zeit der Versöhnung. Wege in die Zukunft der Ökumene, Göttingen 2017.

127 Vgl. Herbert Haslinger: Gemeinde – Kirche am Ort. Impulse des Zweiten Vatikanischen Konzils, Paderborn 2015; ferner Christian Hennecke: Kirche steht Kopf. Unterwegs zur nächsten Reformation, Münster 2016. Gunther Wenz bemerkt: „Konkrete Gegenwartsgestalt nimmt Kirche in der lokalen Gottesdienstgemeinde an. Bezüglich dieser Feststellung besteht zwischen römisch-katholischer und evangelischer Ekklesiologie keine Grundsatzkontroverse, sondern prinzipielles Einvernehmen. Fraglich ist allerdings, was unter Lokalkirche jeweils zu verstehen ist. Während die evangelische Ekklesiologie dabei mehr an die versammelte Gottesdienstgemeinde denkt, ist die Lokalkirche nach römisch-katholischer Auffassung die Diözese im Sinn der mit ihrem Bischof vereinten Glaubensgemeinschaft" (Kirche im eigentlichen Sinn. Bemerkungen und Fragen zur römisch-katholischen Ekklesiologie aus der Perspektive einer nach deren Urteil uneigentlichen Kirche, in: R. Heinzmann [Hg.]: Kirche – Idee und Wirklichkeit. Für eine Erneuerung aus dem Ursprung, Freiburg i. Br. 2014, 270–283, hier 272).

128 Mostert, a.a.O. 75. „Für die Kirche folgt daraus, daß die kirchliche Ortsgemeinde die primäre Erscheinungsform der Kirche ist" (76).

129 Kittel, a.a.O. 365. Vgl. auch Herbert Dieckmann: Plädoyer für eine kirchliche Erneuerung von unten, ebd. 216–232, sowie Isolde Karle: Kirche im Reformstress, Gütersloh 2011[2]. Auch der Humangeograph Prof. Gerhard Henkel warnt: „Die Amtskirche beseitigt die Volkskirche" (laut ideaSpektrum 47/2016, 7).

130 Vgl. z. B. Hermann Sasse: In statu confessionis. Gesammelte Aufsätze, Bd. 1, hg. von F. W. Hopf, Berlin 1975, 131–151; Mostert, a.a.O. 55f.; Hans-Diether Reimer: Für eine Erneuerung der Kirche, Gießen/Basel 1996, 132ff.

C Perspektiven

VIII 95 Thesen

1 Löhe, a.a.O. 90.

Literatur

Martin Abraham: Evangelium und Kirchengestalt. Reformatorisches Kirchenverständnis heute, Berlin 2007

Chr. Albrecht (Hg.): Kirche, Tübingen 2011

Luca Baschera: Hinkehr zu Gott. „Buße" im evangelisch-reformierten Gottesdienst, Neukirchen-Vluyn/Würzburg 2017

Oswald Bayer: Martin Luthers Theologie, Tübingen 2007[3]

Jens Beckmann: Wohin steuert die Kirche? Die evangelischen Landeskirchen zwischen Ekklesiologie und Ökonomie, Stuttgart 2007

Heinrich Bedford-Strohm: Radikal lieben. Anstöße für die Zukunft einer mutigen Kirche, Gütersloh 2017

H. Bedford-Strohm/V. Jung (Hg.): Vernetzte Vielfalt. Kirche angesichts von Individualisierung und Säkularisierung. Die fünfte EKD-Erhebung über Kirchenmitgliedschaft, Gütersloh 2015

Klaus Berger: Kann man auch ohne Kirche glauben? Gütersloh 2000

Klaus Berger: Glaubensspaltung ist Gottesverrat. Wege aus der zerrissenen Christenheit, München 2006

M. Berger/M. Murrmann-Kahl (Hg.): Transformationsprozesse des Protestantismus, Gütersloh 1999

Peter Beyerhaus: Der Glaubenskampf der Bekennenden Evangelischen Gemeinschaften in Deutschland. Christliches Zeugnis in unserer Zeit, Bd. 1, Nürnberg 2015

K. Bloomquist/U. Duchrow (Hg.): Kirche – befreit zu Widerstand und Transformation, Berlin/Münster 2015

Heinrich Bornkamm: Das bleibende Recht der Reformation, Hamburg 1963

Emil Brunner: Dogmatik, Bd. III: Die Lehre von der Kirche, vom Glauben und von der Vollendung, Zürich 1960

Hermann Diem: Theologie als kirchliche Wissenschaft, München 1951

Gerhard Ebeling: Dogmatik des christlichen Glaubens, Bd. III, Tübingen 1982[2]

K. Engelhardt u. a. (Hg.): Fremde Heimat Kirche. Die dritte EKD-Erhebung über Kirchenmitgliedschaft, Gütersloh 1997

Ulrich Fischer: Einspruch. Glaube mischt sich ein, Lahr 2009

Hartmut Frische: „Nur so ist mit uns Staat zu machen!" Von der Volkskirche zur profilierten Minderheitskirche, Nürnberg 2014

Werner Führer: Das Amt der Kirche, Neuendettelsau 2001

Werner Führer: Reformation ist Umkehr. Rechtfertigung, Kirche und Amt in der Reformation und heute – Impulse aus kritischer Gegenüberstellung, Göttingen 2016

Lothar Gassmann: Evangelische Kirche – wohin? Ein Ruf zur Besinnung und Umkehr, Uhldingen 1995

Lothar Gassmann: Was ist Kirche? Papstkirche, Staatskirche oder Gemeinschaft der Glaubenden? Gladbeck 2009

Friedrich Wilhelm Graf: Kirchendämmerung. Wie die Kirchen unser Vertrauen verspielen, München 2011

Wilfried Härle u. a.: Wachsen gegen den Trend. Analysen von Gemeinden, mit denen es aufwärts geht, Leipzig 2012[4]
Peter Haigis: Pluralismusfähige Ekklesiologie. Zum Selbstverständnis der evangelischen Kirche in einer pluralistischen Gesellschaft, Leipzig 2008
Benjamin Hasselhorn: Das Ende des Luthertums? Leipzig 2017
Stabley Hauerwas/William H. Willimon: Christen sind Fremdbürger. Wie wir wieder werden, was wir sind: Abenteurer der Nachfolge in einer nachchristlichen Gesellschaft, Basel 2016
R. Heinzmann (Hg.): Kirche – Idee und Wirklichkeit. Für eine Erneuerung aus dem Ursprung, Freiburg i. Br. 2014
Christian Hennecke/Gabriele Viecens: Gottes Design entdecken – was der Geist den Gemeinden sagt. Theologie und Praxis einer gabenorientierten Pastoral, Würzburg 2017
Michael Herbst: Kirche mit Mission. Gesammelte Beiträge zu Fragen des Gemeindeaufbaus, Neukirchen-Vluyn 2013
M. Herbst (Hg.): Mission bringt Gemeinde in Form, Neukirchen-Vluyn 2008
Okko Herlyn/Hans-Peter Lauer: Kirche in Zeiten des Marktes. Ein Störversuch, Neukirchen-Vluyn 2004
Rudolf Hermann: Studien zur Theologie Luthers und des Luthertums. Gesammelte und nachgelassene Werke, Bd. II, Göttingen 1981
Eilert Herms: Kirche in der Gesellschaft, Tübingen 2011
A. I. Herzog (Hg.): Was die Kirche Jesu Christi, ihre Verheißung und ihr Auftrag ist, Fürth 1993
Johannes Chr. Hoekendijk: Die Zukunft der Kirche und die Kirche der Zukunft, Stuttgart 1964
Wilfried Joest: Gesetz und Freiheit. Das Problem des tertius usus legis bei Luther und die neutestamentliche Parainese, Göttingen 1951
Manfred Josuttis: „Unsere Volkskirche" und die Gemeinde der Heiligen, Gütersloh 1997
Eberhard Jüngel: Das Evangelium von der Rechtfertigung des Gottlosen als Zentrum des christlichen Glaubens. Eine theologische Studie in ökumenischer Absicht, Tübingen 1999[3]
Karl-Hermann Kandler: Das Wesen der Kirche nach evangelisch-lutherischem Verständnis, Neuendettelsau 2007
Isolde Karle: Kirche im Reformstress, Gütersloh 2011[2]
Kirchenamt der EKD (Hg.): Christlicher Glaube und religiöse Vielfalt in evangelischer Perspektive, Gütersloh 2015
Kirchenamt der EKD (Hg.): Kirche der Freiheit. Perspektiven für die evangelische Kirche im 21. Jahrhundert, Hannover 2006
Kirchenamt der EKD (Hg.): Rechtfertigung und Freiheit. 500 Jahre Reformation 2017, Gütersloh 2014
G. Kittel/E. Mechels (Hg.): Kirche der Reformation? Erfahrungen mit dem Reformprozess und die Notwendigkeit der Umkehr, Göttingen 2016
Walter Klaiber: Rechtfertigung und Gemeinde. Eine Untersuchung zum paulinischen Kirchenverständnis, Göttingen 1982

Ulrich H. J. Körtner: Reformatorische Theologie im 21. Jahrhundert, Zürich 2010
U. H. J. Körtner (Hg.): Kirche – Christus – Kerygma. Profil und Identität evangelischer Kirche(n), Neukirchen-Vluyn 2009
Wolfram Kopfermann: Heiligung – Teilhabe an der neuen Schöpfung, Gießen 2008
Walter Kreck: Grundfragen der Ekklesiologie, München 1981
M. Krüggeler/F. Stolz (Hg.): Ein jedes Herz in seiner Sprache … Religiöse Individualisierung als Herausforderung für die Kirchen, Basel 1996
Hellmut Lieberg: Amt und Ordination bei Luther und Melanchthon, Göttingen 1962
Hans-Georg Link: Bekennen und Bekenntnis, Göttingen 1998
Gottfried W. Locher: Zwingli und die schweizerische Reformation, Göttingen 1982
Wilhelm Löhe: Drei Bücher von der Kirche (1845), Wilhelm-Löhe-Studienausgabe Bd. 1, Neuendettelsau 2006
Lutherischer Weltbund/Päpstlicher Rat zur Förderung der Einheit der Christen (Hg.): Vom Konflikt zur Gemeinschaft. Gemeinsames lutherisch-katholisches Reformationsgedenken im Jahr 2017, Leipzig/Paderborn 2013
G. Maier (Hg.): Lieber Pfarrberuf!, Altenstadt 2015
Jürgen Moltmann: Kirche in der Kraft des Geistes, München 1975
Walter Mostert: Jesus Christus – Anfänger und Vollender der Kirche. Eine evangelische Lehre von der Kirche, hg. von J. Bauke-Ruegg u. a., Zürich 2006
Heiko A. Oberman: Zwei Reformationen. Luther und Calvin, Berlin 2003
Stefan Oster/Peter Seewald: Gott ohne Volk? Die Kirche und die Krise des Glaubens, München 2016
Wolfhart Pannenberg: Kirche und Ökumene. Beiträge zur Systematischen Theologie, Bd. 3, Göttingen 2000
Wolfhart Pannenberg: Thesen zur Theologie der Kirche, München 1974^2
Uta Pohl-Patalong/Eberhard Hauschildt: Kirche verstehen, Gütersloh 2016
O. Pilnei/M. Rothkegel (Hg.): Aus Glauben gerecht. Weltweite Wirkung und ökumenische Rezeption der reformatorischen Rechtfertigungslehre, Leipzig 2016
Michael Plathow: Lehre und Ordnung im Leben der Kirche heute, Göttingen 1982
Horst Georg Pöhlmann u. a.: Theologie der Lutherischen Bekenntnisschriften, Gütersloh 1996
Detlef Pollack/Olaf Müller: Religionsmonitor. Religiosität und Zusammenhalt in Deutschland, Gütersloh 2013
Hans-Diether Reimer: Für eine Erneuerung der Kirche, Gießen/Basel 1996
Paul Bernhard Rothen: Auf Sand gebaut. Warum die evangelischen Kirchen zerfallen, Münster 2015
Hermann Sasse: Was heißt lutherisch? München 1934
Friedrich-Otto Scharbau: Luther und die Kirche, Hannover 2003
A. von Scheliha/M. Schröder (Hg.): Das protestantische Prinzip. Historische und systematische Studien zum Protestantismusbegriff, Stuttgart 1998
Hugo Schnell: Die überschaubare Gemeinde, Hamburg 1962
H. J. Schultz (Hg.): Kritik an der Kirche, Stuttgart u. a. 1958
B. Schwarz (Hg.): Martin Luther: Aus Liebe zur Wahrheit. Die bleibende Bedeutung der Anliegen des Reformators für heute, Dillenburg 2016
Christian A. Schwarz: Farbe bekennen mit Natürlicher Gemeindeentwicklung. Emmelsbüll-Horsbüll 2005

Hans Schwarz: Die christliche Kirche. 3 Bände, Göttingen 1986
Reinhard Schwarz: Martin Luther – Lehrer der christlichen Religion, Tübingen 2015
Reinhard Slenczka: Neues und Altes, Bd. 4: Reformation gegen Deformation in der Kirche, Neuendettelsau 2016
Theo Sorg: Wie wird die Kirche neu? Ermutigung zur missionarischen Gemeinde, Wuppertal 1977
Eberhard Stammler: Protestanten ohne Kirche, Hamburg 1967
Hanna Stettler: Heiligung bei Paulus. Ein Beitrag aus biblisch-theologischer Sicht, Tübingen 2014
M. Stiewe/F. Vouga (Hg.): Das Fundament der Kirche im Dialog. Modelle des Kirchenverständnisses im Neuen Testament und in der konfessionellen Rezeptionsgeschichte, Leipzig 2003
Werner Thiede: Der gekreuzigte Sinn. Eine trinitarische Theodizee, Gütersloh 2007
Werner Thiede: Die digitalisierte Freiheit. Morgenröte einer technokratischen Ersatzreligion, Berlin 2014²
Werner Thiede: Die Wahrheit ist exklusiv. Streitfragen des interreligiösen Dialogs, Gießen 2014
W. Thiede (Hg.): Glauben aus eigener Vernunft. Kants Religionsphilosophie und die Theologie, Göttingen 2004
Helmut Thielicke: Leiden an der Kirche, Hamburg 1965
Falk Wagner: Zur gegenwärtigen Lage des Protestantismus, Gütersloh 1995
Martin Urban: Ach Gott, die Kirche! Protestantischer Fundamentalismus und 500 Jahre Reformation, München 2016
Gerhard Wegner: Religiöse Kommunikation und Kirchenbindung. Vom Ende des liberalen Paradigmas, Leipzig 2014
Michael Welker: Kirche im Pluralismus, Gütersloh 1995
Gunther Wenz: Kirche. Studium Systematische Theologie, Bd. 3, Göttingen 2005
Jürgen Werbick: Grundfragen der Ekklesiologie, Freiburg i. Br. 2009
Rudolf Weth: Kirche in der Sendung Jesu Christi, Neukirchen-Vluyn 1993
Frank Weyen: Kirche in der strukturellen Transformation. Identität, Programmatik, organisatorische Gestalt, Neukirchen-Vluyn 2016
Karl-Friedrich Wiggermann: Was ist Kirche? 12 x 12 Stichwörter, Gütersloh 1994
Karl Richard Ziegert: Die Verkäufer des perfect life. Über die Amerikanisierung der Religion und den Untergang der EKD-Kirchenwelt in Deutschland, Münster 2015
Karl Richard Ziegert: Zivilreligion. Der protestantische Verrat an Luther, München 2013

Personenregister